Stephan Zielke

Kundenorientierte

Warenplatzierung

Modelle und Methoden für das Category Management

Mit 89 Abbildungen

Dr. Stephan Zielke
Hittorfstr. 15
D-50735 Köln

Die Deutsche Bibliothek – CIP-Einheitsaufnahme

Zielke, Stephan:
Kundenorientierte Warenplatzierung : Modelle und Methoden für das
Category Management / Stephan Zielke. – Stuttgart ; Berlin ; Köln :
Kohlhammer, 2002
    (Schriften zur Handelsforschung ; Bd. 97)
    ISBN 3-17-017489-4

Verlagsort: Stuttgart
Gesamtherstellung: WB-Druck GmbH + Co. KG,
Rieden am Forggensee
Printed in Germany

Geleitwort

In Ausführungen zum Category Management wird häufig gefordert, die Sortimente kundengerecht zu gestalten und zu platzieren. Die Hinweise, wie diese Forderung eingelöst werden kann, bleiben allerdings häufig sehr allgemein. Hier setzt der Verfasser ein, indem er die folgenden Fragen aufwirft:

1. Welche Ansprüche stellen die Kunden an die Warenplatzierung, inwieweit suchen sie nach Stimulation bzw. inwieweit wollen sie ihre Einkäufe zügig abwickeln?
2. Wie können Sortimente kundengerecht gegliedert werden? Welche Ansprüche der Kunden sind hierbei zu beachten?
3. Wie lassen sich die Zusammenhänge zwischen Platzierungsalternativen und Erfolg ermitteln und darstellen? Wie können hierauf basierend Regal- und Flächenkapazitäten kundenorientiert zugewiesen werden?

Die Fragen weisen zunächst auf die verhaltenswissenschaftlichen Komponenten der Arbeit hin. Der Verfasser entwickelt ein System von Kundenansprüchen, wobei er vier Dimensionen herausarbeitet,

- die Sucheffizienz: Kunden wollen auf möglichst einfache Art die von ihnen gesuchten Güter im Verkaufslokal finden,
- die Entscheidungseffizienz: Kunden wollen auf einfache Art und Weise die verschiedenen Produkte miteinander vergleichen können,
- die Stimulation der Wahrnehmung: Kunden wollen unter Umständen auch auf Produkte aufmerksam gemacht werden, die sie gar nicht gesucht haben,
- die emotionale Stimulation auf Grund eines als angenehm wahrgenommenen optischen Erscheinungsbildes.

Der Verfasser begründet die von ihm gesehenen Zusammenhänge und überprüft sie empirisch. Sie dienen ihm dazu, Responsefunktionen abzuleiten und ein Planungsverfahren für die Platzierung von Warengruppen zu entwickeln.

Der Verfasser hat einen innovativen und eigenständigen Ansatz vorgelegt. Bei aller theoretischen Komplexität ist es ihm ein Anliegen, ein praktisch handhabbares Planungsinstrument zu entwickeln. Der hier entwickelte Ansatz verdient auch deswegen Beachtung, weil er sich einem im Handel immer wichtiger werdenden Gestaltungsbereich zuwendet, denn immer größere Teile des Handels bedienen sich der Selbstbedienung. Zudem werden die Verkaufsflächen in vielen Fällen immer größer, so dass die Frage immer dringlicher wird, wie die in Bezug auf die Platzierung der Waren vorhandenen Bedürfnisse der Konsumenten erkannt und berücksichtigt werden können.

Köln, im Dezember 2001

Prof. Dr. L. Müller-Hagedorn

Vorwort

Häufig wird dem Handel mangelnde Service- und Kundenorientierung vorge-
worfen; im Hinblick auf die Platzierungspolitik betrifft dies insbesondere
uneinsichtige Produktanordnungen sowie eine Verteilung von Regal- und
Flächenkapazitäten, bei der häufig gesuchte Artikel benachteiligt werden. Die
vorliegende Arbeit, die im Wintersemester 2001/2002 von der Wirtschafts- und
Sozialwissenschaftlichen Fakultät der Universität zu Köln als Dissertation
angenommen wurde, liefert Methoden und Modelle, mit deren Hilfe die
Warenplatzierung kundenorientiert gestaltet werden kann.

An der Entstehung dieser Arbeit haben verschiedene Personen unterstützend
mitgewirkt. Mein besonderer Dank gilt hierbei zunächst meinem Doktorvater
Professor Dr. Lothar Müller-Hagedorn, mit dem ich häufig über einzelne Aspekte
meiner Arbeit diskutiert habe. Viele dieser Diskussionen haben meine Arbeit
angeregt. Professor Dr. Udo Koppelmann übernahm das Korreferat, auch ihm sei
herzlich gedankt.

Unterstützung habe ich auch durch Frau Dipl.-Hdl. Rita Ebsen und durch Frau
Dipl.-Kff. Kerstin Schiefenhövel erfahren, die im Rahmen ihrer Diplomarbeiten in
die Datenerhebung für die empirischen Untersuchungen der Abschnitte 3.3 und
6.1.4 eingebunden waren.

Den Kollegen und studentischen Hilfskräften am Seminar für Allgemeine
Betriebswirtschaftslehre, Handel und Distribution danke ich dafür, dass sie sich als
Probanden für die empirische Untersuchung in Abschnitt 5.5 zur Verfügung
gestellt haben. Auch Diskussionen mit den Kollegen waren für die Arbeit
anregend.

Mein ganz besonderer Dank gilt Melanie Röhr, die für die nötige Zerstreuung und Ablenkung gesorgt hat. Sie hat die Arbeit gelesen und ihr den sprachlichen Feinschliff gegeben. Danken möchte ich auch meinen Eltern, die mich sowohl während des Studiums als auch während der Promotion immer unterstützt haben.

Der Fritz G. Conzen-Stiftung danke ich für die finanzielle Unterstützung bei der Veröffentlichung der Arbeit.

Köln, im Dezember 2001

Stephan Zielke

Inhaltsverzeichnis

Abbildungsverzeichnis

Abkürzungsverzeichnis

CC	Category Consulting
CI	Corporate Identity
CM	Category Management
DB	Deckungsbeitrag
DBW	Die Betriebswirtschaft
DIN	Deutsche Industrie-Norm
DPR	Direkte Produkt-Rentabilität
EA	Efficient Store Assortment
EBA	Elimination by Aspects
ECR	Efficient Consumer Response
EDV	Elektronische Datenverarbeitung
EHI	EuroHandelsinstitut
emp.	empirisch
GfK	Gesellschaft für Konsumforschung
IN	Inputneuron
KDD	Knowledge Discovery in Databases
KGS	Kugelschreiber
korr.	korrigiert
MCD	Majority of Disconfirming Dimensions
MDS	Multidimensionale Skalierung
mind.	mindestens
NN	Neuronales Netz
ON	Outputneuron
PF	Platzierungsform
PoS	Point of Sale
prog.	prognostiziert
R	Regression
Rg.	Rang bzw. Rangsumme
RMDS	Replizierte Multidimensionale Skalierung
RO	Regalort
ROI	Return on Inventory

SB	Selbstbedienung
SF	Sichtfläche
SM	Spacemanagement
SZ	Suchzeit
VGN	Vorwärtsgerichtete Neuronale Netze
VK-Fläche	Verkaufsfläche
VN	Verborgenes Neuron
Vs.	Versus
wahrg.	wahrgenommener
WG	Warengruppe
WiSt	Wirtschaftswissenschaftliches Studium
WISU	Das Wirtschaftsstudium
WP	Wahrnehmungswahrscheinlichkeit
WV	Wahrnehmungsvolumen
ZfbF	Zeitschrift für betriebswirtschaftliche Forschung
ZFP	Zeitschrift für Forschung und Praxis

1 Problemstellung

Zu Beginn der neunziger Jahre haben die Managementkonzeptionen Category Management (CM) und Efficient Consumer Response (ECR) Einzug in den Sprachschatz von Praktikern und Wissenschaftlern gehalten.[1] Damit wurden auch Begriffe wie Kundenorientierung, Kundenzufriedenheit und Kundenbindung Gegenstand einer Vielzahl wissenschaftlicher Veröffentlichungen. Wie aktuelle Unternehmensbefragungen zeigen, messen ebenso Praktiker den Zielgrößen Kundenzufriedenheit und -bindung eine herausragende Bedeutung für die Sortimentssteuerung und das Category Management bei.[2] Die Kundensicht gewinnt auch für die traditionell am Deckungsbeitrag (DB) bzw. an der Direkten Produkt-Rentabilität (DPR) orientierte Warenplatzierung an Bedeutung. Gegenwärtig kann die Forschung zur kundengerechten Warenplatzierung allerdings nur fragmentarische Ergebnisse beisteuern.[3]

Betrachtet man die Literatur zur Verkaufsraumgestaltung, findet sich eine Reihe von Beiträgen, die sich mit atmosphärischen Wirkungen von Verkaufsräumen

---

[1] Maßgeblichen Einfluss auf die Verbreitung von CM und ECR hatten Veröffentlichungen von *Kurt Salmon Associates* und der *Coca-Cola-Retailing-Research-Group-Europe*. Vgl. Kurt Salmon Associates (Hrsg.): Efficient Consumer Response. Enhancing Consumer Value in the Grocery Industry, Washington, DC 1993; Coca-Cola-Retailing-Research-Group-Europe (Hrsg.): Kooperation zwischen Industrie und Handel im Supply Chain Management, o. O. 1994.

[2] Vgl. Barth, K./Rühl, A./Steinicke, S.: Zum Stand der Sortimentssteuerung in der deutschen Konsumgüterwirtschaft – Ergebnisse einer empirischen Studie, Diskussionsbeitrag Nr. 270 des Fachbereichs Wirtschaftswissenschaft der Gerhard-Mercator-Universität Duisburg, Duisburg 1999, S. 18; Schröder, H./Feller, M./Großweischede, M.: Kundenorientierung im Category Management, ECR-Projekte unter der Lupe – Studie zu Zielen, Status quo und Erfolgen, in: Lebensmittel-Zeitung Nr. 11 v. 17.03.00, S. 60-61.

[3] Vgl. Schröder, H.: Wer hat bei Category Management an Efficient Shelf Presentation gedacht? Informationen für kundenorientierte Flächenzuteilung und Warenpräsentation im Lebensmittel-Einzelhandel, in: Ahlert, D./Olbrich, R./Schröder, H. (Hrsg.): Jahrbuch Handelsmanagement 2001. Vertikales Marketing, Frankfurt/Main 2001, S. 261-291.

beschäftigen. Es wird danach gefragt, wie durch die Verkaufsraumgestaltung beim Kunden positive emotionale Reaktionen oder Einkaufserlebnisse herbeigeführt werden können.[4] Wahrscheinlich wird diesen atmosphärischen Wirkungen aber nicht in allen Betriebsformen und Branchen die gleiche Bedeutung zukommen. Insbesondere für Betriebsformen des Einzelhandels mit Lebensmitteln und Gütern des täglichen Bedarfs, die durch große Verkaufsflächen und das Selbstbedienungsprinzip gekennzeichnet sind, stellt sich die Frage, ob auch dort die Kunden primär Wert auf eine stimulierende Atmosphäre legen. Alternativ wäre zu erwarten, dass in diesen Betriebsformen Versorgungsmotive im Vordergrund stehen, die in dem Wunsch münden, die Einkäufe in kurzer Zeit und ohne größeren kognitiven und physischen Aufwand abwickeln zu können. In der englischsprachigen Literatur wurden zeitliche, psychische und physische Aufwendungen bereits in den fünfziger Jahren gemeinsam mit monetären Belastungen als Kosten der Kunden angesehen, die deren Verhalten, beispielsweise die Einkaufsstättenwahl, beeinflussen.[5] In der deutschsprachigen Literatur hat *Bufe* auf Konflikte aufmerksam gemacht, die zwischen den gängigen Praktiken der Verkaufsraumgestaltung und dem Bestreben der Nachfrager bestehen, finanzielle, zeitliche und physische Ressourcen in optimaler Weise einzusetzen.[6]

Wenn Waren kundenorientiert platziert werden sollen, muss somit zunächst geklärt werden, in welchem Ausmaß Kunden eine stimulierende Einkaufsatmosphäre oder eine zügige und stressfreie Abwicklung ihrer Einkäufe wünschen. In diesem Zusammenhang stellt sich auch die Frage, ob beispielsweise eine Platzierungspolitik kundengerecht ist, die zum Zwecke der Stimulation gezielt den Suchaufwand der Kunden verlängert, indem sie z. B. häufig geplant gekaufte

---

[4]   Vgl. in der deutschsprachigen Literatur z. B. Diller, H./Kusterer, M.: Erlebnisbetonte Ladengestaltung im Einzelhandel – Eine empirische Studie –, in: Trommsdorff, V. (Hrsg.): Handelsforschung 1986, Heidelberg 1986, S. 105-123; Bost, E.: Ladenatmosphäre und Konsumentenverhalten, Heidelberg 1987; Gröppel, A.: Erlebnisstrategien im Einzelhandel. Analyse der Zielgruppen, der Ladengestaltung und der Warenpräsentation zur Vermittlung von Einkaufserlebnissen, Heidelberg 1991. Bezüglich der englischsprachigen Literatur sei insbesondere auf die Beiträge von Kotler und Donovan et al. verwiesen. Vgl. Kotler, P.: Atmospherics as a Marketing Tool, in: Journal of Retailing, Vol. 49 (1973/74), No. 4, S. 48-64; Donovan, R. J./Rossiter, J. R.: Store Atmosphere: An Environmental Psychology Approach, in: Journal of Retailing, Vol. 58 (1982), No. 1, S. 34-57; Donovan, R. J. et al.: Store Atmosphere and Purchasing Behavior, in: Journal of Retailing, Vol. 70 (1994), No. 3, S. 283-294.

[5]   Vgl. Baumol, W./Ide, E. A.: Variety in Retailing, in: Management Science, Vol. 3 (1956), No. 1, S. 93-101; Kelley, E. J.: The Importance of Convenience in Consumer Purchasing, in: Journal of Marketing, Vol. 23 (1958), No. 1, S. 32-38; Downs, A.: A Theory of Consumer Efficiency, in: Journal of Retailing, Vol. 37 (1961), No. 1, S. 6-12 u. S. 50-51; Bender, W. C.: Consumer Purchase Costs – Do Retailers Recognize them?, in: Journal of Retailing, Vol. 40 (1964), No. 1, S. 1-8 u. S. 52.

[6]   Vgl. Bufe, R. H.: Güterbeschaffung des täglichen Bedarfs. Ein Beitrag zur Ressourcenallokation privater Haushalte unter dem Einfluß der Einkaufsstättengestaltung, Berlin 1981.

Artikel bei der Zuteilung von Raumkapazitäten benachteiligt. Eine solche Platzierungspolitik wird in der Literatur insbesondere für die großflächigen Betriebsformen des Einzelhandels mit Lebensmitteln empfohlen.[7]

Je nachdem, ob Kunden beim Einkauf eher nach Stimulation suchen oder eine zügige Abwicklung ihrer Einkäufe bevorzugen, müssen die bei ihnen am Point of Sale (PoS) ablaufenden psychischen und physischen Prozesse daraufhin untersucht werden, wie sie durch Platzierungsentscheidungen unterstützt werden können. Die in der Literatur dokumentierten Beiträge bieten hierzu nur teilweise Ansatzpunkte. Neben allgemeinen umweltpsychologischen Ansätzen[8] sind konkrete Modelle zur Erklärung von Kundenreaktionen auf Platzierungsmaßnahmen von *King, Dähne, Höller* und *Titus/Everett* präsentiert worden.[9] Die Schwächen dieser Modelle liegen hauptsächlich in ihrer fehlenden Fähigkeit, Konflikte zwischen kurzfristig ausgelöstem Kaufverhalten und langfristigen Konsequenzen für die Kundenzufriedenheit und Kundenbindung aufzudecken und in einem formalen Zusammenhang darzustellen. Ein solches formalisierbares Modell wird aber erforderlich sein, um zu Wirkungsfunktionen zu gelangen, aus denen Gestaltungsmaßnahmen für die Marketingplanung abgeleitet werden können. Die formale Abbildung von Konflikten zwischen kurzfristiger Erfolgssteigerung und dem Verfolgen kundenorientierter Zielgrößen soll aufzeigen, wie der Erfolg durch die Platzierung nicht nur kurzfristig erhöht, sondern auch langfristig gesichert werden kann. Im Rahmen dieser Arbeit soll ein solches formalisierbares Modell entwickelt werden.

Die wichtigsten Platzierungsentscheidungen sind Entscheidungen über die Anordnung von Artikeln sowie Entscheidungen über die Zuteilung von Regalbzw. Flächenkapazitäten. Bezüglich der Anordnung von Artikeln beschränkt sich die Literatur häufig darauf, mögliche Gliederungskriterien zu nennen, wobei zunehmend kundenorientierte Kriterien berücksichtigt werden.[10] Als Verfahren zur

---

[7]   Vgl. z. B. Müller, H.: Die Warenplazierung als absatzpolitisches Instrument im Selbstbedienungseinzelhandel, Göttingen 1982; Höller, W.: Warenpräsentation. Theoretische Grundlagen und empirische Analyse im Lebensmitteleinzelhandel, Diss. Essen 1987.

[8]   Vgl. Mehrabian, A./Russell, J. A.: An Approach to Environmental Psychology, Cambridge, Mass.-London 1974; Mehrabian, A.: Räume des Alltags oder wie die Umwelt unser Verhalten bestimmt, Frankfurt/Main-New York 1978.

[9]   Vgl. King, R. H.: A Study of the Problem of Building a Model to Simulate the Cognitive Processes of a Shopper in a Supermarket, in: Haines, G. H. (Hrsg.): Consumer Behavior. Learning Models of Purchasing, New York-London 1969, S. 22-67; Dähne, H.: Verkaufsflächeninterne Standortplanung, Wiesbaden 1977; Höller, W., 1987, S. 62-144; Titus, P. A./Everett, P. B.: The Consumer Retail Search Process: A Conceptual Model and Research Agenda, in: Journal of the Academy of Marketing Science, Vol. 23 (1995), No. 2, S. 106-119; darauf aufbauend: Esch, F.-R./Thelen, E.: Ein konzeptionelles Modell zum Suchverhalten von Kunden in Einzelhandelsunternehmen, in: Trommsdorff, V. (Hrsg.): Handelsforschung 1997/98. Kundenorientierung im Handel, Wiesbaden 1997a, S. 297-314.

[10] Vgl. z. B. Gümbel, R.: Die Sortimentspolitik in den Betrieben des Wareneinzelhandels, Köln-Opladen 1963, S. 68-81; Rusche, T.: Strategisches Sortimentsmanagement im Handel. Die

Ermittlung geeigneter Gliederungskriterien werden in der Literatur unter anderem Sortierverfahren oder Paarvergleiche,[11] Prozessverfolgungstechniken[12] und Data-Mining-Analysen[13] vorgeschlagen. Es stellt sich die Frage, ob diese Methoden einer kundenorientierten Warengliederung gerecht werden und inwieweit sie sich weiterentwickeln und in ein Layout-Planungssystem integrieren lassen.

Dem Problem der Zuteilung von Regal- und Flächenkapazitäten widmen sich einerseits Beiträge, in denen der Zusammenhang zwischen zugewiesenen Kapazitäten und Nachfrageverhalten empirisch untersucht wurde, sowie andererseits Arbeiten, in denen Vorschläge für Optimierungsmodelle entwickelt wurden.

Der Zusammenhang zwischen Kapazitätszuteilung und Absatz, der im Folgenden als Platzierungseffekt bezeichnet werden soll, ist zwar in einer Reihe von Untersuchungen empirisch gemessen worden, jedoch sind die Ergebnisse teilweise widersprüchlich. Ein verhaltenswissenschaftliches Fundament, um die beobachteten Platzierungseffekte zu erklären, wird häufig nur oberflächlich entwickelt. Zudem bleibt die Wirkung der Platzierung auf kundenorientierte Zielgrößen, wie etwa die Suchzeit nach Artikeln, unbeachtet.[14] Es muss daher geklärt werden, wie Platzierungseffekte formal so dargestellt werden können, dass sich aus den Reaktionsfunktionen sowohl unmittelbare Konsequenzen für Erfolgskennziffern ermitteln lassen als auch für kundenorientierte Zielgrößen, die sich erst langfristig positiv auf den ökonomischen Erfolg auswirken. Solche Reaktionsfunktionen sollten die Grundlage für ein Optimierungsmodell bilden.

Betrachtet man die in der Literatur dokumentierten Optimierungsansätze, fällt auf, dass bis auf die beiden neueren Ansätze von *Borin/Farris/Freeland* und *Urban* vornehmlich mathematische Programmierungsmethoden zur Regaloptimierung herangezogen werden, die für große komplexe Sortimente Zweifel an ihrer prak-

---

organisatorische Gestaltung des strategischen Sortimentsmanagements und die methodische Entwicklung der Sortimentsstrategie auf der Grundlage eines Aktionsforschungsprojektes, Münster 1991, S. 104-110; Möhlenbruch, D.: Sortimentspolitik im Einzelhandel. Planung und Steuerung, Wiesbaden 1994, S. 191-206; Müller-Hagedorn, L.: Der Handel, Stuttgart-Berlin-Köln 1998a, S. 486-488.

[11]   Vgl. Kinateder, P.: Optimierung von Regalbelegungsplänen in Supermärkten. Eine empirische Untersuchung zu Klassifizierungsleistungen bei Erwachsenen, in: Marketing ZFP, 11. Jg. (1989), H. 2, S. 86-92; Mollá, A./Múgica, J. M./Yagüe, M. J.: Category Management and Consumer Choice, in: The International Review of Retail, Distribution and Consumer Research, Vol. 8 (1998), No. 2, S. 225-241.

[12]   Vgl. Esch, F.-R./Billen, P.: Förderung der Mental Convenience beim Einkauf durch Cognitive Maps und kundenorientierte Produktgruppierungen, in: Trommsdorff, V. (Hrsg.): Handelsforschung 1996/97. Positionierung des Handels, Wiesbaden 1996, S. 333f.; Leven, W.: Warenpräsentation im Einzelhandel. Dargestellt am Beispiel der Zeitungs- und Zeitschriftenpräsentation, in: Marketing ZFP, 14. Jg. (1992), H. 1, S. 13-22.

[13]   Vgl. z. B. Hettich, S./Hippner, H./Wilde, K. D.: Assoziationsanalyse, in: WISU, 29. Jg. (2000), H. 7, S. 970-978.

[14]   Vgl. den Überblick in Kapitel 6.2.

tischen Einsetzbarkeit aufkommen lassen.[15] *Borin/Farris/Freeland* und *Urban* beschreiben dagegen mit naturadaptiven Suchalgorithmen Methoden, die auch bei komplexen Optimierungsproblemen gute Ergebnisse bei relativ kurzer Rechenzeit produzieren können.[16] Es soll deshalb in dieser Arbeit untersucht werden, inwieweit auf der Basis verhaltenswissenschaftlich fundierter Wirkungszusammenhänge mit Hilfe naturadaptiver Methoden, Regal- und Flächenkapazitäten sowohl kurzfristig erfolgsorientiert als auch langfristig kundenorientiert verteilt werden können. Da einige Autoren – z. B. *McIntyre/Miller* – darauf hinweisen, dass Platzierungsentscheidungen nicht isoliert getroffen, sondern mit Sortimentsentscheidungen und der Kalkulation koordiniert werden sollten,[17] stellt sich auch die Frage, wie Warenplatzierung, Sortiments- und Preispolitik simultan optimiert werden können.

Die Problemstellung dieser Arbeit kann somit durch folgende Fragen zusammengefasst werden:

1. Welche Ansprüche stellen Kunden an die Warenplatzierung? In welchem Ausmaß suchen sie einerseits nach Stimulation und andererseits nach einer zügigen Abwicklung ihrer Einkäufe?
2. Kann ein formalisierbares Modell entwickelt werden, aus dem sich Wirkungsfunktionen zum Einfluss von Platzierungsentscheidungen auf den kurzfristigen Erfolg und auf kundenorientierte Zielgrößen ableiten lassen?
3. Wie werden Sortimente kundengerecht gegliedert? An welchen Kundenansprüchen sollen sich Regal- und Flächenstrukturen orientieren? Mit welchen Methoden lassen sich Sortimentsgliederungen ermitteln? Wie sind diese Methoden zu beurteilen?
4. Wie lassen sich Regal- und Flächenkapazitäten kundenorientiert zuweisen? Wie können Platzierungseffekte durch verhaltenswissenschaftlich fundierbare Wirkungsfunktionen ausgedrückt werden? Wie werden diese Wirkungsfunktionen empirisch ermittelt? Wie lassen sich Platzierungsentscheidungen auf Basis dieser Wirkungsfunktionen mit naturadaptiven Verfahren optimieren? Wie werden bei der Optimierung Platzierungsentscheidungen mit der Sortimentsgestaltung und der Warenkalkulation verwoben?

---

[15] Vgl. den Überblick in Kapitel 6.3.
[16] Vgl. Borin, N./Farris, P. W./Freeland, J. R.: A Model for Determining Retail Product Category Assortment and Shelf Space Allocation, in: Decision Sciences, Vol. 25 (1994), No. 3, S. 359-384; Borin, N./Farris, P.: A Sensitivity Analysis of Retailer Shelf Management Models, in: Journal of Retailing, Vol. 71 (1995), No. 2, S. 153-171; Urban, T. L.: An Inventory-Theoretic Approach to Product Assortment and Shelf Space Allocation, in: Journal of Retailing, Vol. 74 (1998), No. 1, S. 15-35.
[17] Vgl. McIntyre, S. H./Miller, C. M.: The Selection and Pricing of Retail Assortments: An Empirical Approach, in: Journal of Retailing, Vol. 75 (1999), No. 3, S. 295-318.

Im Anschluss an die Problemstellung wird zunächst in **Kapitel 2** das Entscheidungsfeld der Warenplatzierung strukturiert. Hierbei wird insbesondere auf Aktionsparameter, Zielgrößen und Umweltparameter der Warenplatzierung eingegangen. Des Weiteren wird der Begriff Warenplatzierung von anderen platzierungsbezogenen Managementkonzeptionen abgegrenzt, wobei dem Verhältnis von Warenplatzierung und Category Management besondere Bedeutung zukommt.

In **Kapitel 3** werden Kundenansprüche an die Warenplatzierung abgeleitet und hinsichtlich ihrer Bedeutung für Kundenzufriedenheit, Kundenbindung und den ökonomischen Wert einer Kundenbeziehung untersucht. Auf Basis einer theoretischen Analyse werden Hypothesen zur Bedeutung einzelner Platzierungsansprüche und zur Wirkungskette von der Anspruchsbefriedigung über die Kundenzufriedenheit zur Kundenbindung formuliert und empirisch untersucht. Ziel des dritten Kapitels ist es, Aufschluss über die Relevanz einzelner Platzierungsanforderungen aus Sicht des Kunden zu gewinnen und deren Bedeutung für die langfristige Sicherung des Erfolgs aufzuzeigen.

In **Kapitel 4** wird das Kundenverhalten am Point of Sale näher betrachtet. Da sich die Platzierungsansprüche der Kunden auf Such-, Wahrnehmungs- und Entscheidungsprozesse beziehen können, werden diese Prozesse dargestellt und in ein formalisierbares Modell integriert. Das entwickelte Modell bildet die Grundlage für die abzuleitenden Hypothesen und Wirkungsfunktionen in den nachfolgenden Kapiteln.

Kapitel 5 geht auf die Frage ein, wie Sortimente kundenorientiert gegliedert werden können, um hieraus Regal- und Flächenstrukturen abzuleiten. Hierzu werden die aus der Literatur bekannten Gliederungsmethoden diskutiert und weiterentwickelt. Die favorisierten Methoden werden beispielhaft angewendet und es wird gezeigt, wie sich die Methoden in ein Layout-Planungssystem integrieren lassen.

Kapitel 6 soll schließlich zeigen, wie die Zuteilung von Regalkapazitäten auf der Basis verhaltenswissenschaftlich fundierter Wirkungszusammenhänge optimiert werden kann. Hierzu wird das in Kapitel 4 entwickelte Modell formalisiert, um zu geeigneten Wirkungsfunktionen zu gelangen. Die theoretischen Ausführungen werden dabei durch empirisch ermittelte Wirkungszusammenhänge gestützt und anhand simulierter Platzierungsprobleme veranschaulicht. Auf der Basis der entwickelten Responsefunktionen wird ein naturadaptives Optimierungsverfahren entwickelt, mit dem sich Platzierungsentscheidungen wahlweise kurzfristig erfolgs- oder langfristig kundenorientiert treffen lassen. Das Verfahren wird anschließend erweitert, indem auch die Sortimentspolitik und die Warenkalkulation einbezogen werden.

Kapitel 7 schließt mit einer Zusammenfassung der Ergebnisse und Hinweisen auf weiteren Forschungsbedarf.

Da die in der Arbeit verwendeten empirischen Daten im Rahmen eines Praxisprojektes erhoben wurden, bei dem mit einem Hersteller von Schreibwaren zusammengearbeitet wurde, beziehen sich auch viele Beispiele innerhalb der Arbeit auf diesen Warenbereich. Des Weiteren werden Platzierungsprobleme aus der Sicht solcher Betriebsformen betrachtet, in denen Güter des täglichen Bedarfs in Selbstbedienung angeboten werden. Hierzu zählen insbesondere Verbrauchermärkte und SB-Warenhäuser.[18]

---

[18] Vgl. zur Definition dieser Betriebsformen: Ausschuß für Begriffsdefinitionen aus der Handels- und Absatzwirtschaft (Hrsg.): Katalog E. Begriffsdefinitionen aus der Handels- und Absatzwirtschaft, 4. Ausg., Köln 1995, S. 46f.

2 Die Warenplatzierung als betriebliches Entscheidungsproblem

Im Mittelpunkt dieser Arbeit steht die Frage, wie Waren kundenorientiert platziert werden können. Es geht also um ein klassisches betriebswirtschaftliches Entscheidungsproblem, nämlich wie hinsichtlich bestimmter Aktionsparameter (Platzierungsparameter) Aktionen bestimmt werden können, die unter gegebenen Umständen die gesetzten Ziele (unmittelbar erfolgs- und kundenorientierte Ziele) in bestmöglichem Maße erreichen. Bevor in den folgenden Kapiteln Beiträge zur Lösung des Problems einer kundenorientierten Warenplatzierung entwickelt werden, gilt es zunächst, das Entscheidungsfeld selbst zu strukturieren und abzustecken.

Hierzu wird zunächst der Aktionsraum dargestellt, wobei zum einen auf die einzelnen Parameter der Warenplatzierung eingegangen wird, andererseits aber auch auf die Einordnung der Warenplatzierung in das System absatzpolitischer Instrumente. Weiterhin werden die Zielgrößen der Warenplatzierung dargestellt, wobei sowohl auf die klassischen ökonomischen Erfolgsgrößen als auch auf die Kundenorientierung als Platzhalter für langfristige Zielgrößen wie Kundenzufriedenheit und Kundenbindung eingegangen wird. Daran anschließend wird ein kurzer Überblick über die relevanten Umweltparameter der Warenplatzierung gegeben.

2.1 Aktionsparameter der Warenplatzierung

Gegenstand der Warenplatzierung sind alle Entscheidungen, an welchem Ort, in welchem Umfang und in welcher Form einzelne Artikel, Warengruppen oder Warenbereiche (= Platzierungseinheiten) im Verkaufsraum oder im Regal platziert werden sollen.[1] In Abbildung 2.1 sind verschiedene Systematiken dargestellt, mit deren Hilfe platzierungspolitische Aktionsparameter systematisiert und in das absatzpolitische Instrumentarium eingeordnet werden können.[2] Es finden sich in diesen Systematiken die Begriffe Verkaufsraumgestaltung (*Gröppel*), Ladengestaltung (*Baumgartner*), Ladenatmosphäre (*Bost*) sowie Platzierungs- und Präsentationspolitik (*Heidel/Müller-Hagedorn*).

Baumgartner (1981)	**Problembereiche der Ladengestaltung**[3] 1. Layout (Raumaufteilung und Raumanordnung) 2. Space-Utilisation (qualitative und quantitative Raumzuteilung) 3. Interior Design (Raumeinrichtung) 4. Exterior Design (Ladenfrontgestaltung)
Bost (1987)	**Ladenatmosphäre läßt sich ... gestalten durch**[4] 1. Außengestaltungselemente 2. Ladenstrukturelemente (u. a. Warenanordnung, Orientierungshilfen) 3. Warenpräsentationstechniken (u. a. Warenträger, Dekoration) 4. Atmosphärische Umfeldelemente (u. a. Farben, Ausleuchtung)
Heidel/ Müller-Hagedorn (1989)	**Platzierungspolitik**[5] 1. Die Bildung von Warenbereichen 2. Die Aufteilung der Verkaufsfläche auf vorgegebene Warenbereiche 3. Die Aufteilung der Regalkapazität auf eine vorgegebene Anzahl von Artikeln **Präsentationspolitik**
Gröppel (1991)	**Gestaltungsbereiche im Verkaufsraum**[6] 1. Layout (Raumaufteilung und Raumanordnung) 2. Space-Utilisation (qualitative und quantitative Raumzuteilung) 3. Interior Design (Raumeinrichtung) 4. Atmospherical Surroundings (Raumumfeldgestaltung)

Abb. 2.1:   Einordnung und Systematisierung platzierungspolitischer Aktionsparameter bei verschiedenen Autoren

---

[1]   Im Rahmen dieser Arbeit werden die Sortimentsebenen Warenbereich (= Abteilung, z. B. Schreibwaren), Warengruppe (= Artikel gleicher Gattung, z. B. Füller) und Artikel (= kleinste Dispositionseinheit) unterschieden. Alternative Einteilungen des Sortiments in Ebenen, sog. Sortimentspyramiden, finden sich bei Müller-Hagedorn, L.: Handelsmarketing, 2. Aufl., Stuttgart-Berlin-Köln 1993, S. 157f.; Ausschuß für Begriffsdefinitionen aus der Handels- und Absatzwirtschaft (Hrsg.), 1995, S. 24; Seyffert, R.: Wirtschaftslehre des Handels, 5. Aufl., Opladen 1972, S. 65.

[2]   Vgl. zur Systematik der absatzpolitischen Instrumente eines Handelsbetriebes Müller-Hagedorn, L., 1993, S. 48-51; Müller-Hagedorn, L., 1998a, S. 360-364.

[3]   Vgl. Baumgartner, R.: Ladenerneuerung. Store Modernization, Uttwil 1981, S. 24-54.

[4]   Vgl. Bost, E., 1987, S. 11.

[5]   Vgl. Heidel, B./Müller-Hagedorn, L.: Plazierungspolitik nach dem Verbundkonzept im stationären Einzelhandel. Eine Wirkungsanalyse, in: Marketing ZFP, 11. Jg. (1989), H. 1, S. 20.

[6]   Vgl. Gröppel, A., 1991, S. 59.

Der Begriff **Ladengestaltung** bzw. **Ladenatmosphäre** umfasst bei *Baumgartner* und *Bost* Außen- und Innengestaltung, wohingegen sich die **Verkaufsraumgestaltung** nur auf das innere der Verkaufsstelle bezieht, wie in der Systematik von *Gröppel* deutlich wird.

Bezüglich der Innengestaltung kann nach *Heidel/Müller-Hagedorn* zwischen **Platzierungspolitik** und **Präsentationspolitik** unterschieden werden. Diese Unterscheidung erscheint sinnvoll, weil Platzierungs- und Präsentationspolitik auf ein unterschiedliches verhaltenswissenschaftliches Fundament zurückgreifen.

So stehen bei der Präsentationspolitik häufig emotionale Wirkungen im Vordergrund, indem z. B. über die Auswahl von Warenträgern, Dekorationsmitteln und Raumgestaltungsparametern eine möglichst angenehm empfundene Einkaufsatmosphäre geschaffen werden soll. Die Gestaltung der Einkaufsatmosphäre kann sich dabei an verschiedenen Präsentationslooks[7] oder Erlebnisbereichen, wie z. B. Jugendlichkeit, Rustikalität oder Avantgarde,[8] orientieren. Ebenso können Corporate Identity und Corporate Design Vorgaben für die Gestaltung der Einkaufsatmosphäre liefern.[9]

Die Platzierungspolitik beinhaltet dagegen Entscheidungen über die Warenanordnung und Kapazitätsverteilung, die sich häufig an kognitiven Prozessen, beispielsweise Such- und Wahrnehmungsprozessen der Kunden, orientieren. Im Hinblick auf die Platzierungspolitik lassen sich Regal- und Flächenmanagement unterscheiden. Während das **Flächenmanagement** die Bildung von Warenbereichen und die Aufteilung der Verkaufsfläche auf diese umfasst,[10] beinhaltet das **Regalmanagement** die Platzierung einzelner Artikel im Regal. Im Rahmen dieser Arbeit beziehen sich viele Ausführungen auf das Regalmanagement am Beispiel einer Schreibwarenabteilung. Dennoch wird häufig allgemein von Warenplatzierung gesprochen, da die im Einzelnen dargestellten verhaltenswissenschaftlichen Zusammenhänge und die daraus abgeleiteten Platzierungsmethoden sich auch auf Probleme des Flächenmanagements übertragen lassen.

---

[7] Vgl. Küthe, E.: Einzelhandels-Marketing, Stuttgart u. a. 1980, S. 121-126; Dodt, U.: Produktpräsentation – Mittel der Verkaufsförderung im Marketing, Köln 1980.

[8] Vgl. Weinberg, P.: Erlebnisorientierte Einkaufsstättengestaltung im Einzelhandel, in: Marketing ZFP, 8. Jg. (1986), H. 2, S. 98; Weinberg, P.: Erlebnismarketing, München 1992, S. 123f.

[9] Vgl. z. B. Müller-Hagedorn, L.: Corporate Identity im Handel, in: Kristahn, H.-J./Linneweh, K. (Hrsg.): Das Unternehmen als Persönlichkeit. Chancen durch CI, Berlin 1991, S. 42-44; Ackermann, C.: Konzepte der Ladengestaltung. Beitrag zur Profilierung und Rationalisierung im Einzelhandel, Lohmar-Köln 1997, S. 64f. Zu den Begrifflichkeiten vgl. den Überblick bei Koppelmann, U.: Produktmarketing. Entscheidungsgrundlagen für Produktmanager, 6. Aufl., Berlin u. a. 2001, S. 276-279.

[10] Vgl. hierzu auch Falk, B.: Flächen-Management, in: Trommsdorff, V. (Hrsg.): Handelsforschung 1991. Erfolgsfaktoren und Strategien, Wiesbaden 1992, S. 157-167.

Das Regalmanagement lässt sich durch verschiedene Aktionsparameter charakterisieren:

- die **Platzierungsform** der Artikel (welche Artikel sollen z. B. hängend, welche liegend oder stehend platziert werden?),
- die **Bildung und Anordnung von Platzierungsgruppen** (welche Artikel sollen in räumlicher Nähe zueinander platziert werden? – Festlegung der Regalstruktur),
- die **Zuweisung von Platzierungsorten** (an welchem Ort sollen Platzierungsgruppen oder Artikel platziert werden? – Qualitative Zuteilung von Regalkapazitäten),
- die **Zuweisung von Facings** (wie viele Frontstücke soll ein Artikel erhalten? – Quantitative Zuteilung von Regalkapazitäten).

Die vier Aktionsparameter des Regalmanagements lassen sich auch auf das Flächenmanagement übertragen. Die Aktionsparameter des Flächenmanagements sind dann dementsprechend die Platzierungsform der Warenbereiche, die Bildung und Anordnung von Warenbereichen sowie die qualitative und quantitative Zuweisung von Verkaufsfläche zu den gebildeten Warenbereichen.

Neben den genannten vier Entscheidungsproblemen ordnet *Höller* auch die Warenträgerauffüllung und Warenpflege der warenträgerinternen Platzierung zu.[11] Dieser Vorgehensweise soll hier nicht gefolgt werden, da es sich um Parameter handelt, die der Lagerpolitik zuzurechnen sind. Gleichwohl besteht ein enger Zusammenhang insbesondere zwischen Bestandsmanagement und der Anzahl von Frontstücken. So können sich allein auf Grund von Bestandsanforderungen Restriktionen hinsichtlich der minimal im Regal zu platzierenden Einheiten eines Artikels ergeben. Weitere Restriktionen ergeben sich aus den beschränkten Regal- und Flächenkapazitäten im Verkaufsraum.

In Abbildung 2.2 sind noch einmal die Aktionsparameter der Verkaufsraumgestaltung zusammengefasst.

---

[11] Vgl. Höller, W., 1987, S. 4.

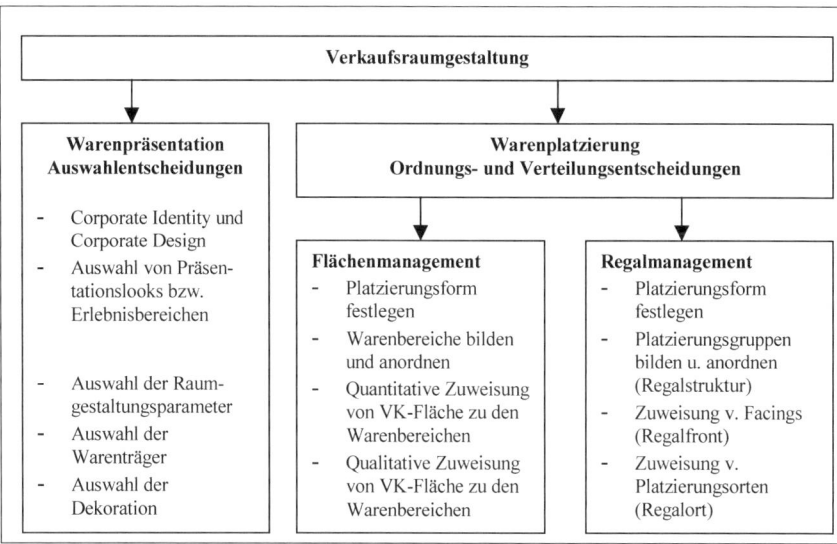

Abb. 2.2:   Einordnung und Systematisierung platzierungspolitischer Aktionsparameter im Rahmen dieser Arbeit

2.2 Das Verhältnis der Warenplatzierung zu Space- und Category Management

Probleme der Warenplatzierung werden häufig im Zusammenhang mit den Managementkonzeptionen Space- und Category Management behandelt. Das Verhältnis der Warenplatzierung zu diesen beiden Managementkonzeptionen soll im Folgenden kurz erläutert werden.

2.2.1 Spacemanagement

In der Literatur begegnet man im Zusammenhang mit Platzierungsproblemen häufig dem Begriff Spacemanagement (SM). Im Unterschied zur Warenplatzierung, die ein absatzpolitisches Instrument beschreibt, wird dem Spacemanagement bereits eine Zielorientierung zugeschrieben, nämlich die Maximierung der Regalrendite unter der Nebenbedingung gegebener Raumkapazitäten. Dies verdeutlicht auch die Definition von *Bormann*. Er beschreibt Spacemanagement als *„die Optimierung der Verkaufsfläche durch renditeorientierte Warenplacierung. Also nicht das, was der Fachmann „Extensiv-Wirtschaft" nennt, die Steigerung von Umsatz und Ertrag durch Vergrößerung der Verkaufsfläche, sondern durch*

„Intensiv-Wirtschaft", die Steigerung von Umsatz und Ertrag durch Optimierung bestehender Verkaufsflächen. "[12]

Andere Definitionen von Spacemanagement implizieren die Lösung des Platzierungsproblems mit Hilfe EDV-gestützter Verfahren, sog. Spacemanagementsystemen. So weist *von der Heydt* auf die Verflechtung von Space- und Informationsmanagement hin, indem er den Begriff Spacemanagement wie folgt umschreibt: *„Space Management ist die im Idealfall mit Hilfe eines EDV-gestützten Informationsmanagements durchgeführte aktive (zukunftsweisende) und marketingorientierte Optimierung der zur Verfügung stehenden Verkaufsfläche, wobei Umsatz- und Ertragsgesichtspunkte als ständige Richtgrößen herangezogen werden können.* "[13]

2.2.2 Category Management und Efficient Consumer Response

Eine weitere platzierungsbezogene Managementkonzeption ist das Category Management. Der Begriff Category Management (CM) findet sich zusammen mit dem Begriff Efficient Consumer Response (ECR) seit Beginn der neunziger Jahre in der wissenschaftlichen Literatur und Diskussion.[14] Da Category Management ein Teil der ECR-Konzeption ist, soll zunächst kurz auf diesen übergeordneten Begriff eingegangen werden.

1. Efficient Consumer Response

Efficient Consumer Response kann durch zwei konstitutive Merkmale definiert werden: die interorganisatorische Zusammenarbeit zwischen Industrie und Handel und die Gestaltung der Geschäftstätigkeit aus Kundensicht.

Der Aspekt der interorganisatorischen Zusammenarbeit kommt in der Definition von *Tietz* zum Ausdruck, der ECR wie folgt umschreibt: *„Efficient Consumer Response (...) ist ein (...) Schlagwort (...), das ganzheitliche integrierte Steuerungs- und Rationalisierungskonzepte der Waren- und Informationsprozesse zwischen Industrie und Handel kennzeichnet.* "[15] *Homburg/Grandinger/Krohmer* betonen dagegen die Kundenperspektive, indem sie das Hauptziel des ECR-Konzeptes darin sehen, ein Distributionssystem zu schaffen, *„bei dem die Produktion durch die Nachfrage der Konsumenten am Point of Sale gesteuert wird.* "[16]

---

[12] Bormann, R. W.: Wie man SB-Verkaufsflächen optimiert. Mit „Space Management" mehr Rendite im Regal, in: Dynamik im Handel, 29. Jg. (1985), H. 11, S. 31.

[13] Von der Heydt, A.: Efficient Consumer Response (ECR). Basisstrategien und Grund-techniken, zentrale Erfolgsfaktoren sowie globaler Implementierungsplan, 2. Aufl., Frankfurt/Main u. a. 1997, S. 94.

[14] Vgl. Kurt Salmon Associates (Hrsg.), 1993; Coca-Cola-Retailing-Research-Group-Europe (Hrsg.), 1994.

[15] Tietz, B.: Efficient Consumer Response (ECR), in: WiSt, 24. Jg. (1995), H. 10, S. 529.

[16] Homburg, C./Grandinger, A./Krohmer, H.: Erfolg durch Kooperation mit dem Handel, in: absatzwirtschaft, 39. Jg. (1996), H. 10, S. 86.

Vielfach wird ECR auch als Dachkonzeption für die vier Basisstrategien Efficient Replenishment, Efficient Promotion, Efficient Store Assortment und Efficient Product Introduction gesehen,[17] wobei Probleme der Warenplatzierung neben Fragen der Sortimentsgestaltung zum Bereich des Efficient Store Assortment (EA) gerechnet werden: *„Efficient Assortment (EA) ist eine Basisstrategie von ECR, die durch eine von Handel und Hersteller getragene effiziente Sortimentsgestaltung den am POS zur Verfügung stehenden Platz optimal nutzen und gleichzeitig die Kundenzufriedenheit steigern will, um so den beteiligten Unternehmen wie auch den Konsumenten einen maximalen Nutzen zu stiften.“*[18]

Im Unterschied zum Spacemanagement beinhaltet Efficient Store Assortment u. a. eine Erweiterung der Zielperspektive, indem auch die Kundenzufriedenheit als Zielgröße berücksichtigt werden soll.

2. Category Management

Das Category Management bildet den nachfragebezogenen oder marketing-orientierten Teil des ECR-Konzepts.[19] Dabei liegt der Schwerpunkt in der effizienten Sortimentsgestaltung, wobei sich aber auch Folgen für die beiden anderen marketingorientierten Strategien, nämlich Efficient Promotion und Efficient Product Introduction, ergeben.[20] Der Begriff Category Management selbst wird im Zusammenhang mit diesen Strategien in verschiedener Weise verwendet, nämlich als Konzept der endverbraucherorientierten Sortimentsgliederung, als Geschäftsplanungsprozess, als internes Organisationsprinzip[21] und als Prinzip der warengruppenorientierten Kooperation zwischen Industrie und Handel (vgl. Abbildung 2.3).[22]

---

[17] Vgl. z. B. ECR Europe (Hrsg.): Category Management Best Practices Report, o. O. 1997, S. 36.

[18] Von der Heydt, A., 1997, S. 79.

[19] Vgl. Swoboda, B.: Wertschöpfungspartnerschaften in der Konsumgüterwirtschaft: Ökonomische und ökologische Aspekte des ECR-Managements, in: WiSt, 26. Jg. (1997a), H. 9, S. 451.

[20] Vgl. Müller-Hagedorn, L. et al.: Vertikales Marketing. Trends in der Praxis und Schwerpunkte der theoretischen Diskussion, in: Marketing ZFP, 21. Jg. (1999), H. 1, S. 65.

[21] Category Management (CM) als Organisationsprinzip in einem Hersteller-Unternehmen wird häufig auch als Category Consulting (CC) bezeichnet. Vgl. hierzu auch Hahne, H.: Category Management aus Herstellersicht, Lohmar-Köln 1998, S. 64f.

[22] Vgl. Müller-Hagedorn, L./Zielke, S.: Category Management, in: Albers, S./Herrmann, A. (Hrsg.): Handbuch Produktmanagement. Strategieentwicklung – Produktplanung – Organisation – Kontrolle, Wiesbaden 2000, S. 859-882; ähnlich auch Feld, C.: Category Management im Handel, Arbeitspapier Nr. 8 des Seminars für Allgemeine Betriebswirtschaftslehre, Handel und Distribution an der Universität zu Köln, Köln 1996, S. 5-8.

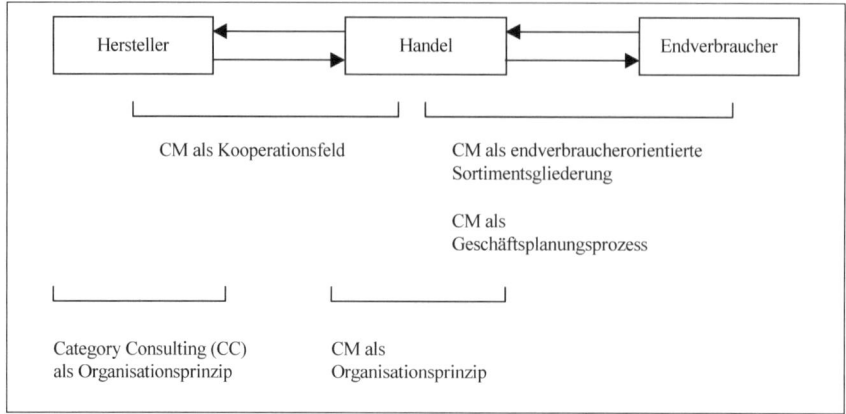

Abb. 2.3:   Elemente des Category Managements (*Müller-Hagedorn/Zielke*, 2000, S. 864)

Bezug zur Warenplatzierung hat insbesondere die Forderung nach einer endverbraucherorientierten Sortimentsgliederung, die sich in den Regalstrukturen niederschlagen soll. Im Unterschied zur traditionellen Abgrenzung von Warengruppen, die sich häufig an der substantiellen Ähnlichkeit der Artikel orientiert, sollen Kategorien nach kundenorientierten Kriterien gebildet und gegliedert werden. Dies kommt auch in der Abgrenzung des Kategoriebegriffs nach *ECR Europe* zum Ausdruck: „*Eine Warengruppe (Category) ist eine abgrenzbare, eigenständig steuerbare Gruppe von Produkten und/oder Dienstleistungen, welche die Konsumenten als unterschiedlich und/oder austauschbar in der Befriedigung ihrer Bedürfnisse erkennen.*"[23] Im Rahmen dieser Arbeit wird der Warengruppenbegriff in der Regel für bestimmte Produktgattungen (z. B. Kugelschreiber) verwendet, während der Kategoriebegriff sich eher auf größere Sortimentseinheiten (z. B. den Warenbereich Schreibwaren oder die Untergruppen Schule oder Büro) bezieht.

Auch der von *ECR Europe* entwickelte Category Management-Geschäftsplanungsprozess ist für die Warenplatzierung von Bedeutung. Hierbei werden Bausteine, die in der Betriebswirtschaftslehre generell herangezogen werden, um Planungs- und Kontrollprozesse zu gestalten, in den Bereich des Warengruppenmanagements übertragen.[24] So lassen sich in dem Geschäftsplanungsprozess Analyse-, Planungs-, Realisations- und Kontrollelemente identifizieren, wobei allerdings Analyse und Planung teilweise miteinander verwoben sind (vgl. Abbildung 2.4).

---

[23] Vgl. ECR Europe (Hrsg.), 1997, S. 38.

[24] Vgl. zum Managementzyklus Wild, J.: Grundlagen der Unternehmensplanung, Reinbek 1974, S. 37; Müller-Hagedorn, L.: Der Handel, Stuttgart-Berlin-Köln 1998, S. 127. Vgl. alternativ auch das Prozessschema von *ACNielsen* bei Nielsen Marketing Research (Hrsg.): Category Management. Positioning your Organization to Win, Lincolnwood, Ill. 1992.

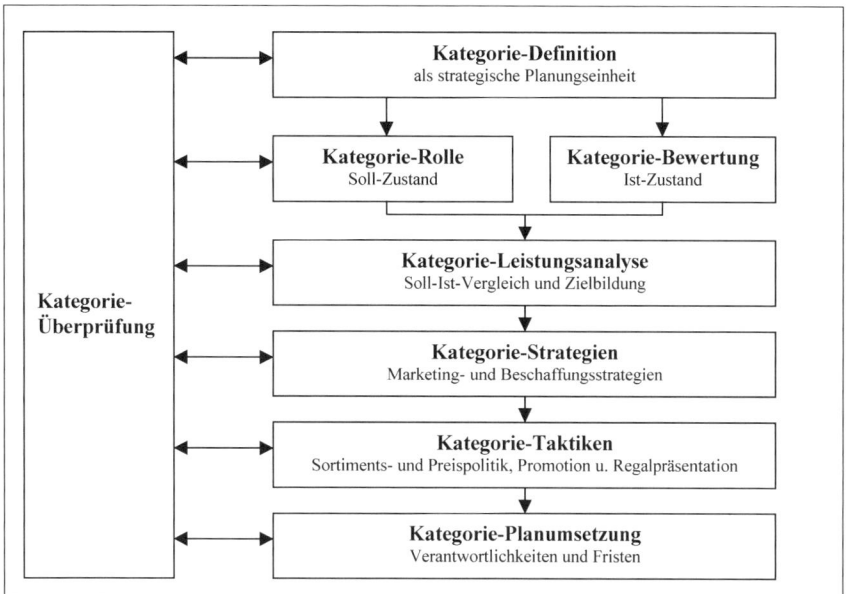

Abb. 2.4:   Der Category-Management-Prozess nach *ECR Europe* (vgl. *ECR Europe*, 1997, S. 36)

Eine besondere Stellung nehmen in dem Geschäftsplanungsprozess die Kategorie-Rollen ein. Mit der Rolle soll festgelegt werden, welche Prioritäten einer Kategorie für das Unternehmensziel des Händlers zukommen. Dabei werden Profilierungs-, Pflicht-, Impuls-/Saison- und Ergänzungsrolle unterschieden. Die zugewiesene Rolle bestimmt Ziele, Strategien und Taktiken für die Kategorie. Kriterien für die Rollenzuweisung zu einer Kategorie sind deren Bedeutung für die Zielgruppe des Händlers, die Bedeutung für die Umsetzung des strategischen Konzepts sowie die Aussichten der Kategorie im Markt des Händlers.[25] Abbildung 2.5 gibt einen Überblick über mögliche Rollen von Kategorien. Während Profilierungskategorien das Image des Händlers definieren, kommt Pflicht- und Ergänzungskategorien eine wesentliche Rolle bei der Generierung von Ertrag, Cashflow und Gesamtkapitalrendite zu. Impuls-/Saisonkategorien sollen schließlich zusätzliche Käufe auslösen.

Für die Warenplatzierung ist die Rollenzuweisung insofern bedeutsam, als dass sie eine differenzierte Auswahl der Zielgrößen für unterschiedliche Kategorien ermöglicht. So erscheint es sinnvoll, eine Profilierungskategorie, die das Image des Händlers definiert, anhand kundenorientierter Kennzahlen zu beurteilen. Bei Pflicht- und Ergänzungskategorien könnten dagegen unmittelbar Deckungsbei-

---

[25]   Vgl. ECR Europe (Hrsg.), 1997, S. 35-78.

tragssteigerungen, bei Impulskategorien Absatzsteigerungen angestrebt werden.[26] Im entscheidungstheoretischen Kontext haben die Kategorie-Rollen somit die Aufgabe, Präferenzrelationen (Gewichtungen) für unterschiedliche Zielgrößen festzulegen.[27]

Profilierungs-kategorie i. d. R. 5-7% aller Kategorien	- Händler ist beim Zielkunden Primäranbieter für die Kategorie. - Kategorie definiert das Profil des Händlers aus Sicht des Zielkonsumenten. - Kategorie bietet dem Zielkonsumenten dauerhaft überdurchschnittlichen Nutzen. - Führende Warengruppe des Händlers hinsichtlich Umsatz, Marktanteil, Kundenzufriedenheit, Service und Effizienz. - Kategorie trägt zur Weiterentwicklung von Personal, Systemen und technologischen Aspekten bei.
Pflichtkategorie i. d. R. 55-60% aller Kategorien	- Händler ist beim Zielkunden bevorzugter Anbieter für die Kategorie. - Kategorie baut das Image des Händlers auf. - Kategorie bietet dem Zielkonsumenten dauerhaft hohen Nutzen. - Kategorie kommt eine wesentliche Rolle für die Generierung von Ertrag, Cashflow und Gesamtkapitalrendite zu.
Impuls-/Saison-kategorie i. d. R. 15-20% aller Kategorien	- Händler ist beim Zielkunden Hauptanbieter für die Kategorie. - Kategorie verstärkt Image des Händlers. - Kategorie bietet dem Zielkunden einen hohen Verbrauchernutzen. - Kategorie kommt eine sekundäre Rolle bei der Verbesserung von Ertrag, Cashflow und Gesamtkapitalrendite zu.
Ergänzungs-kategorie i. d. R. 15-20% aller Kategorien	- Kategorie positioniert den Händler beim Zielkunden als umfassender Anbieter. - Kategorie bietet dem Zielkunden einen guten Verbrauchernutzen. - Kategorie kommt eine wichtige Rolle bei der Generierung von Erträgen und Margenverbesserung zu.

Abb. 2.5:   Kategorie-Rollen (Vgl. *ECR Europe*, 1997, S. 43)

2.3 Zielgrößen der Warenplatzierung

Die Ausführungen zum Space- und Category Management sollten zeigen, dass für die Warenplatzierung unterschiedliche Zielgrößen herangezogen werden können. Zum einen können unmittelbar erfolgsorientierte Ziele verfolgt werden, zum anderen aber auch kundenorientierte Zielgrößen, denen erst mittelbar ein ökonomischer Nutzen zuzurechnen ist. Im Folgenden sollen beide Gruppen von Zielgrößen kurz dargestellt werden.

---

[26] Vgl. hierzu näher Abschnitt 6.3.2.1.
[27] Vgl. zum Begriff der Präferenz bzw. Präferenzrelation auch Sieben, G./Schildbach, T.: Betriebswirtschaftliche Entscheidungstheorie, 4. Aufl., Düsseldorf 1994, S. 25-30.

2.3.1 Erfolgsorientierte Zielgrößen

Als erfolgsorientiert sollen im Rahmen dieser Arbeit solche Ziele bezeichnet werden, die sich auf Kennziffern beziehen, die im Rechnungswesen eines Handelsunternehmens erfasst werden und Auskunft über den Erfolgsbeitrag einer Sortiments- oder Platzierungseinheit geben.[28]

Im Handel wird traditionell der Deckungsbeitrag als erfolgsorientierte Zielgröße herangezogen. Der **Deckungsbeitrag** ergibt sich als Differenz von Umsatz und variablen Kosten. Bei der im Handel angewandten mehrstufigen Deckungsbeitragsrechnung bezieht sich die Variabilität dabei immer auf das jeweils zur Disposition stehende Entscheidungsobjekt (z. B. auf Artikel, Warengruppen, Warenbereiche). Hierdurch soll sichergestellt werden, dass Kosten nur auf der Ebene verrechnet werden, auf der sie beeinflussbar sind.[29]

Da die Warenplatzierung in der Regel unter der Nebenbedingung begrenzter Raumkapazitäten erfolgt, erweist es sich möglicherweise als sinnvoll, abweichend von den Grundsätzen der Deckungsbeitragsrechnung, auch die Kosten der Beanspruchung von Regalkapazitäten in der Zielgröße zu berücksichtigen. In der Praxis wird hierzu häufig die **Direkte Produkt-Rentabilität** (DPR) herangezogen.[30] Hierzu werden von dem Deckungsbeitrag eines Artikels zusätzlich direkt zurechenbare Handlungskosten (auch Raum- oder Personalkosten) abgezogen. Neben den aus der Teilkostenrechnung bekannten Problemen, wie der Wahl der Verrechnungsschlüssel oder dem Ansatz kalkulatorischer Kosten, stellt sich insbesondere die Frage nach der Entscheidungsrelevanz der Kosten.[31] Die Entscheidungsrelevanz ist für die Raumkosten in der Regel nicht gegeben, da die Kosten auch bei kompletter Elimination einer Warengruppe weiterhin anfallen. Als

---

[28] Mit der Beschränkung auf Daten aus dem Rechnungswesen werden erfolgsorientierte Zielgrößen somit sehr eng abgegrenzt. Qualitative Zielgrößen aus der Marktforschung, die auch erfolgsdeterminierend sein können, bleiben hierbei zunächst ausgeklammert. Auf sie wird erst im Rahmen kundenorientierter Ziele eingegangen.

[29] Vgl. hierzu z. B. Müller-Hagedorn, L., 1993, S. 175; sowie Gümbel, R./Brauer, K. M.: Neue Methoden der Erfolgskontrolle und Planung in Lebensmittelfilialunternehmungen: Deckungsbeitragsrechnung und Mathematische Hilfsmittel, in: Gümbel, R. et al. (Hrsg.): Unternehmensforschung im Handel. Untersuchungen über die Anwendungsmöglichkeiten mathematischer Verfahren in der Unternehmensforschung in Warenhandelsbetrieben, Rüschlikon-Zürich 1969, S. 23-52.

[30] Vgl. z. B. Hambuch, P: Space-Management – Ansatzpunkte zur Operationalisierung, in: Irrgang, W. (Hrsg.): Vertikales Marketing im Wandel. Aktuelle Strategien und Operationalisierungen zwischen Hersteller und Handel, München 1993, S. 391-420; Kunz, A.: Regaloptimierung im Handel. Eine kritische Analyse EDV-gestützter Verfahren, Arbeitspapier Nr. 39 der Schriftenreihe Schwerpunkt Marketing an der Universität Augsburg, 2. Aufl., Augsburg 1994; Kempcke, T.: DPR – Ein wichtiges Instrument für Flächen- und Category Management, in: EHI (Hrsg.): Flächenmanagement. Ein Baustein des Category Management, Köln 1997, S. 42-44.

[31] Vgl. z. B Schröder, H.: Die DPR-Methode auf dem Prüfstand, in: absatzwirtschaft, 33. Jg. (1990), H. 10, S. 110-121.

Alternative zur DPR können die genutzten Raumkapazitäten durch die **Netto-Rentabilität** (Deckungsbeitrag pro qm) berücksichtigt werden.[32] Wird der zur Verfügung stehende Raum als fix erachtet, geht eine Maximierung der Netto-Rentabilität mit einer Maximierung des Deckungsbeitrags einher. Der Deckungs-beitrag kann dann durch die Warenplatzierung unter anderem erhöht werden, indem der Absatz hoch kalkulierter Artikel gefördert wird. Aus diesem Grunde werden in den gängigen EDV-Programmen auch Absatz oder Umsatz als Zielgrößen verwendet.[33] Einige neuere Konzepte versuchen auch, Verbundbe-ziehungen in der Sortimentserfolgsrechnung zu berücksichtigen.[34]

Erfolgsorientierte Ziele können mit einer unterschiedlichen Fristigkeit verfolgt werden. So lassen sich durch Platzierungsmaßnahmen unmittelbare Effekte erzielen, wenn beispielsweise durch eine stimulierende Warenplatzierung die Verweildauer in der Abteilung erhöht wird und hierdurch in einem höheren Ausmaß ungeplante Käufe getätigt werden. Eine solche Platzierungspolitik würde den Absatzerfolg und damit möglicherweise auch den Umsatz und Deckungs-beitrag der Abteilung kurzfristig steigern. Erfolgsorientierte Ziele können aber auch langfristig und mittelbar verfolgt werden, indem versucht wird, durch eine kundenorientierte Warenplatzierung die Kundenzufriedenheit und Kundenbindung zu erhöhen. Hierauf geht der nächste Abschnitt ein.

2.3.2 Kundenorientierte Zielgrößen

Um kundenorientierte Zielgrößen abzuleiten, bedarf es zunächst einer Abgrenzung des Begriffs **Kundenorientierung**. Ein Überblick über einige Definitionsansätze zeigt ein uneinheitliches Begriffsverständnis (vgl. Abbildung 2.6).

Kühn und *Plinke* sehen Kundenorientierung vornehmlich als eine kunden-bezogene Denkhaltung oder Grundeinstellung an, *Narver/Slater* stellen das Hineinversetzen in den Kunden heraus, und *Trommsdorff* betrachtet Kundenorien-tierung sowohl als Denkhaltung als auch als spezielle Form der Perspektiven-übernahme. In den Definitionen von *Bruhn* kommt dagegen ein stärker handlungs-

---

[32] Vgl. auch Müller-Hagedorn, L./Divé, W.: Miete und Raumkosten in der Kostenrechnung, in: Selbstbedienung und Supermarkt, 14. Jg. (1970), H. 2, S. 44f.

[33] Vgl. Zielke, S.: Kundenorientierte Warenplazierung, Arbeitspapier Nr. 10 des Seminars für Allgemeine Betriebswirtschaftslehre, Handel und Distribution an der Universität zu Köln, Köln 1999, S. 69.

[34] Vgl. Merkle, E.: Die Erfassung und Nutzung von Informationen über den Sortimentsverbund, Berlin 1981, S. 149-163; Recht, P./Zeisel, S.: Unterstützung von verbundorientierten Sorti-mentsentscheidungen durch eine Sortimentserfolgsrechnung, in: ZfbF, 50. Jg. (1998), H. 5, S. 462-478; Zeisel, S.: Efficient Pricing und Efficient Assortment Planning für große Handels-und Dienstleistungssortimente, Münster 1999, S. 78-125; zur Diskussion vgl. auch Müller-Hagedorn, L.: Ausgleichsträger und Ausgleichsnehmer – Chacun pour soi-même ou chacun pour tous?, in: Woratschek, H. (Hrsg.): Perspektiven ökonomischen Denkens. Klassische und neue Ansätze des Managements, Frankfurt/Main 1998b, S. 93-114.

orientiertes Begriffsverständnis zum Ausdruck. Insgesamt finden sich in den Beiträgen von *Bruhn* unterschiedliche Definitionen, die sich hinsichtlich ihrer Weite unterscheiden.

Im Folgenden soll eine weite, handlungsorientierte Definition gewählt werden. Kundenorientierung wird danach verstanden als *„umfassende, kontinuierliche Ermittlung und Analyse der Kundenerwartungen sowie deren interne und externe Umsetzung in unternehmerische Leistungen sowie Interaktionen mit dem Ziel, langfristig stabile und ökonomisch vorteilhafte Kundenbeziehungen zu etablieren.“*[35] Aus diesem Begriffsverständnis lassen sich drei zentrale Elemente der Kundenorientierung ableiten:

1. Kundenorientierung impliziert die Ermittlung von Kundenerwartungen und Kundenansprüchen,
2. Kundenorientierung bedeutet, Kundenerwartungen und -ansprüche durch entsprechende Leistungen zu erfüllen, um Kundenzufriedenheit herzustellen,
3. Kundenorientierung ist kein Selbstzweck, sondern dient dem Ziel, langfristig stabile und ökonomisch vorteilhafte Kundenbeziehungen zu etablieren, ergo Kunden zu binden.

In der von *Bruhn* gewählten Definition kommt somit bereits die Wirkungskette von der Kundenorientierung über die **Kundenzufriedenheit** zur **Kundenbindung** zum Ausdruck.[36] Somit bilden Kundenzufriedenheit und Kundenbindung die Zielgrößen einer kundenorientierten Warenplatzierung. Auf diese beiden Konstrukte wird noch ausführlicher in Kapitel 3 dieser Arbeit eingegangen werden. Da die Bindung von Kunden langfristig einen positiven Einfluss auf den Absatz, Umsatz und Deckungsbeitrag haben kann, sind kundenorientierte Ziele damit streng genommen auch erfolgsorientiert. Die Wirkungen auf die Erfolgskennziffern stellen sich allerdings unter Umständen erst auf lange Sicht ein. Im Rahmen dieser Arbeit soll deshalb zwischen kurzfristiger Erfolgssteigerung einerseits und langfristiger Erfolgssicherung durch Verfolgen kundenorientierter Ziele andererseits unterschieden werden.

---

[35] Bruhn, M.: Kundenorientierung. Bausteine eines exzellenten Unternehmens, München 1999, S. 10.

[36] Die Wirkungskette ist allerdings nicht zwangsläufig; es sind auch Fälle denkbar, in denen die Befriedigung eines Anspruchs nicht zu Zufriedenheit führt oder in denen zufriedene Kunden Anbieter wechseln. Dies wird in Kapitel 3 näher problematisiert.

Narver/Slater (1990)	„.... customer orientation is the sufficient understanding of one´s target buyers to be able to create superior value for them continuously ... A customer orientation requires that a seller understand a buyer´s entire value chain ... , not only as it is today but also as it will evolve over time ...“[37]
Kühn (1991)	„Die Kundenorientierung soll ... als variable situativ zu beurteilende Grundeinstellung der Mitarbeiter einer Unternehmung zu den Kunden und Kundenbedürfnissen aufgefaßt werden.“[38]
Plinke (1996)	„Kundenorientierung wird als eine Haltung, eine Einstellung der Mitarbeiter zum Kunden gesehen. Diese Einstellung hat kognitive und emotionale Komponenten.“ „Kundenorientierung ist eine bestimmte Haltung von Führungskräften und Mitarbeitern im Unternehmen. Diese Haltung ist auf die Herstellung der Zufriedenheit eines bestimmten Kunden bzw. einer bestimmten Kundengruppe gerichtet.“ „Kundenorientierung ist darüber hinaus ein Verständnis der Rolle, die man gegenüber dem Kunden einnimmt.“[39]
Bruhn (1995)	„Kundenorientierung ist die umfassende, kontinuierliche Ermittlung, Analyse und Auswertung der leistungsbezogenen Kundenerwartungen sowie deren interne und externe Umsetzung in unternehmerische Leistungen mit dem Ziel, langfristig stabile und ökonomisch vorteilhafte Kundenbeziehungen zu etablieren.“[40]
Bruhn (1997)	„Kundenorientierung ist die systematische Umsetzung der Kundenerwartungen in leistungs- und interaktionsbezogene Maßnahmen mit dem Ziel, den Kundennutzen zu erhöhen und langfristig stabile Kundenbeziehungen zu etablieren.“[41]
Trommsdorff (1997)	„Kundenorientierung ist eine Haltung, die im kundengerichteten Verhalten und Handeln des Mitarbeiters und des ganzen Unternehmens zum Ausdruck kommt.“ „Kundenorientierung ist eine spezielle Ausprägung der Perspektivenübernahme, nämlich das virtuelle Hineinversetzen in den Kunden, um (a) seine Perspektive und das daraus resultierende Handeln zu antizipieren ... und (b) Konsequenzen für das eigene Handeln abzuleiten...“[42]

---

[37] Narver, J. C./Slater, S. F.: The Effect of a Market Orientation on Business Profitability, in: Journal of Marketing, 54. Jg. (1990), No. 4, S. 21.

[38] Kühn, R.: Methodische Überlegungen zum Umgang mit der Kundenorientierung im Marketing-Management, in: Marketing ZFP, 13. Jg. (1991), H. 2, S. 99.

[39] Plinke, W.: Kundenorientierung als Voraussetzung der Customer Integration, in: Kleinaltenkamp, M./Fließ, S./Jacob, F. (Hrsg.): Customer Integration. Von der Kundenorientierung zur Kundenintegration, Wiesbaden 1996, S. 45.

[40] Bruhn, M.: Internes Marketing als Baustein der Kundenorientierung, in: Die Unternehmung, 49. Jg. (1995), H. 6, S. 393.

[41] Bruhn, M.: Kundenorientierung im Handel durch professionelles Qualitätsmanagement – das Fallbeispiel Migros, in: Trommsdorff, V. (Hrsg.): Handelsforschung 1997/98. Kundenorientierung im Handel, Wiesbaden 1997, S. 48.

[42] Trommsdorff, V.: Kundenorientierung verhaltenswissenschaftlich gesehen, in: Bruhn, M./Steffenhagen, H. (Hrsg.): Marktorientierte Unternehmensführung. Reflexionen – Denkanstöße – Perspektiven, Wiesbaden 1997, S. 280 u. S. 289.

| Bruhn (1999) | „Kundenorientierung ist die umfassende, kontinuierliche <u>Ermittlung und Analyse der Kundenerwartungen</u> sowie deren interne und externe <u>Umsetzung in unternehmerische Leistungen</u> sowie <u>Interaktionen</u> mit dem Ziel, langfristig stabile und ökonomisch vorteilhafte Kundenbeziehungen zu etablieren."[43] |

Abb. 2.6:   Ansätze zur Definition von Kundenorientierung

Soll die Kundenorientierung von ähnlichen Konzepten abgegrenzt werden, stellt sich die Frage, wie Kundenorientierung im Verhältnis zu den Begriffen Markt-orientierung und Kundennähe zu sehen ist. Kundenorientierung wird häufig neben der Wettbewerbsorientierung und der funktionsübergreifenden Koordination als Verhaltenskomponente der **Marktorientierung** angesehen, stellt also nur ein Element der Marktorientierung dar.[44] Entsprechend sieht *Plinke* die Markt-orientierung als triadisch, d. h. auf das Dreieck Anbieter-Wettbewerber-Kunde ausgerichtet, während sich die Kundenorientierung auf die Erfüllung spezieller Kundenaufgaben bezieht, d. h. dyadisch nur die Beziehung zwischen Anbieter und Kunde betrifft.[45] Der Begriff **Kundennähe** geht auf *Peters/Waterman* zurück[46] und wird in der deutschsprachigen Literatur beispielsweise von *Albers/Eggert* oder *Homburg* verwendet.[47] *Bruhn* merkt hierzu an, dass der Begriff Kundennähe für eine leistungs- und interaktionsorientierte Interpretation der Kundenorientierung steht. Von der Kundennähe abzugrenzen wären demnach Interpretationen der Kundenorientierung, die sich auf das Sammeln kundenbezogener Informationen beschränken oder die Kundenorientierung auf eine Dimension der Unternehmens-kultur einengen.[48]

---

[43] Bruhn, M., 1999, S. 10.

[44] Vgl. Narver, J. C./Slater, S. F., 1990, S. 20-35; sowie ähnlich Kohli, A. K./Jaworski, B. J.: Market Orientation: The Construct, Research Propositions, and Managerial Implications, in: Journal of Marketing, 54. Jg. (1990), No. 2, S. 1-18.

[45] Vgl. Plinke, W.: Ausprägungen der Marktorientierung im Investitionsgüter-Marketing, in: ZfbF, 44. Jg. (1992), H. 9, S. 830-846.

[46] Vgl. Peters, T. J./Waterman, R. H.: In Search of Excellence. Lessons from America's Best-Run Companies, New York u. a. 1982.

[47] Vgl. Albers, S./Eggert, K.: Kundennähe. Strategie oder Schlagwort?, in: Marketing ZFP, 10. Jg. (1988), H. 1, S. 5-16; Eggert, K.: Die Strategie Kundennähe – Komponenten, Konzept, Erfolgspotential, Diss. Lüneburg 1993; Homburg, C.: Kundennähe von Industriegüter-unternehmen. Konzeption – Erfolgsauswirkungen – Determinanten, Wiesbaden 1995; sowie auch Krafft, M.: Der Kunde im Fokus: Kundennähe, Kundenzufriedenheit, Kundenbindung – und Kundenwert?, in: DBW, 59. Jg. (1999), H. 4, S. 511-530.

[48] Vgl. Bruhn, M., 1999, S. 6-10.

2.4 Umweltparameter der Warenplatzierung

Inwieweit die angestrebten Ziele mit Hilfe der Warenplatzierung erreicht werden können, hängt von verschiedenen Umweltparametern ab. *Heidel* und *Müller-Hagedorn* nennen hier als Bestimmungsfaktoren von Platzierungsentscheidungen das Verhalten der Konkurrenz, das Verhalten der Lieferanten, innerbetriebliche Restriktionen, das Verhalten der Konsumenten und gesetzliche Regelungen.[49]

Von besonderer Bedeutung ist hier sicherlich die Frage, wie die Kunden auf unterschiedliche Platzierungsmaßnahmen reagieren. Ob ein Artikel in Folge einer hervorgehobenen Platzierung beispielsweise häufiger gekauft wird, dürfte davon abhängen, wie attraktiv dieser Artikel von den Kunden angesehen wird. Ob ein Kunde durch eine stimulierende Platzierung zufrieden gestellt wird, hängt von seinen Ansprüchen an die Warenplatzierung ab.

Auch Aktivitäten der Konkurrenten und Lieferanten sowie die eigene strategische Positionierung bestimmen die Kundenreaktionen auf die Warenplatzierung. Im Hinblick auf die Konkurrenz ist beispielsweise zu vermuten, dass Kunden umso sensibler auf nicht zufrieden stellende Platzierungskonzepte reagieren, je stärker die Wettbewerbsintensität ist. Auch ist denkbar, dass Platzierungskonzepte der Konkurrenten einen Einfluss auf die Ansprüche an die Warenplatzierung haben. Das Verhalten der Lieferanten kann z. B. von Bedeutung sein, wenn diese durch Promotionaktivitäten den Absatz bestimmter Artikel forcieren wollen. Im Hinblick auf die strategische Positionierung dürfte eine stimulierende Warenplatzierung in einem erlebnisorientiert positionierten Geschäft andere Kundenreaktionen hervorrufen als in einem Geschäft, das sich über die Einkaufsbequemlichkeit profiliert.

Werden zu den Umweltparametern auch solche Größen gezählt, die mögliche Ausprägungen der Platzierungsparameter eingrenzen, ist hier insbesondere die beschränkte Verkaufs- und Regalfläche in den Handelsbetrieben zu nennen. Weitere Restriktionen können in Unter- und Obergrenzen für die zu platzierenden Einheiten eines Artikels liegen, die durch die Bestell- und Lagerpolitik vorgegeben sind.

---

[49]   Vgl. Heidel, B./Müller-Hagedorn, L., 1989, S. 19f.

2.5 Zusammenfassung des Entscheidungsfeldes

In Abbildung 2.7 ist das bisher strukturierte Entscheidungsfeld nochmals dargestellt. Dieses lässt sich wie folgt zusammenfassen:[50]

1. Die Handlungsalternativen der Warenplatzierung beziehen sich auf die Festlegung von Platzierungsformen, Flächen- und Regalstrukturen sowie auf die qualitative und quantitative Zuweisung von Raumkapazitäten.
2. Die Warenplatzierung kann sich an der unmittelbaren Steigerung von Erfolgskennziffern orientieren oder eine langfristige Erfolgssicherung durch Verfolgen kundenorientierter Ziele anstreben. Während zu den erfolgsorientierten Zielgrößen der Deckungsbeitrag, Deckungsbeitrag pro Quadratmeter und die Direkte Produkt-Rentabilität zählen, zielen kundenorientierte Zielgrößen auf die Befriedigung von Kundenansprüchen und damit auch auf die Kundenzufriedenheit und Kundenbindung ab.
3. Die zulässigen Ausprägungen der Platzierungsparameter sowie deren Einflüsse auf die einzelnen Zielgrößen werden durch Umweltparameter bestimmt. Zu diesen Umweltparametern zählen das Verhalten der Kunden, Konkurrenten und Lieferanten sowie innerbetriebliche Restriktionen und gesetzliche Regelungen.
4. Die Auswahl der Zielgrößen (Artenpräferenz) und die angestrebte Fristigkeit ihrer Beeinflussung (Zeitpräferenz) kann u. a. durch die Rolle der Kategorie bestimmt sein, in der die betreffenden Artikel platziert werden sollen. Für Profilierungskategorien kommen eher kundenorientierte Zielgrößen in Frage, die auf lange Sicht den Unternehmenserfolg sichern sollen. In den übrigen Kategorien können dagegen auch unmittelbar erfolgsorientierte Ziele (Erhöhung des Deckungsbeitrags, Absatzsteigerung durch Auslösen ungeplanter Käufe) verfolgt werden. Neben den Kategorie-Rollen können aber auch verschiedene Umweltparameter, beispielsweise die Ansprüche der Kunden, einen Einfluss auf die Präferenzrelationen haben.
5. Aus der Vielzahl denkbarer Platzierungsalternativen sollen diejenigen ausgewählt werden, deren Ergebnisse in Abhängigkeit der Präferenzrelationen den höchsten Nutzen stiften.

---

[50] Vgl. zur Darstellung von Entscheidungsfeldern z. B. Sieben, G./Schildbach, T., 1994, S. 15-31.

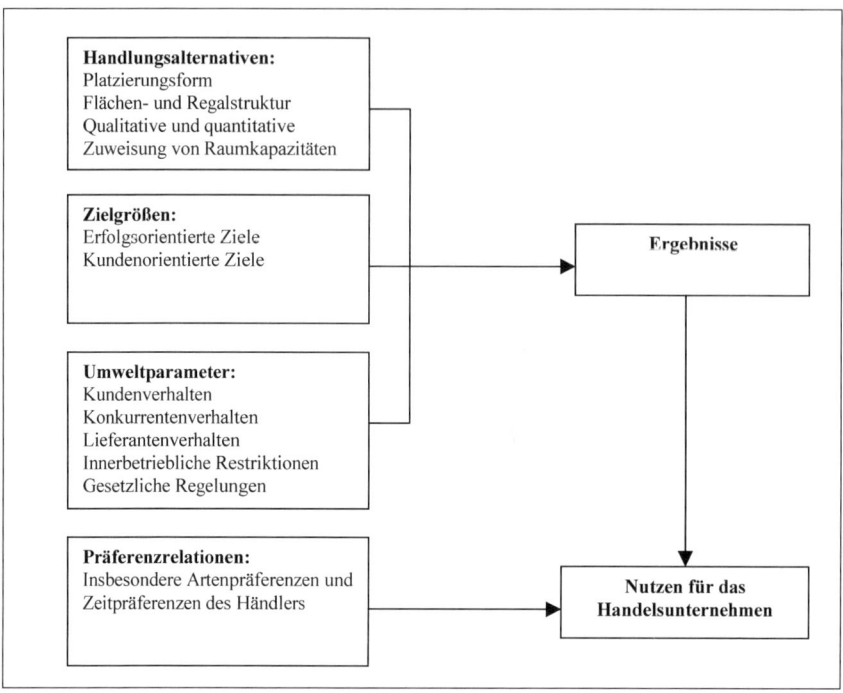

Abb. 2.7:   Das Entscheidungsfeld einer kundenorientierten Warenplatzierung aus der Sicht des Handels

3 Kundenansprüche an die Warenplatzierung

Kundenorientierung impliziert, dass Kundenansprüche in hohem Maße erfüllt werden. Soll die Warenplatzierung kundenorientiert erfolgen, ist es erforderlich, zunächst die Ansprüche von Kunden an die Warenplatzierung zu identifizieren und ihre Bedeutung für Zufriedenheitsurteile zu ermitteln. Da Unternehmen Kundenorientierung nicht um ihrer selbst Willen betreiben, interessiert des Weiteren, inwieweit die Erfüllung von Platzierungsansprüchen den ökonomischem Erfolg beeinflusst. Dies wird im Folgenden zunächst theoretisch und anschließend empirisch durch eine Befragung von Kunden der Schreibwarenabteilung eines SB-Warenhauses untersucht.

3.1 Die Ableitung von Platzierungsansprüchen

Zunächst müssen die Ansprüche identifiziert werden, die Kunden an die Warenplatzierung stellen. **Ansprüche** sind nach *Koppelmann „nahe an der Verhaltensoberfläche liegende gegenstandsgerichtete Wünsche.“*[1] Wird diese Definition auf die Warenplatzierung bezogen und die Nähe zur Verhaltens-oberfläche stärker konkretisiert, können unter **Platzierungsansprüchen** „platzierungsbezogene Wünsche mit Relevanz für Zufriedenheits- und Präferenzurteile" verstanden werden. **Platzierungsleistungen** drücken dementsprechend das Vermögen aus, durch Platzierungsparameter die Platzierungsansprüche zu befriedigen.

In den Ansprüchen von Kunden äußern sich deren Einkaufsmotive. **Motive** (hier: Kaufmotive) sind *„zielgerichtete, emotional und kognitiv gesteuerte, relativ allgemeingültige und theoretisch begründete Antriebe des Konsumenten-*

---

[1] Koppelmann, U., 2001, S. 136.

verhaltens. "[2] Dementsprechend können Einkaufsmotive als Antriebe des Kunden-verhaltens verstanden werden. Der Begriff Kunde kann dabei eng ausgelegt werden, indem nur Käufer als Kunden betrachtet werden, oder weit, indem alle Personen als Kunden angesehen werden, die eine bestimmte Einkaufsstätte aufsuchen. In der englischsprachigen Literatur wird diesbezüglich zwischen Buying (Kaufen) und Shopping (Besuchen) unterschieden.[3]

In der Literatur sind verschiedene Motivkataloge entwickelt worden. Zu den bekanntesten zählen die Ausführungen *Dichters*[4] über Kaufmotive und die Bedürfnispyramide von *Maslow*.[5] Ein Katalog von Konsummotiven „mittlerer Reichweite" ist bei *Trommsdorff* dargestellt.[6]

In Bezug auf Einkaufsmotive ist zunächst an Motive zu denken, die auf die reine Versorgung mit Gütern ausgerichtet sind. Kunden suchen eine Einkaufsstätte auf, um sich mit Gütern zu versorgen oder vorbereitend Informationen hierfür zu beschaffen. Diese Motive sollen im Folgenden als Kauf- oder Versorgungsmotive bezeichnet werden. *Tauber* hat darauf aufmerksam gemacht, dass neben den reinen Kauf- bzw. Versorgungsmotiven („Buying Motives") auch persönliche („Personal Motives") und soziale Motive („Social Motives") für das Aufsuchen einer Einkaufsstätte verantwortlich sein können (Abbildung 3.1). *Tauber* hat persönliche und soziale Motive zwar nicht definitorisch voneinander abgegrenzt, aber er nennt Beispiele für diese beiden Klassen von Einkaufsmotiven, die er auf der Basis von Tiefeninterviews identifiziert hat. Zu den persönlichen Motiven zählt er den Wunsch einer Rolle gerecht zu werden, die Suche nach Ablenkung, den Wunsch sich für etwas zu belohnen, die Suche nach neuen Trends, nach physischer Betätigung oder nach sensorischer Stimulation. Zu den sozialen Motiven zählt *Tauber* die Suche nach allgemeinen sozialen Erfahrungen, nach Kommuni-kationsmöglichkeiten mit Menschen, die ähnliche Interessen oder Hobbys haben, den Wunsch zu einem bestimmten Kundenkreis zu gehören, den Wunsch sich dem Verkaufspersonal überlegen zu zeigen und die Freude am Feilschen.[7]

---

[2]   Trommsdorff, V.: Konsumentenverhalten, 3. Aufl., Stuttgart-Berlin-Köln 1998, S. 115.
[3]   Vgl. Tauber, E. M.: Why do People Shop?, in: Journal of Marketing, Vol. 36 (1972), No. 4, S. 46-59.
[4]   Vgl. Dichter, E.: Handbuch der Kaufmotive. Der Sellingappeal von Waren, Werkstoffen und Dienstleistungen, Wien-Düsseldorf 1964; Dichter, E.: Das große Buch der Kaufmotive, Düsseldorf-Wien 1981.
[5]   Vgl. Maslow, A. H.: Motivation and Personality, New York u. a. 1954.
[6]   Vgl. Trommsdorff, V., 1998, S. 114-124.
[7]   Vgl. Tauber, E. M., 1972, S. 46-59. Auf der Basis der von *Tauber* extrahierten Einkaufs-motive entwickelten *Westbrook/Black* eine Itembatterie zur Messung von Einkaufsmotiven, die auch in den Untersuchungen von *Dawson/Bloch/Ridgway* und *Gröppel-Klein et al.* verwendet wurde (s. u.).

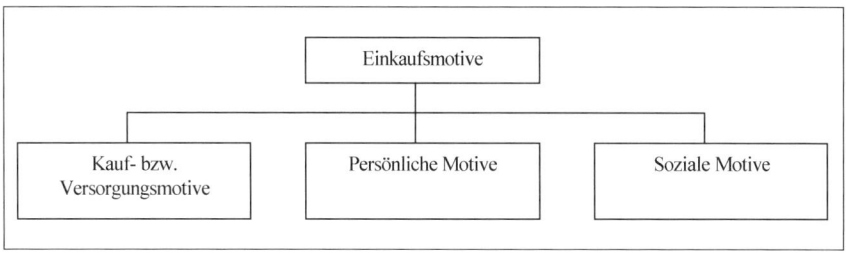

Abb. 3.1:   Die Systematik von Einkaufsmotiven nach *Tauber*

Der Beitrag von *Tauber* ist deshalb von Wert, da er darauf aufmerksam macht, dass Kunden nicht nur aus reinem Versorgungsstreben einkaufen, sondern auch, um vielfältige persönliche oder soziale Motive zu verfolgen. Allerdings kann darüber diskutiert werden, inwieweit eine Unterscheidung persönlicher und sozialer Motive sinnvoll ist, da ja auch die sozialen Motive persönlicher Natur sein können. Im Folgenden sollen deshalb in Anlehnung an *Babin/Darden/Griffin* nur noch zwei Klassen von Einkaufsmotiven unterschieden werden.[8] Während utilitaristische Einkaufsmotive auf die Versorgung mit Gütern ausgerichtet sind, kommt in hedonistischen Einkaufsmotiven beispielsweise der Wunsch nach Unterhaltung und Stimulation zum Ausdruck. Dem entsprechen auch Ergebnisse von *Feller*, der verschiedene in Gruppendiskussionen erhobene Einkaufsmotive entweder auf die Versorgungs- oder die Erlebnisorientierung der Kunden zurück-geführt hat.[9]

Einkaufsmotive münden in Kundenansprüchen, deren Befriedigung wiederum Einfluss auf die Einkaufsstättenpräferenzen und die Zufriedenheit der Kunden hat. In verschiedenen Studien ist der Einfluss von Einkaufsmotiven auf die Beurteilung von Einkaufsstätten[10] und die Kundenzufriedenheit[11] nachgewiesen worden.

---

[8]   Vgl. Babin, B. J./Darden, W. R./Griffin, M.: Work and/or Fun: Measuring Hedonic and Utilitarian Shopping Value, in: Journal of Consumer Research, Vol. 20 (1994), No. 4, S. 644-656. *Babin/Darden/Griffin* entwickelten eine Itembatterie zu Messung utilitaristischer und hedonistischer „shopping values" die auch Eingang in Untersuchung von *Kreller* gefunden hat (s. u.).

[9]   Vgl. Feller, M.: Informationen über das Kaufverhalten als Grundlage zur Steuerung von Categories im Lebensmittel-Einzelhandel, in: Ahlert, D./Olbrich, R./Schröder, H. (Hrsg.): Jahrbuch Handelsmanagement 2001. Vertikales Marketing, Frankfurt/Main 2001, S. 216-220.

[10] Vgl. Gröppel-Klein, A.: Wettbewerbsstrategien im Einzelhandel. Chancen und Risiken von Preisführerschaft und Differenzierung, Wiesbaden 1998, S. 108-134; Gröppel-Klein, A./Thelen, E./Antretter, C.: Der Einfluß von Einkaufsmotiven auf die Einkaufsstätten-beurteilung – Eine empirische Untersuchung am Beispiel des Möbeleinzelhandels, in: Trommsdorff, V. (Hrsg.): Handelsforschung 1998/99. Innovation im Handel, Wiesbaden 1998, S. 77-99.

[11] Vgl. z. B. Dawson, S./Bloch, P. H./Ridgway, N. M.: Shopping Motives, Emotional States,

Einkaufsmotive sind deshalb von Bedeutung, da aus ihnen Ansprüche an Einkaufsstätten abgeleitet werden können. Ansprüche sind im Unterschied zu Motiven nicht als allgemeine Antriebe, sondern als objektbezogene Wünsche definiert worden, die beispielsweise an die Warenplatzierung gerichtet sein können. Die Ansprüche können sich einerseits auf die Fähigkeit zur Befriedigung der Motive, andererseits auf den mit der Motivbefriedigung verbundenen Aufwand beziehen (vgl. Abbildung 3.2).[12] Der Aufwand ist dabei nicht nur monetär zu verstehen, er kann sich auch auf den Verbrauch zeitlicher, physischer oder psychischer Ressourcen beziehen.[13] Somit lassen sich aus Versorgungsmotiven nicht nur Ansprüche an die Qualität und Erhältlichkeit von Artikeln ableiten (Fähigkeit zur Motivbefriedigung), sondern ebenso der Wunsch nach einer möglichst preisgünstigen, zeitsparenden und stressfreien Abwicklung der Einkäufe (Aufwand zur Motivbefriedigung).

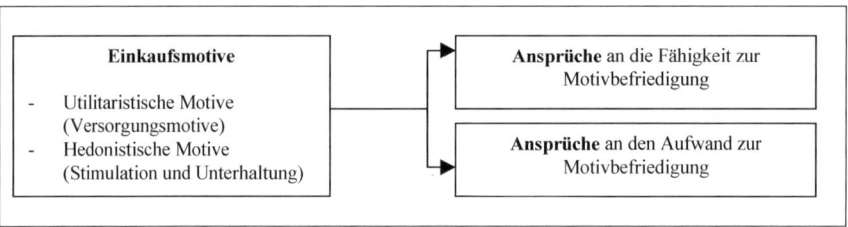

Abb. 3.2:   Der Zusammenhang zwischen Motiven und Ansprüchen

Da die Warenplatzierung keinen direkten Einfluss auf die Qualität und Erhältlichkeit von Artikeln hat, sind im Hinblick auf Versorgungsmotive nur Ansprüche an den zur Versorgung erforderlichen Aufwand bedeutsam. Dieser Aufwand besteht unter anderem darin, gesuchte Artikel im Geschäft zu finden und aus den in Frage kommenden Artikeln auszuwählen. Von hierzu erforderlichen Such- und Entscheidungsprozessen können die Kunden entlastet werden, weshalb die folgenden Ansprüche auch als **Entlastungsansprüche** bezeichnet werden:

---

and Retail Outcomes, in: Journal of Retailing, Vol. 66 (1990), No. 4, S. 408-427; Babin, B. J./Darden, W. R./Griffin, M., 1994, S. 644-656.

[12] Es kann darüber diskutiert werden, ob die Einkaufsmotive bereits Aufwandskomponenten beinhalten (das Motiv wäre „Versorgung zu geringem Aufwand") oder ob die Ansprüche an den Aufwand lediglich aus den Motiven abgeleitet werden (damit das Versorgungsmotiv befriedigt werden kann, müssen auch Ansprüche an den zur Motivbefriedigung erforderlichen Aufwand gestellt werden). Da beide Sichtweisen zu den selben Ansprüchen führen, soll diese Diskussion im Folgenden nicht vertieft werden.

[13] Vgl. Baumol, W./Ide, E. A., 1956, S. 93-101; Kelley, E. J., 1958, S. 32-38; Downs, A., 1961, S. 6-12 u. S. 50-51; Bender, W. C., 1964, S. 1-8 u. S. 52; Bufe, R. H., 1981.

- Bei **Suchprozessen** verfolgt der Kunde das Ziel, die für die Befriedigung eines wahrgenommenen Bedürfnisses in Frage kommenden Artikel ausfindig zu machen, um so über eine Basis für die sich anschließende Auswahlentscheidung zu verfügen. Der für diese Suchprozesse erforderliche Aufwand wird im Folgenden als Suchaufwand bezeichnet. Der Suchaufwand besteht aus dem kognitiven Aufwand bei der Suche nach Artikeln sowie einem physischen Aufwand in Form zurückzulegender Laufwege. Beide Aufwandsarten schlagen sich in der zur Suche von Artikeln erforderlichen Zeit nieder.

- An Suchprozesse schließen sich in der Regel **Entscheidungsprozesse** an, bei denen Kunden aus den zur Bedürfnisbefriedigung in Frage kommenden Artikeln eine Auswahl treffen. Auch der Entscheidungsaufwand kann kognitiver oder physischer Natur sein, wobei in der Regel jedoch der kognitive Entscheidungsaufwand dominieren dürfte. Der Entscheidungsaufwand manifestiert sich in der für eine Entscheidung erforderlichen Zeit.

Die Ansprüche an einen geringen Such- oder Entscheidungsaufwand können auch als Ansprüche an die Effizienz von Such- und Entscheidungsprozessen aufgefasst werden. Die Effizienz wird dabei als eine kontinuierliche Größe angesehen, die bei gleichem Output umgekehrt proportional zum Input, hier dem Such- und Entscheidungsaufwand, ansteigt.[14] Da sich der Such- und Entscheidungsaufwand in den entsprechenden Such- und Entscheidungszeiten manifestiert, sollen diese im Folgenden als Indikatoren für die Effizienz von Such- und Entscheidungsprozessen angesehen werden.

Die Warenplatzierung kann aber nicht nur den Aufwand zur Befriedigung von Versorgungsmotiven reduzieren, sie kann diese Motive auch am Point of Sale aktivieren, um beispielsweise das hedonistische Motiv „Wunsch nach Stimulation" zu befriedigen. Dies geschieht, indem Kunden durch die Platzierung auf Artikel aufmerksam gemacht werden, die ihnen dann wünschenswert erscheinen. Wird die Aufmerksamkeit von Kunden auf nicht gesuchte Artikel gelenkt, kann dieser Prozess als **Stimulation der Wahrnehmung** bezeichnet werden. Bezüglich der Stimulation der Wahrnehmung lässt sich der Anspruch ableiten, dass die Waren so platziert sein sollen, dass Kunden während der Suche von Artikeln auf weitere für sie in Frage kommende Artikel aufmerksam gemacht werden. Die Stimulation der Wahrnehmung lässt sich durch die Wahrscheinlichkeit operationalisieren, mit der ein Artikel während der Suche anderer Artikel wahrgenommen wird. Da die Wahrnehmung hierbei nicht wie bei Such- oder Entscheidungsprozessen

---

[14] In der Produktionstheorie wird Effizienz häufig auch als dichotome Eigenschaft einer Produktion definiert. So ist z. B. für den Zwei-Güter-Fall eine Produktion nur dann effizient, wenn es keine andere mögliche Produktion gibt, *„wo bei gleicher Produktquantität die Faktorquantität (absolut) geringer ist, bzw. wo bei gleicher Faktorquantität die Produktquantität größer ist."* Diese Definition findet sich mit erläuternden Ausführungen bei Wittmann, W.: Betriebswirtschaftslehre. Ein einführendes Lehrbuch, Band I. Grundlagen, Elemente, Instrumente, Tübingen 1982, S. 202f.

zielgerichtet gesteuert, sondern durch externe Reize aktiviert wird, soll bei der Wahrnehmungs-Stimulation auch von passiven Wahrnehmungsprozessen gesprochen werden. Demgegenüber werden die zur Suche und Entscheidung erforderlichen Wahrnehmungsprozesse als aktiv bezeichnet (vgl. hierzu näher Kapitel 4).

Aus hedonistischen Motiven lässt sich noch ein weiterer Anspruch ableiten. So kann neben der Wahrnehmung auch das emotionale Empfinden von Kunden durch die Warenplatzierung und -präsentation stimuliert werden. Suchen Kunden nach **emotionaler Stimulation,** kann dies in die Forderung nach einem angenehmen optischen Erscheinungsbild der Abteilung oder Einkaufsstätte münden.

Insgesamt ergeben sich demnach vier grundlegende Ansprüche, die sich an die Warenplatzierung und -präsentation stellen lassen. Suchprozesse sollen durch kurze Suchzeiten erleichtert werden und Entscheidungszeiten sollen reduziert werden, indem z. B. Preis- und Qualitätsvergleiche unterstützt werden. Die Warenplatzierung soll die Wahrnehmung der Kunden stimulieren, indem sie auf zusätzliche Kaufmöglichkeiten aufmerksam macht und angenehme Empfindungen sollen durch ein ansprechendes optisches Erscheinungsbild der Abteilung ausgelöst werden (vgl. Abbildung 3.3).

	Psychische Prozesse	**Abgeleitete Kundenansprüche**
Entlastung	Suchprozesse Aktive Wahrnehmungsprozesse	Sucheffizienz
	Entscheidungsprozesse Aktive Wahrnehmungsprozesse	Entscheidungseffizienz
Stimulation	Passive Wahrnehmungsprozesse	Stimulation der Wahrnehmung
	Emotionale Prozesse	Emotionale Stimulation

Abb. 3.3:   Ansprüche an die Warenplatzierung

3.2 Die Bedeutung der Platzierungsansprüche für Kundenzufriedenheit, Kundenbindung und ökonomischen Erfolg

Kundenorientierung ist von Bedeutung, weil mit ihr Unternehmen ihre Kunden in stärkerem Maße zufrieden stellen und an sich binden. Gebundene Kunden sind für ein Unternehmen wiederum von höherem Wert als nicht gebundene Kunden. Es ist deshalb zu untersuchen, inwieweit die Ausrichtung der Warenplatzierung an den abgeleiteten Platzierungsansprüchen zur Kundenzufriedenheit und -bindung sowie zur langfristigen Erfolgssicherung beiträgt.

Zufriedenheit wird häufig im Sinne von Verbraucherzufriedenheit als *„Ergebnis eines psychischen Soll-Ist-Vergleichs über Konsumerlebnisse"* definiert.[15] Diese Sichtweise lässt sich auch auf Einkaufsprozesse übertragen, wobei analog zum Begriff der Einkaufsmotive der Begriff Einkauf weit oder eng gefasst werden kann. Entsprechend wird in der englischsprachigen Literatur auch zwischen „Shopping-", „Buying-" und „Consuming-Satisfaction" unterschieden.[16]

Die hier verwendete Definition von Zufriedenheit entspricht dem sogenannten „Confirmation/Disconfirmation-Paradigma", demzufolge sich die Zufriedenheit aus einem Abgleich von Soll- und Ist-Leistungen ergibt.[17] Hinsichtlich der Operationalisierung des „Confirmation/Disconfirmation-Paradigmas" bestehen in der Wissenschaft jedoch zahlreiche Unklarheiten und Divergenzen.[18] So unterscheidet *Miller* ideale, erwartete, minimal tolerierbare oder verdiente Leistungen zur **Operationalisierung der Soll-Komponente**.[19] *Bruhn* und *Georgi* unterscheiden prädiktive Erwartungen hinsichtlich antizipierter (erwarteter) Leistungen und normative Erwartungen hinsichtlich verlangter Leistungen.[20] Im Rahmen

---

[15] Kaas, K. P./Runow, H.: Wie befriedigend sind die Ergebnisse der Forschung zur Verbraucherzufriedenheit?, in: DBW, 44. Jg. (1984), H. 3, S. 452.

[16] Vgl. Renoux, Y.: Consumer Dissatisfaction and Public Policy, in: Allvine, F. C. (Hrsg.): Public Policy and Marketing Practices, Chicago, Ill. 1973, S. 53-56; zitiert bei Stauss, B.: Kundenzufriedenheit, in: Marketing ZFP, 21. Jg. (1999), H. 1, S. 11.

[17] Vgl. z. B. Homburg, C./Rudolph, B.: Theoretische Perspektiven zur Kundenzufriedenheit, in: Simon, H./Homburg, C. (Hrsg.): Kundenzufriedenheit. Konzepte – Methoden – Erfahrungen, Wiesbaden 1995, S. 33 u. S. 36f.

[18] Vgl. z. B. Kaas, K. P./Runow, H., 1984, S. 452f.; Stauss, B., 1999, S. 5-24.

[19] Vgl. Miller, J. A.: Studying Satisfaction, Modifying Models, Eliciting Expectations, Posing Problems, and Making Meaningful Measurements, in: Hunt, H. K. (Hrsg.): Conceptualization and Measurement of Consumer Satisfaction and Dissatisfaction, Cambridge, Mass. 1977, S. 76f. Vgl. auch den Überblick bei Bruhn, M./Georgi, D.: Kundenerwartungen als Steuerungsgröße. Konzept, empirische Ergebnisse und Ansätze eines Erwartungsmanagements, in: Marketing ZFP, 22. Jg. (2000), H. 3, S. 188.

[20] Vgl. Bruhn, M./Georgi, D., 2000, S. 187.

dieser Arbeit soll an das Anspruchskonstrukt angeknüpft werden, wobei zwischen Ansprüchen und Erwartungen unterschieden wird:

- **Ansprüche** beziehen sich auf verlangte Leistungen, entsprechen im Sinne von *Bruhn/Georgi* also normativen Erwartungen.
- **Erwartungen** stellen auf das antizipierte Leistungsniveau ab, entsprechen nach *Bruhn/Georgi* demnach prädiktiven Erwartungen.

Spreng/MacKenzie/Olshavsky haben empirisch gezeigt, dass sowohl Erwartungen (expectations) als auch Ansprüche (desires) für das zu Stande kommen von Zufriedenheitsurteilen verantwortlich sind.[21] Die Definition von Einkaufszufriedenheit kann somit wie folgt konkretisiert werden: Einkaufszufriedenheit ist das Ergebnis eines psychischen Soll-Ist-Vergleichs von Einkaufsprozessen, dessen Ergebnis sowohl durch Kundenerwartungen als auch durch Kundenansprüche bestimmt wird. Inwieweit Ansprüche und Erwartungen das Zufriedenheitsurteil im Einzelnen bestimmen, wird an späterer Stelle näher erläutert.

Kundenzufriedenheit wird häufig in ähnlicher Weise wie der Begriff **Dienstleistungsqualität** verwendet. In der Literatur besteht allerdings keineswegs Einigkeit, wie die beiden Konstrukte voneinander abzugrenzen sind.[22] *Meffert/ Bruhn* definieren Dienstleistungsqualität als *„Fähigkeit eines Anbieters, die Beschaffenheit einer primär intangiblen und der Kundenbeteiligung bedürfenden Leistung aufgrund von Kundenerwartungen auf einem bestimmten Anforderungsniveau zu erstellen."*[23] Während die Zufriedenheit Ergebnis eines psychischen Vergleichsprozesses beim Kunden ist, bezeichnet die Dienstleistungsqualität nach *Meffert/Bruhn* die Fähigkeit eines Anbieters, Leistungen in einer bestimmten Art und Weise zu erstellen. *Parasuraman/Zeithaml/Berry* sehen beide Konstrukte als Ergebnis eines Vergleichsprozesses an, grenzen Zufriedenheit und Dienstleistungsqualität jedoch ab, indem sie Zufriedenheit auf einzelne Transaktionen beziehen, während die Dienstleistungsqualität als ein globales, stabileres Urteil aufgefasst wird.[24] Fasst man beide Sichtweisen zusammen, beschreibt die wahrgenommene Dienstleistungsqualität im Unterschied zur Zufriedenheit ein nicht <u>transaktions-</u>

---

[21] Vgl. Spreng, R. A./MacKenzie, S. B./Olshavsky, R. W.: A Reexamination of the Determinants of Consumer Satisfaction, in: Journal of Marketing, Vol. 60 (1996), No. 3, S. 15-32.

[22] Vgl. z. B. Stauss, B., 1999, S. 12; Hennig-Thurau, T./Klee, A.: The Impact of Customer Satisfaction and Relationship Quality on Customer Retention. A Critical Reassessment and Model Development, in: Psychology and Marketing, Vol. 14 (1997), No. 8, S. 743-745.

[23] Meffert, H./Bruhn, M.: Dienstleistungsmarketing. Grundlagen – Konzepte – Methoden, 2. Aufl., Wiesbaden 1997, S. 201.

[24] Vgl. Parasuraman, A./Zeithaml, V. A./Berry, L. L.: SERVQUAL: A Multiple-Item Scale for Measuring Consumer Perceptions of Service Quality, in: Journal of Retailing, Vol. 64 (1988), No. 1, S. 15-17.

gebundenes, globales Urteil von Kunden über die Fähigkeit eines Anbieters, eine Dienstleistung auf einem bestimmten Anspruchsniveau zu erstellen.

Nachdem das Zufriedenheitskonstrukt definiert und abgegrenzt ist, lassen sich im Hinblick auf den hier zu untersuchenden Zusammenhang von Warenplatzierung und Zufriedenheit sechs Fragestellungen formulieren:

1. Welche Bedeutung messen Kunden einzelnen Platzierungsansprüchen für ihre Zufriedenheit mit der Warenplatzierung/-präsentation bei?
2. Führt die Erfüllung der Ansprüche eher zur Steigerung der Zufriedenheit oder zur Verhinderung von Unzufriedenheit?
3. In welchem Ausmaß sind die einzelnen Platzierungsansprüche geeignet, um Zufriedenheitsurteile mit der Warenplatzierung/-präsentation tatsächlich zu erklären?
4. In welchem Ausmaß kann die Zufriedenheit mit der Warenplatzierung/-präsentation die Gesamtzufriedenheit mit einer Abteilung oder einer Verkaufsstätte erklären?
5. Kann die Zufriedenheit mit der Warenplatzierung/-präsentation über die Gesamtzufriedenheit zur Kundenbindung beitragen?
6. Wie kann die erzielte Kundenbindung ökonomisch bewertet werden?

3.2.1 Die Bedeutung einzelner Platzierungsansprüche aus Sicht der Kunden

Die Bedeutung eines Anspruchs für das Zufriedenheitsurteil äußert sich darin, wie wichtig dieser Anspruch von den Kunden angesehen wird. Die Bedeutsamkeit von Ansprüchen kann motivationstheoretisch erklärt werden, indem nach den vorrangigen Einkaufsmotiven der Kunden gefragt wird.

Welche Einkaufsmotive bei einem Kunden vorrangig sind, hängt einerseits von individuellen Unterschieden,[25] andererseits von der betrachteten Betriebsform und der Branche ab.[26] Im Hinblick auf die Branche kann z. B. vermutet werden, dass beim Bekleidungskauf hedonistische Motive zu einer starken Bedeutung von Stimulationsansprüchen führen, während beim Einkauf von Lebensmitteln die Dominanz von Versorgungsmotiven in Ansprüchen an die effiziente Abwicklung der Einkäufe mündet. Diese Vermutung soll im Folgenden durch eine Literaturanalyse gestützt werden, indem gefragt wird, welche empirische Relevanz den in Abschnitt 3.1 genannten Ansprüchen zukommt. Abbildung 3.4 gibt einen Überblick über empirische Ergebnisse zur Bedeutung von Platzierungsansprüchen in SB-Warenhäusern und Verbrauchermärkten.

---

[25] Vgl. Westbrook, R. A./Black, W. C.: A Motivation-Based Shopper Typology, in: Journal of Retailing, Vol. 61 (1985), No. 1, S. 78-103; Gröppel-Klein, A./Thelen, E./Antretter, C., 1998, S. 77-99.

[26] Vgl. Gröppel-Klein, A., 1998, S. 108-134.

Bruchmann (1990)	*Bruchmann* befragte 712 Teilnehmer des G&I Haushaltspanels nach Anforderungen an Einkaufsstätten im Lebensmittel-Einzelhandel, deren Wichtigkeit auf einer Skala von 1 (sehr unwichtig) bis 5 (sehr wichtig) angegeben werden sollte. Am wichtigsten wurden dabei Sauberkeit (4,7), gute Qualität und günstige Preise (jeweils 4,5) eingestuft. Bezüglich der für die Platzierung relevanten Anforderungen wurde die Übersichtlichkeit des Warenangebots (4,3) wichtiger angesehen als die Einkaufsatmosphäre (4,1).[27]
Arend-Fuchs (1995)	In einer Untersuchung des *Instituts für empirische Wirtschaftsforschung an der Universität des Saarlandes* wurden 8231 Konsumenten in 17 westdeutschen Regionen u. a. nach Kriterien zur Einkaufsstättenwahl sowie nach der Bedeutung einzelner Imagemerkmale von Einkaufsstätten im Bereich von Waren des täglichen Bedarfs befragt. Käufer in SB-Warenhäusern und Verbrauchermärkten beurteilten die Qualität, Preisgünstigkeit und Sauberkeit als die wichtigsten Kriterien zur Einkaufsstättenwahl. Als überdurchschnittlich wichtig wurden u. a. ebenfalls die Kriterien Erreichbarkeit, Schnelligkeit und Vergleichsmöglichkeiten angesehen, während die Möglichkeit zu Kopplungskäufen als eher unwichtig eingestuft wurde. Bezüglich der Bedeutung von Imagemerkmalen wurde die Lebensmittelfrische als wichtigstes Kriterium angesehen. Überdurchschnittlich bedeutsam wurden auch die Kassenabfertigung, Sauberkeit, Übersichtlichkeit, Auffindbarkeit der Preisauszeichnung, Lesbarkeit der Preisauszeichnung am Regal, Zeitaufwand, Ladenorientierung, zügige Bedienung und Preisvergleichbarkeit angesehen. Als weniger wichtige Imagemerkmale wurden Aspekte der Ladengestaltung (Helligkeit, Freundlichkeit, Modernität) eingestuft.[28]
Müller (1995)	Auf die Bedeutung des Empfindens von Zeitdruck bei Kunden beim Lebensmittel- und Bekleidungskauf geht die Arbeit von *Müller* ein. Ein hohes Zeitdruckempfinden könnte darauf hinweisen, dass die effiziente Versorgung gegenüber anderen Einkaufsmotiven dominiert. *Müller* weist an mehreren Stellen ihrer Arbeit darauf hin, dass dem Zeitdruckempfinden von Kunden im Lebensmittelhandel eine größere Bedeutung zukommt als im Bekleidungshandel. Tatsache bleibt jedoch, dass zwischen den beiden Branchen empirisch keine signifikanten Unterschiede bezüglich der Häufigkeit bestehen, mit der Kunden angeben „beim Einkaufen in Eile zu sein." In beiden Branchen hat Zeitdruck allerdings eine nicht unerhebliche Bedeutung. So sind 19,8% der Befragten immer, 24,5% häufig und 19,9% manchmal beim Einkaufen in Eile. Wichtigstes Kriterium bei der Einkaufsstättenwahl für den Kauf von Lebensmitteln stellt dennoch die breite Auswahl dar, gefolgt von schneller Erreichbarkeit, niedrigen Preisen, Übersichtlichkeit, zügiger Bedienung und schöner Ladenatmosphäre.[29]

---

[27] Vgl. Bruchmann, K.: Werte und Betriebsformenpräferenzen. Eine empirische Analyse der Verhaltensrelevanz individueller Werte für die Einkaufsstättenwahl im Lebensmittel-Einzelhandel, Diss. Erlangen-Nürnberg 1990, insbes. S. 114.

[28] Vgl. Arend-Fuchs, C.: Die Einkaufsstättenwahl der Konsumenten bei Lebensmitteln, Frankfurt/Main 1995, insbes. S. 128 u. S. 307.

[29] Vgl. Müller, S.: Die Zeit als Hintergrundvariable im Konsumentenverhalten. Dargestellt anhand einer empirischen Untersuchung mit computergestützter Auswertung zum Lebensmittel- und Bekleidungskauf, Bergisch Gladbach-Köln 1995, insbes. S. 155 u. S. 242.

Esch/Thelen (1997)	*Esch* und *Thelen* befragten 191 Kunden eines Innsbrucker SB-Warenhauses. Auf Grund unterschiedlicher Kaufziele konnten drei Segmente identifiziert werden. Die Versorgungskäufer bildeten das größte Segment (48%), gefolgt von Versorgungs-/Erlebniskäufern (35%) und reinen Erlebniskäufern (17%). Zudem konnte festgestellt werden, dass sich die Kundenzufriedenheit signifikant verschlechterte, wenn Artikel erst nach längerem Suchen gefunden wurden. Ein direkter Effekt zwischen Sucheffizienz (operationalisiert durch die Differenz zwischen begangenem und kürzestem Laufweg sowie die benötigte Zeit) und Zufriedenheit wurde allerdings nicht bestätigt.[30]
Rudolph/ Schmickler (2000)	*Rudolph* und *Schmickler* haben in einer empirischen Untersuchung 2646 Kunden von SB-Warenhäusern nach Stärken und Schwächen der besuchten Verkaufsstelle befragt. Die fünf am häufigsten genannten Schwächen bezogen sich dabei ausnahmslos auf Aspekte der effizienten Einkaufsabwicklung. So wurden Wartezeiten an der Kasse (453 Nennungen), zu hoher Kundenverkehr (187 Nennungen), fehlende Orientierung (186 Nennungen), fehlende Bequemlichkeit (157 Nennungen) und schlechte innere Ladengestaltung (111 Nennungen) als häufigste Schwächen genannt. Allerdings sehen die Kunden in der Ladengestaltung gegenüber Preis-, Service-, Sortiments- und Personalleistungen nur einen nachrangigen Ansatzpunkt zur Verkaufsstellenprofilierung.[31]
Kreller (2000)	*Kreller* konnte bei einer schriftlichen Befragung von 286 zufällig ausgewählten Einwohnern der Stadt Leipzig zwei etwa gleich große Kundencluster identifizieren, die sich darin unterscheiden, ob die Kunden beim Einkaufen eine stärkere Nutzen- (51,7%) oder Erlebnisorientierung (48,3%) aufweisen. Speziell für den Einkauf von Lebensmitteln wurde die Entfernung zur Wohnung am häufigsten als Grund für die bevorzugte Einkaufsstätte genannt, gefolgt von der Schnelligkeit, mit der Einkäufe erledigt werden können (Rang 2) und der großen Warenauswahl (Rang 3). Die angenehme Einkaufsatmosphäre wird erst an achter Stelle genannt. Für den Einkauf von Bekleidung wurden dagegen große Warenauswahl (Rang 1), angenehme Einkaufsatmosphäre (Rang 2) und die Warenqualität (Rang 3) als wichtigste Kriterien genannt, während die Schnelligkeit der Einkäufe nur Rang 8 belegte. Bei einer clusterspezifischen Auswertung zeigte sich, dass selbst die erlebnisorientierten Probandengruppen beim Einkauf von Lebensmitteln der Einkaufsschnelligkeit eine deutlich höhere Priorität zumessen als der angenehmen Einkaufsatmosphäre.[32]

Abb. 3.4: Empirische Ergebnisse zur Bedeutung einzelner Platzierungsansprüche beim Einkauf in SB-Warenhäusern und Verbrauchermärkten

---

[30] Vgl. Esch, F.-R./Thelen, E.: Zum Suchverhalten von Kunden in Läden – theoretische Grundlagen und empirische Ergebnisse, in: Der Markt, 36. Jg. (1997b), H. 3+4, S. 112-125.

[31] Vgl. Rudolph, T./Schmickler, M.: Ansatzpunkte zur Steigerung der Leistungsqualität am Point of Sales – Ergebnisse einer empirischen Studie zur Wahrnehmung der Leistungsqualität in SB-Warenhäusern, in: Trommsdorff, V. (Hrsg.): Handelsforschung 1999/00. Verhalten im Handel und gegenüber dem Handel, Wiesbaden 2000, S. 141-161.

[32] Vgl. Kreller, P.: Einkaufsstättenwahl von Konsumenten. Ein präferenztheoretischer Erklärungsansatz, Wiesbaden 2000, insbes. S. 202, S. 239 u. S. 242.

Die Ergebnisse zeigen zunächst, dass Platzierungsansprüche häufig hinter Ansprüchen an die Preise und die Warenqualität zurückstehen (so bei *Bruchmann, Arend-Fuchs, Müller* oder *Rudolph/Schmickler*). Eine Ausnahme bildet die Untersuchung von *Kreller*, in der die Entfernung zur Einkaufsstätte und die Schnelligkeit, mit der Einkäufe erledigt werden können, als wichtigste Einkaufsstättenwahlkriterien für den Kauf von Lebensmitteln genannt werden. Entlastungsansprüchen wird in der Regel eine höhere Priorität eingeräumt als Stimulationsansprüchen (*Bruchmann, Arend-Fuchs, Müller, Kreller*). Kunden-gruppenspezifische Untersuchungen zeigen, dass versorgungsorientierte Kunden in SB-Warenhäusern überrepräsentiert sind (*Esch/Thelen*) und dass selbst sonst erlebnisorientierte Kunden beim Einkauf von Lebensmitteln der zügigen Abwicklung der Einkäufe eine höhere Priorität zumessen als der Einkaufsatmosphäre (*Kreller*).

Die empirischen Ergebnisse legen somit die Vermutung nahe, dass den Entlastungsansprüchen beim Einkauf in SB-Warenhäusern und Verbraucher-märkten eine höhere Bedeutung zugemessen wird als den Stimulationsansprüchen. Dies kommt auch in Hypothese 3-1 zum Ausdruck.

Hypothese 3-1: Such- und Entscheidungseffizienz sind für Kunden von SB-Warenhäusern und Verbrauchermärkten von größerer Bedeutung als die Stimulation der Wahrnehmung und die emotionale Stimulation.

3.2.2 Der Beitrag einzelner Platzierungsansprüche für die Steigerung der Zufriedenheit und die Verhinderung von Unzufriedenheit

Es gibt Ansprüche, die als selbstverständlich erachtet werden und deren Erfüllung deshalb eher zur Verhinderung von Unzufriedenheit als zur Steigerung der Zufriedenheit beiträgt. Die Erfüllung anderer Ansprüche wird dagegen von Kunden nicht unbedingt erwartet, weshalb diese Ansprüche auch nicht zum Entstehen von Unzufriedenheit beitragen, sehr wohl aber die Zufriedenheit in hohem Maße steigern können, wenn ihnen entsprochen wird. Dieser Sachverhalt lässt sich mit dem Modell von *Kano* abbilden, der drei Grundtypen von Anforderungen unterscheidet:[33]

---

[33] Vgl. z. B. Bailom, F. et al.: Das Kano-Modell der Kundenzufriedenheit, in: Marketing ZFP, 18. Jg. (1996), H. 2, S. 117-119; Kaapke, A./Hudetz, K.: Der Einsatz des Kano-Modells zur Ermittlung von Anforderungen zur Steigerung der Kundenzufriedenheit – dargestellt am Beispiel der Anforderungen von Senioren an Reisen, in: Mitteilungen des Instituts für Handelsforschung an der Universität zu Köln, 50. Jg. (1998), H. 3, S. 51f. Ähnliche Überlegungen liegen auch der Zwei-Faktor-Theorie zu Grunde. Dort werden Hygiene- und Motivator-Faktoren unterschieden; vgl. z. B. Herzberg, F.: Work and the Nature of Man, Cleveland, OH 1966, S. 71-91; Neuberger, O.: Theorien der Arbeitszufriedenheit, Stuttgart u. a. 1974, S. 119-139.

- Basisanforderungen: Nicht-Erfüllung führt zu Unzufriedenheit, Erfüllung führt nicht zu Zufriedenheit;
- Leistungsanforderungen: Nicht-Erfüllung führt zu Unzufriedenheit, Erfüllung führt zu Zufriedenheit;
- Begeisterungsanforderungen: Nicht-Erfüllung führt nicht zu Unzufriedenheit, Erfüllung führt zu extremer Zufriedenheit.

Neben diesen Grundtypen nennt *Kano* weiterhin indifferente Anforderungen, die überhaupt keine Bedeutung für die Zufriedenheit/Unzufriedenheit haben, sowie fragwürdige und entgegengesetzte Anforderungen.

Zu der Frage, wie die Platzierungsansprüche nach dem *Kano*-Schema kategorisiert werden können, lässt sich vermuten, dass Ansprüche in stärkerem Maße zur Unzufriedenheit bei Nicht-Erfüllung beitragen, also Basis- oder Leistungsanforderungen darstellen, wenn sie den primären Einkaufsmotiven der Kunden dienen. Bilden Versorgungsmotive die primären Einkaufsmotive, ist es wahrscheinlich, dass Such- und Entscheidungseffizienz vornehmlich als Basis oder Leistungsanforderungen eingestuft werden.

Ansprüche, die nicht den primären Einkaufsmotiven dienen, tragen dagegen vermutlich bei Nicht-Erfüllung nicht zur Entstehung von Unzufriedenheit bei. Wenn die Erfüllung dieser Ansprüche trotzdem einen Nutzen stiftet, werden diese Ansprüche als Begeisterungsanforderungen, ansonsten als indifferent eingestuft. Da die Stimulation der Wahrnehmung und die emotionale Stimulation nicht primär der Erfüllung von Versorgungsmotiven dienen, werden diese voraussichtlich mehrheitlich als Begeisterungs- oder indifferente Anforderungen eingestuft. Unter der Voraussetzung, dass Hypothese 3-1 bestätigt werden kann, lassen sich die Hypothesen 3-2 und 3-3 somit wie folgt formulieren:

Hypothese 3-2: Sucheffizienz und Entscheidungseffizienz werden vornehmlich als Basis- oder Leistungsanforderungen eingestuft.

Hypothese 3-3: Stimulation der Wahrnehmung und emotionale Stimulation werden vornehmlich als Begeisterungsanforderungen oder indifferente Anforderungen eingestuft.

3.2.3 Die Wirkungskette von der Anspruchsbefriedigung zum Kundenwert

Ökonomisch erscheint es nur dann sinnvoll, Platzierungszufriedenheit durch Erfüllung von Kundenansprüchen zu erreichen, wenn es einen Zusammenhang zwischen Platzierungszufriedenheit und Kundenbindung gibt und wenn der Kundenbindungsnutzen die Aufwendungen zur Anspruchsbefriedigung übersteigt. Dieser Zusammenhang ist in Abbildung 3.5 dargestellt. Die Platzierungsansprüche bestimmen die Zufriedenheit mit der Warenplatzierung/-präsentation. Die Platzierungs-/Präsentationszufriedenheit erklärt wiederum gemeinsam mit der Preis- und Sortimentszufriedenheit die globale Zufriedenheit mit der entsprechenden Abteilung.[34] Die Zufriedenheit mit der Abteilung kann wiederum zur Kundenbindung beitragen und so den ökonomischen Wert der Kundenbeziehungen (Kundenwert) erhöhen. Hierauf soll im Folgenden näher eingegangen werden.

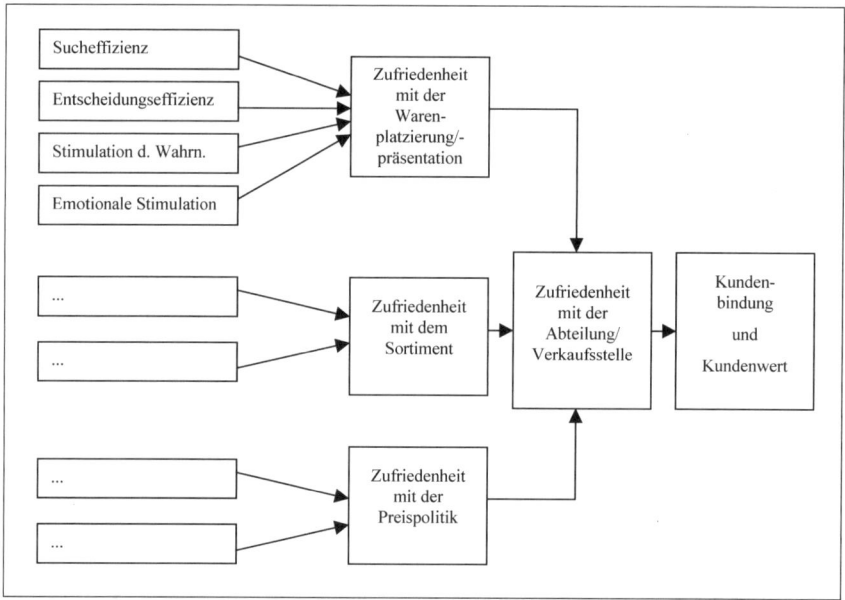

Abb. 3.5:   Die Wirkungskette von der Anspruchsbefriedigung zum Kundenwert

---

[34] Die Untersuchung soll sich auf die Teilzufriedenheiten mit der Warenplatzierung, der Preis- und Sortimentspolitik beschränken, da diese als die wichtigsten Marketinginstrumente zur Profilierung einer Abteilung angesehen werden.

3.2.3.1 Der Zusammenhang zwischen Anspruchsbefriedigung und Zufriedenheit

Die Zufriedenheit mit der Warenplatzierung/-präsentation soll mit Hilfe der bereits abgeleiteten Platzierungsansprüche erklärt werden. Das Zufriedenheitsurteil ergibt sich aus einem Vergleich von Soll- und Ist-Leistungen, dessen Ergebnis sowohl von Kundenansprüchen als auch von Kundenerwartungen abhängig sein kann.

Wird die Zufriedenheit formal durch **wahrgenommene Platzierungsleistungen** ausgedrückt, die mit **Bedeutungsgewichten** versehen aufsummiert werden, bestimmen Ansprüche und Erwartungen das Zufriedenheitsurteil wie folgt (vgl. auch Abbildung 3.6):

- Die Art der **Ansprüche** bestimmt, welche Platzierungsleistungen gewünscht werden. Jedem Anspruch kann eine korrespondierende Platzierungsleistung zugeordnet werden. Hierbei können einzelne Ansprüche aus Sicht der Kunden unterschiedlich bedeutsam sein, so dass sich die Ansprüche in den Bedeutungsgewichten der Platzierungsleistungen niederschlagen.
- Die Beurteilung der wahrgenommenen Platzierungsleistungen kann als Ergebnis eines Soll-Ist-Vergleichs zwischen tatsächlichen und erwarteten Leistungen verstanden werden.[35] *Spreng/MacKenzie/Olshavsky* haben den Einfluss von **Erwartungen** auf die Wahrnehmung von Leistungen empirisch nachgewiesen.[36] Es ist aber auch möglich, dass Wahrnehmungen die Erwartungen beeinflussen, so dass zwischen beiden Größen Wechselwirkungen bestehen können.

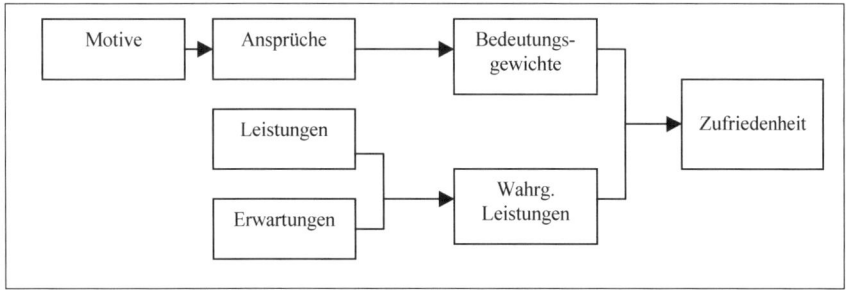

Abb. 3.6:   Die Erklärung der Zufriedenheit

---

[35] Vgl. hierzu auch Stauss, B., 1999, S. 13.
[36] Vgl. Spreng, R. A./MacKenzie, S. B./Olshavsky, R. W., 1996, S. 15-32.

Formal wird dann folgender Zusammenhang angenommen:

$$(3-1) \quad Z_{WP} = \sum_i Z_i * B_i,$$

mit

Z_{WP} = Zufriedenheit mit der Warenplatzierung/-präsentation,

Z_i = Beurteilung der Platzierungsleistung i (wahrgenommene Leistung),

B_i = Bedeutungsgewicht der Platzierungsleistung i für das Zufriedenheitsurteil.

Die Bedeutungsgewichte lassen sich in unterschiedlicher Weise operationalisieren, nämlich als:

- absolute Bedeutungen (durch Befragung gemessene Bedeutung eines Anspruchs) oder
- relative Bedeutungen (die absolute Bedeutung eines Anspruchs wird durch die Summe der Bedeutungen aller Platzierungsansprüche geteilt).

Ob und inwiefern die unterschiedlichen Operationalisierungsvarianten der Bedeutungsgewichte für die äußere Validität des Zufriedenheitsmodells relevant sind, muss auf empirischem Wege überprüft werden.[37] Alternativ zur direkten Abfrage der Gewichte empfehlen einige Autoren deren indirekte Bestimmung mit Hilfe von Regressions- oder Kausalanalysen.[38] Diesen beiden Ansätzen entsprechen die folgenden Hypothesen 3-4a und 3-4b.

Hypothese 3-4a: Werden die mit ihrer Bedeutung gewichteten wahrgenommenen Platzierungsleistungen aufsummiert, korreliert der sich ergebende Wert signifikant mit der Platzierungs-/Präsentationszufriedenheit.

Hypothese 3-4b: Es besteht ein signifikant positiver Zusammenhang zwischen der Wahrnehmung der Platzierungsleistungen und der Zufriedenheit mit der Warenplatzierung/-präsentation.

---

[37] Vgl. zur Validierung von Zufriedenheitsmodellen auch Lingenfelder, M./Schneider, W.: Die Kundenzufriedenheit. Bedeutung, Meßkonzept und empirische Befunde, in: Marketing ZFP, 13. Jg. (1991), H. 2, S. 115-117.

[38] Vgl. z. B. Homburg, C./Werner, H.: Kundenzufriedenheit und Kundenbindung, in: Herrmann, A./Homburg, C. (Hrsg.): Marktforschung. Methoden – Anwendungen – Praxisbeispiele, Wiesbaden 1999, S. 917f.

Die Globalzufriedenheit mit einer Abteilung soll nur indirekt über einzelne Ansprüche erklärt werden, indem die Teilzufriedenheiten mit der Warenplatzierung/-präsentation, der Sortiments- und der Preispolitik als erklärende Größen herangezogen werden. Die Globalzufriedenheit ergibt sich aus der gewichteten Summe der Teilzufriedenheiten:

(3-2) $Z = Z_{WP} * B_{WP} + Z_S * B_S + Z_P * B_P,$

mit

Z = Zufriedenheit mit der Abteilung,

$Z_{WP/S/P}$ = Teilzufriedenheiten mit der Warenplatzierung/-präsentation, der Sortiments- und der Preispolitik,

$B_{WP/S/P}$ = Bedeutungsgewichte der Teilzufriedenheiten mit der Warenplatzierung/-präsentation, der Sortiments- und der Preispolitik.

Je nachdem, ob die Bedeutungsgewichte explizit gemessen werden, lassen sich zwei Hypothesenvarianten formulieren:

Hypothese 3-5a: Werden die mit ihrer Bedeutung gewichteten Teilzufriedenheiten aufsummiert, korreliert der sich ergebende Wert signifikant mit der Zufriedenheit mit der Abteilung.

Hypothese 3-5b: Es besteht ein signifikant positiver Zusammenhang zwischen der Zufriedenheit mit der Warenplatzierung/-präsentation und der Zufriedenheit mit der Abteilung.

Inwieweit sich die in den Gleichungen 3-1 und 3-2 zum Ausdruck kommenden multiattributiven Zufriedenheitsmodelle empirisch bewähren, kann von verschiedenen Faktoren abhängen. Probleme können hierbei beispielsweise auftreten, wenn nicht alle relevanten Teilzufriedenheiten berücksichtigt wurden, die linear additive Verknüpfung der Teilzufriedenheiten unzutreffend ist oder wenn Teilzufriedenheiten und Gewichte voneinander abhängig sind.[39]

---

[39] Eine Diskussion multiattributiver Zufriedenheitsmodelle findet sich z. B. bei Schütze, R.: Kundenzufriedenheit. After-Sales-Marketing auf industriellen Märkten, Wiesbaden 1992, S. 170-178; Müller-Hagedorn, L., 1998a, S. 669-672.

3.2.3.2 Der Zusammenhang zwischen Kundenzufriedenheit und Kundenbindung

Kundenzufriedenheit gilt deshalb als wichtig, weil sie als Ursache für die Kundenbindung angesehen wird. Der Begriff Kundenbindung kann auf verschiedene Weise definiert werden, wobei auf Anbieteraktivitäten, verhaltenswissenschaftliche Konstrukte (Einstellungen und Verhaltensabsichten) oder beobachtete Transaktionen (Kontakt- und Kaufverhalten) Bezug genommen wird.[40]

Diller empfiehlt, nicht alle Aspekte in einer Definition zu integrieren, sondern stattdessen insbesondere für operative Anwendungen einen engeren Bezugsrahmen zu wählen. Er hält deshalb eine an den leicht beobachtbaren Transaktionsmerkmalen orientierte Definition für zweckmäßig: „***Kundenbindung*** *liegt dann vor, wenn innerhalb eines zweckmäßig definierten Zeitraums wiederholte Informations-, Güter- und Finanztransaktionen zwischen zwei Geschäftspartnern stattgefunden haben (ex post-Betrachtung) bzw. geplant sind (ex ante-Betrachtung).* "[41] Auf der Basis dieser Definition lässt sich die Kundenbindung einfach operationalisieren, indem das realisierte oder geplante Kaufverhalten betrachtet wird.[42] Da die Messung von Verhaltensabsichten als wenig valide angesehen wird, wird häufig das realisierte Kaufverhalten zur Operationalisierung der Kundenbindung herangezogen. Besondere Bedeutung kommt dabei der Kundendurchdringungsrate (Anteil der Bedarfsdeckung eines Kunden beim Anbieter A) zu, da sie auch die Nicht-Hinwendung zu anderen Anbietern erfasst.[43]

Nur wenn die Warenplatzierung über die Platzierungs- und Kundenzufriedenheit die Kundenbindung erhöhen kann, findet eine „Kundenorientierte Warenplatzierung" ihre Berechtigung. In einer Vielzahl von Untersuchungen ist ein positiver Zusammenhang zwischen Kundenzufriedenheit und Kundenbindung postuliert und nachgewiesen worden. Einen umfassenden Überblick hierüber geben *Homburg/Giering/Hentschel*.[44] In der Regel beziehen sich die Untersuchungen

---

[40] Vgl. Diller, H.: Kundenbindung als Marketingziel, in: Marketing ZFP, 18. Jg. (1996), H. 2, S. 81-84.

[41] Diller, H., 1996, S. 84.

[42] Teilweise wird Kundenbindung darüber hinaus auch durch das Weiterempfehlungsverhalten bzw. durch Weiterempfehlungsabsichten der Kunden operationalisiert. Vgl. Homburg, C./Faßnacht, M./Werner, H.: Operationalisierung von Kundenzufriedenheit und Kundenbindung, in: Bruhn, M./Homburg, C. (Hrsg.): Handbuch Kundenbindungsmanagement. Grundlagen – Konzepte – Erfahrungen, Wiesbaden 1998, S. 393.

[43] Vgl. Diller, H., 1996, S. 85; Müller-Hagedorn, L.: Kundenbindung mit System, in: Müller-Hagedorn, L. (Hrsg.): Kundenbindung im Handel, 2. Aufl., Frankfurt/Main 2001, S. 19-22. In beiden Quellen findet sich auch eine Übersicht über mögliche Messgrößen der Kundenbindung.

[44] Vgl. den Überblick über 24 empirische Untersuchungen bei Homburg, C./Giering, A./Hentschel, F.: Der Zusammenhang zwischen Kundenzufriedenheit und Kundenbindung, in: Bruhn, M./Homburg, C. (Hrsg.): Handbuch Kundenbindungsmanagement. Grundlagen – Konzepte – Erfahrungen, Wiesbaden 1998, S. 93-98.

allerdings nicht auf die Bindung an Handelsunternehmen. Einen Überblick über handelsspezifische Untersuchungen gibt Abbildung 3.7. Auch hier bestätigen die Ergebnisse einen positiven Zusammenhang zwischen Kundenzufriedenheit und Kundenbindung (*Bloemer/de Ruyter; Macintosh/Lockshin; Sivadas/Baker-Prewitt*). Ebenso weisen empirische Untersuchungen zur Beziehung zwischen Dienstleistungsqualität und Kundenbindung im Handel einen positiven Zusammenhang aus (*Zeithaml/Berry/Parasuraman; Sirohi/McLaughlin/Wittnik*). Kundenbindung kann aber auch durch andere Bestimmungsfaktoren als die Zufriedenheit und die Dienstleistungsqualität erklärt werden, wie die Untersuchungen von *Diller* und *Goerdt* zeigen.

Zeithaml/ Berry/ Parasuraman (1996)	*Zeithaml/Berry/Parasuraman* haben den Zusammenhang von Servicequalität und Verhaltensabsichten bei 522 Kunden einer Einzelhandelskette mit Hilfe von Regressionsanalysen untersucht. Die Ergebnisse zeigen, dass die Servicequalität, multiattributiv mit der SERVQUAL-Skala gemessen,[45] einen signifikant positiven Einfluss auf Loyalität und Zahlungsbereitschaft und einen negativen Einfluss auf die Wechselbereitschaft und das Beschwerdeverhalten gegenüber anderen Kunden und Verbraucherorganisationen hat. Bei eindimensionaler Messung der Servicequalität wurden die gleichen, jedoch bezüglich der Zahlungsbereitschaft nicht signifikante Ergebnisse festgestellt.[46]
Bloemer/ de Ruyter (1997)	*Bloemer/de Ruyter* haben bei Kunden eines Warenhauses Bestimmungsfaktoren der Loyalität untersucht. Auf einer Basis von 124 Fragebögen wurden verschiedene Regressionsanalysen durchgeführt, die den Einfluss der Höhe und der Art der Zufriedenheit auf die Loyalität untermauern. Hinsichtlich der Art der Zufriedenheit unterscheiden die Verfasser zwischen latenter und manifester Zufriedenheit, je nachdem wie intensiv der Kunde Erwartungen und Leistungen vergleicht. Bei manifester Zufriedenheit ist die Wirkung auf die Kundenbindung stärker als bei latenter Zufriedenheit.[47]
Macintosh/ Lockshin (1997)	*MacIntosh/Lockshin* befragten 308 Kunden von Weingeschäften nach Determinanten der Einkaufsstättenloyalität. Sie konnten kausalanalytisch u. a. einen signifikanten Zusammenhang zwischen Zufriedenheit und Einstellung, Einstellung und Kaufabsicht sowie Kaufabsicht und Kundendurchdringungsrate (% of Category Purchases) bestätigen. Weitere Effekte gehen vom Vertrauen in das Geschäft, Vertrauen in das Personal und der Loyalität zum Personal aus.[48]

---

[45] Vgl. hierzu Parasuraman, A./Zeithaml, V. A./Berry, L. L., 1988, S. 12-37; Parasuraman, A./Berry, L. L./Zeithaml, V. A.: Refinement and Reassessment of the SERVQUAL Scale, in: Journal of Retailing, Vol. 67 (1991), No. 4, S. 420-450.

[46] Vgl. Zeithaml, V. A./Berry, L. L./Parasuraman, A.: The Behavioral Consequences of Service Quality, in: Journal of Marketing, Vol. 60 (1996), No. 2, S. 31-46. Zur Operationalisierung der Verhaltensabsichten vgl. insbesondere S. 38.

[47] Vgl. Bloemer, J./de Ruyter, K.: On the Relationship between Store Image, Store Satisfaction and Store Loyalty, in: European Journal of Marketing, Vol. 32 (1998), No. 5/6, S. 499-513.

[48] Vgl. Macintosh, G./Lockshin, L. S.: Retail Relationships and Store Loyalty: A Multi-Level Perspective, in: International Journal of Research in Marketing, Vol. 14 (1997), No. 5, S. 487-497.

Sirohi/ McLaughlin/ Wittnik (1998)	Die Studie von *Sirohi/McLaughlin/Wittnik* untersucht Bestimmungsfaktoren der Loyalität bei Supermarktkunden. Die gewählte Stichprobe ist mit über 16.000 befragten Kunden einer Supermarktkette sehr groß. Alle befragten Probanden hatten eine Erstpräferenz für die untersuchte Supermarktkette. Die Ergebnisse zeigen, dass die wahrgenommene Dienstleistungsqualität sowohl einen starken direkten als auch einen starken indirekten Effekt auf die Loyalität (Wiederkaufabsicht, Mehrkaufabsicht, Weiterempfehlungsabsicht) hat.[49]
Sivadas/ Baker-Prewitt (2000)	*Sivadas/Baker-Prewitt* konnten auf Basis von 542 Telefoninterviews kausalanalytisch keinen direkten Effekt zwischen Kundenzufriedenheit und Loyalität (share of visits) bei dem von den Befragten jeweils zuletzt besuchten Warenhaus feststellen. Die Zufriedenheit beeinflusst die Loyalität aber indirekt über die relative Einstellung, die Weiterempfehlungsabsicht und die Wiederkaufwahrscheinlichkeit. Die Zufriedenheit selbst wird signifikant durch die Dienstleistungsqualität beeinflusst. In einem zweiten Modell wurde die Wirkungskette kognitive Loyalität (Dienstleistungsqualität), affektive Loyalität (relative Einstellung, Zufriedenheit), conative Loyalität (Wiederkaufwahrscheinlichkeit, Weiterempfehlungsabsicht) und beobachtbare Loyalität (share of visits) kausalanalytisch bestätigt.[50]
Goerdt (1999) Diller/ Goerdt (2000)	Für den Lebensmitteleinzelhandel zeigen die Untersuchungen von *Goerdt*, dass die warengruppenspezifische Einkaufsstättentreue relativ hoch ist. So liegen die Bedarfsdeckungsraten für acht verschiedene Warengruppen in der präferierten Einkaufsstätte im Mittel bei 69%. Statt dem Zusammenhang von Kundenzufriedenheit und Kundenbindung wird der Einfluss der Marktstruktur, des Eigenmarkenanteils, der Preis- und Sonderangebotspolitik, von Kaufverhaltensmustern, soziodemographischen und psychographischen Merkmalen der Haushalte sowie von Warengruppencharakteristika auf die Einkaufsstätten- und Markentreue untersucht.[51]

Abb. 3.7:   Empirische Ergebnisse zu Bestimmungsfaktoren der Kundenbindung im Einzelhandel

Auch wenn die empirischen Ergebnisse einen Zusammenhang von Kundenzufriedenheit und -bindung stützen, sind auch Fälle denkbar, in denen ein solcher kausaler Zusammenhang nicht besteht. So ist ein Zusammenhang zwischen Kundenzufriedenheit und Kundenbindung nicht gegeben, wenn 1. Kunden trotz Zufriedenheit nicht gebunden sind oder 2. gebunden sind, obwohl sie nicht zufrieden sind. Während der erste Punkt z. B. durch das Bestreben von Kunden

---

[49]   Vgl. Sirohi, N./McLaughlin, E. W./Wittnik, D. R.: A Model of Consumer Perceptions and Store Loyalty Intentions for a Supermarket Retailer, in: Journal of Retailing, Vol. 74 (1998), No. 2, S. 223-245.

[50]   Vgl. Sivadas, E./Baker-Prewitt, J. L.: An Examination of the Relationship between Service Quality, Customer Satisfaction and Store Loyalty, in: International Journal of Retail & Distribution Management, Vol. 28 (2000), No. 2, S. 73-82.

[51]   Vgl. Diller, H./Goerdt, T.: Einflußfaktoren der Kundenbindung im Lebensmitteleinzelhandel – Ergebnisse von Panelanalysen für Güter des täglichen Bedarfs, in: Trommsdorff, V. (Hrsg.): Handelsforschung 1999/00. Verhalten im Handel und gegenüber dem Handel, Wiesbaden 2000, S. 163-194; Goerdt, T.: Die Marken- und Einkaufsstättentreue der Konsumenten als Bestimmungsfaktoren des vertikalen Beziehungsmarketing. Theoretische Grundlegung und empirische Analysen für das Category Management, Nürnberg 1999.

nach Abwechslung erklärt werden kann (Variety Seeking), ist der zweite Punkt auf andere Bindungsursachen als die Zufriedenheit zurückzuführen.[52] So unterscheiden z. B. *Bliemel/Eggert* zwischen den Bindungszuständen Verbundenheit und Gebundenheit, wobei die Gebundenheit nur durch Wechselbarrieren (z. B. Wechselkosten) begründet ist.[53] *Diller* unterscheidet hinsichtlich des Commitments, d. h. der inneren Verpflichtung eines Kunden, zwischen Loyalität, Zweckbindung und Fesselung. Die Zweckbindung resultiert dabei aus einem bewussten Abwägen zwischen Wechselkosten und den Vorteilen eines Anbieterwechsels.[54] Zweckbindungen macht sich insbesondere das Rollenkonzept des Category Management-Prozesses zu Nutze, indem zu Profilierungskategorien Loyalität hergestellt wird, während es in den Pflichtkategorien durch den Wunsch nach „one-stop-shopping" zu einer Zweckbindung kommt. So könnte ein Kunde, der beispielsweise mit der Schreibwarenabteilung eines Verbrauchermarktes unzufrieden ist, dort trotzdem Einkäufe tätigen, weil er diesen Markt für den Kauf bestimmter Lebensmittel bevorzugt und nicht zusätzlich noch ein Schreibwarengeschäft aufsuchen möchte. Während die Zufriedenheit mit einer Profilierungskategorie nicht nur die Treue zu dieser Kategorie, sondern auch die Treue zur gesamten Einkaufsstätte erhöhen kann, hat die Zufriedenheit mit Pflicht- oder Ergänzungskategorien vermutlich einen geringeren Einfluss auf die Kundenbindung.

Obwohl die Kategorie-Rolle sicherlich einen bedeutenden Einfluss auf den Zusammenhang zwischen Zufriedenheit und Bindung an eine Kategorie hat, soll an dem positiven Zusammenhang von Zufriedenheit und Bindung auch für Pflicht- und Ergänzungskategorien festgehalten werden. Allerdings wird vermutet, dass dieser Zusammenhang deutlich schwächer ist als in Profilierungskategorien.

Hypothese 3.6: Es besteht ein positiver Zusammenhang zwischen der Zufriedenheit mit dem Einkauf in einer Abteilung und der Kundenbindung an diese Abteilung.

---

[52] Vgl. hierzu z. B auch Herrmann, A./Johnson, M. D.: Die Kundenzufriedenheit als Bestimmungsfaktor der Kundenbindung, in: ZfbF, 51. Jg. (1999), H. 6, S. 584-588.

[53] Vgl. Bliemel, F. W./Eggert, A.: Kundenbindung – die neue Sollstrategie?, in: Marketing ZFP, 20. Jg. (1998), H. 1, S. 37-46; Eggert, A.: Konzeptualisierung und Operationalisierung der Kundenbindung aus Kundensicht, in: Marketing ZFP, 22. Jg. (2000), H. 2, S. 119-130.

[54] Vgl. Diller, H., 1996, S. 88f.

3.2.3.3 Der Zusammenhang zwischen Kundenbindung und Kundenwert

Der ökonomische Nutzen von Kundenbindungsmaßnahmen ergibt sich aus dem sogenannten Kundenwert. Allgemein kann der **Kundenwert** als *„Maß für die ökonomische Bedeutung eines Kunden, d. h. dessen direkten und/oder indirekten Beitrag zur Zielerreichung eines Anbieters verstanden"* werden.[55] Häufig wird diese Definition auf den Kundenwert als *„diskontierter Gewinn, den ein Kunde im durchschnittlichen Verlauf einer Kundenbeziehung erzeugt",*[56] eingeengt und investitionsrechnerisch ermittelt.[57] Je nachdem, ob sich der Kundenwert auf die gesamte, die bisherige oder die zukünftige Geschäftsbeziehung bezieht, kann auch vom Customer Lifetime Value, der vergangenheitsbezogenen Kundenprofitabilität oder dem prospektiven Kundenwert gesprochen werden.[58]

Da der Selbstbedienungseinzelhandel es in der Regel mit anonymen Kunden zu tun hat, können weder individuelle Kaufhistorien berücksichtigt, noch Anfangsinvestitionen in die Geschäftsbeziehungen einzelnen Kunden direkt zugerechnet werden. Da im Handel häufig davon auszugehen ist, dass Kunden einzelne Warengruppen häufig in mehreren Geschäften einkaufen, lässt sich der Grad der Kundenbindung am besten durch die Kundendurchdringungsrate operationalisieren. Ein einfacher Ansatz zur Berechnung des durchschnittlichen Kundenwerts innerhalb einer Verkaufsstelle, eines Warenbereiches, einer Warengruppe oder eines Artikels könnte darin bestehen, dass das Produkt aus durchschnittlichem Deckungsbeitragssatz (*DBS*), durchschnittlichem Kaufvolumen (*KV*) und durchschnittlicher Kundendurchdringung (*KD*) über die mittlere Dauer einer Geschäftsbeziehung abgezinst wird (Gleichung 3-3). Wird der Deckungsbeitragssatz aus der Kundenwertformel entfernt, ergibt sich der durchschnittliche **Umsatz-Wert** eines Kunden (Gleichung 3-4):

---

[55] Cornelsen, J.: Kundenwertanalysen im Beziehungsmarketing. Theoretische Grundlegung und Ergebnisse einer empirischen Studie im Automobilbereich, Nürnberg 2000, S. 43.

[56] Meffert, H./Bruhn, M., 1997, S. 145.

[57] Vgl. z. B. auch Homburg, C./Daum, D.: Marktorientiertes Kostenmanagement. Kosteneffizienz und Kundennähe verbinden, Frankfurt/Main 1997, S. 96-104; Köhler, R.: Kundenorientiertes Rechnungswesen als Voraussetzung des Kundenbindungsmanagements, in: Bruhn, M./Homburg, C.: Handbuch Kundenbindungsmanagement. Grundlagen – Konzepte – Erfahrungen, Wiesbaden 1998, S. 351-353; Bruhn, M. et al.: Wertorientiertes Relationship Marketing: Vom Kundenwert zum Customer Lifetime Value, in: Die Unternehmung, 54. Jg. (2000), H. 3, S. 170-179.

[58] Vgl. z. B. Köhler, R., 1998, S. 351.

$$(3\text{-}3) \qquad KW = \sum_{t=1}^{T} (DBS_t * KV_t * KD_t)*(1+r)^{-t},$$

$$(3\text{-}4) \qquad UW = \sum_{t=1}^{T} (KV_t * KD_t)*(1+r)^{-t},$$

wobei

KW =   Kundenwert,

UW =   Umsatz-Wert,

DBS_t =   Durchschnittlicher Deckungsbeitragssatz pro Periode in %,

KV_t =   Durchschnittliches Kaufvolumen pro Periode in Währungseinheiten,

KD_t =   Durchschnittliche Kundendurchdringung pro Periode in %,

r =   Kalkulationszinsfuß,

T =   Durchschnittliche Dauer einer Geschäftsbeziehung.

Natürlich handelt es sich bei dieser Kundenwertformel nur um eine sehr vereinfachte Berechnung, da weder individuelle Unterschiede zwischen Kunden berücksichtigt werden, noch unterschiedliche Kalkulationssätze in einzelnen Warengruppen. Ein weiterer Kritikpunkt besteht in der Tatsache, dass Kommunikationswirkungen (z. B. Empfehlungen oder Warnungen) keinen Eingang in den Kundenwert finden.[59]

Bei gleichen Deckungsbeitragssätzen und Kaufvolumina besteht nach obiger Kundenwertformel ein positiver Zusammenhang zwischen Kundenbindung und Kundenwert. Da es sich hierbei um einen formal definierten Zusammenhang handelt, braucht diesbezüglich auch keine Hypothese formuliert zu werden. Es sind jedoch auch Situationen denkbar, in denen ein negativer Zusammenhang zwischen Kundenbindung und Kundenwert bestehen kann, z. B. wenn die Zunahme der Kundendurchdringungsrate durch niedrigere Preise, verbunden mit niedrigeren Deckungsbeiträgen, erkauft wird.

---

[59] Vgl. zur Operationalisierung und Berechnung von Kommunikationswirkungen Bruhn, M./ Georgi, D.: Wirtschaftlichkeit des Kundenbindungsmanagements, in: Bruhn, M./ Homburg, C. (Hrsg.): Handbuch Kundenbindungsmanagement. Grundlagen – Konzepte – Erfahrungen, Wiesbaden 1998, S. 420-422; Bruhn, M.: Wirtschaftlichkeit des Qualitätsmanagements. Qualitätscontrolling für Dienstleistungen, Berlin u. a. 1998, S. 208-239; sowie im Kontext des Beschwerdemanagements auch Stauss, B./Seidel, W.: Beschwerdemanagement: Fehler vermeiden – Leistung verbessern – Kunden binden, 2. Aufl., München-Wien 1998, S. 288-300.

3.3 Eine empirische Untersuchung zur Bedeutung der Platzierungsansprüche für Kundenzufriedenheit, Kundenbindung und ökonomischen Erfolg

Die in Abschnitt 3.2 aufgestellten Hypothesen wurden empirisch durch eine Kundenbefragung überprüft.[60] Auch wenn es sich bei der empirischen Untersuchung nicht um eine repräsentative Untersuchung handelt, lassen die Ergebnisse Schlussfolgerungen zum Stellenwert einzelner Platzierungsansprüche für Kundenzufriedenheit, Kundenbindung und ökonomischen Erfolg zu.

3.3.1 Untersuchungsdesign und Feldreport

Die Überprüfung der aufgestellten Hypothesen erfolgte durch Befragung von Kunden der Schreibwarenabteilung eines SB-Warenhauses. Die Kunden wurden jeweils nach dem Besuch der Abteilung direkt am Point of Sale befragt. Der Fragebogen beinhaltete Fragen

- zur bisherigen und aktuellen Globalzufriedenheit mit der Abteilung,
- zu den gesuchten und gekauften Artikeln,
- zum bisherigen und geplanten Anteil der Abteilung am Ausgabevolumen für Schreibwaren (Kundendurchdringungsrate),
- zum monatlichen Ausgabevolumen für Schreibwaren (Kaufvolumen),
- zum Verbund von Lebensmittel- und Schreibwarenkäufen,
- zur Beurteilung der Platzierungsleistungen und deren Bedeutung für die Zufriedenheit mit der Warenplatzierung/-präsentation,[61]
- zur Zufriedenheit mit der Preispolitik, der Sortimentspolitik und der Warenplatzierung/-präsentation, sowie deren Bedeutung für die Globalzufriedenheit mit der Abteilung,
- zur Kategorisierung der Platzierungsansprüche nach dem *Kano*-Schema,
- zu soziodemographischen und sozioökonomischen Merkmalen der Befragten.

Die Platzierungsansprüche bzw. -leistungen wurden für die Befragung wie folgt operationalisiert:

---

[60] Das Datenmaterial für die empirische Untersuchung wurde unter Anleitung des Verfassers von Rita Ebsen im Rahmen ihrer Diplomarbeit erhoben.

[61] Bezüglich der Warenplatzierung/-präsentation wurde in der Befragung nur der Begriff „Warenpräsentation" verwendet, da angenommen wurde, dass Probanden nicht zwischen Platzierung und Präsentation unterscheiden können. Der Begriff „Warenpräsentation" wurde gewählt, da er weiter interpretierbar erschien als der Begriff „Warenplatzierung".

- Sucheffizienz: „Die Waren sind so platziert, dass ich Artikel, die ich suche, in kurzer Zeit finden kann."
- Entscheidungseffizienz: „Die Waren sind so platziert, dass ich alternative Kaufmöglichkeiten hinsichtlich Preis und Qualität leicht vergleichen kann."
- Wahrnehmungs-Stimulation: „Durch die Warenplatzierung werde ich auf Artikel aufmerksam, deren Kauf ich vorher nicht geplant hatte."
- Emotionale Stimulation: „Das optische Erscheinungsbild der Abteilung ist ansprechend."

Alle Beurteilungen, Zufriedenheiten und Bedeutungsgewichte wurden auf einer 5-stufigen Skala von 1 (trifft überhaupt nicht zu/unzufrieden/keine Bedeutung) bis 5 (trifft zu/zufrieden/starke Bedeutung) gemessen. Für die Auswertungen wurden die Skalen für Beurteilungen und Zufriedenheiten auf den Wertebereich von -2 bis 2, und die Bedeutungsgewichte auf einen Wertebereich von 0 bis 4 umskaliert.[62] Da die Befragung am Point of Sale durchgeführt wurde, durfte die Befragung die Kunden zeitlich nicht zu stark beanspruchen. Deshalb wurde auf eine mehr-dimensionale Messung der Beurteilungen und Zufriedenheiten verzichtet. Alle Größen wurden eindimensional erhoben.

Für die Klassifizierung der Anforderungen wurde eine spezielle, von *Kano* entwickelte Fragetechnik verwendet, bei der für jede Anforderung jeweils eine funktionale und dysfunktionale Frage gestellt wurde (vgl. das Beispiel in Abbildung 3.8).[63]

Um den Fragebogen auf eventuelle Mängel hin zu überprüfen, wurde am 16. Juni 1999 ein Pretest durchgeführt. Da der Pretest ohne Probleme verlief, konnten alle Daten des Pretests in den Datensatz der Hauptuntersuchung einbezogen werden, die vom 22. bis 28. Juni 1999 in einem SB-Warenhaus im Köln/ Düsseldorfer Raum stattgefunden hat. Insgesamt wurden in dem Befragungs-zeitraum 132 Personen über 16 Jahren befragt, deren soziodemographische/-öko-nomische Struktur in Abbildung 3.9 abzulesen ist.

---

[62] Durch die Umskalierung sollte sichergestellt werden, dass Beurteilungen und Teilzufrieden-heiten, die nicht eindeutig positiv oder negativ sind, keinen Einfluss auf die berechneten Zufriedenheitsurteile haben. Gleiches gilt für Beurteilungen und Teilzufriedenheiten, die als unbedeutend eingestuft wurden.

[63] In der Literatur finden sich zwar auch Methoden zur Klassifizierung von Anforderungen, die mit einem geringeren Erhebungsaufwand verbunden sind, jedoch dürfte die *Kano*-Fragetechnik das valideste Erhebungsinstrument darstellen. Vgl. zu solchen alternativen Techniken z. B. Schuckel, M./Dobbelstein, T.: Die Kategorisierung von Kunden-anforderungen mit Hilfe der PCR-Analyse – dargestellt am Beispiel einer Studie zum Gebrauchtwagenmarkt, in: Mitteilungen des Instituts für Handelsforschung an der Universität zu Köln, 50. Jg. (1998), H. 5, S. 89-102.

Wie denken Sie beim Einkauf von Schreibwaren ganz allgemein darüber, wenn Sie die von Ihnen gesuchten Artikel schnell finden?	O Das würde mich sehr freuen. O Das setze ich voraus. O Das ist mir egal. O Das könnte ich evtl. in Kauf nehmen. O Das würde mich sehr stören.
Und wie denken Sie über den umgekehrten Fall, also wenn Sie beim Einkauf von Schreibwaren die von Ihnen gesuchten Artikel lange suchen müssen?	O Das würde mich sehr freuen. O Das setze ich voraus. O Das ist mir egal. O Das könnte ich evtl. in Kauf nehmen. O Das würde mich sehr stören.

Abb. 3.8:   Beispiel für die *Kano*-Fragetechnik

	Häufigkeit absolut	Häufigkeit relativ		Häufigkeit absolut	Häufigkeit relativ
Geschlecht			**Berufstätigkeit**		
Männlich	50	37,9	Vollzeit	52	39,4
Weiblich	82	62,1	Teilzeit	35	26,5
Alter in Jahren			Keine	45	34,1
16-29	29	22,1	**Einkommen in DM**		
30-39	49	37,1	um 1000	6	4,5
40-49	25	18,9	um 2000	21	15,9
50-59	11	8,3	um 3000	37	28,0
60-74	18	13,6	um 4000	35	26,5
Haushaltsgröße			um 5000	24	18,2
1 Person	30	22,7	um 6000	8	6,1
2 Personen	29	22,0	um 10000	1	0,8
3 Personen	22	16,7			
4 Personen	36	27,3			
5-7 Personen	15	11,4			

Abb. 3.9:   Feldreport

3.3.2 Methoden zur Datenauswertung

Die Datenauswertung erfolgte mit SPSS 10.0 für Windows. Die Beurteilungen der Platzierungsleistungen (Hypothese 3-1) wurden mit einem t-Test verglichen. Der t-Test kann hier unabhängig von der Normalverteilungsannahme durchgeführt werden, da es sich um eine ausreichend große Stichprobe handelt (die Mindest-anzahl von Stichprobenwerten wird in der Literatur mit 30 bis 60 angegeben).[64]

---

[64] Hartung, J.: Lehr- und Handbuch der angewandten Statistik, 12. Aufl., München-Wien 1999, S. 272 schlägt einen Stichprobenumfang von 60 vor. Für einen Mindestumfang der Stichprobe von 50 plädiert Eckstein, P. P.: Angewandte Statistik mit SPSS. Praktische Einführung für Wirtschaftswissenschaftler, Wiesbaden 1997, S. 148. Ein Stichprobenumfang

Ebenfalls kann der t-Test auch bei inhomogenen Varianzen durchgeführt werden, wenn die Stichprobe eine ausreichende Größe aufweist.

Die Klassifizierung der Ansprüche (Hypothesen 3-2 und 3-3) erfolgte nach einer von *Kano* vorgeschlagenen Zuordnungstabelle (vgl. Abbildung 3.10).[65] Die Verteilung der Platzierungsansprüche auf die *Kano*-Kategorien wurde mit Hilfe eines approximativen Binomialtests untersucht. Der Binomialtest prüft, ob die Wahrscheinlichkeit π, mit der bei einem Bernoulli-Experiment mit n Wiederholungen ein Ereignis eintritt, größer kleiner oder gleich einem vorgegebenen Wert ist. Die Stichprobe kann als ausreichend groß angesehen werden, wenn $n * \pi * (1 - \pi) \geq 9$ ist.[66]

Anforderungen		Dysfunktionale (negative) Frage				
		Das würde mich sehr freuen.	Das setze ich voraus.	Das ist mir egal.	Das könnte ich evtl. in Kauf nehmen.	Das würde mich sehr stören.
Funktionale (positive) Frage	Das würde mich sehr freuen.	Fraglich	Begeiste-rungs-anforderung	Begeiste-rungs-anforderung	Begeiste-rungs-anforderung	Leistungs-anforderung
	Das setze ich voraus.	Entgegen-gesetzte Anforderung	Indifferent	Indifferent	Indifferent	Basis-anforderung
	Das ist mir egal.	Entgegen-gesetzte Anforderung	Indifferent	Indifferent	Indifferent	Basis-anforderung
	Das könnte ich evtl. in Kauf nehmen.	Entgegen-gesetzte Anforderung	Indifferent	Indifferent	Indifferent	Basis-anforderung
	Das würde mich sehr stören.	Entgegen-gesetzte Anforderung	Entgegen-gesetzte Anforderung	Entgegen-gesetzte Anforderung	Entgegen-gesetzte Anforderung	Fraglich

Abb. 3.10:   Das Klassifizierungsschema von *Kano* (*Bailom et al.*, 1996, S. 121)

---

von mindestes 30 ist ausreichend nach Bankhofer, U./Hilbert, A.: Bestimmungsgrößen des Stichprobenumfangs, in: WiSt, 27. Jg. (1998), H. 7, S. 377-380; Fahrmeir, L. et al.: Statistik. Der Weg zur Datenanalyse, 2. Aufl., Berlin u. a. 1999, S. 445.

[65]   Die Zuordnungstabelle von *Kano* ist von einigen Autoren teilweise in Frage gestellt oder modifiziert worden. Da sich die Modifikationen allerdings auf Antwortkombinationen beziehen, die vergleichsweise selten zu beobachten sind, wurde für die hier durchgeführte Untersuchung das ursprüngliche Klassifizierungsschema von *Kano* verwendet. Vgl. z. B. Berger, C. et al.: Kano's Methods for Understanding Customer-Defined Quality, in: Center of Quality Management Journal, 1993, Fall, S. 3-36.

[66]   Vgl. z. B. Fahrmeir, L. et al., 1999, S. 391-397; Hartung, J., 1999, S. 205f.

Der Zusammenhang zwischen Anspruchsbefriedigung und Kundenzufriedenheit (Hypothesen 3-4 und 3-5) wird zum einen mit Hilfe von Korrelationen zwischen multiattributiv errechneten (vgl. die Formeln in Abschnitt 3.2.3.1) und direkt gemessenen Zufriedenheiten überprüft, zum anderen anhand von Regressionsanalysen. Sowohl die Regressionsanalyse als auch der Korrelationskoeffizient von *Bravais-Pearson* sind an Normalverteilungsannahmen gebunden. Bezüglich der Regressionsanalyse wird in der Literatur jedoch auf die geringe Bedeutung der Normalverteilungsannahme für ausreichend große Stichproben hingewiesen.[67] Da der *Pearson*-Koeffizient nicht nur an die einfache, sondern auch an die bivariate Normalverteilung der Variablen gebunden ist,[68] sollen zusätzlich Korrelationen mit Hilfe der nicht parametrischen Koeffizienten von *Spearman* und *Kendall* berechnet werden.

Der Einfluss der Kundenzufriedenheit auf die Kundenbindung und den Kundenwert (Hypothese 3-6) wird durch t-Tests überprüft. Dies geschieht, indem die Mittelwerte von Kundendurchdringungsrate und Kundenwert für unzufriedene und indifferente Kunden mit denen von zufriedenen Kunden verglichen werden. Auch hier kann die Normalverteilungsannahme als approximativ erfüllt gelten.

3.3.3 Ergebnisse der Untersuchung

Im Folgenden werden die Ergebnisse der empirischen Untersuchung dargestellt. Zunächst wird auf die allgemeine Bedeutung und Klassifizierung der Platzierungsansprüche aus Sicht der Kunden eingegangen, dann auf den Zusammenhang von Anspruchsbefriedigung und Kundenzufriedenheit und schließlich auf die Bedeutung der Zufriedenheit für Kundenbindung und Kundenwert.

3.3.3.1 Ergebnisse zur Bedeutung der Platzierungsansprüche aus Sicht der Kunden

In Hypothese 3-1 ist vermutet worden, dass Such- und Entscheidungseffizienz eine größere Bedeutung für die Zufriedenheit mit der Warenplatzierung/-präsentation haben als die Stimulation der Wahrnehmung und die emotionale Stimulation. Zur Überprüfung dieser Hypothese wurden die 132 Probanden nach ihrem Einkauf in der untersuchten Schreibwarenabteilung gefragt, welche Bedeutung die einzelnen Platzierungsansprüche für die Zufriedenheit mit der Warenplatzierung/-präsentation haben.

---

[67] Vgl. z. B. Albers, S./Skiera, B.: Regressionsanalyse, in: Herrmann, A./Homburg, C. (Hrsg.): Marktforschung. Methoden – Anwendungen – Praxisbeispiele, Wiesbaden 1999, S. 221, sowie die dort angegebene Literatur.

[68] Vgl. Eckstein, P. P., 1997, S. 230-246.

In Abbildung 3.11 ist dargestellt, welche Bedeutung die Befragten den vier Platzierungsansprüchen für ihr Zufriedenheitsurteil mit der Warenplatzierung/-präsentation zugemessen haben. Es ist erkennbar, dass entsprechend Hypothese 3-1 der Such- und Entscheidungseffizienz eine höhere Bedeutung zugemessen wird als den Stimulationsansprüchen. Abbildung 3.12 zeigt, dass alle Differenzen zwischen den ausgewiesenen Mittelwerten zum Niveau 0,001 signifikant sind. Die Hypothese 3-1 gilt somit als bestätigt.

Anspruch hinsichtlich ...	Mittelwert	Anzahl der Antworten
Sucheffizienz	3,30	132
Entscheidungseffizienz	2,60	132
Stimulation der Wahrnehmung	0,93	132
Emotionale Stimulation	2,09	132
Legende: 0 = keine Bedeutung, 4 = starke Bedeutung		

Abb. 3.11:   Bedeutung einzelner Ansprüche für die Platzierungs-/Präsentationszufriedenheit in einer Schreibwarenabteilung

	Sucheffizienz	Entscheidungs-effizienz	Wahrnehmungs-Stimulation	Emotionale Stimulation
Sucheffizienz	1			
Entscheidungs-effizienz	0,000***	1		
Wahrnehmungs-Stimulation	0,000***	0,000***	1	
Emotionale Stimulation	0,000***	0,000***	0,000***	1
***=signifikant zum Niveau 0,001				

Abb. 3.12:   Die Signifikanz der beobachteten Mittelwertdifferenzen der Anspruchs-bedeutungen

3.3.3.2 Ergebnisse zum Beitrag einzelner Platzierungsansprüche für die Steigerung der Zufriedenheit und die Verhinderung von Unzufriedenheit

Die Hypothesen 3-2 und 3-3 gingen von der Annahme aus, dass Such- und Entscheidungseffizienz vornehmlich als Basis- und Leistungsanforderungen eingestuft werden, während die Stimulationsansprüche eher Begeisterungs- oder indifferente Anforderungen darstellen.

Abbildung 3.13 gibt einen deskriptiven Überblick darüber, wie die einzelnen Ansprüche in der empirischen Untersuchung von den Probanden klassifiziert wurden. Während Such- und Entscheidungseffizienz am häufigsten als Leistungs-anforderungen eingestuft wurden, wird die Stimulation der Wahrnehmung mehrheitlich als indifferent, von einigen Befragten sogar als entgegengesetzte (unerwünschte) Anforderung klassifiziert. Die optische Stimulation wird von nahezu der Hälfte der Probanden als Begeisterungsanforderung gesehen. Auskunft über die statistische Signifikanz der Hypothesen 3-2 und 3-3 gibt Abbildung 3.14. Mit Hilfe eines approximativen Binomialtests wurde untersucht, ob Such- und Entscheidungseffizienz überdurchschnittlich häufig als Basis- oder Leistungsanforderungen eingestuft wurden, während Stimulation der Wahrnehmung und emotionale Stimulation mit einer Wahrscheinlichkeit von mehr als 50% Begeistcrungs- oder indifferente Anforderungen darstellen. Die Ergebnisse sind alle mindestens zum Niveau 0,05 signifikant, für Sucheffizienz, Stimulation der Wahrnehmung und emotionale Stimulation sogar hochsignifikant zum Niveau 0,001. Die Hypothesen 3-2 und 3-3 können somit als bestätigt angesehen werden.

	Sucheffizienz	Entscheidungseffizienz	WahrnehmungsStimulation	Emotionale Stimulation
Basisanforderung	42	28	3	11
Leistungsanforderung	49	51	1	20
Begeisterungsanforderung	31	34	25	65
Indifferente Anforderung	10	19	90	36
Reverse Anforderung	0	0	13	0

Abb. 3.13:   Die Kategorisierung der Platzierungsansprüche nach *Kano*

Anspruch	Anforderungskategorie	Anteil (%)	Z (emp.)	Z (α=0,05)	Z (α=0,01)	Z (α=0,001)
Sucheffizienz	Basis/Leistungsanforderung	0,69***	4,35	1,64	2,32	3,1
Entscheidungseffizienz	Basis/Leistungsanforderung	0,60*	2,26	1,64	2,32	3,1
WahrnehmungsStimulation	Begeisterungs-/ Indiff. Anforderung	0,87***	8,53	1,64	2,32	3,1
Emotionale Stimulation	Begeisterungs-/ Indiff. Anforderung	0,69***	4,35	1,64	2,32	3,1
*=signifikant zum Niveau 0,05; **=signifikant zum Niveau 0,01; ***=signifikant zum Niveau 0,001						

Abb. 3.14:   Approximativer Binomialtest zur Kategorisierung der Platzierungsansprüche nach *Kano*

3.3.3.3   Ergebnisse zum Zusammenhang zwischen Anspruchsbefriedigung und Zufriedenheit

Zum Zusammenhang zwischen Anspruchsbefriedigung und Zufriedenheit wurden zwei Hypothesen formuliert. Die erste Hypothese besagte, dass die Summe der gewichteten wahrgenommenen Platzierungsleistungen signifikant mit der Zufriedenheit mit der Warenplatzierung/-präsentation korreliert (Hypothese 3-4a). Um die Hypothese zu überprüfen, wurden mehrere multiattributive Modelle berechnet, die sich jeweils bezüglich der Operationalisierung der Bedeutungsgewichte unterscheiden:[69]

- **Modell 1** bildet die Summe aus den einzelnen wahrgenommenen Platzierungsleistungen. Bedeutungsgewichte werden nicht berücksichtigt.
- **Modell 2** erweitert das erste Modell, indem die wahrgenommenen Platzierungsleistungen mit den erhobenen Bedeutungsgewichten multipliziert werden.
- **Modell 3** erweitert das zweite Modell, indem statt den angegebenen absoluten Bedeutungen relative Bedeutungsgewichte berechnet werden. Hierzu werden die absoluten Bedeutungen durch die Summe der Gewichte aller Platzierungsansprüche geteilt. Durch die Verwendung relativer Bedeutungsgewichte sollen generelle Tendenzen der Befragten, Sachverhalte als wichtig oder unwichtig einzuschätzen, berücksichtigt werden.

Die in Abbildung 3.15 angegebenen Korrelationskoeffizienten bestätigen Hypothese 3-4a. Sämtliche Korrelationskoeffizienten sind hochsignifikant. Die stärkste Korrelation ergibt sich, wenn relative Bedeutungsgewichte verwendet werden. Dies gilt sowohl für den Korrelationskoeffizienten nach *Pearson* als auch für die nicht parametrischen Koeffizienten von *Spearman* und *Kendall*.

Multiattributive Verknüpfung	Pearson	Spearman	Kendalls-Tau-b
- ohne Gewichte	0,521***	0,549***	0,445***
- mit absoluten Gewichten	0,523***	0,575***	0,461***
- mit relativen Gewichten	0,538***	0,584***	0,466***
***=signifikant zum Niveau 0,001			

Abb. 3.15:   Die Zufriedenheit mit der Warenplatzierung/-präsentation. Korrelation zwischen multiattributiv geschätzten und empirisch ermittelten Zufriedenheitsurteilen (Basis: alle Platzierungsansprüche)

Hypothese 3-4b besagte, dass die einzelnen Platzierungsleistungen einen positiven Beitrag zur Zufriedenheit mit der Warenplatzierung/-präsentation leisten. Dieser Zusammenhang wurde mit einer schrittweisen Regressionsanalyse überprüft (vgl. Abbildung 3.16). Es zeigt sich, dass fast 40% der Streuung durch die

---

[69]   Neben den hier dargestellten additiven Modellen sind auch multiplikative Modelle denkbar. Da diese jedoch bei der Auswertung zu geringeren Korrelationen führten als die additiven Modelle, wurde hier auf eine Darstellung verzichtet.

Sucheffizienz und die emotionale Stimulation erklärt werden kann. Erstaunlicherweise wird die Entscheidungseffizienz nicht in das schrittweise Regressionsmodell aufgenommen, obwohl die Probanden der Entscheidungseffizienz eine höhere Bedeutung für ihre Zufriedenheit zugemessen haben als der emotionalen Stimulation. Die Probanden messen der Entscheidungseffizienz zwar offensichtlich eine große Bedeutung zu, jedoch lassen sich Unterschiede der Zufriedenheitsurteile mit der Warenplatzierung/-präsentation nicht durch unterschiedliche Beurteilungen der Entscheidungseffizienz erklären. Neben der Entscheidungseffizienz leistet erwartungsgemäß auch die Stimulation der Wahrnehmung keinen signifikanten Beitrag, um die Zufriedenheitsurteile mit der Warenplatzierung/-präsentation zu erklären. Hypothese 3-4b kann also nur in Bezug auf die Sucheffizienz und die emotionale Stimulation bestätigt werden.

	B	Beta	Signifikanz
Konstante	0,256		0,000***
Emotionale Stimulation	0,266	0,345	0,000***
Sucheffizienz	0,296	0,363	0,000***
R: 0,615; R-Quadrat: 0,379; R-Quadrat-Korr.: 0,369; Signifikanz: 0,000***			
***=signifikant zum Niveau 0,001			

Abb. 3.16:   Die Erklärung der Zufriedenheit mit der Warenplatzierung/-präsentation. Schrittweise Regressionsanalyse

Werden multiattributive Zufriedenheiten nur mit Hilfe von Sucheffizienz und emotionaler Stimulation berechnet, ergeben sich höhere Korrelationen zur Zufriedenheit mit der Warenplatzierung/-präsentation als wenn alle Platzierungsleistungen in das multiattributive Modell eingegangen wären (Abbildung 3.17 im Vergleich zu Abbildung 3.15).

Multiattributive Verknüpfung	Pearson	Spearman	Kendalls-Tau-b
- ohne Gewichte	0,615***	0,663***	0,570***
- mit absoluten Gewichten	0,618***	0,667***	0,555***
- mit relativen Gewichten	0,610***	0,661***	0,550***
***=signifikant zum Niveau 0,001			

Abb. 3.17:   Die Zufriedenheit mit der Warenplatzierung/-präsentation. Korrelation zwischen multiattributiv geschätzten und empirisch ermittelten Zufriedenheitsurteilen (Basis: Sucheffizienz und emotionale Stimulation)

Nachdem untersucht wurde, wie die Zufriedenheit mit der Warenplatzierung/-präsentation zu Stande kommt, soll entsprechend Hypothese 3-5 die Gesamtzufriedenheit mit der untersuchten Abteilung durch die Einzelzufriedenheiten mit Warenplatzierung/-präsentation, Preis- und Sortimentspolitik erklärt werden. Um Hypothese 3-5a zu überprüfen, wurden zunächst Korrelationen zwischen multiattributiv geschätzten und tatsächlichen Zufriedenheitsurteilen berechnet.

Dabei wurden bei der Operationalisierung der Gewichte die Modelle 1 bis 3 (Seite 57) zu Grunde gelegt. Ebenso wie in Abbildung 3.15 zeigt sich, dass alle Korrelationskoeffizienten signifikant sind und dass die Korrelationskoeffizienten höher sind, wenn relative Bedeutungsgewichte verwendet werden. Hypothese 3-5a gilt somit als bestätigt (Abbildung 3.18).

Multiattributive Verknüpfung	Pearson	Spearman	Kendalls-Tau-b
- ohne Gewichte	0,615***	0,636***	0,529***
- mit absoluten Gewichten	0,635***	0,654***	0,530***
- mit relativen Gewichten	0,664***	0,680***	0,548***
***=signifikant zum Niveau 0,001			

Abb. 3.18:   Die Gesamtzufriedenheit. Korrelation zwischen multiattributiv geschätzten und empirisch ermittelten Zufriedenheitsurteilen (Basis: Sortiment, Preis und Warenplatzierung/-präsentation)

Hypothese 3-5b besagte, dass die Zufriedenheit mit der Warenpräsentation einen signifikant positiven Einfluss auf die Globalzufriedenheit hat. Die in Abbildung 3.19 dargestellten Ergebnisse einer schrittweise Regressionsanalyse bestätigen diesen Zusammenhang, wenn auch die Zufriedenheit mit dem Sortiment einen stärkeren Erklärungsbeitrag für die Globalzufriedenheit leistet. Die Zufriedenheit mit der Preispolitik kann dagegen nicht als ursächlich für Unterschiede in den beobachteten Globalzufriedenheiten angesehen werden.

	B	Beta	Signifikanz
Konstante	0,005		0,954
Sortiment	0,637	0,607	0,000***
Warenplatzierung/-präsentation	0,229	0,178	0,010**
R: 0,688; R-Quadrat: 0,473; R-Quadrat-Korr.: 0,465; Signifikanz: 0,000***			
=signifikant zum Niveau 0,01; *=signifikant zum Niveau 0,001			

Abb. 3.19:   Die Erklärung der Gesamtzufriedenheit. Schrittweise Regressionsanalyse

Wird die Globalzufriedenheit multiattributiv nur auf der Basis von Teil-zufriedenheiten mit der Sortimentspolitik und der Warenplatzierung/-präsentation berechnet, ergeben sich insgesamt stärkere Korrelationen als in dem in Abbildung 3.18 dargestellten Modell (Abbildung 3.20).

Multiattributive Verknüpfung	Pearson	Spearman	Kendalls-Tau-b
- ohne Gewichte	0,658***	0,677***	0,571***
- mit absoluten Gewichten	0,677***	0,698***	0,571***
- mit relativen Gewichten	0,696***	0,716***	0,585***
***=signifikant zum Niveau 0,001			

Abb. 3.20:   Die Gesamtzufriedenheit. Korrelation zwischen multiattributiv geschätzten und empirisch ermittelten Zufriedenheitsurteilen (Basis: Sortiment und Warenplatzierung/-präsentation)

3.3.3.4 Ergebnisse zum Zusammenhang zwischen Kundenzufriedenheit, Kundenbindung und Kundenwert

Hypothese 3-6 besagte, dass die Zufriedenheit mit der Abteilung dazu führt, dass die Kundenbindung steigt. Um die Hypothese empirisch zu überprüfen, ist die Kundenbindung durch die Kundendurchdringungsrate operationalisiert worden. Da die ermittelten Kundendurchdringungsraten eine große Varianz aufweisen, wurde anstatt einer Regressionsanalyse ein Mittelwertvergleich durchgeführt.[70] Hierzu wurden die Kundendurchdringungsraten von global zufriedenen Kunden mit denen von unzufriedenen bzw. indifferenten Probanden verglichen.[71] Die in Abbildung 3.21 dargestellten Ergebnisse bestätigen Hypothese 3-6. Während zufriedene Kunden im Schnitt 41% ihrer Schreibwareneinkäufe in der Testabteilung tätigten, war bei unzufriedenen bzw. indifferenten Kunden nur eine mittlere Durchdringungsrate von knapp 30% zu beobachten. Die Unterschiede sind zum Niveau 0,01 signifikant.

Da sich häufig die Frage nach dem ökonomischen Erfolg Zufriedenheit stiftender Maßnahmen stellt, soll im Folgenden der jährliche Umsatz-Wert der beiden betrachteten Kundengruppen untersucht werden. Dieser lässt sich berechnen, indem die Kundendurchdringungsrate der untersuchten Schreibwarenabteilung mit dem jährlichen Einkaufsvolumen für Schreibwaren insgesamt multipliziert wird. Abbildung 3.21 zeigt, dass der Umsatz-Wert in der Testabteilung bei zufriedenen Kunden deutlich höher ist als bei Kunden, die unzufrieden oder indifferent sind. So ergibt sich für zufriedene Kunden ein mittlerer jährlicher Einkaufsbetrag von 126,96 DM, bei unzufriedenen/indifferenten Kunden dagegen nur von 87,01 DM. Die Unterschiede zwischen den jährlich verausgabten Geldbeträgen sind allerdings nicht signifikant. Dennoch besteht aber eine signifikante Korrelation von 0,65 zwischen Kundendurchdringungsrate und Umsatz-Wert.

	N	Realisierte Kundendurchdringungsrate	Jährlich in der Testabteilung verausgabter Geldbetrag in DM (Umsatz-Wert)
Unzufrieden Indifferent	52	29,71	87,01
Zufrieden	65	41,20	126,96
Signifikanz		0,009**	0,066
**=signifikant zum Niveau 0,01			

Abb. 3.21:   Der Zusammenhang zwischen Kundenzufriedenheit, Kundenbindung und Kundenwert

---

[70] Die Ergebnisse der Regressionsanalysen weisen zwar einen signifikanten Zusammenhang zwischen der Zufriedenheit in der Vergangenheit und der realisierten Kundendurchdringungsrate auf, jedoch ist das Bestimmtheitsmaß nur sehr gering.

[71] Auf Grund der geringen Stichprobengröße mussten indifferente und unzufriedene Kunden zu einer Gruppe zusammengefasst werden.

3.4 Zusammenfassung des Kapitels

Ausgangspunkt von Kapitel 3 war die Frage, welche Ansprüche Kunden an die Warenplatzierung stellen und welche Wirkungen von der Befriedigung der Platzierungsansprüche auf die Kundenzufriedenheit, die Kundenbindung und den Kundenwert ausgehen. Zunächst wurden deshalb aus möglichen Einkaufsmotiven verschiedene Platzierungsansprüche abgeleitet. In einer empirischen Untersuchung zeigte sich, dass die Sucheffizienz als wichtigster Anspruch eingestuft wurde, gefolgt von Entscheidungseffizienz, emotionaler Stimulation und Stimulation der Wahrnehmung. Während die Entlastungsansprüche von den Befragten vornehmlich als Basis- und Leistungsanforderungen eingestuft wurden, handelte es sich bei den Stimulationsansprüchen häufig um Begeisterungs- oder indifferente Anforderungen. Die Stimulation der Wahrnehmung wurde teilweise sogar als unerwünscht (revers) angesehen. Es zeigte sich weiterhin, dass sich die Zufriedenheit mit der Warenplatzierung/-präsentation multiattributiv durch die Platzierungsleistungen erklären lässt, wobei allerdings nur der Sucheffizienz und der emotionalen Stimulation ein erklärender Beitrag zugesprochen werden kann. Die Zufriedenheit mit der Warenplatzierung/-präsentation selbst erklärt zusammen mit der Sortimentszufriedenheit die direkt erfragten Globalzufriedenheiten. Hinsichtlich der Globalzufriedenheiten konnte wiederum festgestellt werden, dass zufriedene Kunden stärker an die Abteilung gebunden sind als unzufriedene oder indifferente Kunden. Die Kundenbindung (Kundendurchdringungsrate) schlägt sich wiederum in dem Umsatzwert der Kunden nieder. In Abbildung 3.22 sind die untersuchten Zusammenhänge noch einmal durch (partielle) Korrelationskoeffizienten dargestellt.

Kritisch ist zu der empirischen Untersuchung anzumerken, dass nur eine kleine, nicht repräsentative Stichprobe zu Grunde lag. Zudem wurden die theoretisch abgeleiteten Platzierungsleistungen aus erhebungstechnischen Gründen eindimensional gemessen, anstatt ein empirisch entwickeltes Messinstrumentarium zu verwenden. Dennoch konnten die aufgestellten Hypothesen durch die Untersuchung soweit bestätigt werden. Die formulierte Kritik kann jedoch Ansatzpunkte für zukünftige Forschungsaktivitäten bieten. Hier bedarf es insbesondere einer stärkeren Quantifizierung der Zusammenhänge zwischen objektiven Platzierungsleistungen und dem Kundenwert. Möglichst auf einer stochastischen Basis sollten beispielsweise aus einer Suchzeitreduzierung resultierende Erhöhungen des Kundenwerts berechnet werden. Dies ist erforderlich, um langfristige Auswirkungen von Platzierungsmaßnahmen auf den Erfolg einer Kategorie zu berechnen.

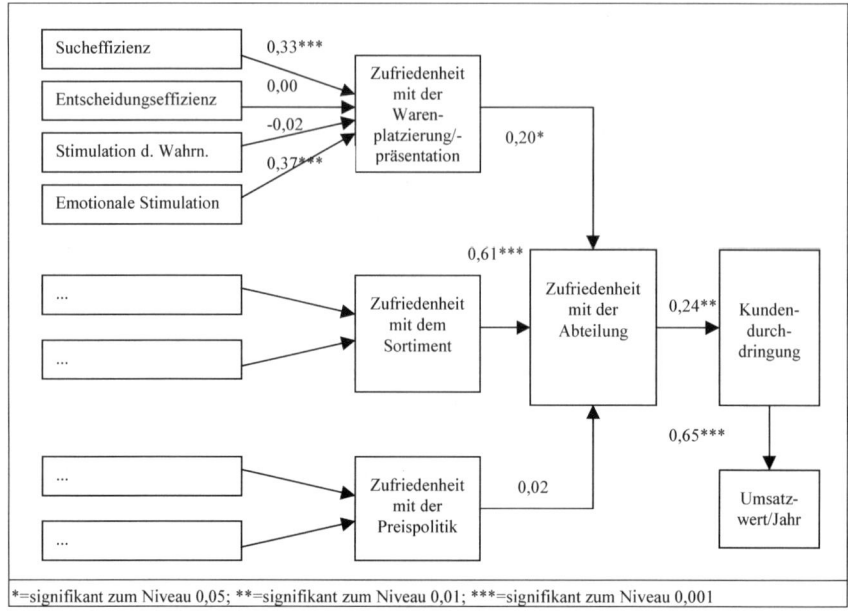

Abb. 3.22:   Die Wirkungskette von der Anspruchsbefriedigung zum Kundenwert (partielle Korrelationen)

Für das weitere Vorgehen im Rahmen dieser Arbeit legen die Ergebnisse nahe, besonderes Augenmerk auf die Sucheffizienz von Platzierungsalternativen zu richten, da diese von den Probanden als wichtigster Platzierungsanspruch eingestuft wurde. Zudem leistet die Sucheffizienz einen wesentlichen Beitrag, um die Zufriedenheit mit der Warenplatzierung/-präsentation zu erklären. Auch die Entscheidungseffizienz soll im Laufe der Arbeit noch weiter betrachtet werden, da sie von den Probanden als bedeutend eingestuft wurde, auch wenn sie keinen Beitrag zur Erklärung der empirisch erhobenen Zufriedenheitsurteile leisten konnte. Auf die emotionale Stimulation soll dagegen nur noch am Rande eingegangen werden, da emotionale Wirkungen eher durch die Warenpräsentation als durch die Warenplatzierung ausgelöst werden. Die Ergebnisse zur Bedeutung der Wahrnehmungs-Stimulation legen es nahe, diese weniger als Beitrag zur Kundenzufriedenheit anzusehen, sondern vielmehr als Möglichkeit, den ökonomischen Erfolg durch Auslösen ungeplanter Käufe zu erhöhen. Es sollte allerdings beachtet werden, dass keine Aussagen darüber getroffen wurden, inwieweit die hier dargestellten empirischen Ergebnisse generalisierbar sind. Deshalb finden sich in den folgenden Kapiteln auch Hinweise, wie Waren kundenorientiert zu platzieren sind, falls die Kunden der Wahrnehmungs-Stimulation einen höheren Stellenwert zumessen.

4 Such- und Entscheidungsprozesse als Gegenstand der Kundenorientierung

Wie im vorangegangenen Kapitel gezeigt wurde, können Platzi— einerseits an der Entlastung von Such- und Entscheidungsproz€ andererseits an der Stimulation von Wahrnehmungsprozessen. Auch an die emotionale Stimulation können Ansprüche gestellt werden, wobei sich diese allerdings eher durch präsentationspolitische als durch platzierungspolitische Maßnahmen befriedigen lassen. Die empirische Untersuchung im dritten Kapitel zeigte, dass in der betrachteten Abteilung die Sucheffizienz aus Kundensicht die wichtigste Platzierungsanforderung darstellte. Diese Anforderung wird nicht nur von den Kunden als sehr bedeutsam eingeschätzt, sie hat auch einen signifikanten Einfluss auf die Zufriedenheit mit der Warenplatzierung/-präsentation. Auch die Entlastung von Entscheidungsprozessen wurde von den Kunden als bedeutsam angesehen, ein kausaler Zusammenhang von Entscheidungseffizienz und Platzie-rungs-/Präsentationszufriedenheit konnte jedoch nicht empirisch nachgewiesen werden. Der Stimulation der Wahrnehmung kam in der empirischen Untersuchung allenfalls eine geringe Bedeutung zu, teilweise war sie sogar unerwünscht.

Um die Warenplatzierung so zu gestalten, dass Kunden bei Such- und Entscheidungsprozessen entlastet oder zusätzlich stimuliert werden, bedarf es zunächst einer Analyse dieser Prozesse. Einerseits geht es dabei darum, wie Such- und Entscheidungsprozesse strukturiert sind, um zu Ansatzpunkten für die Ablei-tung von Regalstrukturen zu gelangen. Andererseits ist es für die Bestimmung von Wirkungsfunktionen erforderlich, den Einfluss der Platzierungsparameter auf unmittelbar erfolgs- und kundenorientierte Zielgrößen mit Hilfe von Such- und Entscheidungsprozessen in einem formalisierbaren Modell darzustellen.

Im Folgenden wird mit der Umweltpsychologie zunächst ein allgemeines Forschungskonzept zur Untersuchung von Platzierungs- und Präsentationseffekten vorgestellt. Anschließend wird im Einzelnen auf Such- und Entscheidungsprozesse eingegangen. Das Kapitel schließt mit verhaltenswissenschaftlichen Modellen zum Kundenverhalten am Point of Sale. Dabei wird sowohl auf Modelle aus der

Literatur eingegangen, als auch ein eigenes Modell entwickelt, welches die Basis für die nachfolgenden Kapitel bilden soll.

4.1 Die Umweltpsychologie als allgemeines Forschungsparadigma

Gegenstand der Umweltpsychologie ist die Frage, wie menschliches Verhalten durch die physische Umwelt beeinflusst wird, also das, was auch in der Formel V = f (P,U) die Bestimmung des menschlichen Verhaltens (V) durch Persönlichkeitsmerkmale (P) und die Umwelt (U) – zum Ausdruck kommt.[1] Ein wesentliches Charakteristikum umweltpsychologischer Ansätze liegt darin, dass sich die Umweltpsychologie vom Laborexperiment löst, indem Individuen in ihrer konkreten Lebenswirklichkeit beobachtet werden.[2]

Die umweltpsychologische Forschung zur Verkaufsraumgestaltung lässt sich in einen emotionalen und einen kognitiven Forschungszweig aufspalten. Der emotionale Forschungszweig beschäftigt sich vorwiegend damit, wie Einkaufserlebnisse entstehen und auf Größen im Insystem der Kunden sowie auf das beobachtbare Verhalten wirken. Häufig wird hierbei auf das umweltpsychologische Modell von *Mehrabian* und *Russell* zurückgegriffen, die die emotionalen Dimensionen Lust, Erregung und Dominanz heranziehen, um Annäherungs- und Meidungsreaktionen gegenüber Umwelten zu erklären.[3]

Gegenstand des kognitiven Forschungszweiges ist dagegen die Orientierung in räumlichen Umwelten. Vertreter des kognitiven Zweiges beschäftigen sich u. a. mit der Frage, wie die Orientierung in Verkaufsräumen zu Stande kommt. Sie untersuchen, wie mit Hilfe der Warenplatzierung die Orientierung beeinflusst werden kann und wie gute und schlechte Orientierungsleistungen der Umwelt zu erklären sind.[4]

---

[1]   Vgl. Fietkau, H.-J.: Umweltpsychologie, in: Asanger, R./Wenninger, G. (Hrsg.): Handwörterbuch der Psychologie, 4. Aufl., München-Weinheim 1988, S. 808. Dort zitiert: Lewin, K.: Feldtheorie in den Sozialwissenschaften, Bern-Stuttgart 1963.

[2]   Vgl. Fietkau, H.-J., 1988, S. 808. Dort zitiert: Kaminski, G. (Hrsg.): Umweltpsychologie, Stuttgart 1976.

[3]   Vgl. Mehrabian, A./Russell, J. A., 1974; Mehrabian, A., 1978.

[4]   Vgl. den Überblick über beide Forschungszweige bei Kroeber-Riel, W./Weinberg, P.: Konsumentenverhalten, 7. Aufl., München 1999, S. 413-428. Ein knapper Überblick findet sich auch bei Swoboda, B.: Auswirkungen der Ladenwahrnehmung auf Kaufverhalten und Einkaufszufriedenheit – Ergebnisse einer situativen Analyse, in: Trommsdorff, V. (Hrsg.): Handelsforschung 1997/98. Kundenorientierung im Handel, Wiesbaden 1997b, S. 317f.

Einige Autoren haben auch versucht, emotionale und kognitive Ansätze zu verknüpfen. So weist *Bost* darauf hin, dass mangelnde Orientierung zu negativen Emotionen führt. Er beschreibt die fehlende Orientierung in der Umwelt nach dem „locus of control"-Ansatz als Gefühl fehlender Sicherheit und Umweltkontrolle.[5] *Esch/Langner/Fuchs* weisen im Hinblick auf die Gestaltung virtueller Einkaufsstätten darauf hin, dass atmosphärische Wirkungen ebenso einen Einfluss auf die Beurteilung kognitiver Wirkungen (z. B. Orientierungsfreundlichkeit) haben, wie auch kognitive Wirkungen die emotionalen Gefallenswirkungen tangieren.[6]

Insgesamt kann die Umweltpsychologie allerdings nur schwer als ein geschlossenes Forschungskonzept aufgefasst werden. So greifen Vertreter der kognitiven Richtung auf Wahrnehmungspsychologie, Gestaltpsychologie und Imagery-Forschung zurück, während der emotionale Zweig auf der Aktivierungstheorie und Emotionspsychologie basiert.[7] Deshalb wurde auch vielfach diskutiert, ob die eigenständige Disziplin nicht zu Gunsten einer Integration in die gesamte Psychologie aufgegeben werden sollte.[8]

Im Rahmen dieser Arbeit werden kognitive Reaktionen von Kunden auf die Umwelt „Verkaufsraum" untersucht, wobei sich die Betrachtung auf die Warenplatzierung konzentriert. Da Kunden auf die Warenplatzierung durch ihr Such- und Entscheidungsverhalten reagieren können, soll auf Such- und Entscheidungsprozesse näher eingegangen werden.

4.2 Die Struktur von Suchprozessen

Die Sucheffizienz wird durch Suchprozesse am Point of Sale bestimmt. Sie ist umso höher, je geringer der Aufwand ist, um einen gesuchten Artikel zu finden. Da der Sucheffizienz aus Sicht der Kunden eine große Bedeutung zukommt, stellt sich die Frage, wie Suchprozesse durch die Warenplatzierung unterstützt werden können. Suchen Kunden beispielsweise eine bestimmte Warengruppe häufig in der räumlichen Nähe einer anderen Warengruppe, kann die Sucheffizienz erhöht werden, indem die beiden Warengruppen nebeneinander platziert werden.

---

[5]   Vgl. Bost, E., 1987, S. 16.
[6]   Vgl. Esch, F.-R./Langner, T./Fuchs, M.: Gestaltung von Electronic Malls, in: Trommsdorff, V. (Hrsg.): Handelsforschung 1998/99. Innovation im Handel, Wiesbaden 1998, S. 189.
[7]   Vgl. Gröppel, A., 1991, S. 112-137.
[8]   Vgl. hierzu auch Graumann, C. F./Schneider, G.: Theorien und Methoden der Umweltpsychologie, in: Report Psychologie, 13. Jg. (1988), H. 10, S. 16.

Um zu wissen, welche Artikel Kunden in räumlicher Nähe zueinander suchen, muss zunächst geklärt werden, wie Suchprozesse strukturiert sind und von welchen Faktoren sie gesteuert werden.

4.2.1 Die Kopplung von Such- und Wahrnehmungsprozessen

Suchprozesse sind an visuelle Wahrnehmungsprozesse gebunden. Unter einem (visuellen) Suchprozess wird ein „kognitiv gesteuerter psychischer Prozess verstanden, bei dem mit Hilfe bestimmter Strategien oder Heuristiken Objekte im Raum lokalisiert werden sollen." Während Suchprozesse von innen durch das Orts- und Kategorisierungswissen gesteuert werden, liefert die visuelle Wahrnehmung die externen Impulse für Suchprozesse. Unter **Wahrnehmung** wird ein dreistufiger Prozess verstanden, der

1. einen physikalischen Reiz in neuronale Aktivität transformiert (Empfindung),
2. eine innere Repräsentation des äußeren Reizes bildet (Wahrnehmung i. e. S.),
3. dem intern repräsentierten Gegenstand eine Bedeutung zuweist (Klassifikation).[9]

So wird z. B. ein Schulheft wahrgenommen, indem zunächst ein Bild sensorischer Fragmente von Linien und Winkeln auf der Netzhaut entsteht (Empfindung), der Gegenstand als rechteckige Fläche gesehen wird (Wahrnehmung i. e. S.) und schließlich als Mitglied der Kategorie Hefte erkannt wird (Klassifikation). Diese phasische Strukturierung des Wahrnehmungsbegriffes entspricht auch den physiologischen Vorgängen, die bei der visuellen Wahrnehmung ablaufen.[10]

Suchprozesse sind psychische Vorgänge, die der direkten Beobachtung nicht zugänglich sind. Deshalb muss das Suchverhalten über bestimmte Indikatoren, beispielsweise das Blickverhalten, indirekt beobachtet werden. Blickverläufe bestehen aus Ketten aufeinander aufbauender Einzelwahrnehmungen, bei denen das Auge jeweils für einen Sekundenbruchteil einen einzelnen Ausschnitt seiner Umwelt fixiert. Aufeinanderfolgende Fixationen sind durch ruckartige Augenbewegungen (Sakkaden) verbunden.[11]

Während einer Fixation werden Hypothesen über den Informationsgehalt des nicht fixierten peripheren Wahrnehmungsbereichs gebildet. Diese Hypothesen steuern den Wahrnehmungsprozess, indem sie bestimmen, welcher Teil des Wahrnehmungsfeldes als nächster fixiert wird. *Neisser* spricht hier auch von einem

---

[9]   Vgl. Zimbardo, P. G./Gerrig, R. J.: Psychologie, 7. Aufl., Berlin u. a. 1999, S. 106-110.
[10] Vgl. zu physiologischen Vorgängen bei der visuellen Wahrnehmung z. B. Goldstein, E. B.: Wahrnehmungspsychologie. Eine Einführung, Heidelberg-Berlin-Oxford 1997, S. 39-121.
[11] Vgl. z. B. Goldstein, E. B., 1997, S. 182.

Wahrnehmungszyklus, in dem Erwartungen, Erkundungsreaktionen und die Aufnahme von Objektinformationen zyklisch miteinander verknüpft sind.[12] Die Erwartungen können dabei auf der Basis vorangegangener Wahrnehmungen und im Gedächtnis gespeicherter Informationen (z. B. Ortswissen oder Kategorisierungswissen) gebildet werden.

Je nachdem, ob Wahrnehmungen auf Grund kognitiver Steuerung oder durch bestimmte aktivierende Reizeigenschaften entstehen, kann zwischen präattentiven und attentiven Wahrnehmungen unterschieden werden:[13]

1. Von **präattentiven Wahrnehmungen** soll dann gesprochen werden, wenn Wahrnehmungen durch kognitive Steuerung entstehen. Hierbei werden einzelne Bereiche des Wahrnehmungsfeldes auf Grund bestimmter Erwartungen fixiert. So kann bei der Suche eines Artikels ein bestimmter Regalort fixiert werden, weil in der Nähe dieses Ortes ein Artikel platziert ist, der dem gesuchten Artikel ähnlich ist, oder weil dem Kunden bekannt ist, dass sich der gesuchte Artikel dort befindet. Während im ersten Fall die Erwartungen auf Grund von Kategorisierungsprozessen gebildet wurden, war im zweiten Fall das Platzierungswissen des Kunden entscheidend für die Erwartungsbildung. Präattentive Wahrnehmungen spielen bei **Such- oder Plankäufen** von Artikeln eine Rolle.
2. Von **attentiven Wahrnehmungen** wird dagegen dann gesprochen, wenn Wahrnehmungen durch externe Reize ausgelöst werden, indem z. B. ein peripher wahrgenommenes Objekt Aufmerksamkeit auf sich zieht. Attentive Wahrnehmungen können **ungeplante Käufe** auslösen (im Folgenden wird auch von Impulskäufen gesprochen).[14]

Suchprozesse sind also mit präattentiven Wahrnehmungen gekoppelt. Dabei kann der Suchprozess durch attentive Wahrnehmungen unterbrochen werden, indem ein peripher wahrgenommenes Objekt Aufmerksamkeit auf sich zieht (vgl. Abbildung 4.1). Da Suchprozesse auf Grund von Erwartungen gesteuert werden, stellt sich somit die Frage, wie die Erwartungen über den Informationsgehalt des Wahrnehmungsfeldes gebildet werden. Hierauf soll im folgenden Abschnitt eingegangen werden.

---

[12] Vgl. Guski, R.: Wahrnehmung. Eine Einführung in die Psychologie der menschlichen Informationsverarbeitung, Stuttgart-Berlin-Köln 1989, S. 70-72. Dort zitiert: Neisser, U.: Cognition and Reality. Principles and Implications of Cognitive Psychology, San Francisco, Cal. 1976; Neisser, U.: Kognition und Wirklichkeit, Stuttgart 1979.

[13] Vgl. Guski, R., 1989, S. 71. Dort zitiert: Neisser, U., 1976; Neisser, U., 1979.

[14] Damit handelt es sich um ein weite Definition von Impulskäufen. Im Gegensatz dazu stehen engere Begriffsabgrenzungen, die z. B. sog. Erinnerungskäufe ausschließen. Ein enges Begriffsverständnis findet sich z. B. bei Beatty, S. E./Ferrell, M. E.: Impulse Buying: Modeling its Precursors, in: Journal of Retailing, Vol. 74 (1998), No. 2, S. 170.

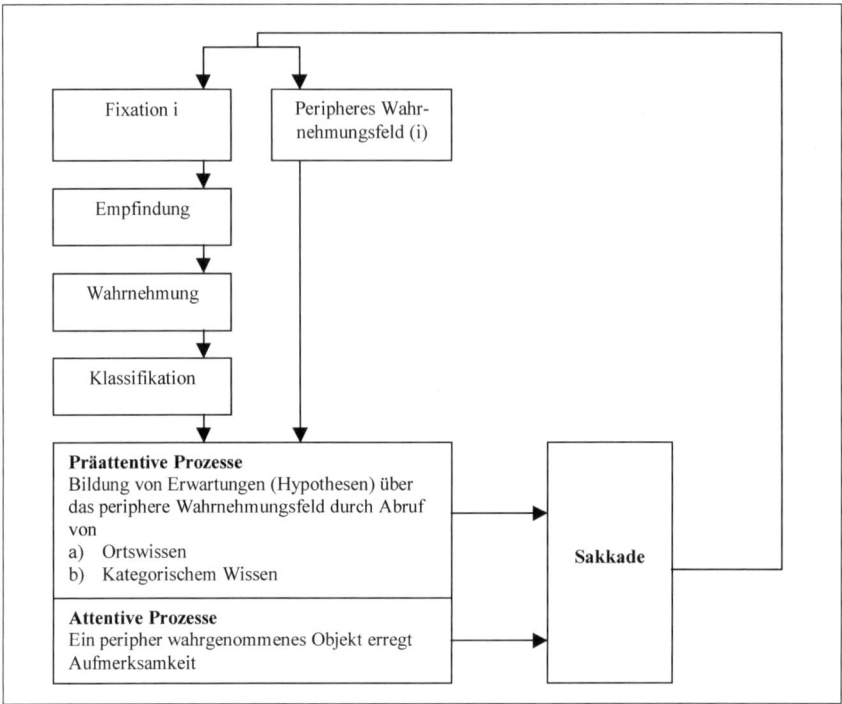

Abb. 4.1:   Die Kopplung von Such- und Wahrnehmungsprozessen

4.2.2 Die Steuerung von Suchprozessen durch kognitive Strukturen

Aus dem Orts- oder Kategorisierungswissen der Kunden werden Erwartungen über den Informationsgehalt des Wahrnehmungsfeldes abgeleitet, die das Suchverhalten steuern. Dieses Wissen ist in sogenannten kognitiven Strukturen gespeichert. Unter einer kognitiven Struktur soll die räumliche Repräsentation von Wissen im Gedächtnis verstanden werden, d. h. die Art und Weise, in der Wissenselemente im Gedächtnis angeordnet sind. Sowohl das Wissen über die Platzierung bestimmter Artikel oder Warengruppen als auch Vorstellungen über deren Ähnlichkeit oder Zusammengehörigkeit können sich in kognitiven Strukturen manifestieren.

Bei Kunden, die über Kenntnisse verfügen, wo ein bestimmter Artikel im Regal lokalisiert ist, laufen die Suchprozesse gezielt und schnell ab. Aus den kognitiven Strukturen werden Erwartungen abgerufen, die sich auf die Lage eines betrachteten gegenüber einem gesuchten Objekt beziehen. Nach dem „heiß-kalt-Prinzip" nähert sich der Kunde solchen Objekten, die er auf Grund seines Ortswissens als nah zu dem gesuchten Objekt einstuft. Zur Organisation von räumlichem Wissen wird häufig angenommen, dass dieses in Form sogenannter kognitiver Landkarten

(Cognitive Maps) aus dem Gedächtnis abgerufen wird. Unter einer Cognitive Map wird üblicherweise ein vereinfachtes Modell komplexer physischer Umwelten verstanden, das in Form eines inneren Bildes im Gedächtnis repräsentiert ist.[15] *Sommer/Aitkens* und *Esch/Billen* haben kognitive Landkarten von Einkaufsstätten untersucht, indem sie Probanden gebeten haben, den Ort bestimmter Warengruppen oder Artikel in Ladenskizzen anzugeben. Beide Studien kamen zu dem Ergebnis, dass das Platzierungswissen der Kunden sehr gering ist, wobei Objekte in Randlagen deutlich besser zugeordnet werden können als Objekte in mittleren Lagen der Einkaufsstätte.[16] Zu ähnlichen Ergebnissen kommen auch *Foxall* und *Hackett* bei der Untersuchung von kognitiven Landkarten einer Einkaufsstraße. Auch hier war die Anzahl der Probanden gering, die die Lage verschiedener Geschäfte auf einer Straßenskizze zuordnen konnten, wobei das Zuordnungs-vermögen bei Geschäften in der Nähe von Orientierungspunkten noch am größten war. Ein weiteres erstaunliches Ergebnis der Studie von *Foxall/Hacket* war die Tatsache, dass Probanden eher in der Lage waren, den Weg zu einem bestimmten Geschäft richtig zu beschreiben als die Lage von Geschäften auf einer Straßenskizze anzugeben.[17] Dieses Ergebnis lässt die Frage aufkommen, ob räumliches Wissen tatsächlich in Form konkreter kognitiver Landkarten gespeichert ist oder ob das Wissen erst während eines Suchproblems abgeleitet wird, indem Personen vor ihrem inneren Auge die jeweilige räumliche Umwelt durchlaufen.[18]

Verfügen Kunden über keine Ortskenntnisse, werden sie bei der Suche Erwartungen darüber bilden, wie Abteilungen oder Artikel innerhalb einer Abteilung angeordnet sein könnten. Diese Erwartungen können auf der Basis von Kategorisierungsprozessen gebildet werden, bei denen aus kognitiven Strukturen Vorstellungen über die Zusammengehörigkeit bzw. Ähnlichkeit von Artikeln abgeleitet werden. Auf der Basis solcher Ähnlichkeitsurteile lassen sich

---

[15] Vgl. auch die Definition bei Grossbart, S. L./Rammohan, B.: Cognitive Maps and Shopping Convenience, in: Advances in Consumer Research, Vol. 8 (1981), S. 128; unter Bezug auf Downs, R. M./Stea, D.: Maps in Minds. Reflections on Cognitive Mapping, New York 1977. Engere Definitionen bezeichnen Cognitive Maps auch als kartographische Repräsentation geschätzter Entfernungsbeziehungen zwischen Punkten einer räumlichen Umwelt. Vgl. hierzu MacKay, D. B./Olshavsky, R. W./Sentell, G.: Cognitive Maps and Spatial Behavior of Consumers, in: Geographical Analysis, Vol. 7 (1975), No. 1, S. 19.

[16] Vgl. Sommer, R./Aitkens, S.: Mental Mapping of Two Supermarkets, in: Journal of Consumer Research, Vol. 9 (1982), No. 2, S. 211-215; Esch, F.-R./Billen, P., 1996, S. 317-337.

[17] Vgl. Foxall, G. R./Hackett, P. M. W.: Consumers' Perceptions of Micro-Retail-Location: Wayfinding and Cognitive Mapping in Planned and Organic Shopping Environments, in: The International Review of Retail, Distribution and Consumer Research, Vol. 2 (1992), No. 3, S. 309-327. Für ein ebenfalls untersuchtes Shopping Center konnte allerdings keine häufigere Zuordnung von Geschäften in der Nähe von Orientierungspunkten beobachtet werden.

[18] Diese Frage soll im Folgenden offen gelassen werden. Zur Vertiefung der Ausführungen zur Organisation von räumlichem Wissen vgl. Knauff, M.: Räumliches Wissen und Gedächtnis. Zur Wissenspsychologie des kognitiven Raums, Wiesbaden 1997.

Suchprozesse nach dem „heiß-kalt-Prinzip" steuern, indem sich Kunden von Artikeln entfernen, die sie als unähnlich zu den gesuchten Artikeln einstufen und sich Artikeln nähern, die sie als ähnlich ansehen. Sucht ein Kunde beispielsweise einen *Pelikan*-Füller, könnte er sich z. B. bei seiner Suche zunächst den Schreibgeräten zuwenden, dort zuerst Bleistifte wahrnehmen, seinen Blick weiterschweifen lassen, bis er Tintenpatronen sieht, dort seinen Blick stoppen und in deren Nähe die Warengruppe Füller suchen und aus dieser, nachdem er sie gefunden hat, schließlich das gewünschte Modell auswählen. Einer solchen Suchstrategie könnte eine kognitive Struktur zu Grunde liegen, wie sie in Abbildung 4.2 skizziert ist.

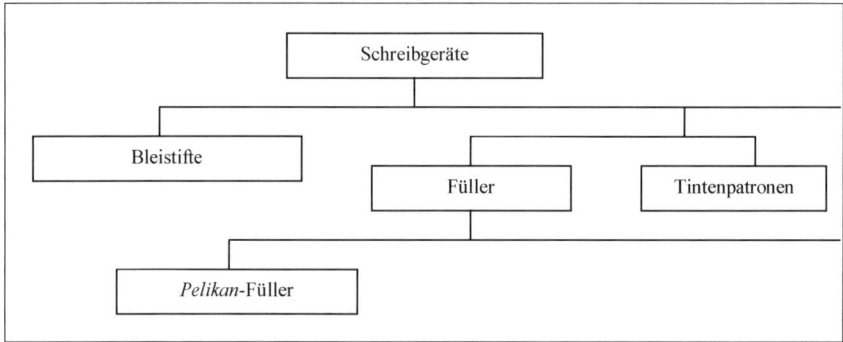

Abb. 4.2:   Skizze einer möglichen kognitiven Struktur

Zu der Frage, wie kognitive Strukturen im Gedächtnis organisiert sind und wie aus ihnen Ähnlichkeits- oder Zusammengehörigkeitsurteile abgerufen werden können, existieren unterschiedliche Theorien, auf die im Folgenden kurz eingegangen werden soll. Einen Überblick hierüber geben auch die Monografien von *Anderson, Eysenck/Keane* und *Schermer* sowie von *Varela*.[19]

---

[19] Vgl. Anderson, J. R.: Kognitive Psychologie, 2. Aufl., Heidelberg 1996; Eysenck, M. W./Keane, M. T.: Cognitive Psychology, 4. Aufl., Hove 2000; Schermer, F. F.: Lernen und Gedächtnis, 2. Aufl., Stuttgart-Berlin-Köln 1998; Varela, F. J.: Kognitionswissenschaft – Kognitionstechnik. Eine Skizze aktueller Perspektiven, 3. Aufl., Frankfurt/Main 1993.

4.2.2.1 Semantische Netzwerke

Die Organisation von konzeptionellem Wissen im Gedächtnis wird häufig in Form sogenannter **semantischer Netzwerke** dargestellt. Hierbei handelt es sich um eine Struktur von Wissenselementen (Objekte), die durch Knoten symbolisiert und jeweils untereinander zu einem Netzwerk verbunden sind. Während die frühen Netzwerkmodelle noch nach einer streng hierarchischen Logik aufgebaut waren,[20] wurden später komplexere Netzstrukturen entwickelt, in denen die Objekte nach Maßgabe ihrer semantischen Ähnlichkeit mit anderen Objekten untereinander verbunden wurden.[21] Die Verbindungen werden auch als Assoziationen bezeichnet. Sie können dabei unterschiedlicher Länge sein, wobei die Verbindungslänge mit zunehmender semantischer Ähnlichkeit abnimmt. Durch die komplexe Netzstruktur sind die Objekte nicht nur direkt, sondern auch indirekt über andere Knoten miteinander verknüpft. Häufig werden aus einem Netzwerk bestimmte Ausschnitte betrachtet, die als Schemata bezeichnet werden. Hierunter sind auf Erfahrung beruhende Vorstellungen über typische Objekte, Sachverhalte, Handlungs- oder Ereignisfolgen zu verstehen. Im Sinne der späteren Netzwerktheorien müsste die in Abbildung 4.2 dargestellte kognitive Struktur also um weitere Verbindungen, z. B. zwischen Füller und Bleistift, *Pelikan*-Füller und Tintenpatronen usw. erweitert werden. Gleichzeitig können auch Assoziationen zwischen Begriffen (z. B. *Pelikan*-Füller) und Merkmalen (z. B. „solide") oder Ereignisschemata (z. B. „Einkauf im Supermarkt") bestehen.

Ähnlichkeitsurteile können mit Hilfe der **Aktivierungsverbreitungstheorie** erklärt werden. Die Theorie geht von der Annahme aus, dass sich, nachdem ein Knoten aktiviert wurde, die Aktivierung über die Verbindungen auf benachbarte Knoten und deren Verbindungen zu weiteren Knoten ausbreitet. Die Stärke der Aktivierung nimmt dabei mit zunehmender Entfernung vom Startknoten ab.[22] Hieraus lässt sich die Hypothese ableiten, dass nach der Aktivierung eines Objektes im Netzwerk, weitere Begriffe umso eher verbal assoziiert werden, je größer die Nähe zu dem aktivierten Objekt im Netzwerk ist. Werden zwei Begriffe aktiviert um ein Ähnlichkeitsurteil zu fällen, breitet sich die Aktivierung von beiden Begriffen entlang des Netzwerkes aus. Da in den kognitiven Netzwerken Begriffe nach ihrer semantischen Ähnlichkeit angeordnet sind, können zwei Objekte als umso ähnlicher angesehen werden, je schneller über die Aktivierungsverbreitung eine Verbindung zwischen beiden Begriffen hergestellt werden kann.

---

[20] Vgl. Collins, A. M./Quillian, M. R.: Retrieval Time from Semantic Memory, in: Journal of Verbal Learning and Verbal Behavior, Vol. 8 (1969), No. 2, S. 240-247.

[21] Vgl. Collins, A. M./Loftus, E. F.: A Spreading-Activation Theory of Semantic Processing, in: Psychological Review, Vol. 82 (1975), No. 6, S. 407-428.

[22] Vgl. Collins, A. M./Loftus, E. F., 1975, S. 407-428.

4.2.2.2 Merkmalsvergleichsmodelle

Im Unterschied zu semantischen Netzwerken gehen Merkmalsvergleichsmodelle von der Annahme aus, dass Begriffe durch Merkmalslisten im Gedächtnis repräsentiert sind. Soll die Ähnlichkeit zwischen Objekten verglichen werden, werden deren Merkmalslisten auf den Grad ihrer Übereinstimmung hin geprüft. Es gibt zwei Arten von Merkmalen, notwendige (definitorische) und typische (charakteristische) Merkmale. Stimmen definitorische und charakteristische Merkmale in einem hohen oder niedrigen Maße überein, kann ein Ähnlichkeits- urteil sofort gefällt werden. Bei einem mittleren Übereinstimmungsgrad werden die definitorischen Merkmale Schritt für Schritt überprüft. Stimmen die Objekte auch nur hinsichtlich eines definitorischen Merkmals nicht überein, wird deren Ähnlichkeit abgelehnt.[23]

4.2.2.3 Konnektionistische Ansätze

Die klassischen Ansätze, um kognitive Strukturen abzubilden, sind durch das konnektionistische Paradigma abgelöst worden. Das konnektionistische Paradigma kehrt sich von der Sichtweise der örtlichen Repräsentation ab und beschreibt kognitive Leistungen als Ergebnis einer „korrelierten Aktivität" einer Vielzahl von Netzwerkelementen. Wissenseinheiten sind somit nicht örtlich durch einzelne Symbole oder Knoten, sondern durch komplexe Aktivitätsmuster unzähliger Netzwerkelemente (Neuronen) im Gedächtnis repräsentiert. Trotz des vollzogenen Paradigmenwechsels lassen sich semantische Netzwerke und konnektionistische Ansätze in einer Inklusionsbeziehung sehen, indem die Symbole oder Knoten als Approximationen subsymbolischer Aktivitätsmuster angesehen werden. So können die Knoten als neuronale Muster, die Verbindungen als Ähnlichkeit zwischen den Mustern interpretiert werden.[24]

---

[23] Vgl. Smith, E. E./Shoben, E. J./Rips, L. J.: Structure and Process in Semantic Memory: A Featural Model for Semantic Decisions, in: Psychological Review, Vol. 81 (1974), No. 3, S. 214-241. Vgl. zur Kritik auch Schermer, F. F., 1998, S. 148.

[24] Vgl. Varela, F. J., 1993, S. 54-87.

4.2.2.4 Handlungsbezogene und konstruktivistische Ansätze

Eine andere Auffassung von Wahrnehmung und Kognition findet sich bei handlungsbezogenen und konstruktivistischen Ansätzen.[25] So sprechen *Kneer/Nassehi* von Wahrnehmung als systeminterner Konstruktion einer system-externen Welt, im Gegensatz zu der Vorstellung von Wahrnehmung als einer adäquaten Wiederspiegelung der äußeren Welt.[26] *Varela* weist darauf hin, dass die gängige Beschreibung des sequentiellen Informationsverarbeitungsprozesses bei der Wahrnehmung eine völlig willkürliche Betrachtungsweise darstelle. Auch Kognitionen werden aus einer epistemologischen Perspektive betrachtet, indem mit der Vorstellung gebrochen wird, dass eine vorgegebene Welt im Bewusstsein als Spiegel der Natur abgebildet werden kann. Kognition wird in diesem Sinne nicht mehr als Problemlösung mit Hilfe von kognitiven Strukturen verstanden, sondern als Prozess, der eine innere Welt hervorbringt, an die als einzige Bedingung gestellt wird, dass sie erfolgreiches Handeln ermöglicht.[27]

Handlungsbezogene Ansätze lassen die Frage aufkommen, inwieweit die Abbildung kognitiver Strukturen überhaupt möglich oder zulässig ist. Pragmatisch lässt sich auf diese Frage antworten, dass sich Bewusstseinsprozesse und -strukturen zwar durch semantische Netzwerke nicht adäquat abbilden lassen, die Fähigkeit kognitiver Strukturen zur Erklärung beobachtbaren Verhaltens – z. B. Suchverhalten – aber dafür spricht, an semantischen Netzwerken festzuhalten.

Es lässt sich zusammenfassen, dass konnektionistische und handlungsbezogene Ansätze kognitive Strukturen und Prozesse zwar am zutreffendsten beschreiben, die klassischen Ansätze aber besser geeignet sind, um beobachtbares Suchverhalten zu erklären. Während die Theorie der semantischen Netzwerke nahelegt, dass Kategorisierungen bzw. Ähnlichkeitsurteile ganzheitlich aus den kognitiven Strukturen abrufbar sind, unterstellt das Merkmalsvergleichsmodell, dass Ähnlichkeitsurteile erst während des Kategorisierungsprozesses durch den Vergleich von Artikelmerkmalen und die Anwendung von Vergleichsheuristiken gebildet werden. Auf der Basis dieser Ähnlichkeitsurteile bzw. Zusammengehörigkeitsurteile wird das Suchverhalten gesteuert, indem Kunden Erwartungen bilden, welche Artikel in räumlicher Nähe zueinander platziert sein könnten. Wird den Erwartungen durch die Warenanordnung entsprochen, können Suchprozesse erleichtert werden.

---

[25] Vgl. Maturana, H. R./Varela, F. J.: The Tree of Knowledge: A New Look at the Biological Roots of Human Understanding, Boston, Mass. 1986; Maturana, H./Varela, F.: Der Baum der Erkenntnis. Wie wir die Welt durch unsere Wahrnehmung erschaffen – die biologischen Wurzeln des menschlichen Erkennens, Bern u. a. 1987; Varela, F. J., 1993.

[26] Vgl. Kneer, G./Nassehi, A.: Niklas Luhmanns Theorie sozialer Systeme, 3. Aufl., München 1997, S. 54.

[27] Vgl. Varela, F. J., 1993, S. 88-117.

4.3 Die Struktur von Entscheidungsprozessen

Nachdem ein Kunde für ihn in Frage kommende Artikel gefunden hat, muss er eine Auswahl treffen. Der psychische Prozess, in dem aus mehreren Alternativen eine Auswahl getroffen wird, soll als Entscheidungsprozess bezeichnet werden. In der empirischen Untersuchung aus dem dritten Kapitel haben die befragten Kunden effizienten Entscheidungsprozessen eine hohe Bedeutung beigemessen. Ein Entscheidungsprozess wurde als effizient bezeichnet, wenn der zur Entscheidungsfindung erforderliche Aufwand möglichst gering ist. Soll die Warenplatzierung effizientere Entscheidungsprozesse ermöglichen, bedarf es einer Analyse dieser Prozesse. Hierbei interessieren allerdings weniger komplexe mehrstufige Totalmodelle des Konsumentenverhaltens.[28] Vielmehr geht es um die Frage, wie Entscheidungs- und Wahrnehmungsprozesse miteinander gekoppelt sind.

4.3.1 Die Kopplung von Entscheidungs- und Wahrnehmungsprozessen

Suchprozesse werden intern durch kognitive Strukturen und extern durch die Wahrnehmung der Umwelt gesteuert. Für Entscheidungsprozesse ergibt sich die Schnittstelle zur Wahrnehmung über die Reihenfolge, in der einzelne Artikel und deren Eigenschaften bei der Entscheidung zur Informationsverarbeitung herangezogen werden. So ist z. B. beim Einkauf eines Schreibblocks denkbar, dass ein Kunde sich bei der Entscheidung erst für ein bestimmtes Format entscheidet, dann das Kriterium Lineatur und schließlich das Kriterium Preis für seine Kaufentscheidung heranzieht. In diesem Fall würde der Kunde zuerst alle Schreibblocks hinsichtlich ihres Formats vergleichen, die Wahrnehmung dann auf Artikel des präferierten Formats einschränken, aus diesen weiter die Blocks mit der bevorzugten Lineatur betrachten und von diesen schließlich nur noch diejenigen Blocks ansehen, die preislich akzeptabel erscheinen. Die von den Kunden herangezogene Entscheidungsheuristik bestimmt also, in welcher Reihenfolge und wie häufig einzelne Artikel wahrgenommen werden.

Ebenso ist es aber auch denkbar, dass die Wahrnehmung die angewendete Entscheidungsheuristik bestimmt. So könnte ein Kunde bei einer Entscheidung zuerst dasjenige Kriterium heranziehen, nach dem die Artikel im Regal angeordnet sind. Werden Artikel z. B. nach Preisgruppen geordnet, ließe sich vermuten, dass der Preis mit einer höheren Wahrscheinlichkeit als erstes Entscheidungskriterium herangezogen wird. Hierauf wird im fünften Kapitel noch näher eingegangen werden.

---

[28] Vgl. Engel, J. F./Blackwell, R. D./Miniard, P. W.: Consumer Behavior, 8. Aufl., Forth Worth, Tex. 1995, S. 135-174; Howard, J. A./Sheth, J. N.: The Theory of Buyer Behavior, New York 1969.

4.3.2 Die Steuerung von Entscheidungsprozessen durch Entscheidungsheuristiken

Kunden versuchen, Entscheidungen effizienter zu gestalten, indem sie bestimmte Entscheidungsheuristiken anwenden. Unter einer Entscheidungsheuristik soll eine Menge von Regeln verstanden werden, mit denen festgelegt wird, wie und in welcher Reihenfolge entscheidungsrelevante Informationen verarbeitet werden. Dadurch, dass Entscheidungsheuristiken die Reihenfolge der Verarbeitung von entscheidungsrelevanten Informationen bestimmen, ergeben sich auch Konsequenzen für die Informationsaufnahme. Je leichter entscheidungsrelevante Informationen in der gewünschten Reihenfolge aufgenommen werden können, desto effizienter werden Entscheidungsprozesse ablaufen. Um Artikel entscheidungseffizient platzieren zu können, ist es deshalb wichtig, die Entscheidungsheuristiken der Kunden zu kennen. Im Folgenden soll daher ein Überblick über solche Heuristiken gegeben werden.[29]

Entscheidungsheuristiken lassen sich nach verschiedenen Kriterien charakterisieren. So unterscheidet z. B. *Wright* Entscheidungsheuristiken nach dem Kombinationsprozess der Entscheidungskriterien (kompensatorisch vs. nicht kompensatorisch) und nach der Art der Entscheidungsregeln (Wahl der besten Alternative, Wahl der befriedigenden Alternativen, Wahl der ersten befriedigenden Alternative).[30] *Bettman* charakterisiert Entscheidungsheuristiken zusätzlich nach der Reihenfolge der Informationsverarbeitung. So unterscheidet er Entscheidungsprozesse, bei denen nacheinander die einzelnen Alternativen hinsichtlich aller relevanten Entscheidungskriterien beurteilt werden („by brand"), von Entscheidungsprozessen, bei denen sukzessive einzelne Entscheidungskriterien herangezogen werden, anhand derer alle relevanten Alternativen beurteilt werden („by attribute").[31]

Typische alternativenweise Entscheidungsheuristiken („by brand") sind z. B. multiattributiv kompensatorische, konjunktive und disjunktive Entscheidungen. Bei **multiattributiv kompensatorischen Heuristiken** werden z. B. die einzelnen Alternativen bewertet, indem die gewichteten Beurteilungen der einzelnen Attribute zu einem Evaluierungswert aufsummiert werden (linear additives Modell). In Analogie zur Einstellungsforschung wäre aber auch vorstellbar, dass bei der Evaluierung einer Alternative die Attributausprägungen mit bestimmten Idealausprägungen verglichen werden, wobei die Differenzen zwischen Ist- und

---

[29] Vgl. hierzu auch den Überblick bei Bettman, J. R.: An Information Processing Theory of Consumer Choice, Reading, Mass. u. a. 1979, S. 179-185; Bleicker, U.: Produktbeurteilung der Konsumenten. Eine psychologische Theorie der Informationsverarbeitung, Würzburg-Wien 1983, S. 29-49.

[30] Vgl. Wright, P.: Consumer Choice Strategies: Simplifying Vs. Optimizing, in: Journal of Marketing Research, Vol. 12 (1975), No. 1, S. 60f.

[31] Vgl. Bettman, J. R., 1979, S. 178.

Idealausprägungen zu einem Evaluierungswert aufsummiert werden (sog. Idealpunktmodelle).[32] **Konjunktive und disjunktive Entscheidungsheuristiken** erfordern die Existenz von Mindestausprägungen (Anspruchsniveaus) für die einzelnen relevanten Alternativenattribute. Bei konjunktiven Heuristiken werden diejenigen Alternativen gewählt, die alle Mindestausprägungen überschreiten, während es bei disjunktiven Heuristiken ausreicht, nur einen Mindeststandard zu erreichen.

Attributweise Entscheidungsheuristiken („by attribute") stellen die lexikographische Regel und die aspektweise Elimination dar. Bei der **lexikographischen Regel** wird die Alternative gewählt, die hinsichtlich der wichtigsten Eigenschaft am besten abschneidet. Führt diese Vorgehensweise nicht zu einer eindeutigen Lösung, weil z. B. mehrere Alternativen gleich gut abschneiden, wird für diese Alternativen die Vorgehensweise mit dem zweitwichtigsten Merkmal wiederholt usw.[33] Bei der **aspektweisen Elimination** werden die einzelnen Attribute sukzessive in der Reihenfolge ihrer Wichtigkeit herangezogen, um jeweils nicht zufrieden stellende Alternativen zu eliminieren.[34]

Weder alternativen- noch merkmalsweise laufen **affektive Entscheidungen** ab, bei denen auf der Basis ganzheitlicher Alternativenbewertungen eine affektiv

---

[32] Vgl. zu solchen Einstellungsmodellen z. B. Trommsdorff, V.: Die Messung von Produktimages für das Marketing, Köln u. a. 1975; Trommsdorff, V., 1998, S. 146f. Den Idealpunktmodellen sehr ähnlich sind Entscheidungsheuristiken, bei denen in Paarvergleichen Differenzen der Attribut-Beurteilungen von zwei Alternativen gewichtet und zu einer relativen Beurteilung aufsummiert werden. Dieses Modell wird als „additives Differenzmodell" bezeichnet und den attributweisen Heuristiken zugeordnet. Vgl. Tversky, A.: Intransitivity of Preferences, in: Psychological Review, Vol. 76 (1969), No. 1, S. 41. Indem sequentielle Paarvergleiche durchgeführt werden, lässt sich dass „additive Differenzmodell" auch für Entscheidungen zwischen mehr als zwei Alternativen anwenden. Vgl. Payne, J. W.: Task Complexity and Contingent Processing in Decision Making: An Information Search and Protocol Analysis, in: Organizational Behavior and Human Performance, Vol. 16 (1976), No. 2, S. 368. Eine Vereinfachung der additiven Differenzregel stellt die MCD (Majority of Confirming Dimensions)-Regel dar, bei der in Paarvergleichen diejenige Alternative ausgewählt wird, die bei der Mehrzahl der Attribute überlegen ist. Vgl. hierzu z. B. Payne, J. W./Bettman, J. R./Johnson, E. J.: Adaptive Strategy Selection in Decision Making, in: Journal of Experimental Psychology: Learning, Memory and Cognition, Vol. 14 (1988), No. 3, S. 536.

[33] Bei einer Modifikation dieser Regel können auch mehrere Alternativen ausgewählt werden, wenn sie sich hinsichtlich des Entscheidungskriteriums nur unwesentlich unterscheiden. Vgl. z. B. Tversky, A., 1969, S. 32. Diese Regel wird auch als „Lexicographic Semiorder" bezeichnet.

[34] Vgl. Tversky, A.: Elimination by Aspects: A Theory of Choice, in: Psychological Review, Vol. 79 (1972), No. 4, S. 281-299. *Bettman* beschreibt den EBA-Ansatz von *Tversky* als Spezialfall der sequenziellen Elimination, der im Unterschied zu dieser allgemeinen Entscheidungsregel Vorgaben beinhaltet, in welcher Reihenfolge die Attribute im Eliminationsprozess herangezogen werden. Vgl. Bettman, J. R., 1979, S. 182.

präferierte Alternative gewählt wird. Weiterhin existieren sogenannte **hybride Heuristiken**, bei denen in einer ersten Phase durch einfache Heuristiken Alternativen aus dem Consideration Set eliminiert werden, bevor in einer zweiten Phase die verbleibenden Alternativen komplexeren Vergleichsprozessen unterzogen werden. So könnte z. B. die aspektweise Elimination mit einem multiattributiv kompensatorischen Modell verknüpft werden.[35]

Entscheidungsprozesse sind für die Warenplatzierung insbesondere dann von Bedeutung, wenn Kunden Gebrauch von merkmalsweisen Entscheidungsheuristiken machen, bei denen die Alternativenauswahl und somit auch das relevante Wahrnehmungsfeld schrittweise eingeschränkt wird. In diesen Fällen können dann Artikel nach denjenigen Kriterien gruppiert werden, die von den Kunden als besonders wichtig erachtet werden. Eine solche Gruppierung könnte Kunden bei ihren Entscheidungsprozessen unterstützen. Attributweise Entscheidungen können aber auch erleichtert werden, indem Alternativen nach dem Grad ihrer empfundenen Substituierbarkeit angeordnet werden. So ist zu vermuten, dass die Substituierbarkeit von zwei Artikeln mit der Anzahl von Entscheidungsstufen zunimmt, die erforderlich sind, bis einer der beiden Artikel gegenüber dem anderen präferiert wird. Schwieriger gestaltet sich dagegen die Beantwortung der Frage, ob auch alternativenweise Entscheidungsheuristiken durch die Warenplatzierung entlastet werden können.

4.4 Modelle zum Kundenverhalten am PoS

Um die Warenplatzierung auf der Basis verhaltenswissenschaftlich fundierter Wirkungsfunktionen optimieren zu können, müssen Platzierungsparameter und Zielgrößen der Warenplatzierung über Such- und Entscheidungsprozesse in einem formalisierbaren Modell verknüpft werden. Insbesondere kommt es hierbei darauf an, mögliche Konflikte zwischen kurzfristig erfolgs- und langfristig kundenorientierten Zielen aufzudecken. Wie bereits in der Problemstellung angeklungen ist, können die in der Literatur dargestellten Modelle von *King*, *Dähne*, *Höller* und *Titus/Everett* hierzu nur teilweise einen Beitrag leisten. Im folgenden Abschnitt sollen die angesprochenen Modelle zunächst kurz skizziert werden, bevor schließlich ein eigenes Modell vorgestellt wird, welches den Rahmen für die nachfolgenden Kapitel 5 und 6 bildet.

---

[35] Vgl. den Überblick über empirisch beobachtete hybride Heuristiken bei Bettman, J. R., 1979, S. 215f. Weitere Ergebnisse finden sich z. B. bei Gensch, D. H.: A Two-Stage Disaggregate Attribute Choice Model, in: Marketing Science, Vol. 6 (1987), No. 3, S. 223-239.

4.4.1 Das Modell von King

King entwickelte Ende der 60er Jahre auf der Basis einer Protokollanalyse ein Modell, welches die elementaren Prozesse beim Einkauf in Supermärkten darstellt. Das Modell von *King* sollte die Grundlage für ein später zu entwickelndes Computerprogramm bilden, mit dessen Hilfe kognitive Prozesse beim Einkauf in Supermärkten simuliert werden können.[36] Im Folgenden soll das Modell kurz skizziert werden (vgl. auch Abbildung 4.3):

1. Als Inputgrößen gehen in das Modell zum einen die Einkaufsziele des Kunden ein, die sich in seiner „Einkaufsliste" niederschlagen, zum anderen seine Einkaufserfahrungen,[37] die konkrete Verkaufsraumgestaltung (Einkaufsumwelt) und der (gedankliche) Startpunkt auf dem Einkaufszettel (linke Sektion der Abbildung 4.3).
2. Die Einkaufsliste wird Artikel für Artikel abgearbeitet. Zunächst wird der jeweilige Artikel gesucht und, wenn keine „Komplikationen" auftreten und die Einkaufsliste noch nicht abgearbeitet ist, wird zum nächsten Artikel übergegangen. Ist die Liste abgearbeitet, begibt sich der Kunde in die Kassenzone, tätigt u. U. dort noch einen ungeplanten Kauf und beendet schließlich den Einkauf (mittlere Sektion der Abbildung 4.3).
3. Bei der Suche nach einem Artikel können verschiedene „Komplikationen"[38] auftreten. Beispielsweise ist der gesuchte Artikel nicht an seinem gewöhnlichen Ort, ein anderer Artikel auf der Liste wird plötzlich gefunden, ein benötigter Artikel, der nicht auf der Einkaufsliste steht, wird wahrgenommen usw. *King* formuliert insgesamt 11 solcher „Komplikationen" und stellt deren Lösungsmöglichkeiten in einem „Decision Tree"[39] dar (rechte Sektion der Abbildung 4.3).

Der wohl aus Sicht der Warenplatzierung wichtigste Beitrag des Modells von *King* liegt in den Prozessstufen, in denen die sogenannten „Komplikationen" auftreten und verarbeitet werden. Erst durch diese Komplikationen wird das Kaufverhalten nämlich in der Weise beeinflusst, dass mehr, weniger oder etwas anderes gekauft wird als das, was auf der Einkaufsliste des Kunden steht. Weiterhin können sich Komplikationen auf die Effizienz von Einkaufsprozessen und die Kundenzufriedenheit auswirken. Ein wesentlicher Beitrag des Modells

---

[36] Vgl. King, R. H., 1969, S. 22-67.
[37] Der Begriff Einkaufserfahrungen wird von *King* sehr weit gefasst: *„This data would include, for example, the preconceived attitudes, knowledge, and rules with which the shopper is armed to make purchasing decisions for any item he may encounter. It also includes the status of his present and anticipated future economic positions."* King, R. H., 1969, S. 55.
[38] Der Begriff „Komplikationen" wird von *King* so zwar nicht verwendet, stellt aber eine treffendere Bezeichnung dar, als die wörtliche Übersetzung des von *King* verwendeten Begriffs „Interrogations".
[39] Vgl. zu „Decision Trees" auch die Ausführungen in Kapitel 5.

kann demzufolge darin gesehen werden, das es mögliche Komplikationen und denkbare Reaktionen der Kunden aufzeigt. Offen bleibt, welchen Einfluss die Verkaufsraumgestaltung und verhaltenswissenschaftliche Prozesse auf das Auftreten von Komplikationen nehmen und welche verhaltenswissenschaftlichen Prozesse im einzelnen bei der Reaktion auf Komplikationen ablaufen. Beispielsweise enthält das Modell keine Erklärungen darüber, wann z. B. zusätzliche Kaufmöglichkeiten wahrgenommen werden und unter welchen Bedingungen ein zusätzlich wahrgenommener Artikel tatsächlich gekauft wird.

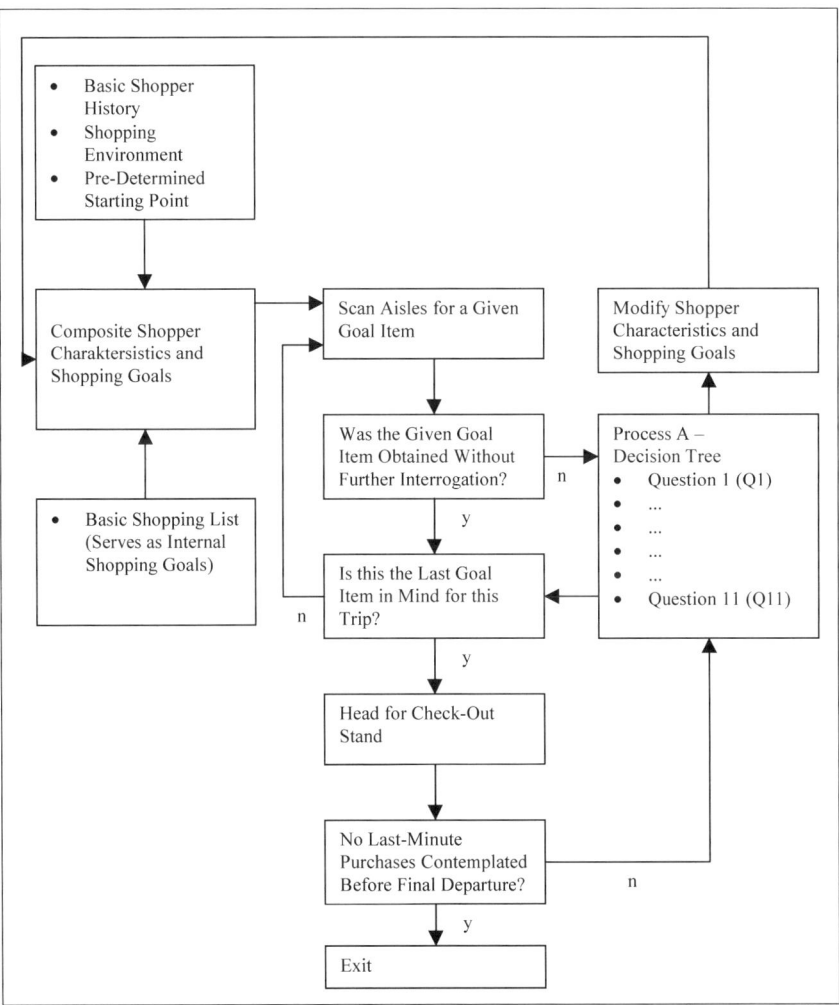

Abb. 4.3:   Struktur des Modells von *King* (in Anlehnung an *King*, 1969, S. 49)

4.4.2 Das Modell von Dähne

Dähne entwickelte ein formales Modell, das erklären soll, wie sich die Anordnung von Abteilungen auf den Absatz in den einzelnen Abteilungen auswirkt. Nach *Dähne* besteht dieser Zusammenhang auf Grund der Tatsache, dass die Anordnung von Abteilungen bestimmt, wie oft Kunden bei einem Einkauf mit einzelnen Abteilungen in Kontakt kommen. *Dähne* unterscheidet hierbei Plankontakte, Folgekontakte und Wegkontakte.[40]

Plankontakte sind die vom Nachfrager ursprünglich angestrebten Kontakte. Sie entstehen dadurch, dass der Kunde den Verkaufsraum mit der Absicht betritt, bestimmte Angebotseinheiten gezielt zu suchen. Plankontakte kommen umso eher zu Stande, je geringer die Distanz zwischen gesuchter Angebotseinheit und dem Eingangsbereich des Verkaufsraums ist.

Folgekontakte sind ungeplante Kontakte, die in ursächlichem Zusammenhang zu Plankontakten stehen. Bei Folgekontakten werden ebenfalls Artikel gezielt gesucht, jedoch entsteht die Absicht, den Kontakt mit einer Angebotseinheit herzustellen, erst im Verkaufsraum. Ob ein Folgekontakt bei einem Artikel zu Stande kommt, hängt unter anderem von der Entfernung und Komplementarität zu der vorher planmäßig kontaktierten Angebotseinheit ab.

Wegkontakte entstehen, indem Kunden bei der Suche nach Plan- oder Folgekontakten andere Angebotseinheiten passieren. Die Anzahl der Wegkontakte einer Abteilung hängt davon ab, wie häufig die Abteilung auf der Wegstrecke liegt, die überbrückt werden muss, um einen Plan- oder Folgekontakt zu realisieren.

Dähne formalisiert die hier dargestellten Sachverhalte und verknüpft die Kontakte mit Absatzkoeffizienten, die angeben, wie viele Käufe durchschnittlich pro Kontakt realisiert werden. Auf diese Weise erhält er Responsefunktionen für den Zusammenhang von Platzierung und Absatz.

Der Wert des Modells von *Dähne* liegt in besonderer Weise darin, dass er das physische Suchverhalten von Kunden in einem formalen Modell abbildet, aus dem sich Responsefunktionen zum Zusammenhang von Platzierung und Absatz ableiten lassen. Wie bereits angesprochen, werden kundenorientierte Zielgrößen in dem Modell nur mittelbar berücksichtigt, beispielsweise über die Distanz, die überbrückt werden muss, um Plankontakte zu realisieren. Je größer diese Distanz ist, desto geringer ist die Wahrscheinlichkeit, dass Kunden die entsprechende Einkaufsstätte für einen Plankontakt aufsuchen. Größen wie Kundzufriedenheit und Kundenbindung finden jedoch keinen Eingang in das Modell. Ein weiterer Kritikpunkt an dem Modell von *Dähne* liegt in der Tatsache, dass *Dähne* lediglich physisches Suchverhalten betrachtet. Weiterhin setzt er voraus, dass Kunden Angebotseinheiten, zu denen ein Kontakt gewünscht wird, jeweils auf dem kürzesten Wege aufsuchen. Dies erscheint auf Grund des häufig nur rudimentär vorhandenen Platzierungswissens fraglich. Auch die Erklärung von Wegkontakten

---

[40]   Vgl. zu den folgenden Ausführungen Dähne, H., 1977, S. 45-90 u. S. 127-129.

durch das physische Passieren einer Abteilung ist problembehaftet. So muss das Vorbeigehen an einer Abteilung nicht zwangsläufig dazu führen, dass die Artikel dieser Abteilung auch bewusst wahrgenommen werden. Auf Grund dieser Kritikpunkte erscheint es sinnvoller, Platzierungseffekte nicht über physische Kontakte zu erklären, sondern sich stattdessen Größen zu bedienen, die Aufschluss über Informationsverarbeitungsprozesse bei der Wahrnehmung und Suche von Artikeln geben.

4.4.3 Das Modell von Höller

In dem Modell von *Höller* werden bei Einkaufsprozessen die drei aufeinander folgenden Stufen Kundenlauf, Entstehung von Sichtkontakten und Alternativen-auswahl durchlaufen. Der Kundenlauf und die Entstehung von Sichtkontakten werden dabei durch Standort- und Artikelwertigkeiten gesteuert. Während die Standortwertigkeiten durch die Warenplatzierung und -präsentation beeinflusst werden können, lassen sich Artikelwertigkeiten durch die übrigen Marketing-instrumente formen. Diese Grobstruktur des Modells ist in Abbildung 4.4 dargestellt. Unter dem Begriff Verkaufsraumgestaltung wird dabei abweichend von den Ausführungen in Kapitel 2 die Gestaltung des Raumumfeldes, also die Warenpräsentation, verstanden.[41]

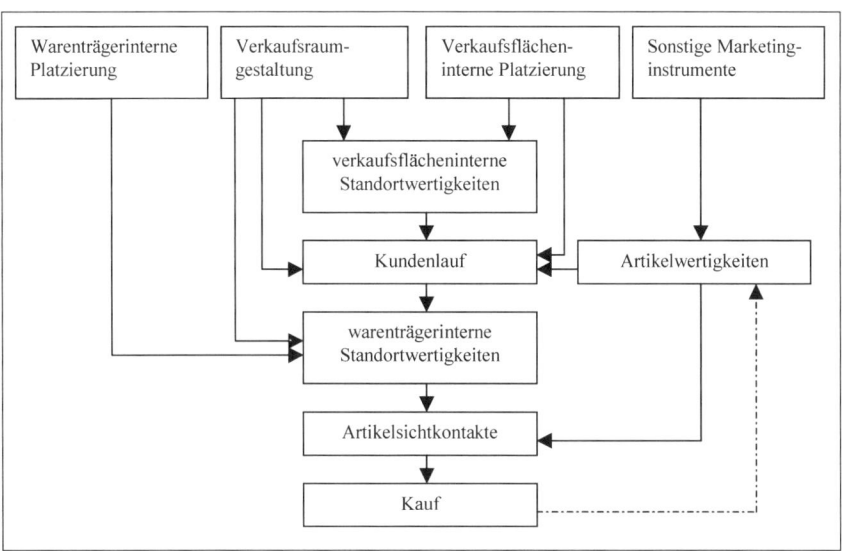

Abb. 4.4:   Struktur des Modells von *Höller* (*Höller*, 1985, S. 65)

---

[41] Vgl. Höller, W., 1987, S. 62-144.

Ein wesentlicher Beitrag des Modells von *Höller* liegt darin, dass *Höller* im Unterschied zu *Dähne* nicht physische Kontakte, sondern Sichtkontakte heranzieht, um Platzierungseffekte zu erklären. Ein wesentlicher Kritikpunkt liegt aber in der Tatsache, dass in dem Modell von *Höller* kundenorientierte Zielgrößen ausgespart bleiben. Vor diesem Hintergrund ist es auch nicht verwunderlich, dass Höller in seiner Arbeit für eine Platzierungspolitik plädiert, die zwar in Markttests zu Umsatzsteigerungen führt, jedoch gleichzeitig den Kauf „attraktiver" Artikel erschwert. Zudem wird das Kaufverhalten in dem Modell ausschließlich durch Artikelsichtkontakte determiniert. Tatsächlich dürften aber auch die Artikelwertigkeiten einen erheblichen Einfluss darauf haben, ob aus einem Sichtkontakt ein Kaufakt resultiert.

4.4.4 Das Modell von Titus und Everett

Titus und *Everett* entwickelten ein umweltpsychologisches Modell zum Suchverhalten von Kunden in Verkaufsräumen.[42] In der deutschsprachigen Literatur wird dieses Modell von *Esch/Thelen* dargestellt und geringfügig modifiziert.[43] Im Folgenden soll die deutschsprachige Variante des Modells kurz dargestellt werden (vgl. auch Abbildung 4.5).

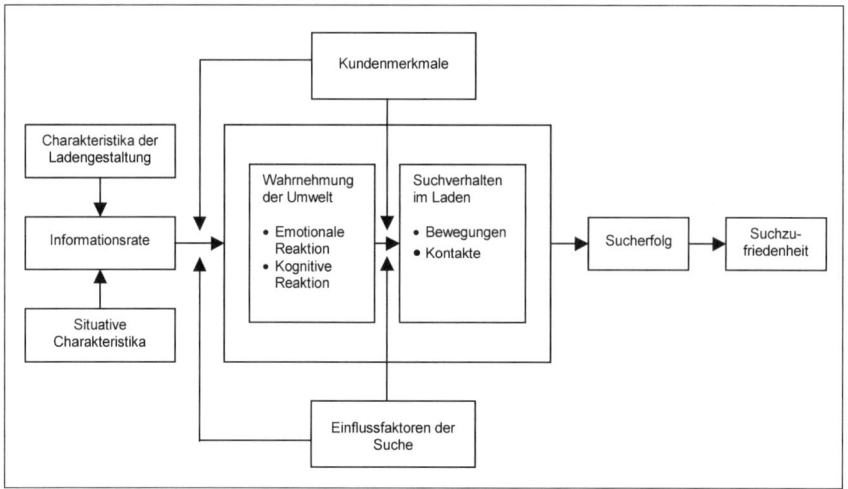

Abb. 4.5:   Struktur des Modells von *Titus/Everett* (weiterentwickelt durch *Esch/Thelen*, 1997a, S. 299)

---

[42] Vgl. Titus, P. A./Everett, P. B., 1995, S. 106-119.

[43] Vgl. Esch, F.-R./Thelen, E., 1997a, S. 297-314. Die Modifikationen beziehen sich im wesentlichen auf zwei Sachverhalte: Erstens wird die Informationsrate als Inputvariable eingeführt, zweitens werden Suchstrategien aus dem Suchprozess i. e. S. herausgelöst und über die Kaufzielsetzungen als moderierende Variablen berücksichtigt.

Das in Abbildung 4.5 dargestellte Modell stellt den Zusammenhang zwischen Ladenumwelt und Sucherfolg/Suchzufriedenheit dar. Der Zusammenhang wird über die Wahrnehmung der Umwelt und das Suchverhalten der Kunden im Verkaufsraum erklärt, wobei Einflussfaktoren der Suche und Kundenmerkmale eine moderierende Funktion einnehmen können. Die folgenden Ausführungen gehen auf die einzelnen Elemente des Modells näher ein:

1. In der Umweltpsychologie wird als Inputvariable häufig die Informationsrate verwendet.[44] Hierunter ist *„die Menge von Informationen zu verstehen, die pro Zeiteinheit in der Umwelt enthalten sind oder wahrgenommen werden“*.[45] Die Informationsrate wird einerseits durch die Verkaufsraumgestaltung, andererseits durch situative Charakteristika bestimmt. Situative Größen können Verkaufsförderungsaktionen, Begleitpersonen beim Einkauf oder das Ausmaß von Crowding[46] (z. B. durch Gedränge) sein.

2. Die Wahrnehmung der Umwelt äußert sich in emotionalen und kognitiven Reaktionen, die wiederum das Suchverhalten bestimmen. Die emotionalen Reaktionen lassen sich anhand der Dimensionen Lust, Erregung und Dominanz beschreiben.[47] Die kognitiven Reaktionen beziehen sich auf die Lesbarkeit (Legibility) und die Einprägsamkeit (Imageability) der Umwelt.[48]

3. Die Wahrnehmung der Umwelt bestimmt das Suchverhalten. Dieses äußert sich in der Art und Weise, wie sich der Kunde durch den Laden bewegt und in Kontakten mit anderen Personen.

4. Sucherfolg und Suchzufriedenheit stellen die Outputvariablen des Modells dar. Der Sucherfolg äußert sich in der Trefferquote gesuchter Artikel (Effektivität) und der Schnelligkeit, mit der die gesuchten Artikel im Regal gefunden wurden (Effizienz). Der Sucherfolg bestimmt die Suchzufriedenheit.

---

[44] Vgl. das Modell von Mehrabian, A./Russell, J. A., 1974, insbes. S. 1-9 u. S. 77-95.

[45] Mehrabian, A., 1978, S. 16.

[46] Da Crowding in der Literatur nicht als situative Größe, sondern als ein psychischer Stresszustand durch subjektiv empfundenen Raummangel verstanden wird, wäre in dem Modell der Begriff „Density" oder „Raumdichte" angebrachter, da hierunter üblicherweise ein physischer Zustand begrenzten Raumangebots zu verstehen ist. Vgl. zum Crowding-Konstrukt auch Stokols, D.: On the Distinction between Density and Crowding: Some Implications for Future Research, in: Psychological Review, Vol. 79 (1972), No. 3, S. 275-277; sowie aus der handelswissenschaftlichen Literatur z. B. Eroglu, S. A./Harrell, G. D.: Retail Crowding: Theoretical and Strategic Implications, in: Journal of Retailing, Vol. 62 (1986), No. 4, S. 347-349; Eroglu, S. A./Machleit, K. A.: An Empirical Study of Retail Crowding: Antecedents and Consequences, in: Journal of Retailing, Vol. 66 (1990), No. 2, S. 203-205.

[47] Vgl. das Modell von Mehrabian, A./Russell, J. A., 1974, insbes. S. 1-9; sowie die empirischen Untersuchungen von Donovan, R. J./Rossiter, J. R., 1982, S. 34-57; Donovan, R. J. et al., 1994, S. 283-294.

[48] Vgl. Lynch, K.: The Image of the City, Cambridge, Mass.-London 1960, S. 1-13.

Der Zusammenhang zwischen Informationsrate, Wahrnehmung und Such-verhalten wird durch Kundenmerkmale und Einflussfaktoren der Suche moderiert.

- Hinsichtlich der Kundenmerkmale werden emotionale und kognitive Größen unterschieden. In emotionaler Hinsicht können Kunden nach ihrer Reizsensi-tivität in Abschirmer und Nichtabschirmer unterschieden werden.[49] In kognitiver Hinsicht sind Cognitive Maps, Schemata, Scripts und Einkaufs-erfahrungen relevant (vgl. hierzu die Ausführungen in Abschnitt 4.2).
- Einflussfaktoren der Suche können Zeitdruck, Aufgabenkomplexität oder Kauf-zielsetzungen (Erlebnis- versus Versorgungskauf) sein.

Das Modell wurde in Teilen von *Esch* und *Thelen* überprüft und bestätigt. So ergab eine Befragung von 130 Kunden eines SB-Warenhauses z. B., dass 70% der Befragten mit der Orientierungsfreundlichkeit des Geschäfts zufrieden waren, wobei sich die Zufriedenheit signifikant verschlechterte, wenn die Kunden die gewünschten Produkte erst nach längerem Suchen finden konnten (Zusammenhang von Sucherfolg und Suchzufriedenheit).[50]

Im Unterschied zu den bisher vorgestellten Modellen ist das Modell von *Titus/Everett* das erste, das die Suchzufriedenheit von Kunden explizit berück-sichtigt. Ein wesentlicher Kritikpunkt an dem Modell liegt jedoch in der Tatsache, dass es das Suchverhalten nicht mit dem Kaufverhalten oder ökonomischen Zielgrößen verknüpft. Dies erschwert es, konkrete Konsequenzen für die Waren-platzierung abzuleiten. Insbesondere die Tatsache, dass die suchfreundliche Platzierung eines Artikels auch negative Folgen haben kann, indem in geringerem Maße ungeplante Käufe anderer Artikel ausgelöst werden, wird nicht erfasst.

Weiterhin unterscheiden die Autoren zwar zwischen Suchstrategien, die entweder auf das schnelle Auffinden von Artikeln ausgerichtet oder durch den Wunsch nach Stimulation gekennzeichnet sind, jedoch bezieht sich der Wunsch nach Stimulation eher auf die Suche nach multisensorischen Einkaufserlebnissen und weniger darauf, durch die Warenplatzierung auf besondere Angebote oder komplementäre Kaufmöglichkeiten hingewiesen zu werden.[51] Die Möglichkeit,

---

[49]   Vgl. Grossbart, S. L. et al.: Environmental Sensitivity and Shopping Behavior, in: Journal of Business Research, Vol. 3 (1975), No. 4, S. 281-294.

[50]   Vgl. Esch, F.-R./Thelen, E., 1997b, S. 112-125.

[51]   Vgl. Titus, P. A./Everett, P. B., 1995, S. 111. Die Autoren beziehen sich hierbei auf Arbeiten, die die Modellierung hedonistisch geprägter Kauf- bzw. Konsumprozesse zum Gegenstand haben: Vgl. Hirschman, E. C./Holbrook, M. B.: Hedonic Consumption: Emerging Concepts, Methods and Propositions, in: Journal of Marketing, Vol. 46 (1982), No. 3, S. 92-101; Holbrook, M. B./Hirschman, E. C.: The Experiential Aspects of Consumption: Consumer Fantasies, Feelings, and Fun, in: Journal of Consumer Research, Vol. 9 (1982), No. 2, S. 132-140. Das hieraus resultierende Verhalten wird in der englischsprachigen Literatur auch als „browsing" bezeichnet. Vgl. z. B. Bloch, P. H./Ridgway, N. M./Sherrell, D. L.: Extending the

dass Artikel ungeplant gekauft werden, ohne dass die aktive Suche nach Stimulation als Motiv eine Rolle spielt, berücksichtigt das Modell somit nicht.

4.4.5 Die Entwicklung eines eigenen Prozessmodells

Wie im vorangegangenen Abschnitt dargestellt, greifen die in der Literatur dokumentierten Modelle in jeweils unterschiedlichen Punkten zu kurz, um die Grundlage für eine kundenorientierte Warenplatzierung zu bilden. Während das Modell von *King* nur in der Lage war, Einkaufsprozesse zu strukturieren und mögliche „Komplikationen" aufzuzeigen, entwickelte *Dähne* einen formalen Ansatz, der aber zu wenig auf kundenorientierte Zielgrößen ausgerichtet war und den Suchaufwand von Kunden nur in physischer Hinsicht einbezogen hat. *Höller* argumentierte zwar mit Artikelsichtkontakten, richtete sein Modell aber auch nicht auf kundenorientierte Zielgrößen aus. Schließlich beziehen *Titus/Everett* mit der Suchzufriedenheit zwar kundenorientierte Zielgrößen in ihr Modell ein, vernachlässigen aber ökonomische Effekte, die aus ungeplanten Käufen resultieren können.

Im Folgenden soll deshalb ein formalisierbares Modell entwickelt werden, das Platzierungseffekte sowohl im Hinblick auf das unmittelbare Kaufverhalten als auch im Hinblick auf die Kundenzufriedenheit und Kundenbindung erklärt. Hierzu unterscheidet das Modell explizit zwischen geplanten Suchkäufen und ungeplanten Impulskäufen. Kerngedanke des Modells ist die Annahme, dass während der Suche eines Artikels andere für ungeplante Käufe in Frage kommende Artikel umso eher wahrgenommen werden, je länger Kunden benötigen, um den gesuchten Artikel zu finden (Sucheffizienz). Die niedrige Sucheffizienz eines Artikels kann somit den Absatz anderer Artikel erhöhen, führt aber zu Unzufriedenheit, wenn die Kunden der Entlastung von Suchprozessen eine höhere Bedeutung beimessen als der Stimulation durch Wahrnehmung zusätzlicher Angebote.

In Abbildung 4.6 ist das Modell dargestellt, in dem dieser „trade-off" zum Ausdruck kommt. Es bildet den Denkrahmen dieser Arbeit. Im Folgenden soll auf die einzelnen Bestandteile des Modells näher eingegangen werden. Dabei orientieren sich die Ausführungen an dem Fall, dass ein Kunde eine bestimmte Warengruppe (z. B. Füller) sucht, die räumlich zusammenhängend im Regal platziert ist. Das Modell lässt sich am besten darstellen, wenn es in fünf Bestandteile zerlegt wird:

Concept of Shopping: An Investigation of Browsing Activity, in: Journal of the Academy of Marketing Science, Vol. 17 (1989), No. 1, S. 13.

1. Die Aufspaltung der Nachfrage

Die Nachfrage lässt sich in Such- und Impulskäufe (= ungeplante Käufe) aufspalten.

2. Der Einfluss der Platzierung auf Suchzeiten, Entscheidungszeiten und Wahrnehmungswahrscheinlichkeiten

Zum Einfluss der Platzierung auf Suchzeiten, Entscheidungszeiten und Wahrnehmungswahrscheinlichkeiten lassen sich folgende Hypothesen formulieren:

- Die Platzierung einer gesuchten Warengruppe bestimmt die Zeit, die erforderlich ist, um sie im Regal zu finden (= Sucheffizienz),
- Die Platzierung der Artikel innerhalb einer Warengruppe bestimmt die Zeit, die erforderlich ist, um aus diesen Artikeln eine Auswahl zu treffen (= Entscheidungseffizienz),
- Die Wahrnehmungswahrscheinlichkeit (= Stimulation der Wahrnehmung) einer Warengruppe ist abhängig von ihrer Platzierung sowie von der Platzierung der übrigen Warengruppen. So steigt die Wahrnehmungswahrscheinlichkeit nicht gesuchter Warengruppen, je länger ein Kunde benötigt, um gesuchte Warengruppen zu finden.

Diese Zusammenhänge sind durch die durchgezogenen Pfeile in Abbildung 4.6 dargestellt. In Kapitel 5 wird hierauf eingegangen, indem diskutiert wird, wie durch unterschiedliche Regalstrukturen Such- und Entscheidungszeiten sowie Wahrnehmungswahrscheinlichkeiten beeinflusst werden können. In Kapitel 6 wird die Wirkung zugeteilter Regalkapazitäten auf Suchzeiten (Sucheffizienz) und Wahrnehmungswahrscheinlichkeiten (Stimulation der Wahrnehmung) empirisch untersucht.

3. Die Bedeutung situativer und persönlicher Faktoren für die Such-, Entscheidungs-, Impuls- und Zahlungsbereitschaft

Das Kundenverhalten am Point of Sale kann von persönlichen und situativen Faktoren abhängig sein (vgl. die doppelt durchgezogenen Pfeile in Abbildung 4.6). Diese Faktoren bestimmen unter anderem:

- die Bereitschaft, Zeit für Such- und Entscheidungsprozesse aufzuwenden (Such- und Entscheidungsbereitschaft),
- die Bereitschaft, für wahrgenommene Warengruppen eine konkrete Kaufabsicht zu entwickeln (Impulsbereitschaft),
- die Bereitschaft, bei bestehender Kaufabsicht in einer Warengruppe für mindestens einen der Artikel den verlangten Preis zu zahlen (Zahlungsbereitschaft).

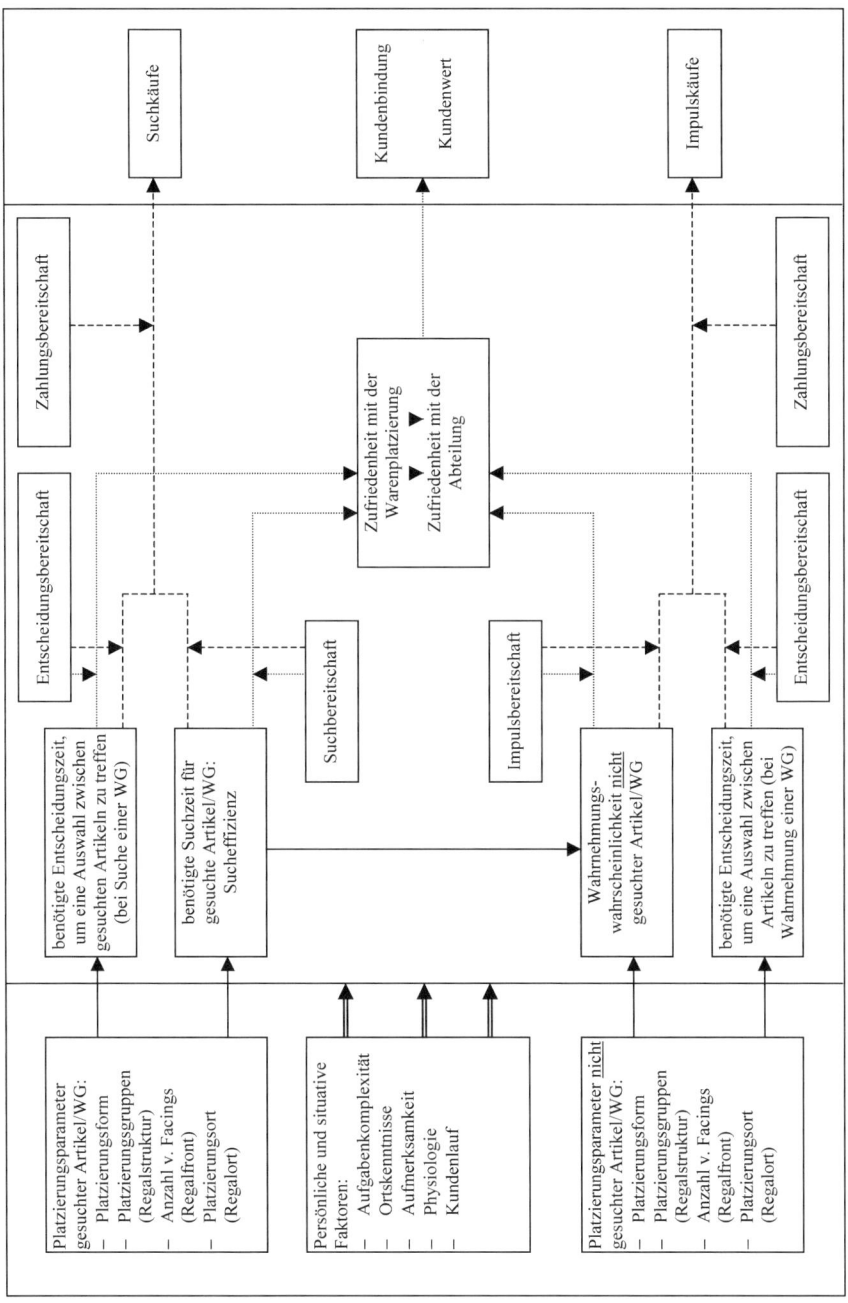

Abb. 4.6:   Der zu Grunde liegende Denkrahmen

4. Die Erklärung geplanter und ungeplanter Käufe

Das Modell erklärt das zu Stande kommen geplanter und ungeplanter Käufe wie folgt:

- Suchkäufe kommen dann zu Stande, wenn die erforderlichen Such- und Entscheidungszeiten die Such- und Entscheidungsbereitschaft der Kunden nicht überschreiten und wenn für mindestens einen der gefundenen Artikel die Zahlungsbereitschaft über dem verlangten Preis liegt.
- Impulskäufe kommen zu Stande, wenn Kunden Warengruppen wahrnehmen (Wahrnehmungswahrscheinlichkeit) und für diese Warengruppen eine Kaufabsicht entwickeln (Impulsbereitschaft). Weiterhin dürfen bei der Artikelauswahl innerhalb der Warengruppe Entscheidungs- und Zahlungsbereitschaft nicht überschritten werden.

Diese Zusammenhänge sind in Abbildung 4.6 durch gestrichelte Pfeile dargestellt. Da es sich um definierte Beziehungen handelt, bedürfen sie keiner empirischen Überprüfung. Es stellt sich jedoch die Frage, wie auf Basis dieser Zusammenhänge Nachfragefunktionen empirisch bestimmt werden können. Hierauf wird in Kapitel 6 eingegangen.

5. Die Erklärung von Kundenzufriedenheit und Kundenbindung

Die Such- und Entscheidungseffizienz sowie die Wahrscheinlichkeiten, mit denen Artikel attentiv wahrgenommen werden, wirken sich auf die Platzierungszufriedenheit aus. Such-, Entscheidungs- und Impulsbereitschaft bestimmen die Bedeutung, die den einzelnen Platzierungsanforderungen zugemessen wird. Die Zufriedenheit mit der Warenplatzierung wirkt sich wiederum auf die Zufriedenheit mit der Abteilung, die Kundenbindung und den Kundenwert aus. Hierauf beziehen sich die gepunkteten Pfeile in Abbildung 4.6. Ihre Untersuchung war bereits Gegenstand von Kapitel 3.

Gegenüber dem Modell von *Titus/Everett* hat das in Abbildung 4.6 dargestellte Modell den Vorteil, dass es im Fall der Dominanz von Entlastungs- gegenüber Stimulationsansprüchen „trade-offs" zwischen der kurzfristigen Erfolgssteigerung durch Auslösen ungeplanter Käufe und der langfristigen Erfolgssicherung durch Kundenorientierung abbilden kann. Entscheidend ist hierbei die Tatsache, dass in diesem Fall eine als nicht kundenorientiert erachtete niedrige Sucheffizienz einer Warengruppe dazu führt, dass die Wahrnehmungswahrscheinlichkeit einer anderen Warengruppe zunimmt. Dies lässt sich mit Hilfe der Abbildungen 4.7 und 4.8 noch einmal verdeutlichen.

Abbildung 4.7 beschreibt, wie sich die Platzierung einer Warengruppe (operationalisiert durch ihre Sucheffizienz) auf ihre Wahrnehmungswahrscheinlichkeit, ihren Absatz und die Platzierungszufriedenheit auswirkt:

- **I. Quadrant:** Je besser eine Warengruppe platziert ist, d. h. je kürzer die theoretische Suchzeit nach ihr ist, desto höher ist die Wahrscheinlichkeit, dass sie auch ohne vorherige Suche wahrgenommen wird.
- **II. Quadrant:** Je höher die Wahrnehmungswahrscheinlichkeit einer Warengruppe, desto höher ist ihr Absatz.
- **IV. Quadrant:** Je besser die Platzierung einer Warengruppe, d. h. je kürzer die theoretische Suchzeit nach ihr ist, desto zufriedener sind die Kunden, die Artikel dieser Warengruppe kaufen.

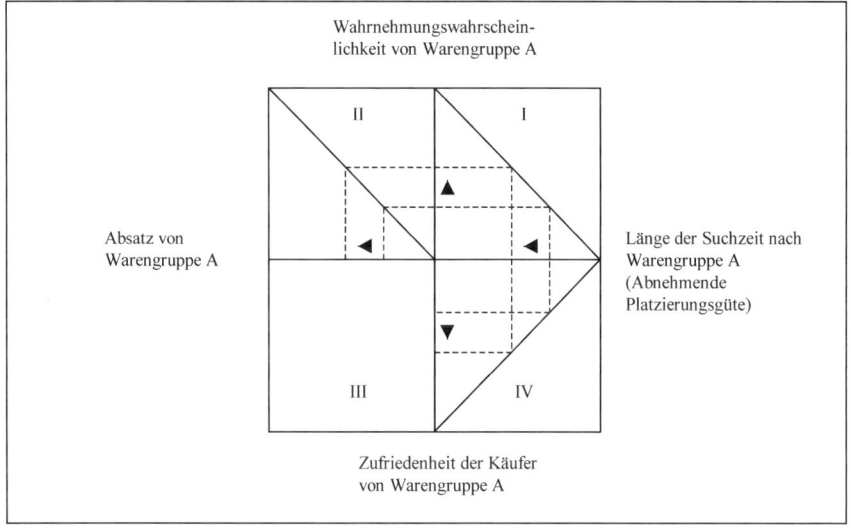

Abb. 4.7:   Die Suchzeit nach einer Warengruppe A und deren Folgen für Absatz und Zufriedenheit[52]

In Abbildung 4.8 ist ein anderer Fall dargestellt, es werden nämlich zwei Warengruppen betrachtet. Während Warengruppe A Gegenstand eines Suchkaufs ist, sei der Kauf der zweiten Warengruppe B ungeplant:

---

[52] Die Abbildung dient dem Ziel, die Richtung grundsätzlicher Wirkungszusammenhänge aufzuzeigen. Aus diesem Grunde werden der Einfachheit halber lineare Wirkungsfunktionen angenommen. Auch auf die Skalierung der Achsen wurde bewusst verzichtet. Des Weiteren wurde der dritte Quadrant nicht besetzt, da kein ursächlicher Zusammenhang zwischen Absatz und Zufriedenheit angenommen wurde.

- **I. Quadrant:** Je länger die Suchzeit für Warengruppe A ist, umso eher wird Warengruppe B, die nicht gesucht wurde, aber für Impulskäufe in Frage kommt, wahrgenommen.
- **II. Quadrant:** Je höher die Wahrnehmungswahrscheinlichkeit von B, desto höher ist auch der Absatz dieser Warengruppe.
- **IV. Quadrant**: Eine Verlängerung der Suchzeit nach A führt aber auch zu Unzufriedenheit bei denjenigen Kunden, die Warengruppe A suchen.

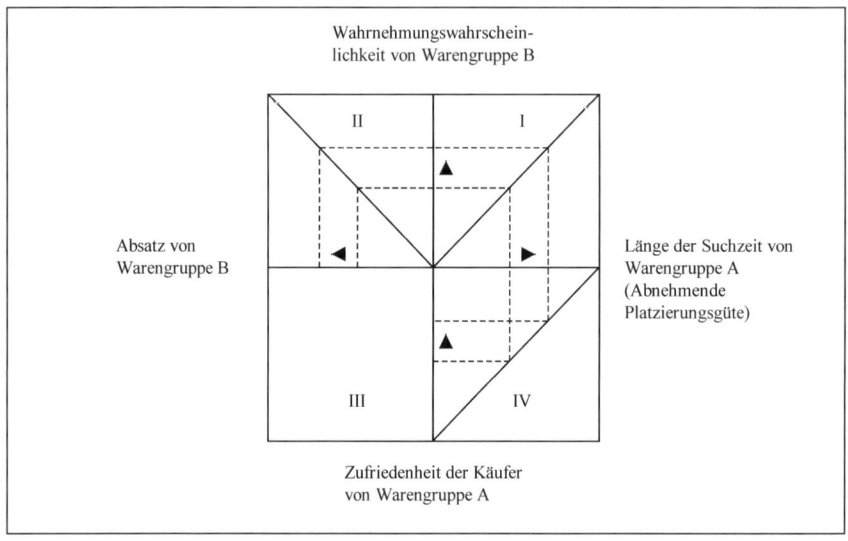

Abb. 4.8:   Die Suchzeit nach einer Warengruppe A und die Folgen für Warengruppe B

Insgesamt drückt Abbildung 4.8 also den möglichen „trade-off" zwischen der Platzierungszufriedenheit und der Absatzförderung durch ungeplante Käufe aus. Es ist ersichtlich, dass die Erhöhung des Absatzes durch ungeplante Käufe, die durch attentive Wahrnehmungen zu Stande kommen, mit einer sinkenden Zufriedenheit erkauft wird. Dies gilt zumindest für den Fall, dass attentive Wahrnehmungen durch eine ungünstige Platzierung häufig gesuchter Artikel gefördert werden und Entlastungsansprüche gegenüber Stimulationsansprüchen dominieren. Die Berücksichtigung dieses „trade-offs" wird insbesondere für die Zuteilung von Regalkapazitäten in Kapitel 6 bedeutsam sein.

4.5 Zusammenfassung des Kapitels

Nachdem im dritten Kapitel die aus Kundensicht hohe Bedeutung effizienter Such-und Entscheidungsprozesse herausgestellt wurde, ist im vierten Kapitel näher auf diese Prozesse eingegangen worden. Für die Suchprozesse wurde gezeigt, wie diese durch kognitive Strukturen der Kunden gesteuert werden. Indem die Warenanordnung an diesen kognitiven Strukturen ausgerichtet wird, kann die Effizienz von Suchprozessen erhöht werden. Im Hinblick auf Entscheidungs-prozesse wurden verschiedene Entscheidungsheuristiken dargestellt. Entschei-dungsheuristiken bestimmen, in welcher Reihenfolge entscheidungsrelevante Informationen aufgenommen und verarbeitet werden. Die Entscheidungseffizienz kann erhöht werden, indem die Reihenfolge der Informationsaufnahme und -verar-beitung bei der Warengliederung berücksichtigt wird. Sowohl aus den kognitiven Strukturen, als auch aus den Entscheidungsheuristiken lassen sich somit Anhaltspunkte für die Warenplatzierung ableiten, die insbesondere die Layout-planung (Festlegung von Regal- und Flächenstrukturen) betreffen. Hierauf wird noch in Kapitel 5 eingegangen werden.

Weiterhin wurde zur Wirkung von Platzierungsparametern auf unmittelbar erfolgs- und kundenorientierte Zielgrößen ein Modell entwickelt, welches gegenüber den in der Literatur dargestellten Modellen den Vorteil besitzt, dass es den trade-off zwischen dem Auslösen ungeplanter Käufe und der Sucheffizienz abzubilden vermag, somit also auch den möglichen trade-off zwischen kurz-fristiger Erfolgssteigerung und langfristiger Erfolgssicherung durch Verfolgen kundenorientierter Platzierungsziele. Das abgeleitete Modell wird insbesondere in Kapitel 6 von Bedeutung sein, wenn Platzierungseffekte formalisiert werden, um Wirkungsfunktionen abzuleiten.

5 Die Ermittlung optimaler Regalstrukturen[1]

Um Sortimente im Verkaufsraum geordnet zu platzieren, müssen auf der Basis sinnvoller Sortimentsgliederungen entsprechende Flächen- und Regalstrukturen festgelegt werden. Während die Flächenstruktur bestimmt, wie größere Angebotseinheiten gebildet und in der Fläche angeordnet werden, befasst sich die Regalstruktur mit der Bildung und Anordnung einzelner Platzierungsgruppen im Regal. Im folgenden Kapitel wird schwerpunktmäßig darauf eingegangen, wie kundenorientierte Regalstrukturen festzulegen sind, jedoch lassen sich die Ausführungen grundsätzlich auch auf die Ermittlung von Flächenstrukturen übertragen.

Bestimmend für eine Regalstruktur ist die Frage, welche Artikel im Regal in räumlicher Nähe zueinander platziert werden. Gruppen von Artikeln, die nach bestimmten Kriterien gemeinsam platziert sind, werden auch als Platzierungsgruppen bezeichnet. Die Kriterien, die zur Bildung und Anordnung von Platzierungsgruppen herangezogen werden können, sind vielfältig, wie Abbildung 5.1 am Beispiel eines Schreibwarenregals verdeutlicht. So können einerseits Artikel der gleichen Gattung zu einer Platzierungsgruppe zusammengefasst werden, andererseits ist es aber auch möglich, beispielsweise Artikel gleicher Hersteller oder Artikel, die einer gemeinsamen Produktlinie angehören, zu Platzierungsgruppen zusammenzufassen. Je nachdem, in welcher Reihenfolge einzelne Kriterien zur Bildung und Anordnung der Platzierungsgruppen herangezogen werden, ergeben sich unterschiedliche Regalstrukturen. Aus kundenorientierter Sicht müssen diese geeignet sein, um die Ansprüche der Kunden an Warenplatzierung zu erfüllen. Diese Ansprüche können in der Forderung nach effizienten Such- und Entscheidungsprozessen oder in dem Wunsch nach Stimulation liegen. Hierauf wird im Folgenden eingegangen.

---

[1] Eine deutlich gekürzte Fassung dieses Kapitels wurde bereits in Marketing ZFP veröffentlicht: Vgl. Zielke, S.: Kundengerechte Sortimentsgliederungen am Point of Sale. Ansätze zur Erhebung kognitiver Strukturen als Richtgrößen für Warenplatzierung und Category Management, in: Marketing ZFP, 23. Jg. (2001), H. 2, S. 100-116.

Gliederungskriterium	Beispiel
Gleiche Produktgattung	Bleistifte, Füller, Kugelschreiber
Gleiche Produkt- bzw. Designlinie	„FC Bayern", „Disney", „Classic"
Gleicher Verwendungsbereich	schreiben, ordnen, versenden, basteln
Gleicher Hersteller	*Pelikan, Parker, Faber-Castell, Herlitz*
Gleiche Platzierungsform	Hänger, Lieger, Spezialpräsentation
Komplementäre Verwendung	Bleistift und Radiergummi
Substitutive Verwendung bzw. Technik	Holzbleistift und Druckbleistift

Abb. 5.1:   Kriterien zur Bildung und Anordnung von Platzierungsgruppen[2]

5.1 Überblick über den Stand der Forschung

Es ist bereits in der Problemstellung angeklungen, dass die Literatur Probleme der Sortiments- und Warengliederung im Handel wenig methodenorientiert behandelt. In der Regel zeigen Monografien zur Sortimentspolitik im Handel und zum Handelsmarketing nur mögliche Gliederungskriterien auf, wobei sich die ältere Literatur häufig auf betriebsintern orientierte Kriterien beschränkt, während in der jüngeren Literatur zunehmend auch kundenorientierte Merkmale berücksichtigt werden.[3] Bereits in den 60er Jahren unterscheidet *Scheidl* zwischen herkunfts- und hinkunftsorientierten Kriterien zur Sortimentsgliederung, wobei zu den herkunfts-orientierten Kriterien Warenart, Packmittel, Hersteller und Konservierungsform gezählt werden, während Gliederungen nach Zielgruppen oder Verwendungs-bereichen als hinkunfts- bzw. kundenorientiert eingestuft werden.[4] *Fretz* untersucht aus der Warengliederung resultierende Koordinationsprobleme zwischen Sortimentsgestaltung, Warenplatzierung und Mitarbeiterverantwortlichkeiten im Ein- und Verkauf.[5] *Schulz* diskutiert die Bedeutung der Sortimentsgliederung aus Sicht der Unternehmensrechnung.[6]

---

[2]   Vgl. auch die umfassende Systematik typologischer Warenmerkmale bei Knoblich, H.: Betriebswirtschaftliche Warentypologie. Grundlagen und Anwendungen, Köln-Opladen 1969, S. 85-119.

[3]   Vgl. Gümbel, R., 1963, S. 68-81; Rusche, T., 1991, S. 104-110; Möhlenbruch, D., 1994, S. 191-206; Müller-Hagedorn, L., 1998a, S. 486-488.

[4]   Vgl. Scheidl, K.: Warendarbietung und Kunde im Lebensmittelsupermarkt, Wien 1971, S. 19-32. U. a. wird dabei Bezug genommen auf Schulz-Klingauf, H.-V.: Selbstbedienung. Der neue Weg zum Kunden, Düsseldorf 1960, S. 243f. *Schulz-Klingauf* spricht von einkaufs- vs. kundenorientierter Sortimentsgliederung.

[5]   Vgl. Fretz, J.: Die Warengliederung als Führungsinstrument der Einzelhandelsunternehmung, Winterthur 1971.

[6]   Vgl. Schulz, W.: Die Nutzung der Verkaufsfläche im Lebensmittel-Einzelhandel (Analyse, Methodik, Anwendungsschwerpunkte), Diss. Freiburg/Schweiz 1975, S. 70-81.

Im Folgenden soll der Begriff Sortimentsgliederung im Kontext der Bestimmung von Flächen- und Regalstrukturen verwendet werden.

Zur Auswirkung unterschiedlicher Regalstrukturen auf die Kundenwahrnehmung und den Abverkauf von Artikeln sind in der Literatur verschiedene empirische Untersuchungen dokumentiert. Einen Überblick über diese Untersuchungen gibt Abbildung 5.2. Ergebnisse von *Drèze/Hoch/Purk* und teilweise auch *Heidel/Müller-Hagedorn* zeigen, dass der Abverkauf bestimmter Artikel erhöht werden kann, wenn Verbundbeziehungen bei der Sortimentsgliederung berücksichtigt werden. Interessant ist auch die Beobachtung, dass Regalstrukturen, die als kundenorientiert angesehen werden, entweder wie bei *Kinateder* zu keinen oder wie bei *Drèze/Hoch/Purk* zu negativen Umsatzeffekten führen. Auch bei *Leven* führen als kundenorientiert erachtete Zielgruppensäulen zwar zu einem effizienteren und strukturierteren Suchverhalten am Regal, jedoch im Gegensatz zu Orientierungshilfen nicht zu zusätzlichen Umsätzen. *Needel* kommt zu dem Ergebnis, dass der Absatz pro Kunde bei einer Gliederung des Regals nach Zielsegmenten zu niedrigeren Pro-Kopf-Ausgaben in der untersuchten Kategorie führt als eine Ordnung nach Marken.

Geister zeigt, dass Kreuzblocks, in denen Artikel sowohl nach Marken als auch nach Produktgattungen angeordnet sind, positiver wahrgenommen werden als reine Herstellerblocks. *Müller-Hagedorn/Heidel* konnten bei einem Vergleich von Produkt- gegenüber Herstellerblocks zeigen, dass die Vorteilhaftigkeit einer Regalstruktur von den zu Grunde gelegten Beurteilungskriterien abhängt. Daneben sind weitere Untersuchungen durchgeführt worden, in denen der Einfluss der Artikelgruppierung auf das Entscheidungs- und Informationsverhalten von Probanden untersucht wurde. Hierauf wird noch in Abschnitt 5.4.3 näher eingegangen werden.

Fast allen der in Abbildung 5.2 dargestellten empirischen Untersuchungen liegen sogenannte ad-hoc-Hypothesen zu Grunde, in denen Annahmen über die Vorteilhaftigkeit bestimmter Gliederungskriterien zum Ausdruck kommen. Mit Ausnahme des Beitrags von *Kinateder*, wird dabei aber nicht auf konkrete Methoden zurückgegriffen, um geeignete Gliederungskriterien zu ermitteln. Insbesondere in der Praktikerliteratur wird zwar häufig die Forderung erhoben, Sortimente kundengerecht zu gliedern, jedoch finden sich in methodischer Hinsicht häufig nur allgemeine Prozessschemata[7] oder Beispiele für erfolgreiche Umstrukturierungen aus der Praxis.[8] In der wissenschaftlichen Literatur lassen sich dagegen einige methodische Beiträge finden, über die im Folgenden ein kurzer Überblick gegeben werden soll.

---

[7]   Vgl. ECR Europe (Hrsg.), 1997, S. 37-41.
[8]   Vgl. Geister, S.: Kreuzblock versus Produktblock, in: EHI (Hrsg.): Flächenmanagement. Ein Baustein des Category Management, Köln 1997, S. 50-55.

Müller-Hagedorn/ Heidel (1989)	Die Gruppierung von Artikeln (produkt- vs. herstellerorientiert) wirkt sich nur teilweise auf verschiedene Zufriedenheitsdimensionen aus. Während die Zufriedenheit mit der Möglichkeit zu Preisvergleichen bei der produktorientierten Gliederung signifikant höher ist, wird die Erinnerung an den Kauf bestimmter Artikel bei der herstellerorientierten Gliederung besser wahrgenommen.[9]
Heidel/ Müller-Hagedorn (1989)	Die Zweitplatzierung von Ketchup im Verwendungsverbund mit Nudeln führt zu einer höheren Absatzsteigerung als eine Zweitplatzierung ohne Verwendungsverbund. Eine zweite Untersuchung kam zu dem gegenteiligen Ergebnis: die Zweitplatzierung von Ketchup im Verbund mit Nudeln führt zu geringeren Absatzsteigerungen als eine Zweitplatzierung ohne Verwendungsverbund.[10] In einer dritten Untersuchung wurde Ketchup im Verwendungsverbund mit Fleisch platziert. Es zeigte sich gegenüber der Vorperiode, dass eine größere Anzahl von Kunden Ketchup im Anschluss an Fleisch gekauft hat. Insgesamt konnten jedoch keine signifikanten Absatzunterschiede nachgewiesen werden.[11]
Kinateder (1989)	Die Anpassung des Layouts eines Süßgebäck-Regals an die kognitiven Strukturen der Verbraucher führte dazu, dass sich der von den Kunden begangene Weg, die in der Abteilung verbrachte Zeit, die Anzahl von Stops und die Anzahl der berührten Artikel reduzierten. Insgesamt fanden sich die Kunden in der Abteilung besser zurecht und waren zufriedener. Absatz- oder Umsatzsteigerungen konnten allerdings nicht beobachtet werden.[12]
Leven (1992)	*Leven* untersuchte bei Zeitschriftenregalen u. a. den Einfluss von Orientierungshilfen und vertikalen Zielgruppenblöcken auf das Such- und Kaufverhalten von Kunden. Bei Regalen mit Orientierungshilfen verringert sich die erforderliche Suchzeit gegenüber der herkömmlichen Präsentation von 37 auf 28,48 Sekunden. Waren zusätzlich Zielgruppensäulen gegeben, lag die durchschnittliche Suchzeit bei nur 23,98 Sekunden. Im Hinblick auf die Trefferquoten (Anteil der Probanden, die eine gesuchte Zeitschrift innerhalb von 80 Sekunden gefunden haben) ergaben sich ähnliche, jedoch nicht signifikante Ergebnisse. Insgesamt erscheint die Struktur der Suche bei Vorhandensein von Zielgruppensäulen systematischer. Durch Orientierungshilfen erhöht sich der Umsatz um 10% gegenüber der Ausgangssituation; werden zusätzlich Zielgruppensäulen gebildet, sind Umsatzsteigerungen von nur 9% gegenüber der Ausgangssituation zu beobachten. Das Regal wird weiterhin in beiden Fällen von den Kunden besser wahrgenommen als vorher. Auch verkürzte Handlingzeiten sind zu beobachten.[13]

[9]   Vgl. Müller-Hagedorn, L./Heidel, B.: Optimale Verkaufsflächennutzung in Handelsbetrieben, Arbeitspapier Nr. 10, Studienschwerpunkt Absatz-Markt-Konsum im Fachbereich IV-BWL/AMK an der Universität Trier, Trier 1986, S. 18-24.

[10] Vgl. Heidel, B./Müller-Hagedorn, L., 1989, S. 23-24; Müller-Hagedorn, L./Heidel, B., 1986, S. 25-34.

[11] Vgl. Heidel, B./Müller-Hagedorn, L., 1989, S. 24-25; Müller-Hagedorn, L./Heidel, B., 1986, S. 42-48.

[12] Vgl. Kinateder, P., 1989, S. 86-92.

[13] Vgl. Leven, W., 1992, S. 13-22.

Drèze/Hoch/ Purk (1994)	Durch eine Platzierung von Weichspülern innerhalb der Warengruppe Waschmittel konnte der Umsatz von Weichspülern um 3%, der von Waschmitteln um 4% gesteigert werden. In der Warengruppe Hygienepapiere führte eine Gruppierung nach Packungsgrößen, durch die man sich eine schlechtere Preisvergleichbarkeit versprach, zu einem Umsatzwachstum von 5%. Umsatzeinbußen konnten in der Kategorie Cerealien beobachtet werden, nachdem diese zielgruppengerecht angeordnet wurden (-5%). Negativ wirkte sich auch die alphabetische Ordnung von Suppen nach ihrem Geschmack aus (-6%).[14]
Geister (1997)	Der Autor berichtet von einer Studie, die 1995 im Auftrag der Firmen *Dr. Oetker*, *Johnson & Johnson* und *Nestlé* durchgeführt wurde. Ziel der Studie war es, Aussagen zur Vorteilhaftigkeit sog. Kreuzblocks (horizontale Produktgruppen- und vertikale Markenblocks) gegenüber den klassischen Produktgruppenblocks zu gewinnen. Es zeigte sich, dass Kreuzblocks gegenüber Produktblocks deutlich präferiert wurden, dass Kreuzblocks übersichtlicher eingestuft wurden, eine größere Sortimentskompetenz vermittelten und zu bis zu 25% niedrigeren Suchzeiten am Regal führten. Die entscheidenden Suchkriterien der Probanden waren Verpackungsdesign, Marke und Regalebene.[15]
Needel (1998)	*Needel* berichtet von einer Studie, in der drei verschiedene Gruppierungsvarianten innerhalb der Kategorie Tiefkühlkost untersucht wurden. Der niedrigste Ausgabebetrag pro Kunde ergab sich bei der Untergliederung nach unterschiedlichen Zielsegmenten. Deutlich höhere Ausgabebeträge waren dagegen zu beobachten, wenn die Blöcke markenweise gebildet wurden. Innerhalb der Warengruppe konnte der Ausgabebetrag für eine Marke gesteigert werden, indem diese direkt neben ihrem stärksten, aber teureren Wettbewerber platziert war.[16]

Abb. 5.2:   Empirische Ergebnisse zum Einfluss unterschiedlicher Regalstrukturen auf das Kauf- und Wahrnehmungsverhalten von Kunden in Supermärkten

---

[14] Vgl. Drèze, X./Hoch, S. J./Purk, M. E.: Shelf Management and Space Elasticity, in: Journal of Retailing, Vol. 70 (1994), No. 4, S. 306-308 u. S. 310f.

[15] Vgl. Geister, S., 1997, S. 50-55.

[16] Vgl. Needel, S. P.: Understanding Consumer Response to Category Management through Virtual Reality, in: Journal of Advertising Research, Vol. 38 (1998), No. 4, S. 65f.

Zur Ermittlung kundenorientierter **Regalstrukturen** schlägt *Kinateder* vor, Sortimente auf der Basis eines Sortierverfahrens nach der subjektiv empfundenen Zusammengehörigkeit von Artikeln zu gliedern, was sie am Beispiel eines Süßwarenregals empirisch veranschaulicht.[17] *Mollá/Múgica/Yagüe* ziehen in ähnlicher Weise Paarvergleiche heran, um eine hierarchische Struktur für eine Weinabteilung abzuleiten.[18] Die Regalstrukturen werden in beiden Beiträgen auf der Basis von Clusteranalysen ermittelt.

Esch/Billen empfehlen, Objektschemata bei der Warengliederung zu berücksichtigen und Prozessverfolgungstechniken zur Überprüfung bestehender Sortimentsgliederungen am Point of Sale einzusetzen.[19] Auch *Leven* untersucht die Orientierungsfreundlichkeit von Zeitschriftenregalen mit Hilfe von Prozessverfolgungstechniken, indem er auf Blickaufzeichnungen zurückgreift.[20]

Fröhlich ermittelte inhaltsanalytisch die Salienz verschiedener Kriterien beim Weinkauf und leitete hieraus Empfehlungen zur Regalstruktur ab.[21] Aus dem Bereich der Wirtschaftsinformatik kommt wiederum die Forderung, Verbundbeziehungen mit Hilfe von Assoziationsanalysen aufzudecken und diese bei der Sortimentsgliederung im Verkaufsraum zu berücksichtigen.[22]

Neben den Ansätzen zur Ermittlung optimaler Regalstrukturen soll auch kurz auf Methoden hingewiesen werden, mit denen **Flächenstrukturen** festgelegt werden können. Unter einer Flächenstruktur soll die Bildung und Anordnung von Warenbereichen im Verkaufsraum verstanden werden. *Dähne* entwickelte hierzu ein quantitativ heuristisches Modell, welches Abteilungen möglichst gewinnoptimal anordnet. Der Gewinn wird maßgeblich dadurch bestimmt, inwieweit die Anordnung der Abteilungen dazu führt, dass Kunden mit einzelnen Abteilungen in Kontakt kommen und verbundene oder ungeplante Käufe tätigen.[23] *Müller* bezweifelte die Operabilität des Verfahrens von *Dähne* und schlug ein einfacheres heuristisches Verfahren vor, welches tendenziell dazu führt, dass Angebotseinheiten, in denen häufig Artikel geplant gekauft werden, an schlechten Orten platziert werden, während Artikel mit großem Impulspotenzial und hohen Margen durch die Anordnung der Angebotseinheiten bevorzugt werden.[24] *Renggli* empfiehlt schließlich pragmatisch, die Raumaufteilung und -anordnung nach dem

---

[17] Vgl. Kinateder, P., 1989, S. 86-92.

[18] Vgl. Mollá, A./Múgica, J. M./Yagüe, M. J., 1998, S. 225-241.

[19] Vgl. Esch, F.-R./Billen, P., 1996, S. 317-337.

[20] Vgl. Leven, W., 1992, S. 13-22.

[21] Vgl. Fröhlich, K.: Die Wissenspräsentation des Konsumenten in der Kaufentscheidung – Eine Strukturierung und Analyse komplexer Denkprozesse beim Weinkauf mit den Mitteln der computerunterstützten Inhaltsanalyse, Geisenheim 1996, insbes. S. 98-102 u. S. 115.

[22] Vgl. z. B. Hettich, S./Hippner, H./Wilde, K. D., 2000, S. 970-978.

[23] Vgl. Dähne, H., 1977; sowie die Ausführungen in Abschnitt 4.4.2.

[24] Vgl. Müller, H., 1982, S. 304-344.

Prinzip des Trial und Error zu verändern und aus den Auswirkungen auf die Raumproduktivität die entsprechenden Schlüsse zu ziehen.[25]

Während die Verfahren zur Ermittlung von Flächenstrukturen eher darauf abzuzielen, unterschiedliche Flächenwertigkeiten optimal auszunutzen, als die Fläche nach kundenorientierten Kriterien zu gliedern, erscheinen die Verfahren zur Strukturierung von Regalen vielfältig und somit diskussionsbedürftig. Insbesondere die Tatsache, dass die vorgeschlagenen Methoden in unterschiedlicher Weise geeignet sind, einzelne Platzierungsansprüche zu befriedigen, erfordert eine differenzierte Bewertung. Im folgenden Kapitel sollen deshalb aus den in Kapitel 3 untersuchten Platzierungsansprüchen systematisch Gliederungsprinzipien abgeleitet werden, denen jeweils unterschiedliche Gliederungsmethoden zugeordnet werden können. Neben der Zuordnung sollen die in der Literatur dargestellten Methoden auch modifiziert und weiterentwickelt werden. Die Problemstellung für das fünfte Kapitel stellt sich somit wie folgt dar:

1. Lassen sich aus den einzelnen Platzierungsansprüchen unterschiedliche Gliederungsprinzipien ableiten?
2. Wie kann eine Auswahl zwischen den unterschiedlichen Gliederungsprinzipien getroffen werden?
3. Welche konkreten Gliederungsmethoden lassen sich aus den einzelnen Gliederungsprinzipien ableiten?
4. Wie lassen sich die Gliederungsmethoden in ein Layout-Planungssystem integrieren?

5.2 Die Ableitung allgemeiner Gliederungsprinzipien aus den Platzierungsansprüchen

In Kapitel 3 wurde auf verschiedene Ansprüche eingegangen, die Kunden an die Warenplatzierung stellen können. Aus Kundensicht haben sich dabei Such- und Entscheidungseffizienz als die wichtigsten Ansprüche herausgestellt. Die Warenplatzierung kann aber auch dem Zweck dienen, Kunden auf nicht gesuchte Artikel aufmerksam zu machen (Stimulation der Wahrnehmung) oder über ein ansprechendes optisches Erscheinungsbild angenehme Empfindungen auszulösen (emotionale Stimulation). Zwar hat sich die Stimulation der Wahrnehmung aus Kundensicht als relativ unbedeutend erwiesen, jedoch zeigt das in Kapitel 4 entwickelte Modell, dass mit Hilfe der Wahrnehmungs-Stimulation ungeplante

---

[25] Vgl. Renggli, F.: Analyse des Raumeinsatzes und der Raumnutzung im schweizerischen Ladeneinzelhandel unter besonderer Berücksichtigung des Verkaufsraumes, Diss. Freiburg/ Schweiz 1973, S. 105-110 u. S. 113-146.

Käufe ausgelöst werden können, die unmittelbar den Regalumsatz und damit u. U. auch die Regalrentabilität erhöhen. Je nachdem, an welchem Platzierungsanspruch sich die Warengliederung orientieren soll, muss auf andere Gliederungsprinzipien zurückgegriffen werden:

- Die Warengliederung kann die **Sucheffizienz** steigern, indem sie den Suchaufwand von Kunden reduziert. Als Suchaufwand wurde in Kapitel 3 derjenige Aufwand bezeichnet, den Kunden betreiben müssen, um die für die Befriedigung eines wahrgenommenen Bedürfnisses in Frage kommenden Artikel ausfindig zu machen. Der Suchaufwand besteht zum einen in dem kognitiven Aufwand bei der Suche nach Artikeln sowie einem physischen Aufwand, wenn bei der Suche Laufwege zurückgelegt werden müssen. Da Suchprozesse durch Vorstellungen von der Ähnlichkeit oder Zusammengehörigkeit von Objekten gesteuert werden, die aus kognitiven Strukturen abgerufen werden (vgl. die Ausführungen in Abschnitt 4.2), lässt sich der kognitive Suchaufwand reduzieren, indem die Regalstrukturen an die kognitiven Strukturen der Verbraucher angepasst werden. Der physische Suchaufwand kann dagegen reduziert werden, wenn Artikel, die häufig gemeinsam gekauft werden, auch in räumlicher Nähe zueinander platziert werden. Eine solche Regalstruktur orientiert sich somit am Einkaufsverbund der Artikel.
- Die **Entscheidungseffizienz** wird gesteigert, wenn der Entscheidungsaufwand der Kunden reduziert wird. Als Entscheidungsaufwand wurde in Kapitel 3 derjenige Aufwand bezeichnet, den ein Kunde betreibt, um aus den zur Bedürfnisbefriedigung als geeignet ausgemachten Artikeln eine Auswahl zu treffen. Der Entscheidungsaufwand kann reduziert werden, indem die für die Befriedigung eines Bedürfnisses als Substitute geeigneten Artikel in räumlicher Nähe zueinander platziert werden. Zieht der Kunde bei der Entscheidung auch hierarchische Heuristiken heran, wie z. B. die aspektweise Elimination, kann auch die direkte Übersetzung einer solchen Heuristik in das Regallayout Entscheidungsprozesse vereinfachen (vgl. hierzu Abschnitt 4.3).
- Die **Stimulation der Wahrnehmung** lässt sich erhöhen, indem Artikel im Einkaufs- oder Verwendungsverbund platziert werden. Hierdurch können Kunden an den Kauf bestimmter Artikel erinnert werden oder es wird auf zusätzliche Kaufmöglichkeiten aufmerksam gemacht. Zur **emotionalen Stimulation** lassen sich Verwendungsverbunde durch präsentationspolitische Maßnahmen zu kontextbezogenen Gestaltungskonzepten ausbauen.[26]

---

[26] Unter einem Einkaufsverbund werden die von einem Kunden bei einem bestimmten Händler zu einem bestimmten Zeitpunkt gemeinsam gekauften Artikel verstanden. Der Verwendungsverbund ergibt sich aus den von einem Kunden zu einem bestimmten Zeitpunkt gemeinsam verbrauchten Artikeln. Vgl. z. B. Müller-Hagedorn, L.: Das Problem des Nachfrageverbundes in erweiterter Sicht, in: ZfbF, 30. Jg. (1978), H. 3, S. 184-186. Von kontextbezogenen Verbundkonzepten wird dann gesprochen, wenn Verbundpräsentationen durch themenbezogene Dekorationsgegenstände ergänzt werden. Vgl. Gröppel, A., 1991, S. 135-137; Gröppel, A.: Erlebnishandel und Verbundpräsentation, in: Thexis, 9. Jg. (1992), H. 4, S. 18.

In Abbildung 5.3 sind die Platzierungsansprüche und die sich aus ihnen ergebenden Gliederungsprinzipien noch einmal zusammengefasst. Dabei ist zu beachten, dass die Zuordnung der Gliederungsprinzipien zu den Platzierungsansprüchen zwar plausibel erscheint, jedoch keineswegs selbstverständlich ist. Der Empfehlung, an kognitiven Strukturen anzusetzen, um den kognitiven Suchaufwand der Kunden zu reduzieren, liegt beispielsweise die Hypothese zu Grunde, dass Suchprozesse durch kognitive Strukturen gesteuert werden. Auch eine Orientierung am Einkaufsverbund muss nicht zwangsläufig zu einem verkürzten physischen Suchaufwand führen, wenn die Kunden die im Verbund platzierten Artikel nicht sofort finden und der kognitive Suchaufwand sehr hoch ist. Insofern hat Abbildung 5.3 hypothetischen Charakter.

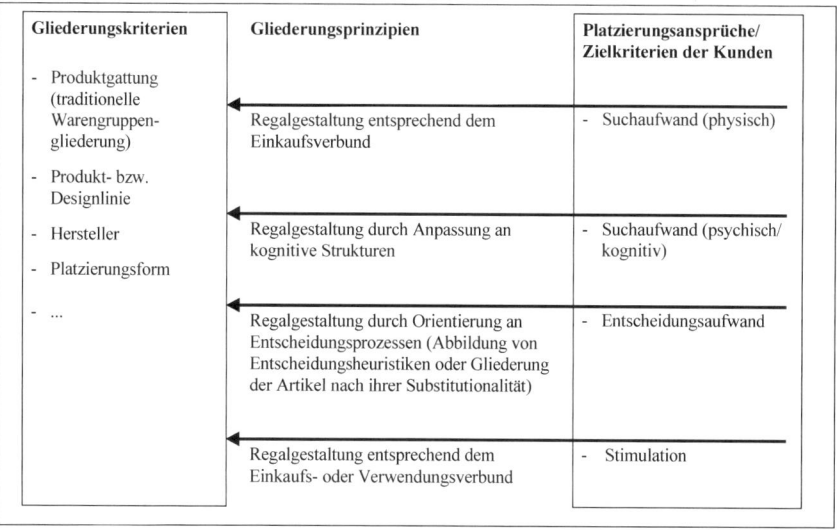

Abb. 5.3:   Die Ableitung von Gliederungsprinzipien aus den Platzierungsansprüchen der Kunden

Die in Abbildung 5.3 zum Ausdruck kommenden Hypothesen können weiter konkretisiert werden, indem diskutiert wird, zu welchen Gliederungskriterien die Anwendung der einzelnen Gliederungsprinzipien führt. Sollen der Regalgestaltung beispielsweise kognitive Strukturen der Kunden zu Grunde gelegt werden, ist danach zu fragen, nach welchen Kriterien diese organisiert sind. Für den Warenbereich Schreibwaren könnte diesbezüglich vermutet werden, dass dieser in den kognitiven Strukturen der Kunden zunächst nach der Produktgattung und anschließend nach einzelnen Produktlinien gegliedert ist. In diesem Fall wäre dem Gliederungskriterium Produktgattung gegenüber dem Kriterium Produktlinie Priorität einzuräumen. Da die Zuordnung der Gliederungskriterien zu den Gliederungsprinzipien in den meisten Fällen allerdings warengruppenspezifisch ist, wurde diese in Abbildung 5.3 bewusst offen gelassen (bezüglich des Warenbereichs Schreibwaren sei auf die empirische Untersuchung am Ende dieses Kapitels verwiesen).

Insgesamt wird in Abbildung 5.3 deutlich, dass die einzelnen Platzierungs-ansprüche zu unterschiedlichen Regalstrukturen führen können. Es stellt sich deshalb die Frage, welchen Platzierungsansprüchen bzw. Gliederungsprinzipien bei der Warengliederung Priorität eingeräumt werden sollte. Hierauf wird im folgenden Abschnitt eingegangen.

5.3 Überlegungen zur Auswahl einzelner Gliederungsprinzipien

Um Regalstrukturen festzulegen, können unterschiedliche Gliederungsprinzipien herangezogen werden. Je nachdem, welches Gliederungsprinzip verwendet wird, ergeben sich mehr oder weniger unterschiedliche Regalstrukturen. Soll sich die Warengliederung an **kognitiven Strukturen** der Kunden orientieren, werden Artikel gemeinsam platziert, die von Verbrauchern als ähnlich oder zusammen-gehörig angesehen werden. Wird die Regalstruktur auf **Entscheidungsprozesse** der Kunden ausgerichtet, ist die Substituierbarkeit der Artikel maßgeblich für die Warengliederung. Orientiert sich die Warengliederung am **Einkaufsverbund**, werden Artikel in räumlicher Nähe zueinander platziert, die häufig gemeinsam gekauft werden. Schließlich führt die Warengliederung nach dem **Verwendungs-verbund** dazu, dass Artikel, die häufig gemeinsam verwendet werden, zu Platzierungsgruppen zusammengefasst werden.

Teilweise ergeben sich aber auch Überschneidungen zwischen den Gliederungs-prinzipien. So können Artikel als ähnlich oder zusammengehörig angesehen werden, weil es sich um Substitute handelt, weil die Artikel häufig gemeinsam gekauft werden oder weil sie in der Verwendung verbunden sind. Insofern können in Regalen, die auf der Basis kognitiver Strukturen gegliedert wurden, auch die anderen Regalgestaltungsprinzipien zum Teil berücksichtigt werden. Dies kommt auch in Abbildung 5.4 zum Ausdruck, in der zwischen semantischem und episodischem Wissen unterschieden wird. Das semantische Gedächtnis beinhaltet Wissen über Objekte und deren sprachliche Bedeutung. Hierzu zählt auch das Wissen über substitutionale und komplementäre Beziehungen zwischen Artikeln. Das episodische Wissen umfasst dagegen autobiographische Informationen, zu denen auch Erinnerungen an den gemeinsamen Einkauf oder die gemeinsame Verwendung von Artikeln zählen.[27] Zwischen episodischem und semantischem Wissen können auch Verbindungen bestehen, indem z. B. Artikel umso eher als

---

[27]   Vgl. zur Unterscheidung von semantischem und episodischem Wissen z. B. Schermer, F. F., 1998, S. 23f.

komplementär angesehen werden, je häufiger sie gemeinsam verwendet werden. Die Warengliederung auf der Basis kognitiver Strukturen ist somit prinzipiell in der Lage, alle anderen Gliederungsprinzipien einzuschließen. Dies spricht für eine Regalgestaltung, die sich an kognitiven Strukturen orientiert.

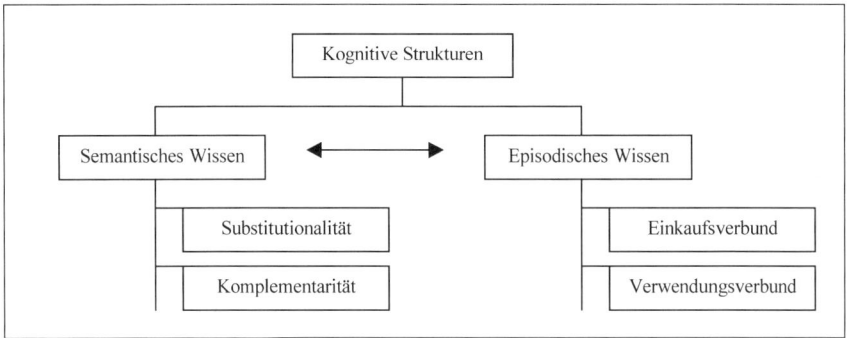

Abb. 5.4:   Überschneidungen zwischen den Gliederungsprinzipien

Ein weiteres Kriterium zur Auswahl der Gliederungsprinzipien bezieht sich auf die Frage, inwieweit sich aus ihnen homogene und stabile Handlungs-empfehlungen ableiten lassen. Von homogenen Empfehlungen soll dann gesprochen werden, wenn sich aus einem Gliederungsprinzip bei unterschiedlichen Personen die gleichen Gliederungskriterien ableiten lassen. Stabil sind die Empfehlungen, wenn bei einer Person zu unterschiedlichen Zeitpunkten die gleichen Gliederungskriterien ermittelt werden können. Dies ist insbesondere bei der Ableitung von Gliederungskriterien aus Entscheidungsprozessen und Verbund-beziehungen (Einkaufs- und Verwendungsverbunde) fraglich.[28]

Im Hinblick auf Entscheidungsprozesse konnte in einer Vielzahl empirischer Untersuchungen gezeigt werden, dass sowohl die Entscheidungsheuristiken als auch die Reihenfolge, in der einzelne Entscheidungskriterien herangezogen werden, persönlichen und situativen Einflüssen unterliegen. So verdeutlicht z. B. *Einhorn* den Einfluss persönlicher Faktoren, indem er auf empirischer Basis darstellt, dass verschiedene Testpersonen ihren Entscheidungen unterschiedliche Heuristiken zu Grunde legen.[29] Auf situative Faktoren gehen z. B. *Payne/Bettman/ Johnson* ein. Sie zeigen, dass Probanden Entscheidungsprozesse entsprechend Kosten-/Nutzenkalkülen gestalten, indem sie z. B. hierarchische Heuristiken

---

[28]   Vgl. zu dieser Problematik auch Möhlenbruch, D.: Kundenorientierung durch Category Management – Kritische Analyse eines Kooperationsmodells zwischen Industrie und Handel, in: Trommsdorff, V. (Hrsg.): Handelsforschung 1997/98. Kundenorientierung im Handel, Wiesbaden 1997, S. 118.

[29]   Vgl. Einhorn, H. J: The Use of Nonlinear, Noncompensatory Models in Decision Making, in: Psychological Bulletin, Vol. 73 (1970), No. 3, S. 221-230.

vermehrt unter Zeitdruck heranziehen (ein schlechteres Entscheidungsergebnis wird unter Zeitdruck zu Gunsten einer kürzeren Entscheidungszeit in Kauf genommen).[30] Auch die Reihenfolge, mit der einzelne Artikelattribute bei hierarchischen Entscheidungen als Kriterien herangezogen werden, ist situationsspezifisch. So machen *Mollá/Múgica/Yagüe* am Beispiel des Einkaufs von Wein deutlich, wie unterschiedlich die Entscheidungsprozesse eines Kunden sein können, selbst wenn ein hierarchischer Prozess unterstellt wird. So wird z. B. ein Kunde, der Wein für den alltäglichen Konsum sucht, zuerst den Preis als Entscheidungskriterium heranziehen, während für denjenigen, der Wein als Begleiter für ein spezielles italienisches Gericht kauft, die Herkunft des Weines als Kriterium die höchste Priorität haben wird.[31]

Ebenfalls stellt sich bei Einkaufs- und Verwendungsverbunden die Frage, ob diese nicht in starkem Maße persönlichen und situativen Einflussfaktoren unterliegen. So könnte z. B. Ketchup in Abhängigkeit von persönlichen oder situativen Faktoren zusammen mit Pasta oder Grillgut in der Verwendung verbunden sein. Noch stärkere Zweifel bestehen hinsichtlich der Homogenität und Stabilität von Einkaufsverbunden.

Kognitive Strukturen, die als räumliche Repräsentationen von Wissen definiert wurden, basieren dagegen auf allgemeinen Vorstellungen von der Zusammengehörigkeit bzw. Ähnlichkeit einzelner Objekte, die in ihrer räumlichen Anordnung in einem semantischen Netzwerk zum Ausdruck kommen. Zwar werden sich in den kognitiven Strukturen auch Erfahrungen in Form vergangener Verwendungs- oder Kaufverbunde sowie Vorstellungen von der Substituierbarkeit bei bestimmten Entscheidungsproblemen niederschlagen, jedoch bilden die kognitiven Strukturen eher ein relativ stabiles Substrat aus diesen Erfahrungen, als dass sie sich situationsspezifisch ändern. Damit können kognitive Strukturen als weitgehend stabil angesehen werden. Hinsichtlich der Homogenität kognitiver Strukturen können nur empirische Ergebnisse Auskunft geben (vgl. hierzu die empirische Untersuchung am Ende dieses Kapitels).

Fasst man die in diesem Abschnitt angestellten Überlegungen zusammen, kann festgehalten werden, dass die Gliederung von Sortimenten auf der Basis kognitiver Strukturen mit vielen Vorteilen verbunden ist. So werden durch eine Orientierung des Regallayouts an kognitiven Strukturen insbesondere Suchprozesse entlastet, deren Effizienz aus Kundensicht eine wichtige Platzierungsanforderung darstellt. Ein weiterer Vorteil ist die Tatsache, dass sich in kognitiven Strukturen sowohl substitutive und komplementäre Artikelbeziehungen, als auch in Form von episodischem Wissen Verbundbeziehungen manifestieren können. Somit kann eine Regalgliederung, die sich an kognitiven Strukturen orientiert, auch den Entscheidungsaufwand von Kunden reduzieren oder ungeplante Käufe anregen. Schließlich ist zu vermuten, dass kognitive Strukturen gegenüber Entscheidungs-

---

[30] Vgl. Payne, J. W./Bettman, J. R./Johnson, E. J., 1988, S. 534-552.
[31] Vgl. Mollá, A./Múgica, J. M./Yagüe, M. J., 1998, S. 229.

prozessen und Verbundbeziehungen in geringerem Maße situativen Einflüssen unterliegen.

5.4 Methoden zur Anwendung der Gliederungsprinzipien

Nachdem diskutiert wurde, an welchen Gliederungsprinzipien sich Regalstrukturen zweckmäßiger Weise orientieren sollten, werden nun verschiedene Gliederungs-methoden vorgestellt und diskutiert. Hierbei wird nicht nur auf Ansätze zur Ermittlung kognitiver Strukturen eingegangen, sondern auch auf Ansätze zur Abbildung von Verbundbeziehungen und Entscheidungsprozessen, da diese in der Praxis eine große Rolle spielen.

5.4.1 Die Ermittlung von Verbundbeziehungen durch Data Mining

Einkaufsverbunde werden traditionell mit Hilfe verschiedener Assoziationsmaße berechnet.[32] In jüngster Zeit werden zur Identifikation von Einkaufsverbunden auch häufig Methoden des Data Mining herangezogen.[33] Hierauf soll im Folgenden kurz eingegangen werden.

Unter Data Mining wird eine Phase des Knowledge Discovery in Databases (KDD) verstanden, bei der verschiedene Methoden aus den Bereichen Statistik, Datenbanktechnologien und der künstlichen Intelligenz zum Einsatz kommen. KDD selbst wird als *„nicht-trivialer Prozeß der Identifikation gültiger, neuer, potenziell nützlicher und verständlicher Muster in Daten"* definiert.[34] Teilweise wird der Begriff Data Mining auch synonym mit Datenmustererkennung verwendet.[35]

---

[32] Vgl. Merkle, E., 1981 S. 45-51.

[33] Vgl. z. B. Hasenauer, R.: Höhere Datenproduktivität durch Data Mining, in: Der Markt, 34. Jg. (1995), H. 4, S. 125-127; Hettich, S./Hippner, H./Wilde, K. D., 2000, S. 970-978; Schröder, H./Feller, M.: Kundenorientierte Sortimentsgestaltung als Herausforderung für das Controlling im Einzelhandel mit Lebensmitteln, in: Graßhoff, J. (Hrsg.): Handelscontrolling – Neue Ansätze aus Theorie und Praxis zur Steuerung von Handelsunternehmen, Hamburg 2000, S. 198-201; Rühl, A./Steinicke, S.: Filialspezifisches Warengruppenmanagement – ein neues Konzept effizienter Sortimentssteuerung, in: Frey, U. D. (Hrsg.): POS-Marketing. Integrierte Kommunikation für den Point of Sale. Strategien – Konzepte – Trends, Wiesbaden 2001, S. 247-251.

[34] Poddig, T./Huber, C.: Data Mining und Knowledge Discovery in Databases, in: WiSt, 28. Jg. (1999), H. 12, S. 663.

[35] Vgl. Hagedorn, J./Bissantz, N./Mertens, P.: Data Mining (Datenmustererkennung): Stand der Forschung und Entwicklung, in: Wirtschaftsinformatik, 39. Jg. (1997), H. 6, S. 601.

Ein Instrument des Data Mining, die Assoziationsanalyse, dient dem Zweck, Verbundbeziehungen in Warenkörben aufzudecken. Die Verbundbeziehungen werden dabei in Form von „wenn-dann-Regeln" ausgedrückt, beispielsweise „wenn Bleistifte gekauft werden, werden mit einer Wahrscheinlichkeit von x% auch Radiergummis gekauft." Die Wahrscheinlichkeit x wird dabei als Konfidenz der Verbundbeziehung bezeichnet. Der Support gibt darüber hinaus an, in wie viel Prozent aller Warenkörbe sowohl Bleistifte als auch Radiergummis vorkommen. Da in großen Sortimenten unzählige Verbundbeziehungen untersucht werden können, besteht die wesentliche Anforderung der Verbundanalyse darin, Algorithmen zu entwickeln, um Regeln mit möglichst hoher Konfidenz und hohem Support so effizient wie möglich aus den Datenbeständen herausfiltern können.[36]

Zur Frage, ob die Assoziationsanalyse zur Sortimentsgliederung eingesetzt werden sollte, kann zunächst festgestellt werden, dass das Verfahren mit einem geringen Erhebungsaufwand verbunden ist, da es auf Datenbestände zurückgreifen kann, die üblicherweise im Data Warehouse gesammelt und gespeichert sind. Allerdings besteht auch die Gefahr, dass durch die hypothesenfreie Suche nach Verbundbeziehungen einerseits bekannte oder triviale, andererseits aber auch fragwürdige Zusammenhänge aufgedeckt werden, die häufig genauso leicht begründet werden können wie ihr Gegenteil.[37] Wird z. B. herausgefunden, dass Bier und Windeln häufig gemeinsam gekauft werden, stellt sich die Frage, ob sich hieraus sinnvolle Konsequenzen für die Sortimentsgliederung ableiten lassen. Wahrscheinlich werden sich solche „fragwürdigen" Verbundbeziehungen allenfalls über Zweitplatzierungen oder sogenannte „Revolverregale" berücksichtigen lassen, wie sie von *Lackes/Mack/Tillmanns* beschrieben werden. Unter „Revolverregalen" werden Regale verstanden, in denen Artikel, die zu gewissen Tageszeiten immer wieder in ähnlicher Reihenfolge gekauft werden, zu diesen Zeiten automatisch in der entsprechenden Reihenfolge platziert sind.[38]

---

[36] Vgl. zur Assoziationsanalyse Hettich, S./Hippner, H./Wilde, K. D., 2000, S. 970-978. Die verwendeten Algorithmen werden dabei häufig auf Arbeiten von Agrawal et al. zurückgeführt. Vgl. Agrawal, R./Imielinski, T./Swami, A.: Mining Association Rules between Sets of Items in Large Databases, in: Proceedings of the 1993 ACM SIGMOD Conference, Washington DC, USA, May 1993; Agrawal, R./Srikant, R.: Fast Algorithms for Mining Association Rules, in: Proceedings of the 20th VLDB Conference, Santiago, Chile 1994.

[37] Vgl. zu weiteren Problemfeldern des Data Mining auch Hagedorn, J./Bissantz, N./Mertens, P., 1997, S. 602-604.

[38] Vgl. Lackes, R./Mack, D./Tillmanns, C.: Data Mining in der Marktforschung, in: Hippner, H./Meyer, M./Wilde, K. D. (Hrsg.): Computer Based Marketing, Braunschweig-Wiesbaden 1998, S. 251.

5.4.2 Die Ermittlung von Entscheidungsheuristiken durch Korrelations-analysen

Durch Korrelationsanalysen lässt sich untersuchen, inwieweit beobachtete Entscheidungsprozesse mit verschiedenen Entscheidungsheuristiken abgebildet werden können. Hierzu greift man häufig auf Befragungsergebnisse zurück.[39] Entweder beurteilen Probanden konkrete Alternativen sowohl insgesamt als auch hinsichtlich der Ausprägungen einzelner Attribute (Known Brand Belief Survey) oder es werden Alternativen durch bestimmte Attributausprägungen definiert, so dass die Alternativen nur noch global beurteilt werden müssen (Active Evaluation Approach).[40]

Auf Basis der Beurteilungen bzw. Ausprägungen der einzelnen Attribute lassen sich durch verschiedene Funktionen, in denen jeweils unterschiedliche Entscheidungsheuristiken zum Ausdruck kommen, Entscheidungen prognosti-zieren. Je besser eine dieser Funktionen das beobachtete Entscheidungsverhalten abbilden kann, desto wahrscheinlicher ist es, dass die dieser Funktion zu Grunde liegende Heuristik von den Probanden zur Entscheidungsfindung genutzt wurde. Ein mögliches Maß für die Abbildungsgüte ist die Korrelation zwischen den tatsächlichen und den mit Hilfe der Funktionen prognostizierten Entscheidungen. Ein häufig zitierter Beitrag, der sich dieser Methode bedient hat, stammt von *Einhorn.* In dem Beitrag wurde untersucht, nach welchen Entscheidungs-heuristiken Experten einzelne Studienbewerber in eine Rangordnung bringen.[41]

Varianten der Methode erheben auch die Gewichte der Attribute direkt, anstatt sie mit Hilfe statistischer Methoden zu schätzen. Dies hat den Vorteil, dass die Entscheidungsregeln ohne formale Approximation angewendet werden können. So haben z. B. *Pras/Summers* Entscheidungsregeln beim Ranking von verschiedenen Automodellen untersucht, wobei sie u. a. die Evaluation der Attribute, deren Gewichte und minimal akzeptable Attributausprägungen erhoben haben. Auf der Basis dieser Informationen konnten für unterschiedliche Entscheidungsheuristiken

---

[39] Es ist aber auch möglich, Panel- und/oder Scannerdaten zu verwenden. So haben z. B. *Fader/McAlister* auf der Basis von Paneldaten gezeigt, dass Kunden akzeptable Alternativen häufig zuerst auf Sonderangebote eingrenzen. Vgl. Fader, P. S./McAlister, L.: An Elimination by Aspects Model of Consumer Response to Promotion Calibrated on UPC Scanner Data, in: Journal of Marketing Research, Vol. 27 (1990), No. 3, S. 322-332.

[40] Vgl. Scott, J. E./Wright, P.: Modeling an Organizational Buyer´s Product Evaluation Strategy: Validity and Procedural Considerations, in: Journal of Marketing Research, Vol. 13 (1976), No. 3, S. 212.

[41] Vgl. Einhorn, H. J., 1970, S. 221-230. Untersucht wurden ein linear additives Modell und Approximationen von konjunktiver und disjunktiver Regel (vgl. zu diesen Heuristiken Abschnitt 4.3).

direkt hypothetische Rangordnungen der Alternativen ermittelt und mit den tatsächlichen Rangordnungen verglichen werden.[42]

Insgesamt muss die Methode, mit Hilfe von Korrelationsanalysen auf die Struktur von Entscheidungsprozessen zu schließen, jedoch als äußerst problematisch eingestuft werden. So scheint das linear additive Modell so robust zu sein, dass es selbst zu hohen Korrelationen führt, wenn die zu Grunde liegenden Entscheidungen durch andere Entscheidungsheuristiken simuliert wurden oder Probanden angeben, nicht lineare Heuristiken verwendet zu haben.[43] Ein weiterer Kritikpunkt stellt die Tatsache dar, dass sich die Höhe der Korrelationen für unterschiedliche Entscheidungsheuristiken häufig nur marginal und nicht signifikant unterscheidet, was Rückschlüsse auf die Verwendung einer bestimmten Entscheidungsregel erschwert.[44]

5.4.3 Direkte Beobachtung von Such- oder Entscheidungsprozessen durch Prozessverfolgungstechniken

Prozessverfolgungstechniken untersuchen Entscheidungs- oder Suchprozesse, indem reales oder simuliertes Verhalten beobachtet wird. Aus den Beobachtungen kann geschlossen werden, in welcher Reihenfolge einzelne Produkteigenschaften bei der Lösung eines Such- oder Entscheidungsproblems herangezogen werden. Zu den Prozessverfolgungstechniken zählen die Protokollanalyse, Analysen auf der Basis von Informationsdisplaymatrizen, die Blickaufzeichnung und die Antwortzeitanalyse. Im Folgenden sollen diese Verfahren und die mit ihrer Anwendung verbundenen Probleme kurz vorgestellt werden.[45]

---

[42] Vgl. Pras, B./Summers, J.: A Comparison of Linear and Nonlinear Evaluation Process Models, in: Journal of Marketing Research, Vol. 12 (1975), No. 3, S. 276-281. Untersucht wurden ein linear additives Modell und Modifikationen des lexikographischen und konjunktiven Modells (vgl. zu diesen Heuristiken Abschnitt 4.3).

[43] *Hoffman* spricht in diesem Fall auch von paramorphen Prozessen. Vgl. Hoffman, P. J.: The Paramorphic Representation of Clinical Judgement, in: Psychological Bulletin, Vol. 47 (1960), S. 116-131. Zur Diskussion dieses Beitrags vgl. auch Doherty, M. E./Brehmer, B.: The Paramorphic Representation of Clinical Judgment: A Thirty-Year Retrospective, in: Goldstein, W. M./Hogarth, R. M. (Hrsg.): Research on Judgment and Decision Making. Currents, Connections, and Controversies, Cambridge, UK 1997, S. 537-551.

[44] Vgl. zur detaillierten Kritik der Methode Bettman, J. R., 1979, S. 190-193.

[45] Vgl. auch den Überblick bei Bettman, J. R., 1979, S. 195-200; Bleicker, U., 1983, S. 67-98; Bauer, H. H.: Marktabgrenzung. Konzeption und Problematik von Ansätzen und Methoden zur Abgrenzung und Strukturierung von Märkten unter besonderer Berücksichtigung von marketingtheoretischen Verfahren, Berlin 1989, S. 171-177.

1. Protokollanalyse

Die Methode der Protokollanalyse bedient sich des lauten Denkens von Probanden während einer Such- oder Entscheidungsaufgabe. Die Protokolle werden aufgezeichnet und in elementare Prozesse zerlegt. In der Marketing-Literatur ist die Methode der Protokollanalyse insbesondere mit dem Namen *Bettman* verbunden, der mit Hilfe dieser Methode bereits in den frühen 70er Jahren das Entscheidungsverhalten von Kundinnen in Supermärkten untersucht hat.[46] Weitere frühe Beiträge zur Analyse von Einkaufsprotokollen stammen von *Alexis/Haines/Simon* und *King*. Während *Alexis/Haines/Simon* das Entscheidungsverhalten von Kundinnen beim Kauf von Bekleidung untersucht haben, leitet *King* eine allgemeine Prozessstruktur für Einkäufe in einem Supermarkt ab (vgl. auch Abschnitt 4.4.1).[47] Die meisten später in der Literatur publizierten Untersuchungen bleiben auf die Analyse von Entscheidungsprozessen beschränkt. Eine Ausnahme bildet der Beitrag von *Titus/Everett*, die mit Protokollanalysen explizit Suchprozesse von Supermarktkunden untersucht haben.[48] Die Studie von *Titus/Everett* diente allerdings ebenso wie die Studie von *King* der Identifikation und Ordnung grundlegender Prozesse, weniger dagegen der Frage, in welcher Reihenfolge bestimmte Kriterien bei der Suche einzelner Artikel herangezogen werden, was für die Gliederung von Sortimenten von Bedeutung wäre.

Bei der Auswertung von Protokolldaten werden Entscheidungsprozesse häufig in Form sogenannter „Decision Nets" rekonstruiert.[49] In einem Decision Net werden elementare Entscheidungsprozesse durch sequentiell verbundene Knoten abgebildet. Die Knoten stellen jeweils Attribute oder situative Bedingungen dar, während die Verbindungen zwischen den Knoten die Sequenz angeben, in der diese zur Entscheidungsfindung herangezogen werden. In der Regel gehen von einem Knoten zwei Verbindungen aus, wobei die eine Verbindung eingeschlagen wird, wenn das Attribut oder ein situativer Faktor vorhanden ist, die andere Verbindung dagegen, wenn das Attribut oder der situative Faktor fehlt. Beispielhaft ist in Abbildung 5.5 ein einfaches Decision Net für den Kauf eines Taschenrechners dargestellt. Dieses Decision Net würde es nahe legen, die Warengruppe Taschenrechner zunächst nach der Programmierbarkeit, dann nach

---

[46] Vgl. Bettman, J. R.: Information Processing Models of Consumer Behavior, in: Journal of Marketing Research, Vol. 7 (1970), No. 3, S. 370-376; Bettman, J. R.: The Structure of Consumer Choice Processes, in: Journal of Marketing Research, Vol. 8 (1971a), No. 4, S. 465-471.

[47] Vgl. Alexis, M./Haines, G. H./Simon, L.: Consumer Information Processing: the Case of Woman's Clothing, in: King, R. L. (Hrsg.): Marketing and the New Science of Planning, Chicago, Ill. 1968, S. 197-205; zitiert bei Haines, G. H.: Process Models of Consumer Decision Making, in: Hughes, G. D./Ray, M. L. (Hrsg.): Buyer/Consumer Information Processing, Chapel Hill, N. C. 1974, S. 89-107. Vgl. auch King, R. H., 1969, S. 22-67.

[48] Vgl. Titus, P. A./Everett, P. B.: Consumer Wayfinding Tasks, Strategies, and Errors: An Exploratory Field Study, in: Psychology and Marketing, Vol. 13 (1996), No. 3, S. 265-290.

[49] Vgl. hierzu auch den Überblick bei Bettman, J. R., 1979, S. 229-265.

der Art der Stromversorgung und schließlich nach dem Preis in Untergruppen zu gliedern.

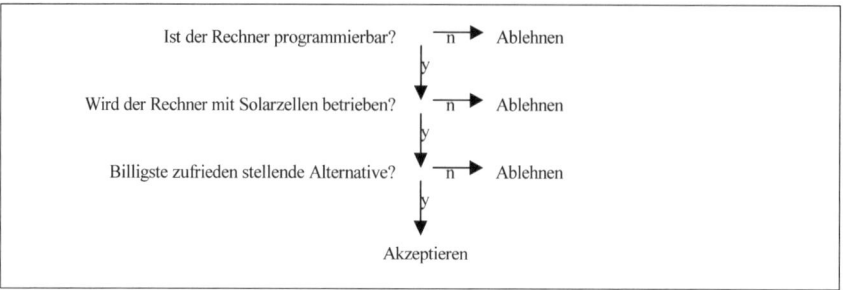

Abb. 5.5:   Beispiel für ein Decision Net beim Kauf eines Taschenrechners

Zur objektiven Analyse von Decision Nets sind verschiedene quantitative Maße entwickelt worden, etwa zur Charakterisierung der Netzstruktur, zur Effizienz der Informationsverarbeitung, zur Ähnlichkeit von Decision Nets und zur Bedeutung einzelner Knoten für das Ergebnis des Entscheidungsprozesses.[50] Auch wenn Protokolldaten nicht in Form von Decision Nets rekonstruiert werden, lassen sich bereits aus der Verteilung der Protokollstatements auf einzelne Attribute oder Kategorien von Informationsverarbeitungsprozessen Rückschlüsse auf die Bedeutung bestimmter Entscheidungskriterien und die Art der Informations-verarbeitung ziehen.[51]

Die Protokollmethode weist gegenüber den Korrelationsanalysen den Vorteil auf, dass versucht wird, die Entscheidungs- bzw. Suchprozesse direkt zu abzubilden. Allerdings bestehen nicht unerhebliche Probleme im Hinblick auf die Datenerhebung und Datenauswertung.

So ist die Frage aufgeworfen worden, inwieweit die einzelnen Entscheidungs-heuristiken überhaupt in Form von Decision Nets darstellbar sind, ob Probanden fähig sind, Informationsverarbeitungsprozesse zu verbalisieren und welchen Einfluss die Protokollierungsaufgabe auf das Entscheidungsverhalten hat.[52]

Hinsichtlich der Reliabilität muss festgehalten werden, dass es auf Grund der Komplexität vieler Decision Nets unwahrscheinlich ist, dass diese im Gedächtnis

---

[50] Vgl. Bettman, J. R.: A Graph Theory Approach to Comparing Consumer Information Processing Models, in: Management Science, Vol. 18 (1971b), No. 4, S. 114-128; Bettman, J. R.: Toward a Statistics for Consumer Decision Net Models, in: Journal of Consumer Research, Vol. 1 (1974), No. 1, S. 71-80; Bettman, J. R., 1979, S. 248-264.

[51] Vgl. z. B. Payne, J. W./Ragsdale, E. K. E.: Verbal Protocols and Direct Observation of Supermarket Shopping Behavior: Some Findings and a Discussion of Methods, in: Advances in Consumer Research, Vol. 5 (1978), S. 571-577.

[52] Vgl. Bettman, J. R., 1979, S. 195f. und S. 246-248.

gespeichert sind und abgerufen werden können. Vielmehr ist anzunehmen, dass die meisten Decision Nets vor Ort konstruiert werden, womit sie sich nicht nur zwischen Personen, sondern auch bei einer Person zu unterschiedlichen Zeit-punkten unterscheiden können. Dieses Argument stützen auch Ergebnisse von *Bettman* und *Zins*, die bei Protokollen von Supermarktkundinnen 25% der Proto-kollelemente als „konstruiert" identifiziert haben.[53] Dieser Kritikpunkt gilt aller-dings für alle Untersuchungen von Entscheidungsprozessen (vgl. Abschnitt 5.3).

Ein weiteres Problem von Protokollanalysen liegt in subjektiven Elementen bei der Codierung der Protokolldaten und der Konstruktion der Decision Nets. In einigen Untersuchungen wurde diesem Problem nachgegangen, indem Protokoll-daten durch unterschiedliche Personen ausgewertet und die Ergebnisse miteinander verglichen wurden. Hierbei konnte *Haines* nur eine geringe Übereinstimmung zwischen den rekonstruierten Decision Nets feststellen,[54] während z. B. in den Untersuchungen von *Bettman/Park* und *Biehal/Chakravarti*, ebenso wie bei *Titus/Everett*, weitgehende Einigkeit zumindest bei der Codierung bestand (Decision Nets wurden hier nicht entwickelt).[55] Da der Codierungs- und Auswertungsaufwand der Protokollanalysen insgesamt sehr hoch ist, sind die Stichproben in den meisten Untersuchungen zudem sehr klein.[56]

2. Informationsdisplaymatrix (Information-Monitoring-Methode)

Im Unterschied zur Protokollanalyse, bei der in der Regel Entscheidungs-prozesse in vivo untersucht werden, bleibt die Information-Monitoring-Methode auf Laboruntersuchungen beschränkt. Die Methode untersucht die Aufnahme entscheidungsrelevanter Informationen, um hieraus Rückschlüsse auf den Prozess der Informationsverarbeitung zu ziehen. Die Methode geht dabei von der Annahme aus, dass Informationen in der Reihenfolge aufgenommen werden, wie sie für Entscheidungsprozesse benötigt werden.

---

[53] Vgl. Bettman, J. R./Zins, M. A.: Constructive Processes in Consumer Choice, in: Journal of Consumer Research, Vol. 4 (1977), No. 2, S. 75-85; sowie die Diskussion bei Bettman, J. R., 1979, S. 244-246.

[54] Vgl. Haines, G. H., 1974, S. 98-104.

[55] Vgl. Bettman, J. R./Park, C. W.: Implications of a Constructive View of Choice for Analysis of Protocol Data: A Coding Scheme for Elements of Choice Processes, in: Advances in Consumer Research, Vol. 7 (1980), S. 148-153; Biehal, G./Chakravarti, D.: Information-Presentation Format and Learning Goals as Determinants of Consumers' Memory Retrieval and Choice Processes, in: Journal of Consumer Research, Vol. 8 (1982a), No. 4, S. 431-441; Biehal, G./Chakravarti, D.: Experiences with the Bettman-Park Verbal-Protocol Coding Scheme, in: Journal of Consumer Research, Vol. 8 (1982b), No. 4, S. 442-448; Titus, P. A./ Everett, P. B., 1996, S. 265-290.

[56] Vgl. die Stichprobengrößen der in diesem Abschnitt zitierten Untersuchungen.

Um die Reihenfolge der Informationsaufnahme erfassen zu können, werden die entscheidungsrelevanten Informationen in einer Informationsdisplaymatrix dargestellt. In der Marketingliteratur geht die Verwendung solcher Matrizen auf Beiträge von *Jacoby* und *Payne* zurück.[57] In der von *Jacoby* beschriebenen Matrix bilden verschiedene Cerealienmarken die Spaltenköpfe, während den Zeilen einzelne Attribute der Cerealien zugeordnet sind. Jede Zelle kann also einem bestimmten Attribut und einer bestimmten Marke zugeordnet werden. Informationen über die Ausprägung eines Attributs bei einer Marke sind auf Karten angegeben, die sich jeweils verdeckt (z. B. in einem Briefumschlag) in den einzelnen Zellen der Matrix befinden. Um die Informationsaufnahme bei Entscheidungsprozessen zu untersuchen, werden Probanden vor die Aufgabe gestellt, eine Marke auszuwählen, wobei sie entscheidungsrelevante Informationen erhalten, indem sie einzelne Karten der Matrix aufdecken. Aus der Häufigkeit und Reihenfolge, in der die Karten aufgedeckt werden, wird auf die Informationsaufnahme und -verarbeitung geschlossen. So lassen sich z. B. aus der Sequenz der aufgenommenen Informationen Koeffizienten berechnen, die angeben, ob ein Entscheidungsprozess markenweise (by brand), merkmalsweise (by attribute) oder hybrid strukturiert ist.[58] Wird darüber hinaus berücksichtigt, ob zu den einzelnen Alternativen jeweils die gleiche oder eine unterschiedliche Menge von Informationen abgerufen wird, lassen sich bereits detailliertere Rückschlüsse auf die von den Probanden verwendeten Entscheidungsregeln ziehen.[59] Selbstverständlich kann z. B. bei merkmalsweisen Entscheidungsprozessen auch untersucht werden, in welcher Reihenfolge die Probanden einzelne Attribute zur Entscheidungsfindung heranziehen. Diese Reihenfolge kann bei der Gestaltung von Regallayouts berücksichtigt werden.

In jüngeren Untersuchungen wird die Methode modifiziert, indem die Informationsdisplaymatrix computergestützt präsentiert wird.[60] Die Felder lassen sich aufdecken, indem die Probanden einen Mouse-Cursor auf die entsprechenden Felder bewegen. Solange sich der Mouse-Cursor auf einem Feld der Matrix befindet, bleibt dieses Feld aufgedeckt. Ein Vorteil gegenüber der traditionellen Methode liegt in der Tatsache, dass relativ einfach die Zeit gemessen werden kann, die Probanden während des Entscheidungsprozesses auf einzelne Informationseinheiten verwenden. So lassen sich verschiedene Kennzahlen berechnen, die Aufschluss über die selektive Informationsverarbeitung bei Entscheidungs-

---

[57] Vgl. Jacoby, J.: Perspectives on a Consumer Information Processing Research Program, in: Communication Research, Vol. 2 (1975), No. 3, S. 203-215; Payne, J. W., 1976, S. 366-387.

[58] Vgl. Bettman, J. R./Jacoby, J.: Patterns of Processing in Consumer Information Acquisition, in: Advances in Consumer Research, Vol. 3 (1976), S. 315-320.

[59] Vgl. Payne, J. W., 1976, S. 366-387.

[60] Vgl. z. B. Payne, J. W./Bettman, J. R./Johnson, E. J., 1988, S. 534-552; Luce, M. F./Payne, J. W./Bettman, J. R.: Emotional Trade-Off Difficulty and Choice, in: Journal of Marketing Research, Vol. 36 (1999), No. 2, S. 143-159.

prozessen geben, beispielsweise Zeitanteil des wichtigsten Attributs, Varianz der Zeitanteile pro Alternative, Varianz der Zeitanteile pro Attribut usw.[61]

Ein wesentlicher Vorteil gegenüber der Protokollanalyse besteht in der Tatsache, dass der Erhebungs- und Auswertungsaufwand deutlich geringer ausfällt. Außerdem sind die Untersuchungen durch die Laborsituation gut kontrollierbar. Auch die mit der Protokollanalyse verbundenen Objektivitätsprobleme scheinen gemildert. Ein wesentliches Validitätsproblem der Information-Monitoring-Methode liegt jedoch in der Tatsache, dass aus der Aufnahme von Informationen nicht zwangsläufig geschlossen werden kann, dass diese Informationen auch verarbeitet werden. Außerdem wird die Verarbeitung im Gedächtnis gespeicherter Informationen überhaupt nicht erfasst. Auch stellt sich das Problem, inwieweit das auf Basis einer abstrakten Matrix untersuchte Entscheidungsverhalten auf reale Stimulikonstellationen, wie z. B. Supermarktregale, übertragbar ist.[62]

3. Blickaufzeichnung

Ebenso wie bei der Information-Monitoring-Methode wird auch bei der Blickaufzeichnung von der Informationsaufnahme auf die Informations-verarbeitung geschlossen. Mit der Protokollanalyse hat die Blickaufzeichnung gemeinsam, dass sie sowohl in Labor- wie auch in Felduntersuchungen eingesetzt werden kann. Traditionell kommt diese Methode in der Werbeforschung zum Einsatz, um die Informationsaufnahme beim Betrachten von Werbemitteln zu untersuchen.[63] Die Blickaufzeichnung wurde aber auch angewendet, um die Informationsaufnahme bei Entscheidungsprozessen oder das Suchverhalten von Probanden zu untersuchen. Die aufgenommenen Informationen lassen sich dann in ähnlicher Weise auswerten, wie Daten aus Untersuchungen mit Informations-displaymatrizen.

Eine frühe und häufig zitierte Untersuchung des Entscheidungsverhaltens stammt von *Russo/Rosen*.[64] Während in den frühen Studien die Alternativen und Attribute noch vornehmlich abstrakt in Matrixform präsentiert wurden, untersuchen einige jüngere Beiträge, z. B. *Russo/Leclerc* oder *Pieters/Warlop*, das Entscheidungsverhalten von Probanden an realen oder simulierten Regalen. Die

---

[61] Vgl. Payne, J. W./Bettman, J. R./Johnson, E. J., 1988, S. 543f.

[62] Vgl. zur weiteren Diskussion der Methode Bettman, J. R., 1979, S. 197.

[63] Vgl. z. B. Gutjahr, G.: Die Methode der Blickregistrierung, Göttingen 1965, S. 55-76; Spiegel, B.: Werbepsychologische Untersuchungsmethoden. Experimentelle Forschungs- und Prüfverfahren, 2. Aufl., Berlin 1970, S. 181-199; Witt, D.: Blickverhalten und Erinnerung bei emotionaler Anzeigenwerbung, Saarbrücken 1977; Bernhard, U.: Blickverhalten und Gedächtnisleistung beim visuellen Werbekontakt. Unter besonderer Berücksichtigung von Plazierungseinflüssen, Frankfurt/Main 1978; Leven, W.: Blickverhalten von Konsumenten beim Betrachten der Werbung, Heidelberg 1991.

[64] Vgl. Russo, J. E./Rosen, L. D.: An Eye Fixation Analysis of Multialternative Choice, in: Memory and Cognition, Vol. 3 (1975), May, S. 267-276; zitiert z. B. bei Bleicker, U., 1983, S. 83.

Beiträge sind allerdings eher konzeptioneller Natur, so dass auf den Zusammenhang zwischen Regalstruktur und Entscheidungsverhalten nicht eingegangen wird.[65] Das Suchverhalten von Probanden hat *Leven* mit Hilfe der Blickaufzeichnung untersucht, indem er am Beispiel eines Zeitschriftenregals gezeigt hat, dass die Informationsaufnahme bei einer bestimmten Art der Warenpräsentation systematischer verläuft.[66]

Gegenüber der Protokollmethode und der Informationsdisplaymatrix hat die Blickaufzeichnung den Vorteil, dass das Blickverhalten einer geringeren kognitiven Steuerung unterliegt und deshalb auch unbewusst ablaufende Prozesse zum Ausdruck bringt. Ein weiterer Vorteil liegt darin, dass der Informationserwerb durch Fixation eines Objektes deutlich weniger aufwendig ist als der Informationserwerb durch Aufdecken eines Feldes einer Informations-Display-Matrix. Deshalb ist es wahrscheinlich, dass auch im Gedächtnis gespeicherte Informationen vor ihrer Verarbeitung noch einmal kurz eruiert werden. Dies erhöht die Validität des Verfahrens.

Auf der anderen Seite stellt sich aber auch hier wieder die Frage, inwieweit aus Informationsprozessen tatsächlich Strukturen von Entscheidungsprozessen abgeleitet werden können. So müssen nicht zwangsläufig alle aufgenommenen Informationen verarbeitet werden. Die Validität des Verfahrens bleibt somit fraglich. Ein weiterer Nachteil liegt in dem recht hohen apparativen Aufwand des Verfahrens.[67]

4. Antwortzeitanalyse

Bei der Antwortzeitanalyse wird die Zeit gemessen, die eine Testperson benötigt, um eine Aufgabe, z. B. eine Auswahlentscheidung oder ein Suchproblem, zu lösen. Antwortzeitanalysen gehen von der Hypothese aus, dass der kognitive Aufwand, um ein Such- oder Entscheidungsproblem zu lösen, in der dafür benötigten Zeit zum Ausdruck kommt.

Einblicke in Entscheidungsprozesse kann man hierdurch z. B. erhalten, indem die Präsentation der entscheidungsrelevanten Information kongruent zu den in Frage kommenden Entscheidungsheuristiken erfolgt. Je stärker die Präsentation der Informationen den tatsächlichen Entscheidungsheuristiken entspricht, desto kürzer ist – so wird vermutet – die Zeit, die zur Lösung des Entscheidungsproblems benötigt wird. Analog gilt für die Analyse von Suchprozessen, dass Testpersonen beispielsweise Artikel umso schneller in einem Regal finden, je stärker die Regalstruktur auf das Suchverhalten der Testperson abgestimmt ist. Da die

---

[65]   Vgl. z. B. Russo, J. E./Leclerc, F.: An Eye-Fixation Analysis of Choice Processes for Consumer Nondurables, in: Journal of Consumer Research, Vol. 21 (1994), No. 2, S. 274-290; Pieters, R./Warlop, L.: Visual Attention during Brand Choice: The Impact of Time Pressure and Task Motivation, in: International Journal of Research in Marketing, Vol. 16 (1999), No. 1, S. 1-16.

[66]   Vgl. Leven, W., 1992, S. 13-22.

[67]   Vgl. zur weiteren Diskussion der Methode Bettman, J. R., 1979, S. 198f.

Antwortzeitanalyse bereits die Existenz von Hypothesen bezüglich der zu untersuchenden Entscheidungs- oder Suchmuster erfordert, um die Stimuli (z. B. die zu testenden Regallayouts) festzulegen, wird diese Methode in erster Linie zur Validierung der Ergebnisse anderer Verfahren eingesetzt. Beiträge, in denen unterschiedliche Regalstrukturen durch Antwortzeitmessungen verglichen werden, finden sich z. B. bei *Kinateder, Leven* oder *Geister*.[68]

Da die Antwortzeitanalyse im Unterschied zu den anderen Prozessverfolgungs-techniken nicht dem Zweck dient, die Informationsverarbeitung von Probanden zu messen, ist die Methode auch weniger mit Validitäts- und Reliabilitätsproblemen behaftet. Dies ist allerdings mit dem Nachteil verbunden, dass Such- oder Entscheidungskriterien nicht direkt aufgedeckt werden können, weshalb die Einsatzmöglichkeiten des Verfahrens auf Validierungsuntersuchungen beschränkt sind. Ein weiterer Nachteil, der insbesondere die Untersuchung von Entschei-dungszeiten betrifft, ist die Tatsache, dass der trade-off zwischen Entscheidungs-zeit und Entscheidungsqualität unberücksichtigt bleibt. So können bestimmte Regalstrukturen dazu führen, dass mit der Entscheidungszeit auch die Entschei-dungsqualität abnimmt.[69]

Werden die Prozessverfolgungstechniken einer Beurteilung unterzogen, muss festgestellt werden, dass sie für die Bildung und Anordnung von Platzierungs-gruppen zwar hilfreich sein können, allerdings auch mit schwerwiegenden Problemen verbunden sind:

• Insbesondere die Validität der Verfahren bereitet Probleme. Während bei der Protokollanalyse Zweifel bestehen, inwieweit die untersuchten kognitiven Prozesse überhaupt artikuliert werden können, stellt sich bei der Informations-displaymatrix und der Blickaufzeichnung die Frage nach dem Zusammenhang zwischen Informationsaufnahme und Informationsverarbeitung.
• Die Antwortzeitanalyse ist zwar weniger mit Validitätsproblemen behaftet, eignet sich aber vornehmlich nur zur Validierung bestehender Regalstrukturen.

Es stellt sich auch die Frage, wie allgemein die gewonnenen Ergebnisse sind. So haben verschiedene Untersuchungen gezeigt, dass die Informationsverarbeitung auch wesentlich durch die Präsentation der Entscheidungsalternativen beeinflusst wird, und ähnliches könnte auch für das Suchverhalten gelten (vgl. den Überblick in Abbildung 5.6).

---

[68]   Vgl. Kinateder, P., 1989, S. 86-92; Leven, W., 1992, S. 13-22; Geister, S., 1997, S. 50-55.
[69]   Vgl. zur weiteren Diskussion der Methode Bettman, J. R., 1979, S. 199f.

Bettman/ Kakkar (1977)	*Bettman/Kakkar* untersuchen den Einfluss der Informationspräsentation auf die Informationsaufnahme von Probanden. Sie zeigen, dass eine Ordnung entscheidungsrelevanter Informationen nach Marken dazu führt, dass ein größerer Teil von Probanden die Informationen markenweise verarbeitet, während eine Ordnung der Informationen nach Attributen dazu führt, dass die Informationsverarbeitung in mehr Fällen merkmalsweise erfolgt. Weiterhin zeigt sich, dass eine ungeordnete Präsentation von Informationen gegenüber einer geordneten Matrixpräsentation dazu führt, dass weniger Probanden die Informationen eindeutig merkmals- oder markenweise verarbeiten.[70]
Simonson/ Nowlis/ Lemon (1993)	*Simonson/Nowlis/Lemon* untersuchten u. a. die Hypothese, dass bei Artikeln unterschiedlicher Marken und Qualitätsstufen die Bildung von Markenblöcken dazu führt, dass die billigste Marke häufiger und die jeweils niedrigsten Qualitätsstufen der einzelnen Marken weniger häufig gewählt werden. Während der Zusammenhang zwischen Markenblöcken und der Wahl der billigsten Marke bestätigt werden konnte, waren die Ergebnisse in Bezug auf die Wahl der geringsten Qualitätsstufe nicht eindeutig.[71]
Nowlis/ Simonson (1997)	*Nowlis/Simonson* wiesen in verschiedenen Untersuchungen nach, dass bei vergleichenden Entscheidungen solche Artikel häufiger gewählt werden, die bei Attributen überlegen sind, deren Ausprägungen ebenfalls leicht vergleichbar sind (z. B. der Preis). Bei isolierten Beurteilungen von zwei Artikeln ist dagegen die Wahrscheinlichkeit einer Auswahl desjenigen Artikels größer, der bei Attributen überlegen ist, deren Ausprägungen schwer vergleichbar sind, aber einen hohen Informationsgehalt aufweisen können (z. B. Marke, Herkunft eines Artikels). Auf Grund dieser Ergebnisse empfehlen die Verfasser den Absatz von Handelsmarken zu fördern, indem diese direkt neben Premiummarken platziert werden, so dass Kunden zu vergleichenden Entscheidungen angeregt werden. Der Absatz von Premiummarken kann gefördert werden, wenn diese so platziert werden, dass vergleichende Entscheidungen erschwert werden.[72]

---

[70] Vgl. Bettman, J. R./Kakkar, P.: Effects of Information Presentation Format on Consumer Information Acquisition Strategies, in: Journal of Consumer Research, Vol. 3 (1977), No. 4, S. 233-240.

[71] Vgl. Simonson, I./Nowlis, S./Lemon, K.: The Effect of Local Consideration Sets on Global Choice between Lower Price and Higher Quality, in: Marketing Science, Vol. 12 (1993), No. 4, S. 357-377; Simonson, I.: The Effect of Product Assortment on Buyer Preferences, in: Journal of Retailing, Vol. 75 (1999), No. 3, S. 347-370.

[72] Vgl. Nowlis, S. M./Simonson, I.: Attribute-Task Compatibility as a Determinant of Consumer Preference Reversals, in: Journal of Marketing Research, Vol. 34 (1997), No. 2, S. 205-218; Simonson, I., 1999, S. 347-370.

Areni/ Duhan/ Kiecker (1999)	*Areni/Duhan/Kiecker* zeigen, dass die Ordnung von Weinen nach Regionen gegenüber einer Gliederung in Rot- und Weißweine, die Kaufwahrscheinlichkeit für Weine der präferierten Region erhöht. Bei einer Gliederung der Weine nach Farben (Rot- und Weißweine) erhöht sich die Kaufwahrscheinlichkeit für die präferierte Farbe dagegen nicht. Hieraus schließen die Autoren, dass sich in bestimmten Fällen die Wichtigkeit eines Attributs erhöhen kann, wenn Artikel nach diesem Attribut gegliedert werden. Die Autoren zeigen, dass es zu einer Erhöhung der Kaufwahrscheinlichkeit insbesondere dann kommt, wenn das Gliederungskriterium ansonsten von eher geringer Wichtigkeit ist. Starke Artikel profitieren dabei von der Erhöhung der Kaufwahrscheinlichkeiten mehr als schwache Artikel.[73]

Abb. 5.6:   Empirische Ergebnisse zum Einfluss der Präsentation von Informationen auf die Informationsverarbeitung und das Entscheidungsverhalten

Auf Grund der Ergebnisse der in Abbildung 5.6 dargestellten Untersuchungen sollte mithin geklärt werden, ob zur Strukturierung von Regalen überhaupt auf konkrete Informationsverarbeitungsprozesse (Such- und Entscheidungsprozesse) zurückgegriffen werden soll. Alternativ könnten Methoden entwickelt werden, die losgelöst von einem bestimmten Entscheidungsproblem versuchen, allgemeine kognitive Strukturen zu messen, um aus diesen Regalstrukturen abzuleiten. Hierauf wird im folgenden Abschnitt eingegangen.

5.4.4 Die Ermittlung kognitiver Strukturen auf der Basis von Ähnlichkeitsurteilen oder verbalen Assoziationen

Die Ermittlung kognitiver Strukturen auf der Basis von Ähnlichkeitsurteilen geht auf ein von *Kinateder* beschriebenes Verfahren zurück. *Kinateder* wendete das Verfahren zur Gliederung der Warengruppe Süßgebäck an, indem sie Probanden gebeten hat, 25 zufällig ausgewählte Artikel nach der Methode des hierarchischen Sortierens zu gruppieren (die Methode wird später näher erläutert). Auf Basis dieser Gruppierungen wurde eine Distanzmatrix konstruiert, aus der mit Hilfe von Multidimensionaler Skalierung und Clusteranalyse eine Sortimentsgliederung abgeleitet wurde. In einer Validierungsuntersuchung zeigte sich, dass Regale, die nach den aus der Untersuchung resultierenden Strukturen gestaltet waren, tatsächlich das Zurechtfinden der Verbraucher am Regal verbesserten.[74] Im Folgenden soll näher auf die einzelnen Prozessschritte eingegangen werden, die erforderlich sind, um Sortimente auf der Basis kognitiver Strukturen zu gliedern. Die Ausführungen orientieren sich dabei an dem in Abbildung 5.7 skizzierten Stufenschema.

---

[73] Vgl. Areni, C. S./Duhan, D. F./Kiecker, P.: Point-of-Purchase Displays, Product Organization, and Brand Purchase Likelihoods, in: Journal of the Academy of Marketing Science, Vol. 27 (1999), No. 4, S. 428-441.

[74] Vgl. Kinateder, P., 1989, S. 86-92; ähnlich auch Mollá, A./Múgica, J. M./Yagüe, M. J., 1998, S. 231-240.

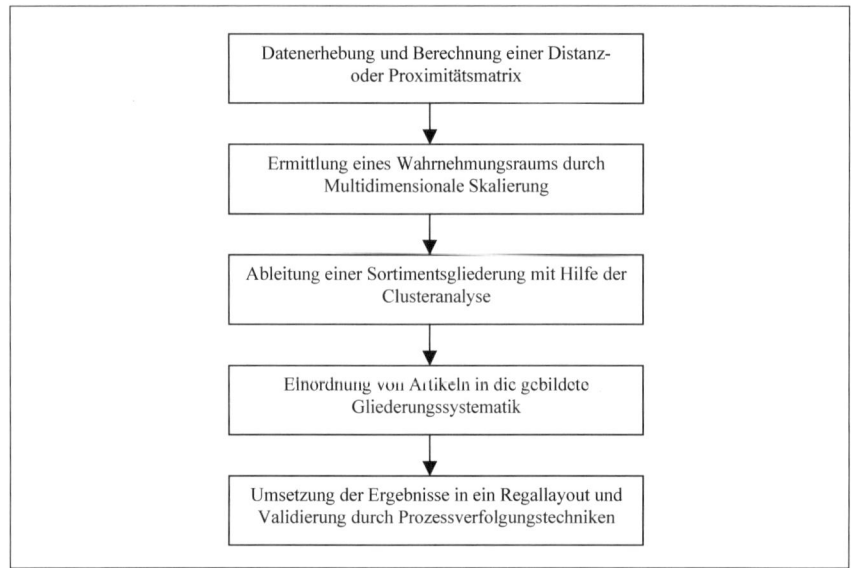

Abb. 5.7:   Marktforschungsprozess zur Bestimmung von Sortimentsgliederungen auf Basis
kognitiver Strukturen

1. Datenerhebung und Berechnung einer Distanz- oder Proximitätsmatrix

Der erste Schritt des hier vorgestellten Verfahrens besteht in der Konstruktion einer Distanz- oder Proximitätsmatrix, in der die Distanz bzw. die Nähe von Artikeln in den kognitiven Strukturen der Kunden zum Ausdruck kommt. Sollen Verbund- oder Präferenzstrukturen abgebildet werden, kann eine Proximitäts- bzw. Distanzmatrix auch aus Verbund- oder Substitutionskoeffizienten konstruiert werden.[75]

Um Koeffizienten für die Nähe von Artikeln in den kognitiven Strukturen der Kunden zu ermitteln, können verschiedene Techniken zum Einsatz kommen, die an unterschiedlichen Punkten der Wirkungskette zwischen kognitiven Strukturen und Verhalten ansetzen. In Abbildung 5.8 ist diese Wirkungskette noch einmal dargestellt: aus kognitiven Strukturen werden über die Aktivierungsverbreitung Ähnlichkeitsurteile abgeleitet, die das Suchverhalten steuern. Kognitive Strukturen können zum einen mit Hilfe von Ähnlichkeitsurteilen gemessen werden, zum anderen über verbale Assoziationen, in denen die Aktivierungsverbreitung direkt zum Ausdruck kommt. Hierauf wird nun näher eingegangen.

---

[75]   Zu Varianten des Verfahrens auf der Basis von Verbundkoeffizienten vgl. Böcker, F.: Die Analyse des Kaufverbunds – Ein Ansatz zur bedarfsorientierten Warentypologie, in: ZfbF, 27. Jg. (1975), H. 5, S. 290-306; Böcker, F.: Die Bestimmung der Kaufverbundenheit von Produkten, Berlin 1978, S. 167-173; Schnedlitz, P./Kleinberg, M.: Einsatzmöglichkeiten der Verbundanalyse im Lebensmittelhandel, in: Der Markt, 33. Jg. (1994), H. 1, S. 31-39.

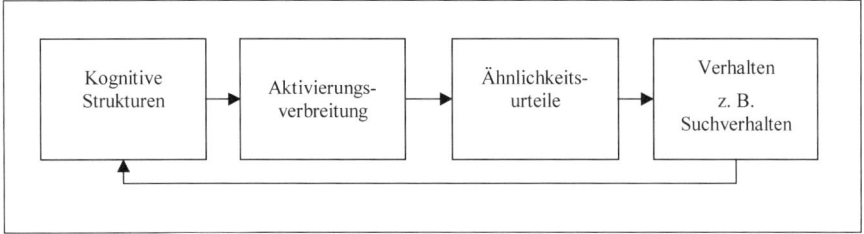

Abb. 5.8:   Wirkungskette zwischen kognitiven Strukturen und Verhalten

Bei der **globalen Messung von Ähnlichkeitsurteilen** wird die Ähnlichkeit von Objekten entweder durch Gruppierung aller Testartikel nach Maßgabe ihrer Ähnlichkeit (hierarchisches Sortieren) oder über Paarvergleiche (Rangreihung, Ankerpunktmethode, Ratingverfahren) erhoben. Bei der von *Kinateder* verwendeten Methode des hierarchischen Sortierens müssen vorgegebene Testartikel zunächst in zwei Klassen unterteilt werden; die beiden entstehenden Gruppen werden dann wieder in jeweils zwei Gruppen unterteilt, so dass vier Gruppen entstehen usw., bis jeder Testartikel eine einzelne Gruppe darstellt.[76] Alternativ lassen sich Artikel von Probanden auch direkt nach Maßgabe ihrer Ähnlichkeit in einem Regal anordnen, wobei aus den räumlichen Entfernungen der Artikel Distanzmaße abgeleitet werden können.[77]

Für Paarvergleiche stehen unterschiedliche Messtechniken zur Verfügung. Bei der Methode der Rangreihung werden alle theoretisch möglichen Artikelpaare in eine Rangordnung vom ähnlichsten bis zum unähnlichsten Artikelpaar gebracht. Bei der Ankerpunktmethode dient jeder Artikel genau einmal als Ankerpunkt, zu dem die anderen Artikel entsprechend ihrer Ähnlichkeit in eine Rangfolge gebracht werden. Das Ratingverfahren ist schließlich dadurch gekennzeichnet, dass Testpersonen für jedes Artikelpaar die Ähnlichkeit auf einer bipolaren Skala (in der Regel 7er oder 9er Skala) einschätzen. Zur Beurteilung der Verfahren muss angemerkt werden, dass bei personenindividuellen Messungen mit dem Ankerpunkt- und Ratingverfahren das Problem sogenannter Ties (Paare mit gleichen Ähnlichkeitswerten) auftreten kann. Das Verfahren der Rangreihung ist dagegen mit hohem Erhebungsaufwand verbunden. Aus diesem Grunde wird es häufig nur für personenindividuelle Messungen empfohlen, während Ankerpunkt- und Ratingverfahren zur Anwendung kommen, wenn Ähnlichkeitsurteile mehrerer Personen aggregiert werden sollen.[78]

---

[76] Vgl. Kinateder, P., 1989, S. 88.
[77] Vgl. Johnson, M./Felice, P.: Supporting Category Management. From Identifying Need States to Testing in Virtual Reality, in: Marketing and Research Today, Vol. 27 (1998), No. 4, S. 129.
[78] Vgl. Backhaus, K. et al.: Multivariate Analysemethoden. Eine anwendungsorientierte Einführung, 9. Aufl., Berlin u. a. 2000, S. 507-511.

Während mit Hilfe der bisher genannten Methoden die Ähnlichkeiten global abgefragt werden, setzen die **multiattributiven Modelle** bereits eine Liste relevanter Attribute voraus. Grundsätzlich besteht die Möglichkeit, die Techniken der Messung globaler Ähnlichkeiten auch auf die multiattributive Messung zu übertragen, indem jeweils hinsichtlich der Ähnlichkeit in Bezug auf ein bestimmtes Attribut gefragt wird. Diese Vorgehensweise ist allerdings mit einem hohen Erhebungsaufwand verbunden. Alternativ können bei multiattributiver Messung zunächst alle Objekte hinsichtlich ihrer Attribute bewertet werden. Auf Basis der Bewertungen lassen sich dann Proximitäts- oder Distanzmaße berechnen.[79] Allerdings handelt es sich bei diesem Verfahren eher um eine Messung von Wahrnehmungsdifferenzen auf vorgegebenen Eigenschaftsdimensionen als um eine Erhebung kognitiver Strukturen. Deshalb mag die Relevanz der konstruierten Ähnlichkeits- bzw. Distanzmaße für das Suchverhalten fraglich sein.

Die Messung kognitiver Strukturen kann statt an Ähnlichkeitsurteilen auch direkt an der Aktivierungsverbreitung ansetzen. In Kapitel 4 ist bereits darauf hingewiesen worden, dass aus der Aktivierungsverbreitungstheorie die Hypothese abgeleitet werden kann, dass nach der Aktivierung eines Objektes in einem kognitiven Netzwerk weitere Objekte umso eher verbal assoziiert werden, je größer die Nähe zu dem aktivierten Objekt im Netzwerk ist. *Grunert* hat sich in der Konsumforschung ausführlich mit der Ermittlung kognitiver Strukturen durch **verbale Assoziationen** befasst, allerdings nicht im Kontext der Ableitung von Regalstrukturen.[80] Basierend auf der Theorie semantischer Netzwerke und der Aktivierungsverbreitungstheorie schlägt *Grunert* vor, Assoziationen durch Inhaltsanalyse von Interviews zu erheben, indem umso stärkere Assoziationen angenommen werden, je näher zwei Objekte in den Interviewtexten beisammen stehen. *Grunert* verwendet hierfür den Begriff Sequenzanalyse. Die bei *Grunert* dargestellte Methode der Sequenzanalyse kann auf den Problembereich der Sortimentsgliederung übertragen werden. Anstatt der von *Grunert* präferierten offenen Interviews[81] lassen sich zur Sortimentsgliederung auch Wortassoziationsverfahren anwenden, indem Probanden aufgefordert werden, zu einem Oberbegriff innerhalb einer bestimmten Zeit möglichst viele Artikel zu nennen. Beispielsweise könnte eine Testperson aufgefordert werden, innerhalb von 90 Sekunden möglichst viele Artikel zu nennen, die in einer Schreibwarenabteilung gekauft werden

---

[79]   Vgl. den Überblick über Ähnlichkeits- und Distanzmaße bei Backhaus, K. et al., 2000, S. 331-348.

[80]   Vgl. Grunert, K. G.: Kognitive Strukturen in der Konsumforschung. Entwicklung und Erprobung eines Verfahrens zur offenen Erhebung assoziativer Netzwerke, Heidelberg 1990; sowie auch Grunert, K. G.: Die Erhebung von Produktanforderungen, Produkterfahrungen und Produktwissen: Ein Schätzverfahren für qualitative Daten, in: GfK Jahrbuch der Absatz- und Verbrauchsforschung, 35 Jg. (1989), H. 2, S. 153-173; Grunert, K. G.: Kognitive Strukturen von Konsumenten und ihre Veränderung durch Marketingkommunikation. Theorie und Meßverfahren, in: Marketing ZFP, 13. Jg. (1991), H. 1, S. 11-22.

[81]   Vgl. Grunert, K. G., 1990, S. 125-176.

können. Die Sequenzen in der Abfolge der assoziierten Artikel können durch ein Proximitäts- oder Distanzmaß ausgedrückt werden. Der Erhebungstechnik liegt die Hypothese zu Grunde, dass die subjektiv empfundene Zusammengehörigkeit von Artikeln/Warengruppen bei Assoziationsverfahren in der Reihenfolge zum Ausdruck kommt, in der die Artikel/Warengruppen verbal assoziiert werden. Gilt die Hypothese, so lassen sich die Assoziationen durch Sequenzanalyse auswerten, indem die Proximität zweier genannter Artikel umso höher ist, je näher sie in der Sequenz beieinander liegen.

Gegenüber der Ermittlung von Ähnlichkeitsurteilen haben verbale Assoziationen den Vorteil, dass sie nicht auf vor der Untersuchung ausgewählte Testartikel beschränkt bleiben. Überhaupt stellt sich bei der **Auswahl der Testartikel** die Frage, ob diese wie bei *Kinateder* zufällig oder alternativ hypothesengestützt ausgewählt werden sollten. Die hypothesengestützte Auswahl von Testartikeln könnte sich an sogenannten ad-hoc-Hypothesen orientieren, wie sie häufig in der Praxis formuliert werden. In solchen ad-hoc-Hypothesen kommen beispielsweise Annahmen zum Ausdruck, ob aktuell herangezogene Kriterien zur Sortimentsgliederung den kognitiven Strukturen von Kunden besser entsprechen als alternative Gliederungsmöglichkeiten (vgl. hierzu auch die ad-hoc-Hypothesen der empirischen Untersuchung am Ende dieses Kapitels).[82]

2. Ermittlung eines Wahrnehmungsraums durch Multidimensionale Skalierung

Nachdem die erhobenen Ähnlichkeitsurteile bzw. Assoziationen mit Hilfe geeigneter Maße in eine Ähnlichkeits- oder Distanzmatrix überführt wurden, lässt sich mit Hilfe der Multidimensionalen Skalierung ein Wahrnehmungsraum aufspannen, in dem die jeweiligen Analyseobjekte positioniert werden.[83] Dabei werden die Objekte umso näher in dem Wahrnehmungsraum positioniert, je ähnlicher sie angesehen, bzw. je stärker sie assoziiert werden. Die Positionierung liefert somit erste Anhaltspunkte über die Zusammengehörigkeit von Artikeln sowie über Kriterien zur Gruppenbildung.

Ist die Ähnlichkeit der Artikel mit Hilfe multiattributiver Daten bestimmt worden, kann auch die Korrespondenzanalyse angewendet werden, um einen Wahrnehmungsraum aufzuspannen. Ebenso wie bei der Multidimensionalen Skalierung werden Daten, die als ein Set von Punkten im mehrdimensionalen Raum beschrieben werden, auf einen geringer dimensionierten, graphisch darstellbaren Raum projiziert. Im Unterschied zur Multidimensionalen Skalierung erlaubt es die Korrespondenzanalyse, zusätzlich zu den Objekten auch deren

---

[82]   Vgl. zum Begriff der ad-hoc-Hypothese Atteslander, P.: Methoden der empirischen Sozialforschung, 9. Aufl., Berlin-New York 2000, S. 36.

[83]   Eine Beschreibung des Verfahrens findet sich z. B. bei Backhaus, K. et al., 2000, S. 499-563.

Eigenschaftsausprägungen im Wahrnehmungsraum zu positionieren.[84] Hierdurch wird der Wahrnehmungsraum leichter interpretierbar.

3. Ableitung einer Sortimentsgliederung mit Hilfe der Clusteranalyse

Die Ähnlichkeitsurteile bzw. Assoziationen lassen sich mit Hilfe der Cluster-analyse in eine hierarchische Sortimentsgliederung überführen. Die Clusteranalyse ist ein Verfahren, welches Objekte auf Basis von Ähnlichkeitsurteilen zu Gruppen zusammenfasst. Das Ergebnis einer Clusteranalyse wird gewöhnlich in Form eines Dendrogramms dargestellt.[85]

4. Einordnung von Artikeln in die gebildete Gliederungssystematik

Nachdem eine Gliederungssystematik bestimmt wurde, müssen die einzelnen Artikel den gebildeten Platzierungsgruppen zugeordnet werden. Diese Zuordnung kann dann Schwierigkeiten bereiten, wenn einzelne Artikel als mehr oder weniger typische Vertreter mehrerer Sortimentsgruppen angesehen werden können. In diesen problematischen Fällen bietet es sich an, die Artikel über Typizitätsmaße zuzuordnen.[86]

5. Umsetzung der Ergebnisse in ein Regallayout und Validierung durch Prozessverfolgungstechniken

Abschließend können die Ergebnisse in ein Regallayout umgesetzt und durch Antwortzeitanalysen validiert werden.

Die beschriebene Vorgehensweise zur Ableitung von Regalstrukturen auf der Basis von Ähnlichkeitsurteilen oder verbalen Assoziationen soll im Folgenden anhand eines empirischen Beispiels veranschaulicht werden. Anschließend folgt eine ausführliche Diskussion des Verfahrens und seiner Varianten.

---

[84]   Eine Beschreibung des Verfahrens findet sich z. B. bei Backhaus, K./Meyer, M.: Korrespon-denzanalyse. Ein vernachlässigtes Analyseverfahren nicht metrischer Daten in der Marketing-Forschung, in: Marketing ZFP, 10. Jg. (1988), H. 4, S. 295-307; Meyer, M./Diehl, H.-J./Wendenburg, D.: Korrespondenzanalyse, in: Herrmann, A./Homburg, C. (Hrsg.): Marktforschung. Methoden, Anwendungen, Praxisbeispiele, Wiesbaden 1999, S. 513-548.

[85]   Eine Beschreibung des Verfahrens findet sich bei Backhaus, K. et al., 2000, S. 328-389. Ein spezielles Verfahren, dem sich Mollá/Múgica/Yagüe bei der Gliederung eines Weinsortiments bedient haben, findet sich bei Tversky, A./Sattath, S.: Additive Similarity Trees, in: Psychometrika, Vol. 42 (1977), No. 3, S. 319-345. Vgl. auch Mollá, A./Múgica, J. M./Yagüe, M. J., 1998, S. 225-241.

[86]   Vgl. zu solchen Maßen Viswanathan, M./Childers, T. L.: Understanding how Product Attributes Influence Product Categorization: Development and Validation of Fuzzy Set-Based Measures of Gradeness in Product Categories, in: Journal of Marketing Research, Vol. 36 (1999), No. 1, S. 80.

5.5 Eine empirische Untersuchung zur Ermittlung kognitiver Strukturen

Nachdem bisher auf theoretischer Basis über Techniken zur Bildung und Anordnung von Platzierungsgruppen gesprochen wurde, soll nun am Beispiel des Warenbereichs Papier/Büro/Schreibwaren gezeigt werden, wie durch die Analyse kognitiver Strukturen Sortimentsgliederungen abgeleitet werden können. Kognitive Strukturen bilden deshalb den Gegenstand der folgenden Ausführungen, da an ihnen orientierte Sortimentsgliederungen in vielen Fällen vorteilhafter erscheinen als Gliederungen, die aus Entscheidungsprozessen oder Verbundstrukturen entwickelt werden (vgl. Abschnitt 5.3).

5.5.1 Untersuchungsdesign und Feldreport

Im Mai 2000 wurde eine empirische Untersuchung durchgeführt, mit deren Hilfe kognitive Strukturen zum Warenbereich Papier/Büro/Schreibwaren erhoben werden sollten. Für die Untersuchung wurden insgesamt 30 Probanden in je ca. 20-minütigen Einzelinterviews befragt. Die Interviews bestanden aus jeweils drei Teilaufgaben.

1. Assoziationsverfahren zur Anordnung der Warengruppen

Die **erste Teilaufgabe** diente dazu, Aufschluss über die Warengruppenstruktur des Warenbereichs Papier/Büro/Schreibwaren zu gewinnen. Hierbei wurde von der Hypothese ausgegangen, dass zwei Warengruppen umso stärker assoziiert sind, je stärker sie substitutiv oder komplementär zueinander sind:

Hypothese 5-1: Zwei Warengruppen bzw. Produktgattungen werden umso stärker assoziiert, je stärker sie komplementär zueinander sind (z. B. Füller und Tintenpatrone).

Hypothese 5-2: Zwei Warengruppen bzw. Produktgattungen werden umso stärker assoziiert, je stärker sie substitutiv zueinander sind (z. B. Füller und Kugelschreiber).

Um die Hypothesen zu untersuchen, wurden die 30 Probanden gebeten, innerhalb von 90 Sekunden möglichst viele Artikel zu nennen, die in einem Schreibwarengeschäft oder in einer Schreibwarenabteilung gekauft werden können. Die so ermittelten Assoziationen können durch Sequenzanalyse in eine Distanzmatrix überführt werden, aus der mit Hilfe von Multidimensionaler Skalierung und Clusteranalyse eine Regalstruktur abgeleitet wird.

2. Sortierverfahren zur Ermittlung von Gruppierungskriterien

Der **zweite Teil** der Befragung diente dem Zweck, konkrete ad-hoc-Hypothesen mit Hilfe eines Sortierverfahrens zu untersuchen. So stellt sich beispielsweise die Frage, ob die Probanden Schreibwaren eher nach der Produktgattung oder nach Produktlinien gruppieren und welche Kriterien beispielsweise zur Anordnung von Kugelschreibern herangezogen werden. Diesbezüglich wurden die folgenden ad-hoc-Hypothesen formuliert, denen Regalstrukturen bei Schreibwaren häufig zu Grunde liegen:

Hypothese 5-3: Schreibwaren werden von den Verbrauchern zuerst nach ihrer Produktgattung und nicht nach Produktlinien/Design gruppiert.

Hypothese 5-4: Innerhalb der Produktgattung Kugelschreiber (KGS) unterscheiden die meisten Kunden Artikel zuerst nach der Marke, erst dann nach Produktlinie/Design.

Um die hier für Schreibwaren beispielhaft formulierten Hypothesen zu untersuchen, wurden den Probanden zwei Sortieraufgaben gestellt. Hierzu wurden jeweils 8 Artikel ausgewählt, die im Hinblick auf Hypothese 5-3 sowohl verschiedenen Designrichtungen als auch verschiedenen Produktgattungen zuzurechnen sind (**Sortieraufgabe 1**) und sich im Hinblick auf Hypothese 5-4 bezüglich der Marke und des Designstils unterscheiden (**Sortieraufgabe 2**). Die Abbildungen 5.9 und 5.10 geben einen Überblick über die Testartikel.

Testartikel	Produktgattung	Design
Bleistift Disney	Bleistift	Disney
Bleistift Standard	Bleistift	Klassisch
Füller Disney	Füller	Disney
Füller Montana	Füller	Klassisch
Schulheft Disney	Schulheft	Disney
Oberschulheft	Schulheft	Klassisch
Kugelschreiber IT	Kugelschreiber	Modern
Parker KGS	Kugelschreiber	Klassisch

Abb. 5.9:   Die Testartikel für Sortieraufgabe 1

Testartikel	Marke	Design
Sigma KGS	Sigma	Klassisch
Herlitz KGS No. 1	Herlitz	Klassisch
Herlitz KGS	Herlitz	Klassisch
Herlitz IT	Herlitz	Modern
Herlitz Ergo	Herlitz	Modern
Faber-Castell Tinten-KGS	Faber-Castell	Modern
Faber-Castell Gel-KGS	Faber-Castell	Modern
Parker KGS	Parker	Klassisch

Abb. 5.10:   Die Testartikel für Sortieraufgabe 2

Die 30 Probanden wurden zu jeder der beiden Hypothesen gebeten, die acht Artikel nach dem Ankerpunktverfahren hinsichtlich ihrer Zusammengehörigkeit bzw. Ähnlichkeit zu sortieren, so dass sowohl individuelle als auch über die 30 Probanden gemittelte Distanzmatrizen abgeleitet werden konnten. Bei dem Ankerpunktverfahren diente jeder Testartikel einmal als „Anker", zu dem die übrigen Testartikel nach Maßgabe ihrer Zusammengehörigkeit in eine Rangfolge gebracht werden mussten. Das Ankerpunktverfahren wurde alternativen Erhebungstechniken vorgezogen, da es zum einen durch Zerlegung in Teilaufgaben die Erhebung für den Probanden vereinfacht und zum anderen Ordnungsentscheidungen erzwingt, während beispielsweise beim Ratingverfahren die Gefahr besteht, dass bei der Ähnlichkeitsbeurteilung von Artikeln der gleichen Produktgattung (z. B. Füller) alle Artikel als ähnlich angesehen werden. Die Methode der Rangreihung wurde als zu aufwendig angesehen.

Die 30 an der Untersuchung teilnehmenden Probanden setzten sich aus Personen aus dem Bekanntenkreis des Verfassers zusammen. Einen Überblick über die Altersstruktur und das Einkaufsverhalten der Stichprobe gibt Abbildung 5.11. Es ist erkennbar, dass es sich nicht um eine repräsentative Stichprobe handelt. Die Befragten sind überwiegend männlich und jünger als 30 Jahre. Etwa die Hälfte der Probanden kauft mindestens einmal im Monat Schreibwaren ein, dabei vorwiegend im Fachgeschäft.

	Häufigkeit absolut	Häufigkeit relativ		Häufigkeit absolut	Häufigkeit relativ
Geschlecht			**Einkaufshäufigkeit von Schreibwaren**		
Männlich	19	63,3	Mindestens 1 mal pro Woche	1	3,3
Weiblich	11	36,7	Mindestens 1 mal pro Monat	13	43,3
Alter in Jahren			Mindestens 1 mal pro Jahr	16	53,3
20-29	19	63,3	**Bevorzugte Betriebsform beim Kauf von Schreibwaren**		
30-39	5	16,6	Schreibwarengeschäft	22	73,3
40-49	1	3,3	Verbrauchermarkt	4	13,3
50-59	5	16,6	Warenhaus	3	10,0
			Sonstige	1	3,3

Abb. 5.11:   Feldreport

5.5.2 Methoden zur Datenauswertung

Die Auswertungsmethoden sind bereits durch das Untersuchungsdesign vorgegeben. Aus den Assoziationen und Sortierergebnissen können Proximitäts- bzw. Distanzmatrizen konstruiert werden, die durch Multidimensionale Skalierung in zweidimensionale und mit Hilfe der Clusteranalyse in hierarchische Sortimentsgliederungen überführt werden.

Da die Ermittlung der Distanzmatrix aus verbalen Assoziationen einen sensiblen Schritt bei der Datenauswertung darstellt, soll hierauf kurz näher eingegangen werden. In der konkreten Untersuchung wurde wie folgt vorgegangen:

- Erstens galt es, die assoziierten Artikel so zu codieren, dass unterschiedliche Bezeichnungen für sehr ähnliche Artikel gleich codiert werden. So wurden beispielsweise die Begriffe Druckerpapier, Schreibmaschinenpapier, Computer- papier und Kopierpapier durch den Begriff „Druckerpapier" codiert. Die Codierung stellt einen besonders sensiblen Schritt bei der Konstruktion der Proximitäts- bzw. Distanzmatrix dar, da es häufig schwierig ist, das Vorgehen bei der Codierung objektiv zu begründen. Häufig ergeben sich mehrere mögliche Codierungsalternativen, aus denen der Codierer die jeweils am besten zu vertretende auswählen muss.
- Zweitens ist aus der Vielzahl assoziierter Artikel eine Auswahl derjenigen Artikel zu treffen, die in die Analyse eingehen sollen. Als Faustregel könnte man hier formulieren, dass die Anzahl der ausgewählten Artikel nicht größer als etwa 20 bis 30 sein sollte, so dass sich eine Matrix mit maximal 400 bis 900 Zellen ergibt. Für die zum Warenbereich Schreibwaren erhobenen Assozia- tionen wurden alle Artikel ausgewählt, die mindestens von einem Drittel der Probanden assoziiert wurden. Diese Anforderung erfüllten 18 Artikel.
- Drittens müssen die Distanzen zwischen den assoziierten Artikeln in den Sequenzen bestimmt werden. Hierzu wurde für jeden Proband eine (symmetri- sche) Distanzmatrix erstellt. Die Distanzen wurden berechnet, indem jeweils die Differenz der Rangplätze aller (nicht nur der im vorherigen Schritt ausgewählten) assoziierten Artikel berechnet und durch die maximal mögliche Distanz geteilt wurde. Die Distanzen wurden somit auf Werte zwischen null und eins normiert.[87]

---

[87] *Grunert* empfiehlt auf Grund von Kapazitätsgrenzen des Arbeitsgedächtnisses, nur Abstände bis zu einer bestimmten Maximalgröße in die Analyse eingehen zu lassen. Da es jedoch keine zuverlässigen Ergebnisse zur Höhe dieser Kapazitätsgrenzen gibt (*Grunert* spricht von 5 bis 10 kognitiven Kategorien), wurde hier auf eine solche Grenze gänzlich verzichtet. Bei Artikeln, die mehrmals assoziiert wurden, wurden die jeweils kürzesten Distanzen zu den übrigen assoziierten Artikeln verwendet. Auch hier unterscheidet sich die Vorgehensweise von der *Grunerts*, der in diesen Fällen jeweils die Summe der Einzelproximitäten bildet. Vgl. Grunert, K. G., 1989, S. 161f.

• Viertens müssen die individuellen Distanzmatrizen der Probanden zu einer gemeinsamen Distanzmatrix aggregiert werden. Hierzu wurden jeweils die Mittelwerte für die einzelnen Zellen der Distanzmatrizen berechnet. Dabei wurde die Häufigkeit des Auftretens einzelner Artikel in den Matrizen berücksichtigt, indem zur Mittelwertbildung die Summe der Distanzen jeweils durch die Anzahl der Probanden geteilt wurde, die den Artikel assoziiert haben (nicht durch die Anzahl aller Probanden).

Die symmetrische Distanzmatrix dient als Basis für die Multidimensionale Skalierung und für die Clusteranalyse.

Für die Analyse der **Sortierergebnisse** wurden verschiedene Matrizen konstruiert. Als Distanzmaße dienten die über das Ankerpunktverfahren ermittelten Ränge. Auf dieser Basis wurde für die Multidimensionale Skalierung eine über alle Probanden gemittelte Distanzmatrix berechnet.[88]

Bevor mit Hilfe der Clusteranalyse hierarchische Sortimentsgliederungen ermittelt wurden, sind die 30 Probanden nach der Ähnlichkeit ihrer Ordnungsmuster einer Clusteranalyse unterzogen worden. Hierbei wurde jeder einzelne Rangwert aus der Sortieraufgabe als Gruppierungsvariable herangezogen. Für die so ermittelten Probandencluster wurden anschließend jeweils eigene Sortimentsgliederungen abgeleitet.

5.5.3 Ergebnisse des Assoziationsverfahrens für den Warenbereich Schreibwaren

Auf der Basis der für das Assoziationsverfahren konstruierten Distanzmatrix wurde zunächst eine (nicht metrische) Multidimensionale Skalierung, anschließend eine Clusteranalyse durchgeführt. Die Ergebnisse sind in Abbildung 5.12 und 5.13 dokumentiert.

Es zeigt sich, dass sich das Schreibwarensortiment zunächst in zwei Gruppen aufteilen lässt. Während die erste Gruppe Schreibgeräte (z. B. Bleistifte), Schreibmaterial (z. B. Hefte) und -hilfsmittel (z. B. Anspitzer) umfasst, fallen in die zweite Gruppe Artikel zum Versand/Schriftverkehr inklusive Schreibpapiere

---

[88] Zur Anwendung der Multidimensionalen Skalierung für das Sortierverfahren sind zwei Anmerkungen zu machen: 1. Alternativ zur Aggregation der Probandendatensätze vor der MDS besteht auch die Möglichkeit, jeweils eine MDS pro Proband zu berechnen und die Ergebnisse erst anschließend zu aggregieren. Als dritte Möglichkeit kann eine sog. replicated MDS (RMDS) durchgeführt werden (vgl. Backhaus, K. et al., 2000, S. 528f.). 2. Für die Abbildung eines zweidimensionalen Wahrnehmungsraumes wird häufig als Faustregel eine Mindestanzahl von neun zu positionierenden Objekten gefordert, bei der der sog. „Datenverdichtungskoeffizient" einen Wert von zwei annimmt (vgl. Backhaus, K. et al., 2000, S. 526-528). Mit jeweils acht zu positionierenden Objekten, soll das hier zu Grunde liegende Untersuchungsdesign als gerade noch zulässig für die Durchführung einer MDS angesehen werden.

(z. B. Briefpapiere) und zur Ablage (z. B. Ordner). In den kognitiven Strukturen der Probanden sind die Schreibwarenartikel also augenscheinlich nach den Verwendungsbereichen Schule (Cluster 1) und Büro (Cluster 2) angeordnet, wobei innerhalb von Cluster 1 Schreibgeräte von Schreibmaterialien und -hilfsmitteln unterschieden werden, während sich Cluster 2 in Artikel zum Ordnen und Versenden aufspalten lässt.

```
* * * * * * H I E R A R C H I C A L   C L U S T E R   A N A L Y S I S * * * * * *
Dendrogram using Ward Method
                           Rescaled Distance Cluster Combine

   C A S E       0         5        10        15        20        25
   Label    Num  +---------+---------+---------+---------+---------+

   Bleistifte       -+
   Kugelschreiber   -+---+
   Füller           -+   +-----+
   Buntstifte       -----+     +---+
   Anspitzer        -+---------+   I
   Radiergummis     -+             +----------------------------+
   Schreibblocks    -+-----+       I                            I
   Hefte            -+     +-------+                            I
   Lineale          ---+---+                                   I
   Tinte            ---+                                       I
   Ordner           -+----------+                             I
   Schnellhefter    -+          I                             I
   Briefpapier      -+-+        +----------------------------+
   Briefumschläge   -+ +-----+  I
   Papier           ---+     +---+
   Druckerpapier    -+-+     I
   Karten           -+ +-----+
   Locher           ---+
```

Abb. 5.12:   Ergebnis einer Clusteranalyse für den Warenbereich Schreibwaren (Ward-Verfahren)

An den Ergebnissen ist auch zu erkennen, dass die Clusteranalyse unter Umständen Interpretationsprobleme mit sich bringen kann. So wird in der Clusteranalyse z. B. der Locher nicht gemeinsam mit Ordner und Schnellhefter, sondern mit Artikeln zum Versenden gruppiert. Die Multidimensionale Skalierung zeigt dagegen, dass die Distanz des Lochers zu Ordner und Schnellhefter geringer ist als beispielsweise zu Karten, Briefumschlägen und Briefpapier. Dieses Beispiel unterstreicht die Bedeutung der Multidimensionalen Skalierung für die Überprüfung von Artikelclusterungen. Augenscheinlich kann die Überführung komplexer kognitiver Netzwerke in eine hierarchische Struktur mit „Fehlzuordnungen" von Artikeln einhergehen. In diesen Fällen kann die Multidimensionale Skalierung wichtig sein, um nicht-plausible Zuordnungen in den Artikelclustern zu erkennen.

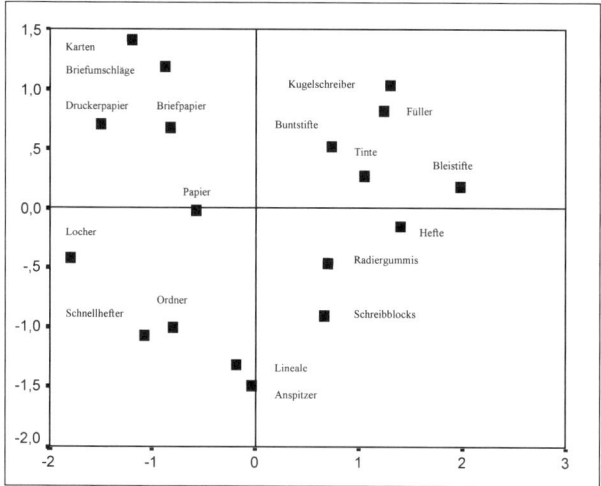

Abb. 5.13:   Ergebnis einer Multidimensionalen Skalierung für den Warenbereich Schreibwaren (STRESS 1: 0,254)[89]

Schreiben	Ordnen	Versenden
Schreibgeräte	- Ordner	- Briefpapier
Schreibhilfsmittel	- Schnellhefter	- Briefumschläge
	- (Locher)	- Karten
Schreibmaterial		- Druckerpapier
- Blocks		- Papier
- Hefte		

Abb. 5.14:   Die Übertragung der Ergebnisse in ein Regallayout

Wie die Ergebnisse in ein Regallayout übertragen werden können, zeigt
beispielhaft Abbildung 5.14. Im Hinblick auf die Hypothesen 5-1 und 5-2 lässt sich
feststellen, dass die Artikel tatsächlich nach den Kriterien Substitutionalität und
Komplementarität angeordnet werden. Dies zeigt sich z. B. in der Gruppe

---

[89] Der STRESS-Wert gibt an, wie stark die Distanzen in der berechneten Konfiguration von den
empirisch erhobenen Ähnlichkeiten abweichen (badness of fit). Das STRESS-Maß nimmt
Werte zwischen 0 und 1 an, wobei niedrige STRESS-Werte eine gute Anpassung anzeigen.
Bei Werten für STRESS 1 von 0,2 wird bei manchen Autoren bereits von einer geringen
Anpassungsgüte gesprochen, wobei jedoch gleichzeitig darauf hingewiesen wird, dass höhere
STRESS 1-Werte in empirischen Untersuchungen häufig vorkommen (vgl. Backhaus, K. et
al., 2000, S. 520-524 u. S. 530).

„Versenden", die die in ihrer Verwendung komplementären Artikel Briefpapier und Briefumschläge sowie die hierzu substitutive Warengruppe Karten enthält. Gleiches gilt in der Gruppe „Ordnen" für die substitutiven Warengruppen Ordner und Schnellhefter sowie die hierzu komplementären Locher.

5.5.4 Ergebnisse des Sortierverfahrens zur Bedeutung von Produktgattung und Produktlinie als Sortierkriterien

Durch die Sortieraufgaben sollte zunächst geprüft werden, ob die Probanden Schreibartikel tatsächlich erst nach ihrer Produktgattung und nicht nach ihrer Zugehörigkeit zu einer bestimmten Produktlinie bzw. Designrichtung anordnen. Zunächst wurde hierzu durch Multidimensionale Skalierung ein Wahrnehmungsraum über alle Probanden berechnet.

Die Ergebnisse zeigen, dass die Produktgattung als vorrangiges Sortierkriterium herangezogen wird. So sind im Wahrnehmungsraum die Artikel einer Gattung nah beieinander positioniert, während die Artikel der Disney-Produktlinie über den Raum verteilt sind (vgl. Abbildung 5.15).

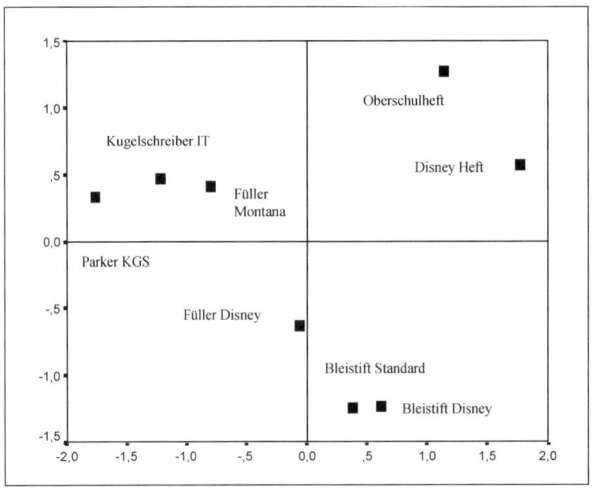

Abb. 5.15:   Ergebnis einer Multidimensionalen Skalierung für Artikel aus verschiedenen Produktgattungen und -linien (STRESS 1: 0,178)[90]

---

[90] Die Multidimensionale Skalierung wurde auf der Basis einer über alle Probanden gemittelten Distanzmatrix durchgeführt. Das STRESS-Maß (STRESS 1) beträgt 0,178. Eine zusätzlich durchgeführte replizierte MDS (RMDS) führte zu einer vergleichbaren Konfiguration. Der von ALSCAL berechnete S-STRESS-Wert der RMDS lag naturgemäß höher bei 0,391.

Um festzustellen, ob sich die Probanden hinsichtlich der angewendeten Sortierkriterien unterscheiden, wurden die Probanden (im Unterschied zur Studie von *Kinateder*) im nächsten Schritt nach ihren Ordnungsmustern geclustert. Die Ergebnisse legen eine Zwei- oder eine Drei-Cluster-Lösung nahe (vgl. Abbildung 5.16).

```
* * * * * * H I E R A R C H I C A L   C L U S T E R   A N A L Y S I S * * * * *
Dendrogram using Ward Method
                         Rescaled Distance Cluster Combine

    C A S E      0         5        10        15        20        25
   Label  Num    +---------+---------+---------+---------+---------+

         9    -+-+
        29    -+ I
         4    -+-+---+
         6    -+ I   I
         7    ---+   +-+
         2    -+---+ I I
        21    -+   +-+ I
        25    ---+-+   I
        27    ---+ I   +----------------+
        24    -+-+ I   I                I
        28    -+ +-+   I                I
        26    ---+     I                I
        17    ---------+                +--------------------+
         3    ---+-----+                I                    I
        19    ---+     +-------+        I                    I
        13    -----+---+       I        I                    I
        22    -----+           +---------+                   I
        15    -----+-------+   I                             I
        16    -----+       I   I                             I
         8    -+-+         +---+                             I
        23    -+ +-+       I                                 I
         5    ---+ +-------+                                 I
        12    -----+                                         I
        11    ---+                                           I
        18    ---+---------+                                 I
        20    ---+         +----------------------------------+
        10    -----+-----+ I
        30    -----+     +-+
         1    -------+---+
        14    -------+
```

Abb. 5.16:   Probandencluster nach Ordnungsmustern für Artikel unterschiedlicher Produktgattungen und -linien

Da zwei verschiedene Ordnungskriterien zur Disposition standen, nämlich Produktgattung und Produktlinie, wurde die Zwei-Cluster-Lösung weiterverfolgt, wobei in Anlehnung an Hypothese 5-3 davon ausgegangen wurde, dass einer der Probandencluster die Artikel nach der Produktgattung, der andere nach der Produktlinie sortiert hat. Die in den Abbildungen 5.17 und 5.18 dargestellten Ergebnisse zeigen, dass 77% der Probanden die Produktgattung als Sortierkriterium herangezogen haben, während für die übrigen 23% die Zugehörigkeit zu einer Produktlinie vorrangiges Sortierkriterium war. Somit scheint sich auch die in Hypothese 5-3 zum Ausdruck kommende Vermutung zu bestätigen, dass die in vielen Fällen gattungsbezogene Sortimentsgliederung den kognitiven Strukturen der meisten Verbraucher entspricht. Statistisch zuverlässig kann die Hypothese über Vergleiche der Assoziations- bzw. Distanzmaße der Artikel bestätigt werden. Hierauf soll an dieser Stelle jedoch verzichtet werden, da nicht die Bestätigung einzelner ad-hoc-Hypothesen, sondern die grundsätzliche Anwendbarkeit der vorgestellten Methoden zur Disposition stehen soll.

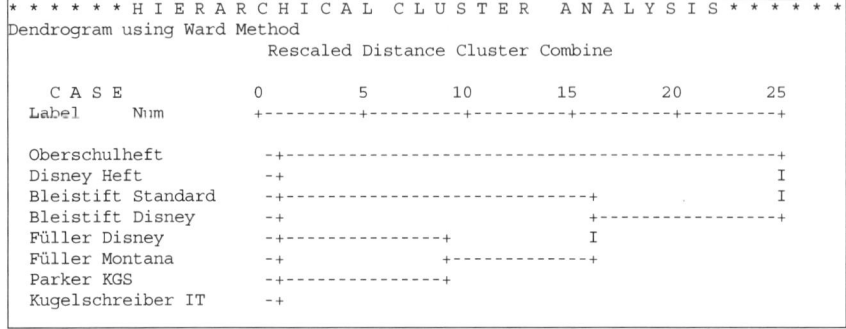

```
* * * * * * H I E R A R C H I C A L   C L U S T E R   A N A L Y S I S * * * * * *
Dendrogram using Ward Method
                        Rescaled Distance Cluster Combine

    C A S E           0         5        10        15        20        25
  Label     Num       +---------+---------+---------+---------+---------+

  Oberschulheft          -+-------------------------------------------------+
  Disney Heft            -+                                                 I
  Bleistift Standard     -+---------------------------+                     I
  Bleistift Disney       -+                           +-----------------+
  Füller Disney          -+---------------+           I
  Füller Montana         -+               +-------------+
  Parker KGS             -+---------------+
  Kugelschreiber IT      -+
```

Abb. 5.17:   Artikelcluster für die Probandengruppe 1 (77% der Probanden)

```
* * * * * * H I E R A R C H I C A L   C L U S T E R   A N A L Y S I S * * * * *
Dendrogram using Ward Method
                        Rescaled Distance Cluster Combine

    C A S E           0         5        10        15        20        25
  Label     Num       +---------+---------+---------+---------+---------+

  Bleistift Disney      -+-+
  Füller Disney         -+ +-------------------------------------------+
  Heft Disney           ---+                                           I
  Parker KGS            -----+-----+                                   I
  Kugelschreiber IT     -----+     +-----------------------------------+
  Oberschulheft         -----+---+ I
  Füller Montana        -----+   +-+
  Bleistift Standard    ---------+
```

Abb. 5.18:   Artikelcluster für die Probandengruppe 2 (23% der Probanden)

5.5.5 Ergebnisse des Sortierverfahrens zur Bedeutung der Marke, der Designlinie und des Preises beim Sortieren von Kugelschreibern

In einer zweiten Sortieraufgabe ging es darum, die Gruppierungskriterien bei Kugelschreibern zu ermitteln.

Zunächst wurde auch hier eine Multidimensionale Skalierung durchgeführt, wobei der Wahrnehmungsraum aus Gründen der Interpretierbarkeit um 45 Grad rotiert wurde. Die in Abbildung 5.19 dargestellten Ergebnisse der Skalierung lassen zwei unterschiedliche Gliederungskriterien erkennen. Während sich linke und rechte Hälfte des Wahrnehmungsraums hinsichtlich der preislichen Positionierung der Marken unterscheiden, lassen sich der obere und der untere Teil danach beschreiben, ob die Artikel klassisch oder modern gestaltet sind.

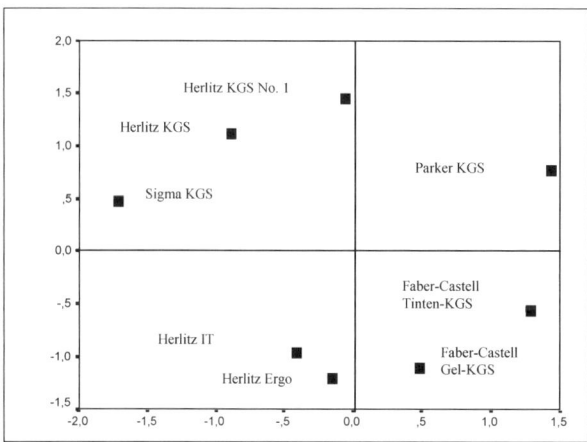

Abb. 5.19:   Ergebnis einer Multidimensionalen Skalierung für Kugelschreiber (KGS) unterschiedlicher Marken, Designstile und Preislagen[91]

Auch hier wurden die Probanden anschließend mit Hilfe einer Clusteranalyse bezüglich unterschiedlicher Ordnungsmuster untersucht. Die Ergebnisse legen eine Zwei- oder eine Vier-Cluster-Lösung nahe (vgl. Abbildung 5.20).

---

[91] Der Ergebnisvektor wurde zur besseren Interpretierbarkeit um 45 Grad gedreht. Das STRESS 1-Maß beträgt 0,115. Auch hier führte eine zusätzlich durchgeführte replizierte MDS (RMDS) zu einer vergleichbaren Konfiguration. Der von ALSCAL berechnete S-STRESS-Wert der RMDS lag bei 0,391.

```
* * * * * * H I E R A R C H I C A L   C L U S T E R   A N A L Y S I S * * * * *
Dendrogram using Ward Method
                       Rescaled Distance Cluster Combine

  C A S E     0         5        10        15        20        25
  Label  Num  +---------+---------+---------+---------+---------+

          22   -+---+
          29   -+   +-+
          10   -+---+ +--------------------+
          16   -+   I                      I
           3   -------+                     +---+
           1   -+-+                     I   I
           2   -+ +---------+           I   I
          12   ---+         +--------------+   I
          17   -+---+       I                  I
          23   -+   +-------+                   +---------------+
           8    -    i                      I                  I
           5   -----+                       I                  I
           9   -----+---+                   I                  I
           4   -----+   +-------+           I                  I
          26   ---------+       I           I                  I
          11   ---+-----+       +--------------+               I
          15   ---+     +-----+ I                              I
          14   ---------+     +-+                              I
           7   --------------+                                 I
          20   -+-+                                            I
          24   -+ +-----------+                                I
           6   ---+           I                                I
          19   -+-+           I                                I
          27   -+ +-+         +--------------------------------+
          21   ---+ +-----+   I
          28   -----+   I I
          13   -+       +---+
          18   -+---+   I
          25   -+   +-----+
          30   -----+
```

Abb. 5.20:   Probandencluster für die Ordnung von Kugelschreibern

Betrachtet man die Zwei-Cluster-Lösung, so bestätigt sich die Vermutung, dass es eine Gruppe von Probanden gibt, die die Warengruppe Kugelschreiber zuerst nach der Marke gliedert, wobei die Artikel von *Herlitz* nach ihrer preislichen Positionierung allerdings auf zwei Gruppen aufgeteilt werden (die Artikel *Herlitz KGS No. 1*, *Herlitz KGS* und *Sigma KGS* sind preislich deutlich unter den Kugelschreibern *Herlitz IT* und *Herlitz Ergo* positioniert). Augenscheinlich stellt die preisliche Positionierung der Artikel somit ebenfalls ein wichtiges Gliederungskriterium dar. Diesem Ordnungsmuster können 37% der Probanden zugerechnet werden (vgl. Abbildung 5.21). Die andere Probandengruppe gliedert die Kugelschreiber nach dem Design der Artikel. Dort werden die Kugelschreiber auf eine Gruppe mit klassischem und eine Gruppe mit eher modernem Design aufgeteilt. Die Schreiber von *Faber-Castell* werden dabei trotz der eher konservativen Verpackung der Gruppe der modern gestalteten Artikel zugerechnet. In die zweite Probandengruppe fallen 63% aller Testpersonen (vgl. Abbildung 5.22).[92]

---

[92] Die Vier-Cluster-Lösung unterscheidet sich von der Zwei-Cluster-Lösung dadurch, inwieweit die einzelnen Artikel durch die Probanden als „klassisch" oder „modern" eingestuft werden.

Hypothese 5-4 wird durch die Ergebnisse also nicht gestützt, da dort vermutet wurde, dass die Marke als vorrangiges Sortierkriterium verwendet wird. Zwar hat ein nicht unerheblicher Teil der Probanden die Marke und die preisliche Positionierung der Artikel als Gliederungskriterium verwendet, der größte Teil der Probanden zog allerdings den Designstil der Kugelschreiber als Kriterium vor.

```
* * * * * *H I E R A R C H I C A L   C L U S T E R   A N A L Y S I S * * * * *
Dendrogram using Ward Method
                        Rescaled Distance Cluster Combine

   C A S E          0         5        10        15        20        25
  Label     Num     +---------+---------+---------+---------+---------+

  Herlitz KGS No. 1   -+-+
  Herlitz KGS         -+ +------------------------------------------+
  Sigma KGS           ---+                                          I
  Herlitz IT          -+----------------+                           I
  Herlitz Ergo        -+               +----------------------------+
  FC Tinten-KGS       -----+-+         I
  FC Gel-KGS          -----+ +-----------+
  Parker KGS          -------+
```

Abb. 5.21:   Artikelcluster für die Probandengruppe 1 (37% der Probanden)

```
* * * * * *H I E R A R C H I C A L   C L U S T E R   A N A L Y S I S * * * * *
Dendrogram using Ward Method
                        Rescaled Distance Cluster Combine

   C A S E          0         5        10        15        20        25
  Label     Num     +---------+---------+---------+---------+---------+

  Parker KGS          -+-----------------------------+
  Herlitz KGS No. 1   -+                             +---------------+
  Herlitz KGS         ---------+--------------------+                I
  Sigma KGS           ---------+                                     I
  Herlitz IT          -+-------------+                               I
  Herlitz Ergo        -+            +--------------------------------+
  FC Tinten-KGS       ---+----------+
  FC Gel-KGS          ---+
```

Abb. 5.22:   Artikelcluster für die Probandengruppe 2 (63% der Probanden)

5.5.6 Diskussion der angewendeten Methoden

Durch die empirische Untersuchung sollte am Beispiel des Warenbereichs Papier/Büro/Schreibwaren gezeigt werden, wie sich die Sequenzanalyse von Assoziationen sowie Sortierverfahren eignen, um kognitive Strukturen von Verbrauchern aufzudecken. Die Anwendung des Assoziationsverfahrens hat gezeigt, dass Produktgattungen nach ihrer verwendungsbezogenen Komplementarität und Substitutionalität assoziiert werden. Die gattungsbezogene Ordnung selbst hat sich auf der Basis eines Sortierverfahrens als dominant gegenüber

Gruppierungen nach Produktlinien herausgestellt. Innerhalb von Produktgattungen lassen sich die Artikel nach verschiedenen Kriterien gruppieren. Für Kugelschreiber haben sich die Kriterien „Marke", „preisliche Positionierung" und „Designrichtung" als relevante Kriterien herausgestellt. Auch wenn der Untersuchung keine repräsentative Stichprobe zu Grunde lag und keine Aussagen zur Signifikanz der Ergebnisse gemacht wurden, konnte gezeigt werden, wie sich mit Hilfe der vorgestellten Verfahren plausible Sortimentsgliederungen ermitteln lassen. Dennoch sollte nicht unerwähnt bleiben, dass die Ableitung von Regalstrukturen aus den so ermittelten Sortimentsgliederungen mit Problemen verbunden sein kann.

Erstens stellt sich die Frage, inwieweit die Ergebnisse der Verfahren tatsächlich verhaltenswirksam sind. So orientieren sich die ermittelten Sortimentsgliederungen ja nicht direkt an Suchprozessen, sondern an Ähnlichkeitsurteilen oder Assoziationen. Die gemessenen Assoziationen und Ähnlichkeitsurteile können dann nur beschränkt verhaltenswirksam sein, wenn Kunden über umfangreiches **Platzierungswissen** verfügen. So ist es beispielsweise denkbar, dass ein Kunde zwei Artikel zwar als sehr unähnlich betrachtet, sie aber dennoch in räumlicher Nähe zueinander sucht, weil er weiß, dass diese Artikel häufig zusammen platziert werden. Andererseits ist es aber auch denkbar, dass sich das Platzierungswissen in den kognitiven Strukturen von Kunden niederschlägt und somit durch die dargestellten Verfahren mit erfasst wird. Trotz der oben genannten Kritikpunkte hat sich die Verhaltenswirksamkeit kognitiver Strukturen nämlich empirisch bestätigt. So hat die Untersuchung von *Kinateder* gezeigt, dass Regalstrukturen, die sich auf kognitive Strukturen stützen, die Anzahl von Stops, die in einer Abteilung verbrachte Zeit, die begangenen Laufwege sowie die Anzahl der berührten Produkte reduzieren.[93]

Ein weiteres Problem der beschriebenen Verfahren ist die Tatsache, dass bei der Erhebung kognitiver Strukturen in hohem Maße sogenannte strategische Prozesse ablaufen, indem die Probanden beispielsweise bei den Sortierverfahren gezielt nach Lösungsstrategien suchen, so dass nicht der spontane Informationsabruf aus einem kognitiven Netzwerk, sondern das Lösen des jeweils konkreten Sortierproblems dominiert.[94] Strategische Prozesse können auch bei Wortassoziationsverfahren Schwierigkeiten bereiten. So führt bspw. *Grunert* an, dass bei längeren Assoziationsketten durch strategische Prozesse mehrfach interne Perspektivenänderungen vorgenommen werden, die u. a. zu nicht reliablen Ergebnissen führen können.[95] Damit stellt sich die Frage, ob sowohl die Sequenzen von Wortassoziationen als auch die Sortierverfahren tatsächlich geeignet sind, um kognitive Strukturen valide zu messen.

---

[93]   Vgl. Kinateder, P., 1989, S. 86-92.
[94]   Vgl. hierzu auch Grunert, K. G., 1990, S. 95.
[95]   Vgl. Grunert, K. G., 1990, S. 99-101 u. S. 125-176.

Die Argumentation *Grunerts* mag zwar grundsätzlich zutreffen, jedoch muss geklärt werden, inwieweit die gleichzeitige Erfassung automatischer und strategischer Prozesse im Kontext der Ableitung von Warenbereichsstrukturen tatsächlich unerwünscht ist. Schließlich werden auch bei realem Suchverhalten innerhalb einer Einkaufsstätte sowohl automatische als auch strategische Prozesse ablaufen. Dadurch, dass sich darüber hinaus die Assoziationsaufgabe auf eine abstrakte Einkaufsstätte bezog (hier eine Schreibwarenabteilung bzw. ein Schreibwarengeschäft), liegt es zumindest nahe, dass die Probanden bei der Assoziation ähnliche strategische Perspektiven einnehmen wie bei Einkaufsprozessen in vivo. Zudem spricht die relativ gute Interpretierbarkeit der Ergebnisse des Assoziationsverfahrens gegen eine unerwünschte Verzerrung durch unkontrollierte strategische Prozesse.

Im Hinblick auf die ermittelten Cluster-Lösungen besteht die Schwierigkeit, diese zu interpretieren. Wie sich in der empirischen Untersuchung gezeigt hat, kann es zu Fehlzuordnungen kommen, die allerdings mit Hilfe der Ergebnisse der Multidimensionalen Skalierung korrigiert werden können. Zudem besteht das Problem, dass subjektive Elemente in die Interpretation der Cluster einfließen können (Problem der Auswertungsobjektivität). Auch bei der Codierung der Daten aus dem Assoziationsverfahren können Objektivitätsprobleme auftreten.

Ein Problem, das nur die Sortierverfahren betrifft, stellt die Auswahl der Testartikel dar. Während *Kinateder* die Testartikel noch zufällig ausgewählt hat, sind in der hier durchgeführten Untersuchung die Testartikel nach der Maßgabe vorher formulierter ad-hoc-Hypothesen ausgewählt worden. Die Auswahl der Testartikel ist insofern problembehaftet, als dass sich in den abgeleiteten Cluster-Lösungen nur solche Gliederungskriterien identifizieren lassen, in denen sich die Testartikel unterscheiden. Zudem scheint die Präsentation konkreter Testartikel die kognitiven Strukturen der Probanden selbst oder den Informationsabruf aus diesen zu beeinflussen. So hat sich gezeigt, dass bei den Sortieraufgaben zumindest 23% der Probanden die Produktlinie als Gliederungskriterium für Schreibwaren verwendet haben. Demgegenüber wurden von den gleichen Probanden bei der Assoziationsaufgabe ausschließlich Produktgattungen genannt. Aus dieser Tatsache muss der Schluss gezogen werden, dass offensichtlich die Präsentation konkreter Artikel die kognitiven Strukturen oder die strategische Perspektive der Probanden beim Abruf von Informationen beeinflusst.

Vergleicht man die Eignung von Sortier- und Wortassoziationsverfahren, besitzt das Assoziationsverfahren den Vorteil, dass es nicht auf wenige Testartikel beschränkt ist, wobei die Fragetechnik für die Probanden abwechslungsreich und einfach bleibt. Deshalb eignet sich das Verfahren eher zur Gliederung größerer Sortimentseinheiten (z. B. Warenbereiche), die eine Vielzahl von Artikeln unterschiedlicher Produktgattungen beinhalten. Ein Problem der Assoziationsverfahren könnte allerdings in der Tendenz bestehen, dass Probanden zu gattungsbezogenen

Assoziationen neigen, während andere Gruppierungskriterien, z. B. Produktlinien oder Verwendungsbereiche ungenannt bleiben. Durch eine Sortieraufgabe sollte deshalb anhand ausgewählter Testartikel zusätzlich sichergestellt werden, dass die Probanden auch bei der Präsentation konkreter Artikel in der Mehrzahl gattungsbezogen denken. Innerhalb kleinerer Sortimentseinheiten, die durch eine bestimmte Produktgattung (z. B. Kugelschreiber) definiert sind, eignen sich dagegen in erster Linie Sortierverfahren, um festzustellen, ob die Probanden dort z. B. Marken, Preisniveau oder Produktdesign als Gliederungskriterien heranziehen.

5.6 Die Übertragung einer Gliederungssystematik in ein Regallayout

Im vorangegangenen Abschnitt wurde gezeigt, wie kundenorientierte Gliederungssystematiken empirisch ermittelt werden können. Es steht aber noch eine Antwort auf die Frage aus, welche Methoden herangezogen werden können, um eine Gliederungssystematik in ein Regallayout zu übertragen. Hierauf soll im Folgenden eingegangen werden.

Bevor eine Gliederungssystematik in ein Regallayout übertragen wird, sollte das Regal in Hänge-, Liege- und Sonderflächen aufgeteilt werden.[96] Weiterhin muss festgelegt werden, ob die Platzierungsgruppen in horizontalen oder vertikalen Blocks angeordnet werden sollen. Was die Bildung von Blocks betrifft, wird häufig vorgeschlagen, das Regal durch Bildung von vertikalen Blöcken zu strukturieren. Dabei wird argumentiert, dass durch vertikale Blöcke der Kundenlauf gestoppt und auf den jeweiligen Regalausschnitt gelenkt wird, während bei horizontaler Blockbildung der Blick des Kunden entlang des Blocks weitergelenkt wird. Bei vertikaler Blockbildung können alternative Kaufmöglichkeiten somit ohne Entlanggehen am Warenträger leicht betrachtet und verglichen werden, wodurch insbesondere Entscheidungsprozesse erleichtert werden. Neben der besseren Übersichtlichkeit der Platzierungsgruppe, findet sich des Weiteren das Argument, dass Kunden unabhängig von ihrer Größe in Blick- und Griffkontakt mit den dargebotenen Artikeln einer Gruppe kommen können. Es gibt jedoch auch Gründe, die für eine horizontale Blockbildung sprechen. So wird behauptet, dass horizontale Blocks zu einem dynamischeren Regalbild führen. Zudem setzt die vertikale Blockbildung eine im wesentlichen einheitliche Größe der innerhalb eines Blocks zu platzierenden Artikel voraus.[97]

---

[96] Vgl. hierzu im Einzelnen auch Zielke, S., 1999, S. 81f.

[97] Vgl. zur Diskussion der vertikalen und horizontalen Blockbildung Schulz, W., 1975, S. 162; sowie Höller, W., 1987, S. 134f.

Teilweise wird auch vorgeschlagen, Artikel in sog. Kreuzblocks anzuordnen. Hierbei werden vertikale Herstellerblöcke gebildet, in denen die Artikel so angeordnet werden, dass gleichzeitig horizontale Produktgruppenblöcke entstehen.[98] In empirischen Untersuchungen haben sich solche Konzepte zwar bewährt, jedoch erfordern Kreuzblocks gleiche Regalplatzanteile für die Produktgruppen der einzelnen Hersteller. Unterschiedliche Stärken der Hersteller in einzelnen Produktgruppen können nicht berücksichtigt werden.

Ist festgelegt, wie die Blockbildung erfolgen soll, lässt sich aus den Ergebnissen der Clusteranalyse ein Regallayout ableiten. Die Anzahl der Platzierungsgruppen entspricht dabei der Anzahl von Clustern, die sich bei Anwendung eines bestimmten Gruppierungsmaßes ergeben. Ein einfaches Verfahren besteht darin, die Artikelgesamtheit ausgehend von einer Ein-Cluster-Lösung stufenweise in differenziertere Cluster aufzuspalten, bis schließlich das vorher bestimmte Gruppierungsmaß erreicht ist. Hierzu werden im ersten Schritt die Artikel am ersten Knoten des Dendrogramms auf zwei Cluster aufgeteilt. Die hierbei entstehenden Gruppen müssen anschließend angeordnet werden. Wird eine vertikale Blockbildung bevorzugt, ist zu entscheiden, welche Gruppe rechts und welche links angeordnet werden soll. Diese Entscheidung kann z. B. von der unterschiedlichen Wertigkeit einzelner Regalzonen oder von dem Ausmaß der Zusammengehörigkeit zu den links und rechts benachbarten Platzierungsgruppen abhängen. Ist das vorher festgelegte Terminierungskriterium durch die Aufteilung am ersten Knoten noch nicht erreicht, werden die gebildeten Platzierungsgruppen am nächst niedrigeren Knoten weiter in Untergruppen aufgegliedert und analog zur oben beschriebenen Vorgehensweise angeordnet. Die Aufteilung ist abgeschlossen, wenn für alle Cluster das Terminierungskriterium keine weitere Teilung mehr zulässt. Dieses Ablaufschema ist in Abbildung 5.23 zusammenfassend dargestellt.

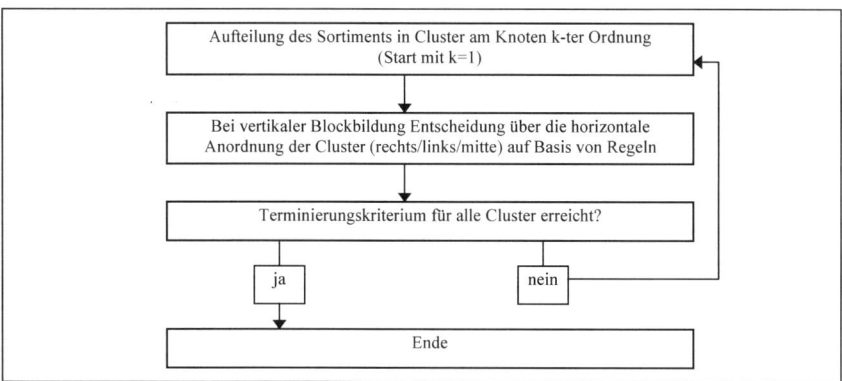

Abb. 5.23:   Ablaufschema zur Ableitung eines Regallayouts

---

[98] Vgl. Geister, S., 1997, S. 50-55.

5.7 Zusammenfassung des Kapitels

Ziel des Kapitels ist es gewesen, verschiedene Methoden aufzuzeigen, anhand derer Sortimente oder deren Teile kundengerecht gegliedert werden können. Hierzu wurde zunächst diskutiert, welche Gliederungsprinzipien aus unterschiedlichen Platzierungsansprüchen erwachsen können. Anschließend wurden Überlegungen zur Auswahl einzelner Gliederungsprinzipien angestellt. Weiterhin sind verschiedene Verfahren dargestellt worden, mit denen auf Basis der unterschiedlichen Gliederungsprinzipien Regalstrukturen abgeleitet werden können. Da die Messung kognitiver Strukturen auf der Basis von Ähnlichkeitsurteilen oder verbalen Assoziationen als die geeignetste Methode für die Sortimentsgliederung angesehen wurde, ist diese Methode an einem empirischen Beispiel veranschaulicht worden. Darüber hinaus ist auch darauf eingegangen worden, wie Sortimentsgliederungen in ein Regallayout übertragen werden können. Inwieweit sich die vorgeschlagenen Methoden allerdings auch im Feld bewähren können, muss Gegenstand zukünftiger Forschungsvorhaben bleiben.

Kritisch ist zu den vorgeschlagenen Gliederungsmethoden anzumerken, dass die abgeleiteten kundengerechten Regalstrukturen taktischen Zielen des Händlers zuwider laufen können. Zwar kann durch ein besseres Zurechtfinden der Kunden deren Zufriedenheit und auch deren Bindung an eine Einkaufsstätte erhöht werden; auf der anderen Seite führen kürzere Suchzeiten aber auch zu kürzeren Aufenthaltsdauern in einer Abteilung oder Einkaufsstätte, womit die Wahrscheinlichkeit sinken kann, dass zusätzliche Angebote wahrgenommen und ungeplant oder impulsiv gekauft werden (vgl. Kapitel 4).

Wie bereits in Kapitel 2 dargelegt, können solche Konflikte durch Kategorie-Rollen gelöst werden. So sollte insbesondere bei sogenannten Profilierungskategorien eine in höchstem Maße kundengerechte Warenpräsentation realisiert werden, während bei den übrigen Kategorien auch taktische Ziele verfolgt werden können. Dies kann beispielsweise geschehen, indem Warengruppen außerhalb von Profilierungskategorien nach ihrer Kaufverbundenheit angeordnet werden. Auf der Basis von Verbundkoeffizienten lassen sich mit Hilfe der Clusteranalyse verbundorientierte Regalstrukturen ableiten.

Eine weitere Möglichkeit würde darin bestehen, das gesamte Sortiment kundenorientiert zu gliedern und taktischen Zielen durch Zweit- oder Sonderplatzierungen Rechnung zu tragen. So lassen sich beispielsweise stimulierende Verbund- oder Kontextpräsentationen auf einer zusätzlichen Aktionsfläche realisieren. Besonders starke Kaufverbunde, wie sie z. B. durch Data Mining-Analysen ermittelt werden können, lassen sich durch Zweitplatzierungen berücksichtigen.

6 Die optimale Zuteilung von Regalkapazitäten

Nachdem im fünften Kapitel dargestellt wurde, wie kundenorientierte Regalstrukturen bestimmt werden, soll im sechsten Kapitel darauf eingegangen werden, wie sich Regalkapazitäten einzelnen Platzierungseinheiten zuteilen lassen. Bei einer Platzierungseinheit kann es sich sowohl um einen einzelnen Artikel (z. B. *Pelikan*-Füller) als auch um eine Warengruppe (z. B. Füller) handeln.

Im folgenden Kapitel wird sowohl auf die quantitative als auch auf die qualitative Kapazitätszuteilung eingegangen. Während bei der quantitativen Zuteilung von Regalkapazitäten bestimmt wird, wie viele Frontstücke (Facings) eine Platzierungseinheit erhält, betrifft die qualitative Zuteilung die Frage nach dem Ort der Platzierung im Regal. Bei der qualitativen Zuteilung sind die Wertigkeiten unterschiedlicher Regalorte sowie Vorgaben bezüglich der bereits festgelegten Regalstruktur zu beachten. Da Regalkapazitäten häufig entweder in Form von Lochwänden für Hängeartikel oder Regalböden für Liegeartikel bereitgestellt werden können, soll auch der Einfluss der Platzierungsform angesprochen werden. Ebenso wie in Kapitel 5 beziehen sich die Ausführungen des sechsten Kapitels auf das Regalmanagement, lassen sich aber auch auf Belange des Flächenmanagements übertragen.

Wie bereits in Kapitel 4 deutlich geworden ist, bestimmt die Zuteilung von Regalkapazitäten sowohl die Sucheffizienz bei den Platzierungseinheiten als auch deren Wahrnehmungswahrscheinlichkeit. Die Sucheffizienz wurde dabei durch die Zeit operationalisiert, die erforderlich ist, um eine gesuchte Platzierungseinheit zu finden. Die Wahrnehmungswahrscheinlichkeit war als die Wahrscheinlichkeit definiert worden, mit der eine Platzierungseinheit bei der Suche einer anderen Platzierungseinheit attentiv wahrgenommen wird.

Je nachdem, welche Ansprüche Kunden an die Warenplatzierung stellen, kann sowohl eine Verkürzung von Suchzeiten kundenorientiert sein, als auch die Inkaufnahme längerer Suchzeiten zur Stimulation der Wahrnehmung. In der empirischen Untersuchung im dritten Kapitel hat sich gezeigt, dass die befragten Probanden in stärkerem Maße eine Entlastung bei Suchprozessen anstreben als dass sie nach Stimulation beim Einkaufen suchen. Diese Kunden können zufrieden gestellt und an die Abteilung gebunden werden, wenn Suchzeiten reduziert werden, indem häufig gesuchte Platzierungseinheiten bei der Zuteilung von Regalkapazitäten begünstigt werden. Soll hierbei nicht nach einfachen Faustregeln verfahren werden, indem z. B. Frontstücke proportional zum Umsatz einer Platzierungseinheit zugeteilt werden, sind Wirkungsfunktionen zu ermitteln. Hierzu ist es erstens von Bedeutung, den Zusammenhang zwischen Platzierung und Sucheffizienz zu ermitteln. Weiterhin ist es erforderlich, die Wirkung einer Suchzeitreduktion auf den Absatz, Umsatz oder Deckungsbeitrag zu bestimmen, um die unmittelbaren Folgen einer sucheffizienten Warenplatzierung abschätzen zu können. Schließlich muss ein Algorithmus entwickelt werden, mit dem Frontstücke und Regalorte unter der Nebenbedingung begrenzter Raumkapazitäten so verteilt werden, dass die durchschnittliche Suchzeit der Kunden minimiert wird.

Ist den Kunden dagegen die Stimulation der Wahrnehmung wichtiger als eine effiziente Abwicklung ihrer Plankäufe, müssen die Wahrnehmungswahrschein-lichkeiten derjenigen Platzierungseinheiten erhöht werden, die für ungeplante Käufe in Frage kommen. Da sich ungeplante Käufe im Absatz oder Umsatz der Platzierungseinheiten äußern, wären in diesem Fall Absatz und Umsatz geeignete Zielgrößen für eine kundenorientierte Warenplatzierung. Geht es dagegen nur darum, unabhängig von kundenorientierten Zielen den Deckungsbeitrag zu steigern, müssen ungeplante Käufe bei möglichst hoch kalkulierten Platzierungs-einheiten ausgelöst werden. Dies geschieht, indem diese Platzierungseinheiten bei der Zuteilung von Regalkapazitäten bevorzugt werden, während häufig geplant gekaufte Einheiten so platziert werden, dass sie sich erst nach längerer Suche finden lassen.

Für eine unmittelbar am Absatz, Umsatz oder Deckungsbeitrag orientierte Warenplatzierung gilt es zunächst, Wirkungsfunktionen zum Zusammenhang zwischen Platzierung und Wahrnehmungsverhalten zu ermitteln. Da hohe Wahrnehmungswahrscheinlichkeiten Voraussetzungen für ungeplante Käufe sind, ist darüber hinaus auch der Zusammenhang zwischen Wahrnehmungsverhalten und Absatz funktional darzustellen. Schließlich soll geklärt werden, wie auf der Basis der ermittelten Wirkungsfunktionen eine für den Absatz, Umsatz oder Deckungsbeitrag optimale Flächenzuweisung vorgenommen werden kann. Hierbei ist auch zu diskutieren, wie Verflechtungen der Warenplatzierung mit der Preis- und Sortimentspolitik berücksichtigt werden können.

Auf die angesprochenen Probleme soll im folgenden Kapitel eingegangen werden, indem zunächst der Einfluss zugeteilter Regalkapazitäten auf das Such- und Wahrnehmungsverhalten von Kunden untersucht wird (Abschnitt 6.1). Anschließend wird dargestellt, wie sich Wirkungsfunktionen zum Einfluss zuge-teilter Regalkapazitäten auf das Kaufverhalten ermitteln lassen (Abschnitt 6.2). Zum Abschluss des Kapitels werden Optimierungsansätze für eine sucheffiziente und für eine unmittelbar am Deckungsbeitrag orientierte Verteilung von Regal-

kapazitäten aufgezeigt. Hierbei wird auch darauf eingegangen, wie Warenplatzierung, Sortiments- und Preispolitik simultan optimiert werden können
(Abschnitt 6.3).

6.1 Der Einfluss zugeteilter Regalkapazitäten auf das Such- und Wahrnehmungsverhalten von Kunden

Zunächst soll es darum gehen, den Einfluss zugeteilter Regalkapazitäten auf das
Such- und Wahrnehmungsverhalten von Kunden zu erklären und zu quantifizieren.
Hierzu wird zunächst ein Überblick über den Stand der Forschung gegeben.
Anschließend werden Hypothesen abgeleitet, auf deren Basis in einer empirischen
Untersuchung Wirkungsfunktionen bestimmt werden.

6.1.1 Überblick über den Stand der Forschung

In zahlreichen empirischen Studien wurden Auswirkungen zugeteilter Regalkapazitäten auf den Absatz oder auf Marktanteile von Platzierungseinheiten untersucht. Ein Überblick über diese Studien findet sich in Abschnitt 6.2.1. Die
Wirkung zugeteilter Regalkapazitäten auf das Such- und Wahrnehmungsverhalten
von Kunden ist dagegen so gut wie überhaupt nicht empirisch untersucht worden.
Deshalb soll direkt zur Formulierung von Hypothesen übergegangen werden.

6.1.2 Hypothesen zum Einfluss zugeteilter Regalkapazitäten auf die Such-effizienz

Da in der Literatur keine Ergebnisse zum Zusammenhang zwischen der Zuteilung
von Regalkapazitäten und der Sucheffizienz vorliegen, müssen diesbezüglich
Hypothesen unter Rückgriff auf wahrnehmungspsychologische Überlegungen
formuliert werden. Die abzuleitenden Hypothesen beziehen sich auf die Regalfront
(Facings) sowie auf den Einfluss unterschiedlicher Regalorte und Platzierungsformen.

6.1.2.1 Hypothesen zum Einfluss der Regalfront

Die Regalfront einer Platzierungseinheit kann zum einen durch die zugewiesene
Frontstrecke bzw. die zugewiesene Anzahl von Facings operationalisiert werden,
zum anderen verhaltensbezogen durch die Sichtfläche. Die Sichtfläche ist die
Fläche einer Platzierungseinheit, die von den Kunden jeweils wahrgenommen
wird.

Plausibel erscheint die Vermutung, dass eine Einheit umso schneller im Regal gefunden wird, je größer die ihr zugewiesene Sichtfläche ist. Größere Objekte werden eher wahrgenommen als kleinere Objekte. Das entspricht wahrnehmungspsychologischen Erkenntnissen.[1]

Hypothese 6-1: Je größer die Sichtfläche einer Platzierungseinheit ist, desto schneller wird sie im Regal gefunden (kürzere Suchzeit).

Eine weitere Hypothese kann zu der Art des funktionalen Zusammenhangs von Sichtfläche und Suchzeit formuliert werden. Betrachtet man die Grenzwerte einer solchen Funktion, so ist z. B. hinsichtlich infinitesimal kleiner Sichtflächen zu erwarten, dass die Suchzeiten gegen unendlich konvergieren. Für sehr große Sichtflächen ist dagegen die Vermutung plausibel, dass einem Kunden die jeweiligen Artikel quasi „sofort ins Auge springen" und deshalb durch eine weitere Erhöhung der Sichtfläche kein wesentlicher Wahrnehmungseffekt mehr zu erzielen ist. Die Suchzeiten müssten daher für sehr große Sichtflächen gegen null beziehungsweise gegen einen konstanten Wert konvergieren. Somit müsste ein degressiv fallender Zusammenhang zwischen Sichtfläche und Suchzeit bestehen.

Einen Beitrag zur Erklärung von Suchzeitfunktionen liefert auch die Psychophysik. Hierzu wird angenommen, dass ein degressiv steigender Zusammenhang zwischen der wahrgenommenen und der tatsächlichen Sichtfläche einer Platzierungseinheit besteht. Trifft diese Annahme zu, wird mit steigender Sichtfläche der Platzierungseinheit eine immer größere Anzahl weiterer Facings erforderlich, um einen bestimmten zusätzlichen Wahrnehmungseffekt zu erzielen.[2]

Hypothese 6-2: Der Zusammenhang zwischen Sichtfläche und Suchzeit ist degressiv fallender Natur.

---

[1] Die Sichtfläche eines Artikels stellt natürlich nur einen Bestimmungsfaktor für seine Suchzeit dar. Eine Alternativhypothese könnte lauten, dass nicht nur die absolute Sichtfläche, sondern die Sichtflächendifferenz zu anderen Artikeln bestimmend für die Suchzeit ist. Daneben sind für die Suchzeit sicherlich auch Differenzen bedeutsam, die sich aus der Verpackungsgestaltung ergeben, beispielsweise hinsichtlich Kontur, Farbe oder Material der Verpackungen.

[2] Vgl. hierzu auch die Ausführungen in den einschlägigen Lehrbüchern, z. B. Goldstein, E. B., 1997, S. 15-21; Zimbardo, P. G./Gerrig, R. J., 1999, S. 116-122. Häufig werden die folgenden Primärquellen zitiert: Weber, E. H.: Der Tastsinn und das Gemeingefühl, in: Wagner, R. (Hrsg.): Handwörterbuch der Psychologie, Bd. III/2., Braunschweig 1846; Fechner, G. T.: Elemente der Psychophysik, Leipzig 1860; Stevens, S. S.: On the Psychophysical Law, in: Psychological Review, Vol. 64 (1957), No. 3, S. 153-181; Stevens, S. S.: The Surprising Simplicity of Sensory Metrics, in: American Psychologist, Vol. 17 (1962), No. 1, S. 29-39.

6.1.2.2 Hypothesen zum Einfluss des Regalorts

Neben der Sichtfläche spielt auch die Wertigkeit des Regalorts, der einer Platzierungseinheit zugewiesen wurde, eine Rolle für die Sucheffizienz. Regale lassen sich in horizontaler Gliederung in mittlere, rechte und linke Zone unterteilen, in vertikaler Gliederung werden oft Reck-, Sicht-, Griff- und Bückzone unterschieden.[3] Im Hinblick auf **vertikale Wertigkeiten** ist anzunehmen, dass Artikel in Augen- und Griffhöhe am leichtesten wahrgenommen werden können. Dementsprechend haben Sicht- und Griffzone eine höhere Wertigkeit als die anderen Regalzonen.[4]

Hypothese 6-3: Platzierungseinheiten in der Sicht- oder Griffzone werden schneller im Regal gefunden als Einheiten in anderen Regalzonen.

Hinsichtlich der **horizontalen Wertigkeiten** findet sich in der Literatur häufig eine ähnliche Argumentation: Orte in der Mitte des Regals hätten die höchste Wertigkeit, gefolgt von rechter und linker Zone. Die höhere Wertigkeit der rechten gegenüber der linken Zone wird häufig mit der Neigung des Menschen verbunden, sich nach rechts zu orientieren.[5] Diese Argumentation mag zutreffen, wenn der Kunde frontal in der Mitte des Regals steht. Tatsächlich bewegen sich die Kunden aber innerhalb einer Abteilung. Sie betreten die Abteilung von der Seite, so dass zuerst die Randzonen des Regals in ihr Wahrnehmungsfeld gelangen. Es muss daher allgemeiner angenommen werden, dass die Suchzeit nach einer Platzierungseinheit umso kürzer ist, je näher sie an dem Ort liegt, an dem der Kunde die Abteilung betritt. Für die konkrete Regalgestaltung ist dieser Sachverhalt allerdings nur von untergeordneter Bedeutung, da in einer Abteilung eine einheitliche Laufrichtung oft nicht eindeutig feststellbar ist.[6]

Neben den horizontalen und vertikalen Standortwertigkeiten kann des Weiteren auf **spezielle Standorte** mit besonders hohen Wertigkeiten hingewiesen werden. Dies sind z. B. vorspringende Ecken, Auflaufflächen, Kopfseiten oder besonders markierte Zonen.[7] Das hohe akquisitorische Potenzial dieser speziellen Standorte kann sich einerseits auf Grund einer besonders hohen Kundenfrequenz an den Standorten ergeben, andererseits aber auch durch das Potenzial, attentive Wahrnehmungen auf sich zu ziehen. *Höller* weist diesbezüglich auch darauf hin, dass die speziellen Standorte auf Grund ihrer Fähigkeit zur Figur-Grund-Differenzierung besondere Aufmerksamkeitspotenziale haben.[8]

---

[3] Vgl. hierzu z. B. auch Höller, W., 1987, S. 227.
[4] Vgl. hierzu z. B. auch Höller, W., 1987, S. 227.
[5] Vgl. hierzu z. B. auch Höller, W., 1987, S. 227.
[6] Vgl. Müller, H., 1982, S. 241.
[7] Vgl. hierzu z. B. auch Höller, W., 1987, S. 228f.
[8] Vgl. Höller, W., 1987, S. 228. Zum Figur-Grund-Prinzip vgl. auch Goldstein, E. B., 1997, S. 176-178; Zimbardo, P. G./Gerrig, R. J., 1999, S. 131.

6.1.2.3 Hypothesen zum Einfluss der Platzierungsform

Da Regalkapazitäten in der Regel in Form von Lochwänden für Hängeartikel und Regalböden für liegend oder stehend platzierte Artikel vorliegen, soll auch der Einfluss der Platzierungsform auf die Sucheffizienz angesprochen werden. Für den Warenbereich Schreibwaren haben Erfahrungen in der Praxis gezeigt, dass die liegende Präsentation im Hinblick auf den Absatz günstiger ist als die hängende Präsentation. Es ist daher zu vermuten, dass auch die Suchzeit für Liegeware kürzer ist. Als Argument ließe sich anführen, dass die für die Liegewaren eingezogenen Regalböden eine Figur vor dem Grund der Lochwand (Figur-Grund-Prinzip[9]) bilden. Das Regal wird durch die Böden strukturiert, so dass Liegewaren daher besser wahrnehmbar sind.

Hypothese 6-4: Liegend platzierte Artikel werden schneller gefunden als hängend platzierte Artikel.

Auch zur Anordnung von Hänge- und Liegeflächen lassen sich Hypothesen formulieren. Da liegend platzierte Artikel oft von oben, Hängeartikel dagegen von vorn betrachtet werden, lassen sich Hängeartikel aus physiologischen Gründen besser in den oberen Regalzonen, Liegeartikel dagegen besser in den unteren Regalzonen wahrnehmen.

Die Sucheffizienz einer Platzierungseinheit kann somit durch drei Platzierungsparameter beeinflusst werden: die Sichtfläche, die Wertigkeit des zugewiesenen Regalorts und die Platzierungsform. Dies kommt noch einmal in Gleichung 6-1 zum Ausdruck:

(6-1) $SZ_A = f(SF_A, RO_A, PF_A)$,

wobei

SZ_A = Suchzeit, um Platzierungseinheit A im Regal ausfindig zu machen (Sucheffizienz),

SF_A = Sichtfläche von Einheit A,

RO_A = Wertigkeit des Regalorts von Einheit A,

PF_A = Platzierungsform von Einheit A.

Natürlich sind die Parameter Regalfront, Regalort und Platzierungsform nicht die einzigen Bestimmungsfaktoren der Sucheffizienz. Wie schnell eine Platzierungseinheit von einer Person gefunden wird, kann auch von den zu Grunde liegenden Regal- und Flächenstrukturen, der gesuchten Platzierungseinheit, insbesondere deren Verpackung, sowie von der suchenden Person selbst abhängig sein. Insofern werden die Bestimmungsfaktoren der Sucheffizienz auf die dem Handel

---

[9]   Vgl. hierzu z. B. Goldstein, E. B., 1997, S. 176-178; Zimbardo, P. G./Gerrig, R. J., 1999, S. 131.

innerhalb einer festgelegten Regalstruktur unmittelbar zur Verfügung stehenden Platzierungsparameter eingegrenzt.

6.1.3 Hypothesen zum Einfluss zugeteilter Regalkapazitäten auf die Wahr- nehmungswahrscheinlichkeit von Platzierungseinheiten

Die Wahrnehmungswahrscheinlichkeit ist die Wahrscheinlichkeit, mit der eine Platzierungseinheit ohne aktive Suche attentiv wahrgenommen wird. Diese Wahrscheinlichkeit hängt zum ersten davon ab, wie gut die Platzierungseinheit selbst platziert ist. Als Indikator für die Platzierungsgüte einer Einheit kann die zugehörige Sucheffizienz verwendet werden, da in dieser die wahrnehmungspsychologischen Effekte der Platzierung zum Ausdruck kommen. Durch die Suchzeit werden die Platzierungsparameter repräsentiert.

Hypothese 6-5: Je besser eine Einheit platziert ist (d. h. je höher ihre „theoretische" Sucheffizienz ist), desto höher ist die Wahrscheinlichkeit, dass sie ohne aktive Suche attentiv wahrgenommen wird.

Des Weiteren ist die Wahrnehmungswahrscheinlichkeit einer Platzierungseinheit nicht nur von ihrer eigenen Platzierung, sondern auch von der Platzierung der jeweils gesuchten Einheiten abhängig. Je länger die Suchzeit nach einer gesuchten Einheit ist, desto größer ist die Wahrscheinlichkeit, dass während der Suche andere Einheiten wahrgenommen werden.

Hypothese 6-6: Je länger die Suchzeit nach einer gesuchten Platzierungseinheit, desto höher ist die Wahrscheinlichkeit, dass eine andere Platzierungseinheit während der Suche attentiv wahrgenommen wird.

In großen Abteilungen kann die Wahrscheinlichkeit, dass eine Platzierungseinheit während der Suche einer anderen Platzierungseinheit attentiv wahrgenommen wird, auch noch von der Entfernung beider Einheiten abhängig sein. Je größer die Entfernung zwischen zwei Platzierungseinheiten ist, desto geringer ist die Wahrscheinlichkeit, dass die eine Einheit während der Suche der anderen Einheit wahrgenommen wird.

Hypothese 6-7: Je größer die Entfernung zwischen zwei Platzierungseinheiten, desto geringer ist die Wahrscheinlichkeit, dass die eine Einheit bei der Suche der anderen Einheit wahrgenommen wird.

Die Wahrscheinlichkeit, während der Suche einer Einheit A eine Einheit B wahrzunehmen, hängt somit neben der Platzierungsgüte von B, ausgedrückt durch die zugehörige Suchzeit (SZ_B), auch von der Suchzeit nach A (SZ_A) und von der

Entfernung von B zu A (D_{BA}) ab. Formal ergibt sich dann aus den Hypothesen 6-5 bis 6-7 folgender Zusammenhang:

(6-2) $WP_{BA} = g(SZ_B, SZ_A, D_{BA})$,

wobei

WP_{BA} = Wahrscheinlichkeit, dass Platzierungseinheit B bei der Suche nach Platzierungseinheit A wahrgenommen wird,

SZ_A = Suchzeit, um Platzierungseinheit A im Regal ausfindig zu machen (Sucheffizienz),

SZ_B = Suchzeit, um Platzierungseinheit B im Regal ausfindig zu machen (Sucheffizienz),

D_{BA} = Distanz zwischen A und B.

Ebenso wie bei der Sucheffizienz, werden auch zur Erklärung der Wahrnehmungswahrscheinlichkeiten nur solche Bestimmungsfaktoren berücksichtigt, die
die unmittelbar durch Warenplatzierung beeinflusst werden können.

6.1.4 Eine empirische Untersuchung zum Einfluss zugeteilter Regalkapa-zitäten auf das Such- und Wahrnehmungsverhalten von Kunden

Um die aufgestellten Hypothesen zu überprüfen, wurde eine empirische
Untersuchung durchgeführt.[10] Bei der Untersuchung ging es zum einen darum, die
Wirkung unterschiedlicher Sichtflächen, Regalorte und Platzierungsformen auf die
Sucheffizienz abzubilden (Hypothesen 6-1 bis 6-4) und zum anderen Wahr-
nehmungswahrscheinlichkeiten nicht gesuchter Platzierungseinheiten mit Hilfe
von Platzierungsparametern zu erklären (Hypothesen 6-5 bis 6-7).

6.1.4.1 Untersuchungsdesign und Feldreport

Die empirische Untersuchung wurde im Sommer 1999 durchgeführt. Es sollten
Suchzeiten und Wahrnehmungswahrscheinlichkeiten unterschiedlich platzierter
Einheiten in einem Schreibwarenregal gemessen werden. Hierzu wurden in einem
SB-Warenhaus im Köln/Aachener Raum Kunden nach dem Zufallsprinzip ausgewählt und gefragt, ob sie bereit sind, an einer Untersuchung teilzunehmen. Den
teilnehmenden Kunden wurde dann zunächst ein Artikel gezeigt oder eine Warengruppe genannt, die sie in der Schreibwarenabteilung suchen sollten. Um die
Sucheffizienz zu bestimmen, wurde die Zeit zwischen Betreten der Schreibwarenabteilung und dem Auffinden der gesuchten Platzierungseinheit gemessen. Ein
Suchauftrag galt dann als erfolgreich ausgeführt, wenn der Proband auf den
gesuchten Artikel im Regal gezeigt hat. Um den Beginn des Suchprozesses valide
bestimmen zu können, wurde darauf geachtet, die Probanden an einem Ort im
Verkaufsraum anzusprechen, von dem aus sie die Abteilung nicht einsehen
konnten. Nachdem die Probanden die Suchaufgabe erfüllt hatten, wurden ihnen

---

[10] Das Datenmaterial für die empirische Untersuchung wurde unter Anleitung des Verfassers
von Kerstin Schiefenhövel im Rahmen ihrer Diplomarbeit erhoben.

jeweils drei Platzierungseinheiten präsentiert, zu denen die sie angeben sollten, ob sie sich erinnern, diese im Regal wahrgenommen zu haben. Diese Angaben sollten dem Zweck dienen, die Wahrnehmungswahrscheinlichkeiten zu erfassen. Abschließend wurden die Probanden nach ihren Einkaufserfahrungen sowie nach persönlichen und soziodemographischen Merkmalen befragt.

An der empirischen Untersuchung nahmen insgesamt 549 Probanden teil, deren Datensätze zur Auswertung herangezogen werden konnten. Die Probanden selbst waren zu einem höheren Anteil weiblich, häufig in der Altersklasse zwischen 21 und 40 Jahren und hinsichtlich ihrer Körpergröße überwiegend kleiner als 1,80 m. Die meisten Probanden kaufen nie oder seltener als einmal im Monat in der untersuchten Abteilung ein. Einen Überblick über die Struktur der Stichprobe gibt Abbildung 6.1.

	Häufigkeit absolut	Häufigkeit relativ		Häufigkeit absolut	Häufigkeit relativ
Geschlecht			**Einkaufshäufigkeit in der untersuchten Abteilung**		
Männlich	233	42,4	Mindestens 1 mal pro Woche	15	2,7
Weiblich	316	57,6	Mindestens 1 mal pro Monat	58	10,6
Alter in Jahren			Mindestens 1 mal pro Jahr	192	35,0
0 bis 20	95	17,3	Nie	284	51,7
21-40	323	58,8	**Körpergröße**		
41-60	106	19,3	Bis 1,79 m	416	75,8
Ab 61 Jahre	25	4,6	Ab 1,80 m	133	24,2

Abb. 6.1:   Feldreport

Die untersuchten Platzierungseinheiten wurden aus zwei nebeneinander-liegenden Regalsegmenten der Abteilung mit einer Breite von je 1,25 m und einer Höhe von 1,60 m ausgewählt. Die Beschränkung auf die beiden Regalsegmente war erforderlich, um den Einfluss horizontal unterschiedlicher Regalorte zu kontrollieren. Dies bedeutete allerdings auch, dass der Einfluss horizontaler Platzierungseffekte nicht untersucht werden konnte. Das Testsegment, in dem in erster Linie Schul- und Zeichenartikel platziert waren, konnte in vertikaler Hinsicht in drei Ebenen für Liegeartikel und zwei Ebenen für Hängeartikel aufgeteilt werden. Die drei Regalböden für Liegeartikel wurden in eine aus wahrnehmungs-physiologischer Sicht vorteilhafte A-Zone (oberste der drei Liegeebenen) und eine B-Zone (die beiden unteren Liegeebenen) aufgeteilt. Die Hängeebenen wurden dagegen auf Grund der geringen Regalhöhe von 1,60 m beide als wahrnehmungs-physiologisch vorteilhaft angesehen (vgl. auch die Abbildung 6.2).

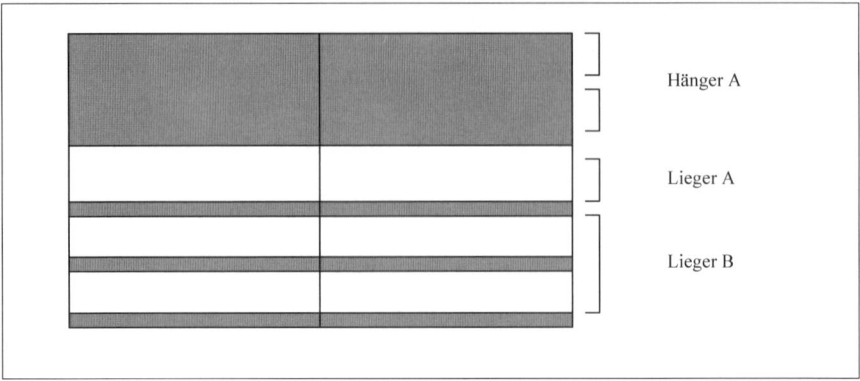

Abb. 6.2:   Die Aufteilung des Regalsegments in Zonen

Bei der Auswahl der **Platzierungseinheiten für die Messung der Sucheffizienz** wurde darauf geachtet, dass diese über unterschiedliche Sichtflächen
verfügen und an unterschiedlichen Orten im Regal platziert sind. Für die beiden
Hängezonen wurden je vier, für Lieger A und B je drei Platzierungseinheiten
ausgewählt, die sich jeweils hinsichtlich ihrer Sichtfläche unterscheiden. Zu jeder
dieser insgesamt 14 Platzierungseinheiten wurden jeweils 30 Suchaufträge erteilt.[11]
Darüber hinaus wurden weitere 28 Platzierungseinheiten ausgewählt, zu denen
jeweils in der Regel fünf Beobachtungen durchgeführt wurden. Die Auswahl dieser
zusätzlichen Einheiten war erforderlich, um für die Ermittlung der Wirkungsfunktionen über eine größere Varianz der Sichtflächen zu verfügen.

Um die Wahrnehmungswahrscheinlichkeiten zu messen, wurden drei unterschiedliche Zusammenstellungen von Platzierungseinheiten gebildet, von denen
jeweils eine den Probanden nach dem Suchvorgang präsentiert wurde. Die
Zusammenstellungen enthielten jeweils einen Artikel mit geringer, einen Artikel
mit mittlerer sowie einen Artikel und eine Warengruppe mit großer Sichtfläche.[12]

---

[11]   Für eine der 14 Platzierungseinheiten konnten nur 24 Datensätze ausgewertet werden. Für die
       übrigen 13 Einheiten sind 30 Datensätze in die Auswertung eingegangen.
[12]   In einigen Fällen wurden einzelne Platzierungseinheiten in den Zusammenstellungen ausge-
       tauscht. Dies war dann erforderlich, wenn eine der in einer Zusammenstellung enthaltenen
       Einheiten vorher Gegenstand der Suchaufgabe war.

6.1.4.2 Methoden zur Datenauswertung und die Operationalisierung der Sichtflächen

Da das Ziel der Untersuchung neben der Überprüfung der Hypothesen 6-1 bis 6-7 auch darin bestand, Wirkungsfunktionen zu ermitteln, bietet sich insbesondere die Regressionsanalyse als Auswertungsmethode an. Da von einem degressiven Zusammenhang zwischen Sichtfläche und Suchzeit ausgegangen wurde, soll diesbezüglich ein degressives, durch Transformation linearisierbares Regressionsmodell zum Einsatz kommen. Der Zusammenhang zwischen Platzierung und Wahrnehmungswahrscheinlichkeiten wird mit Hilfe einer logistischen Regression untersucht.

Um die **Sichtflächen der einzelnen Platzierungseinheiten** für die Auswertung zu berechnen, wurde auf Data-Warehouse-Daten des in der Abteilung überwiegend vertretenen Herstellerunternehmens zurückgegriffen. Wird unterstellt, dass Hängeartikel in der Regel von vorne, Liegeartikel dagegen von oben betrachtet werden, ergibt sich die Sichtfläche von Hängeartikeln als Produkt von Breite und Höhe, bei Liegeartikeln wird statt der Höhe die jeweilige Tiefe eines Artikels zur Sichtflächenberechnung herangezogen. Des Weiteren ergeben sich für die Sichtflächen von Liegeartikeln einige Besonderheiten:

- Einige Artikel mit geringer Tiefe sind mehrfach hintereinander platziert. In diesen Fällen muss auch die Sichtfläche eines Artikels mit der Anzahl hintereinander platzierter Einheiten multipliziert werden.
- Bei Liegeartikeln muss dem Umstand Rechnung getragen werden, dass einige Artikel teilweise von darüber liegenden Regalböden verdeckt werden. Die Sichtflächen lassen sich hier mit Hilfe trigonometrischer Gleichungssysteme berechnen, wobei die Sichtfläche eines Artikels neben den Koordinaten der Regalböden von seiner Stapelhöhe, der Entfernung des Probanden sowie dessen Augenhöhe abhängt. Für die Untersuchung wurde eine Stapelhöhe von 15 cm, eine durchschnittliche Augenhöhe von 162,2 cm und ein durchschnittlicher Abstand des Probanden vom Regal von 70 cm unterstellt. Die durchschnittliche Augenhöhe wurde im Anschluss an die Datenerhebung aus der durchschnittlichen Körpergröße der Probanden (172,2 cm) und einem unterstellten Abstand zwischen höchstem Körperpunkt und Augen (10 cm) berechnet. Dieses Ergebnis entspricht auch in etwa den dafür existierenden DIN-Werten.[13]

Da auch Suchaufträge nach einzelnen Warengruppen (z. B. Bleistifte) vergeben wurden, mussten auch **Sichtflächen von Warengruppen** berechnet werden. Dabei stellte sich die Frage, wie die Warengruppen abzugrenzen sind. Hierbei wurde so vorgegangen, dass nur solche Artikel einer Warengruppe zugerechnet wurden, die

---

[13] Vgl. hierzu die Angaben bei Fischer, H.: Entwicklung der visuellen Wahrnehmung, Weinheim 1995, S. 24.

auch vertikal oder horizontal zusammenhängend platziert waren, sogenannte Satelliten wurden demnach nicht in die Flächenberechnung einer Warengruppe einbezogen. Weiterhin stellte sich in einigen Fällen die Frage nach der Grenze der Warengruppen.

6.1.4.3 Ergebnisse zum Einfluss zugeteilter Regalkapazitäten auf die Such-effizienz

Zum Zusammenhang von Platzierung und Suchzeit sind Hypothesen aufgestellt worden, die die Suchzeit einer Platzierungseinheit durch deren Sichtfläche, den Regalort und die Platzierungsform erklären. Der Zusammenhang zwischen Sicht-fläche und Suchzeit sollte zudem degressiv fallender Natur sein.

Zur Prüfung der Hypothesen wurde ein Regressionsmodell formuliert, welches die empirisch beobachteten Suchzeiten durch die Sichtfläche der gesuchten Platzierungseinheit, die Wertigkeit ihres Ortes im Regal und ihre Platzierungsform erklärt. Da angenommen wurde, dass der Zusammenhang von Sichtfläche und Suchzeit degressiv fallend verläuft, sollte ein Regressionsmodell gewählt werden, welches bei minimalen Sichtflächen gegen unendlich und bei maximalen Sicht-flächen gegen null bzw. gegen eine positive Konstante konvergiert. Hierzu wurde die Suchzeit durch eine Exponentialfunktion abgebildet, deren Exponent unter anderem die logarithmierte Sichtfläche enthält. Die Verwendung des natürlichen Logarithmus der Sichtfläche ist deshalb erforderlich, damit die Suchzeiten Werte im gewünschten Bereich von null bis unendlich annehmen können.

Wird die gesamte Suchzeitfunktion logarithmiert, ergibt sich ein lineares Regressionsmodell, wie Gleichung 6-3 zeigt:

$$(6\text{-}3) \quad SZ_A = e^{a + b\,ln\,SF_A + cRO_A + dPF_A}$$

$$\Leftrightarrow \quad ln\,SZ_A = a + b\,ln\,SF_A + cRO_A + dPF_A,$$

wobei

SZ_A	= Suchzeit, um Platzierungseinheit A im Regal ausfindig zu machen (Sucheffizienz),
SF_A	= Sichtfläche von Einheit A,
RO_A	= Wertigkeit des Regalorts von Einheit A (0: B-Zone; 1: A-Zone),
PF_A	= Platzierungsform von Einheit A (0: Lieger; 1: Hänger),
a	= Parameter,
b	= Parameter für den Einfluss der Sichtfläche von A,
c	= Parameter für den Einfluss der Wertigkeit des Regalorts von A,
d	= Parameter für die Platzierungsform von A.

Mit Hilfe dieses Regressionsmodells können die Hypothesen 6-1 bis 6-4 untersucht werden. Hypothese 6-1 zum negativen Zusammenhang zwischen der Sichtfläche einer gesuchten Platzierungseinheit und ihrer Suchzeit kann bestätigt werden, wenn der Koeffizient b signifikant ist und ein negatives Vorzeichen aufweist. Ein degressiver Zusammenhang von Sichtfläche und Suchzeit kann angenommen werden, wenn das Regressionsmodell insgesamt zu einem höheren

Bestimmtheitsmaß führt als ein alternatives lineares Modell (Hypothese 6-2). Hypothese 6-3 zum Einfluss der Regalzonenwertigkeit gilt als bestätigt, wenn der Koeffizient c signifikant ist und ein negatives Vorzeichen besitzt. Längere Suchzeiten von Hänge- versus Liegeartikeln (Hypothese 6-4) werden dann nachgewiesen, wenn Koeffizient d signifikant ist und ein positives Vorzeichen aufweist.

Die Ergebnisse zeigten zunächst, dass sich die Hypothesen zum negativen Einfluss von Sichtfläche und Regalzonenwertigkeit auf die Suchzeit bestätigen lassen, während sich hinsichtlich der angenommenen längeren Suchzeit bei Hänge-gegenüber Liegeartikeln genau das Gegenteil erwiesen hat. Das Bestimmtheitsmaß der ersten Auswertung war mit 0,207 (0,203 korr.) verhältnismäßig niedrig, aber dennoch deutlich höher als das des alternativen linearen Modells. Für dieses betrug das Bestimmtheitsmaß 0,156 (0,153 korr.).

Nachdem die ersten Ergebnisse der Regressionsanalysen vorlagen, wurde versucht, die Anpassungsgüte durch Modifikationen der Sichtflächen-Operationalisierung zu verbessern. So stellte sich für die Hängeartikel heraus, dass sich das Bestimmtheitsmaß erhöht, wenn nur horizontal benachbarte Artikel einer gemeinsamen Platzierungsgruppe zugerechnet wurden. Ein Grund für diese Beobachtung mag in der Hypothese liegen, dass das Regalbild horizontal nach den gesuchten Platzierungseinheiten abgesucht wird. Bei Liegeartikeln wurden Such-vorgänge nach der Warengruppe Filzstifte aus der Analyse ausgeschlossen, da diese liegend platziert waren, von den meisten Probanden jedoch bei Hängeartikeln gesucht wurden, was zu starken Ausreißern bei den beobachteten Suchzeiten führte. Weitere Verbesserungen ließen sich erzielen, wenn bei mehrfach hinter-einander platzierten Artikeln nur die vorderste Einheit zur Sichtflächenberechnung herangezogen wurde. Dies deutet darauf hin, dass die Probanden das Regal zunächst in horizontaler Richtung nach den gesuchten Objekten absuchen, ohne den Blick in den einzelnen Fächern zu stoppen und in die Tiefe zu richten. Werden diese Sachverhalte berücksichtigt, ändert sich an der Bestätigung der Hypothesen 6-1 bis 6-3 bzw. der Ablehnung von Hypothese 6-4 nichts, lediglich das Bestimmtheitsmaß erhöht sich von 0,207 (0,203 korr.) auf 0,246 (0,241 korr.; vgl. Abbildung 6.3).

	B	**Beta**	**Signifikanz**	**R-Quadrat**	**R-Quadrat (korr.)**
Modell			0,000***	0,246	0,241
Konstante	4,688		0,000***		
Sichtfläche	-0,397	-0,449	0,000***		
Zonenwertigkeit	-0,299	-0,138	0,003**		
Hänger vs. Lieger	-0,224	-0,136	0,003**		
=signifikant zum Niveau 0,01; *=signifikant zum Niveau 0,001					

Abb. 6.3:   Ergebnisse zum Einfluss von Sichtfläche, Zonenwertigkeit und Platzierungsform auf die Sucheffizienz

In Abbildung 6.4 ist die ermittelte Suchzeitfunktion dargestellt. Es zeigt sich, dass die kürzesten Suchzeiten bei Hängeartikeln zu beobachten sind, gefolgt von Liegeartikeln in den höherwertigen Regalzonen und schließlich Liegeartikeln in den schlechteren Regalzonen. Auch der degressive Verlauf der Funktion ist deutlich erkennbar.

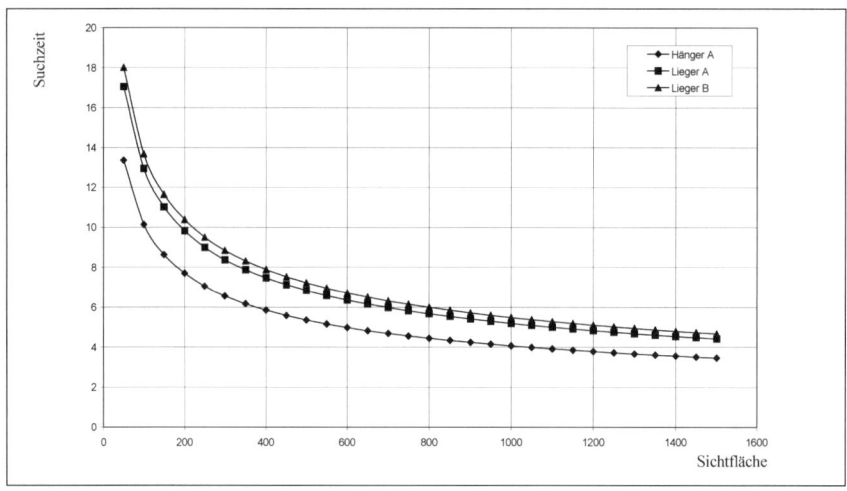

Abb. 6.4:   Verlauf der ermittelten Suchzeitfunktion

Abschließend lässt sich zum Zusammenhang zwischen zugeteilten Regalkapazitäten und Sucheffizienz festhalten, dass die untersuchten Hypothesen bis auf eine Ausnahme bestätigt werden konnten. Fragen wirft jedoch das niedrige Bestimmtheitsmaß von gerade knapp 25% Varianzaufklärung auf. Hierzu muss angemerkt werden, dass in den Regressionsfunktionen lediglich der Einfluss zugeteilter Regalkapazitäten auf die empirisch beobachtete Sucheffizienz zum

Ausdruck kam. Tatsächlich dürfte die gemessene Sucheffizienz bei den Platzierungseinheiten aber noch von weiteren Faktoren abhängen, beispielsweise von der Fähigkeit und dem Willen der Probanden, die gestellten Suchaufgaben effizient zu erfüllen. So lassen sich gute und schlechte Suchleistungen von Probanden etwa auf evtl. vorhandenes Platzierungswissen, die Aufmerksamkeit bei der Suche sowie physiologische Faktoren wie Alter oder Körpergröße zurückführen.

Um den Einfluss dieser weiteren Bestimmungsfaktoren auf die gemessenen Suchzeiten zu betrachten, wurden die Probanden in „gute" und „schlechte" Sucher aufgeteilt. Die Aufteilung erfolgte anhand des Kriteriums, ob die bei einem Probanden beobachtete Suchzeit positiv oder negativ von der theoretisch zu erwartenden Suchzeit abweicht. Die theoretisch erwartete Suchzeit ergibt sich dabei aus der empirisch ermittelten Regressionsfunktion. Abbildung 6.5 zeigt die Profile von „guten" und „schlechten" Suchern. Ohne im Einzelnen auf die Signifikanz von Unterschieden einzugehen, deuten die Ergebnisse darauf hin, dass die Suchfähigkeit in starkem Maße von Einkaufserfahrungen in der Abteilung und dem Alter der Probanden abhängt.[14]

N=519	Gute Sucher (N=305)	Schlechte Sucher (N=214)		Gute Sucher (N=305)	Schlechte Sucher (N=214)
Geschlecht			Einkaufshäufigkeit in der untersuchten Abteilung		
Männlich	39,7%	43,9%	Mindestens 1 mal pro Woche	4,3%	0,9%
Weiblich	60,3%	56,1%	Mindestens 1 mal pro Monat	11,5%	9,8%
Alter in Jahren			Mindestens 1 mal pro Jahr	36,4%	32,2%
0 bis 20	21,0%	12,6%	Nie	47,9%	57,0%
21-40	61,3%	55,1%	Körpergröße		
41-60	16,1%	22,9%	Bis 1,79 m	77,0%	76,6%
Ab 61 Jahre	1,6%	9,3%	Ab 1,80 m	23,0%	23,4%

Abb. 6.5:   Charakterisierung von „guten" und „schlechten" Suchern

---

[14] Vgl. zum Einfluss persönlicher und situativer Merkmale auf die Sucheffizienz die Hypothesen bei Zielke, S., 1999, S. 39-41.

6.1.4.4 Ergebnisse zum Einfluss zugeteilter Regalkapazitäten auf die Wahrnehmungswahrscheinlichkeit von Platzierungseinheiten

Neben der Frage, wie sich die Platzierung einer Einheit auf die zu ihrer Suche erforderliche Zeit auswirkt, soll auch untersucht werden, welcher Zusammenhang zwischen der Verteilung von Regalkapazitäten und der Wahrnehmung nicht gesuchter Artikel besteht. Hierzu wurden Hypothesen formuliert, nach denen die Wahrnehmungswahrscheinlichkeit einer Platzierungseinheit während eines Suchvorgangs umso höher ist, je länger der Suchvorgang dauert, je besser die wahrzunehmende Einheit platziert ist und je geringer die Distanz zwischen wahrzunehmender und gesuchter Platzierungseinheit ist.

Um die Hypothesen zu überprüfen, wurden den Probanden, nachdem sie eine Platzierungseinheit gesucht haben, andere Artikel oder Warengruppen gezeigt, zu denen sie angeben sollten, ob sie diese während der Suche wahrgenommen haben. Auf Basis dieser Daten sollte eine Funktion ermittelt werden, die die Wahrnehmungswahrscheinlichkeit einer Platzierungseinheit B in Abhängigkeit der in der Abteilung verbrachten Zeit (SZ_A), der Güte der Platzierung der wahrzunehmenden Einheit (operationalisiert durch deren theoretisch berechnete Suchzeit SZ_B)[15] und der Distanz zwischen gesuchter und wahrzunehmender Einheit (operationalisiert durch die Distanz der Regalböden) erklärt.

Da es sich bei der abhängigen Variable um eine Wahrscheinlichkeit handelt, mit der ein dichotomes Ereignis (Wahrnehmung einer bestimmten Platzierungseinheit) eintritt, kann der Zusammenhang zwischen Platzierung und Wahrnehmungswahrscheinlichkeit durch ein logistisches Regressionsmodell abgebildet werden. Ein solches Regressionsmodell ist in Gleichung 6-4 dargestellt. Wie leicht zu erkennen ist, führt das logistische Modell dazu, dass die abhängige Variable auf einen Wertebereich zwischen null und eins beschränkt bleibt, so dass sie als Wahrscheinlichkeit interpretiert werden kann. Durch die Addition der erklärenden Variablen im Exponenten von e werden implizit kompensatorische Beziehungen zwischen diesen Größen unterstellt.

$$(6\text{-}4) \quad WP_{BA} = \frac{1}{1 + e^{-(a + bSZ_A + cSZ_B + dD_{BA})}},$$

wobei

WP_{BA} = Wahrscheinlichkeit, dass Platzierungseinheit B bei der Suche nach Platzierungseinheit A wahrgenommen wird,

SZ_A = (tatsächliche) Suchzeit, um die gesuchte Einheit A im Regal ausfindig zu machen,

SZ_B = (theoretische) Suchzeit, um Platzierungseinheit B im Regal ausfindig zu machen,

D_{BA} = Distanz zwischen B und A,

---

[15] Die theoretische Suchzeit wird mit Hilfe der im vorangegangenen Abschnitt ermittelten Regressionsfunktion berechnet.

a	= Parameter,
b	= Parameter für den Einfluss der Suchzeit von A,
c	= Parameter für den Einfluss der Suchzeit von B,
d	= Parameter für den Einfluss der Entfernung zwischen A und B.

Die Ergebnisse der Regression finden sich in Abbildung 6.6. Es zeigt sich, dass die Wahrnehmungswahrscheinlichkeit einer Platzierungseinheit umso höher ist, je länger die Probanden in der Abteilung nach einer anderen Einheit gesucht haben. Die theoretische Suchzeit des wahrzunehmenden Artikels wirkt sich dagegen erwartungsgemäß negativ auf dessen Wahrnehmungswahrscheinlichkeit aus. Da die Koeffizienten signifikant sind, können die Hypothesen 6-5 und 6-6 als bestätigt gelten. Auch bezüglich der Distanz zwischen A und B deutet sich ein negativer Einfluss auf die Wahrnehmungswahrscheinlichkeit an, der allerdings nicht signifikant ist.

	B	**Signifikanz**	**R-Quadrat McFadden**	**R-Quadrat Cox & Snell**	**R-Quadrat Nagelkerke**
Modell		0,000***	0,121	0,071	0,156
Konstante	-1,109	0,000***			
Suchzeit gesuchter Artikel	0,035	0,000***			
Suchzeit wahrg. Artikel	-0,214	0,000***			
Distanz (Regalböden)	-0,146	0,129			
***=signifikant zum Niveau 0,001					

Abb. 6.6:   Ergebnisse zum Zusammenhang zwischen Platzierung und Wahrnehmungswahrscheinlichkeit

Da der Einfluss der Distanz nicht signifikant war, wurde eine zweite logistische Regressionsanalyse durchgeführt, bei der die Distanz als unabhängige Variable ausgeschlossen wurde. Auch die Ergebnisse dieser Regressionsanalyse stützen die Hypothesen 6-5 und 6-6. Die Ergebnisse sind in Abbildung 6.7 dargestellt.

	B	Signifikanz	R-Quadrat McFadden	R-Quadrat Cox & Snell	R-Quadrat Nagelkerke
Modell		0,000***	0,119	0,069	0,153
Konstante	-1,294	0,000***			
Suchzeit gesuchter Artikel	0,034	0,000***			
Suchzeit wahrg. Artikel	-0,214	0,000***			
***=signifikant zum Niveau 0,001					

Abb. 6.7:   Ergebnisse zum Zusammenhang zwischen Platzierung und Wahrnehmungswahrscheinlichkeit (unter Ausschluss der Distanz)

Bei beiden Regressionsergebnissen fällt auf, dass die Anpassungsgüte nur als
sehr gering ausgewiesen wird. Dies ist allerdings nicht weiter verwunderlich, da
die R-Quadrat-Maße nur Auskunft über die Trennfähigkeit der unabhängigen
Variablen in Bezug auf das abhängige Ereignis geben. Bei einer eher flachen
logistischen Funktion ist diese Trennfähigkeit naturgemäß gering. Zudem sind an
die R-Quadrat-Maße der logistischen Regression andere Maßstäbe anzusetzen als
an die R-Quadrat-Maße der konventionellen Regression. So wird in der Literatur
beispielsweise darauf hingewiesen, dass ein *McFadden*-R-Quadrat bereits bei
Werten zwischen 0,2 und 0,4 eine gute Modellanpassung ausweist.[16] Für die
Warenplatzierung interessiert aus praktischer Sicht auch weniger die
Trennfähigkeit der Variablen in Bezug auf einzelne Wahrnehmungen (Prognose ob
ein einzelner Proband eine Platzierungseinheit wahrnimmt oder nicht) als die
Fähigkeit, über eine Vielzahl von Wahrnehmungen die Wahrnehmungswahrscheinlichkeit einzelner Platzierungseinheiten zuverlässig prognostizieren zu
können (Anteil der Probanden, die bei einer bestimmten Menge von
Suchvorgängen eine Platzierungseinheit wahrnehmen). In Abbildung 6.8 sind die
mit Hilfe der ermittelten logistischen Funktion berechneten Wahrscheinlichkeiten
den beobachteten Wahrscheinlichkeiten gegenübergestellt. Es zeigt sich, dass die
ermittelte Funktion mit Ausnahme einiger Ausreißer akzeptable Prognosen für die
Wahrnehmungswahrscheinlichkeiten liefert. So nimmt der *Theil*sche Ungleich-
heitskoeffizient einen Wert von 0,54 an, was für eine befriedigende Prognose-
eignung der ermittelten Regressionsfunktion spricht.[17] Natürlich soll auch nicht
unerwähnt bleiben, dass der Prognosefehler bei einigen Platzierungseinheiten
erheblich ist. Hier stellt sich die Frage nach weiteren Einflussfaktoren auf die

---

[16] Vgl. Rese, M.: Logistische Regression, in: Backhaus, K. et al.: Multivariate
Analysemethoden. Eine anwendungsorientierte Einführung, 9. Aufl., Berlin u. a. 2000, S.
116; unter Bezug auf Urban, D.: Logit-Analyse. Statistische Verfahren zur Analyse von
Modellen mit qualitativen Response-Variablen, Stuttgart-Jena-New York 1993, S. 62.
[17] Für das naive Prognosemodell wurde die durchschnittliche empirische Wahrnehmungswahrscheinlichkeit aller Einheiten berechnet.

Wahrnehmungswahrscheinlichkeit. Zu denken wäre insbesondere an die Verpackungsgestaltung, die in unterschiedlichem Ausmaß aktivierend sein kann.

Artikel	WP_B [%] (prog.)	WP_B [%] (emp.)	Fehler (absolut)	Artikel	WP_B [%] (prog.)	WP_B [%] (emp.)	Fehler (absolut)
1	5,69	0,83	4,86	7	6,39	9,62	3,23
2	4,78	1,65	3,13	8	1,81	3,42	1,61
3	4,83	9,62	4,79	9	20,97	22,15	1,18
4	2,68	3,21	0,53	10	18,47	25,78	7,31
5	8,44	0,69	7,75	11	16,04	12,82	3,22
6	8,95	12,40	3,45	12	9,10	5,44	3,66

Abb. 6.8:   Vergleich zwischen theoretischen (prognostizierten) und empirischen Wahrnehmungswahrscheinlichkeiten

6.1.4.5 Zusammenfassung der Ergebnisse der empirischen Untersuchung

Die empirische Untersuchung hat gezeigt, dass die Zuteilung von Regalkapazitäten tatsächlich das Such- und Wahrnehmungsverhalten von Kunden beeinflusst. Die Sucheffizienz einer Platzierungseinheit kann über ihre Sichtfläche, die Wertigkeit ihres Regalortes und ihre Platzierungsform erklärt werden. Der Zusammenhang zwischen Sichtfläche und Suchzeit ist dabei degressiv fallender Natur. Die teilweise geringen Bestimmtheitsmaße konnten durch individuelle Unterschiede in der Suchfähigkeit der Probanden erklärt werden.

In Bezug auf die Wahrnehmungswahrscheinlichkeit konnte gezeigt werden, dass diese umso höher ist, je besser die wahrzunehmende Platzierungseinheit platziert ist (d. h. je kürzer ihre theoretische Suchzeit ist) und je länger Kunden nach anderen Platzierungseinheiten suchen. Ein signifikanter Einfluss der Distanz zwischen wahrzunehmenden und gesuchten Platzierungseinheiten konnte dagegen nicht nachgewiesen werden.

Neben der Hypothesenprüfung diente die Untersuchung auch dem Zweck, Wirkungsfunktionen zum Einfluss zugeteilter Regalkapazitäten auf die Sucheffizienz und die Wahrnehmungswahrscheinlichkeiten von Platzierungseinheiten zu ermitteln. Auf Basis dieser Funktionen soll im folgenden Abschnitt der Zusammenhang von zugeteilten Regalkapazitäten und Kaufverhalten untersucht werden.

6.2 Der Einfluss zugeteilter Regalkapazitäten auf das Kaufverhalten von Kunden

Nachdem bisher die Wirkung zugeteilter Regalkapazitäten auf die Sucheffizienz und Wahrnehmungswahrscheinlichkeiten untersucht wurde, soll nun das aus der Platzierung resultierende Kaufverhalten betrachtet werden. Es stellt sich die Frage nach dem Zusammenhang zwischen der Zuteilung von Regalkapazitäten und dem Absatz von Artikeln. Dieser Zusammenhang soll im Folgenden als Platzierungseffekt bezeichnet werden. Die Kenntnis von Platzierungseffekten ist sowohl für eine unmittelbar am Deckungsbeitrag orientierte Warenplatzierung erforderlich als auch, um im Rahmen einer sucheffizienten Warenplatzierung mögliche kurzfristige Absatzeinbußen abschätzen zu können.

Wie noch zu zeigen sein wird, bereitet die Ermittlung von Platzierungseffekten Probleme. So sind bisherige empirische Erkenntnisse über Platzierungseffekte widersprüchlich. Neuere Methoden, wie z. B. Neuronale Netze, die im Marketing erfolgreich zur Abbildung von Wirkungszusammenhängen eingesetzt werden, sind dagegen noch nicht angewendet worden, um Platzierungseffekte zu untersuchen. Zumindest sind in der Literatur keine derartigen Anwendungen dokumentiert. Die Problemstellung dieses Abschnitts mündet somit in der Kernfrage, wie Platzierungseffekte reliabel und valide abgebildet werden können. Diese Kernfrage lässt sich in vier Teilprobleme zerlegen:

1. Erstens muss geklärt werden, warum die in der Literatur dokumentierten Untersuchungen von Platzierungseffekten unbefriedigend erscheinen.
2. Zweitens kann überlegt werden, ob andere Methoden, wie z. B. Neuronale Netze, eine sinnvolle Alternative gegenüber den traditionellen Verfahren, wie z. B. der Regressionsanalyse, darstellen können.
3. Für die Prognose von Platzierungseffekten muss drittens die Frage beantwortet werden, in welcher Weise die Platzierungsparameter den Absatz von Artikeln beeinflussen. Es muss eine formale Struktur entwickelt werden, die mit Hilfe von Regressionsanalysen oder Neuronalen Netzen abgebildet werden kann. Damit Regressionsanalysen zum Einsatz kommen können, soll in besonderer Weise nach einem linearisierbaren Zusammenhang gesucht werden. Hierzu ist eine verhaltenswissenschaftliche Analyse der Platzierungseffekte erforderlich.
4. Ist die formale Struktur von Platzierungseffekten festgelegt, können geeignete Regressionsmodelle und Netzwerkansätze abgeleitet werden. Es stellt sich die Frage, welcher der möglichen Prognoseansätze am besten geeignet ist, um Platzierungseffekte abzubilden. Hierzu können Platzierungseffekte simuliert und mit den verschiedenen Ansätzen bestimmt werden. Die Prognosefähigkeit bzw. Abbildungsgüte der unterschiedlichen Ansätze lässt sich dann vergleichen.

6.2.1 Überblick über den Stand der Forschung

Platzierungseffekte, die aus unterschiedlichen quantitativen und qualitativen Zuteilungen von Regalkapazitäten resultieren, sind in der Literatur durch verschiedene empirische Untersuchungen dokumentiert. Die Ergebnisse dieser Untersuchungen sollen zunächst dargestellt werden (Abschnitt 6.2.1.1 und 6.2.1.2). Da die Ergebnisse teilweise widersprüchlich sind, werden anschließend die zur Ermittlung von Platzierungseffekten traditionell verwendeten Methoden untersucht und Schwächen der bisherigen Untersuchungen herausgearbeitet (Abschnitt 6.2.1.3). Auf Grund der Tatsache, dass Neuronale Netze eine Alternative zu den bisher verwendeten Verfahren darstellen könnten, soll auch kurz auf Anwendungen von Neuronalen Netzen zur Ermittlung von Wirkungszusammenhängen im Marketing eingegangen werden (Abschnitt 6.2.1.4).

6.2.1.1 Überblick über empirische Untersuchungen zum Einfluss der Regalfront

Untersuchungen zum Einfluss der quantitativen Zuteilung von Regalkapazitäten auf den Absatz, Umsatz oder Marktanteil wurden in großer Anzahl in den sechziger und frühen siebziger Jahren durchgeführt. Einen Überblick gibt Abbildung 6.9.

Harris (1958)	*Harris* untersucht in drei Supermärkten bei zwei Waschmitteln den Einfluss der Verteilung von Facings auf die Absatzanteile. Angenommen wird ein positiver Wirkungszusammenhang. Die Untersuchung umfasste jeweils drei Treatments pro Markt (lateinisches Quadrat). Die Ergebnisse sind weder hypothesenkonform noch signifikant. Ein Grund hierfür mag in der insgesamt kleinen Stichprobe von nur 10 beobachteten Abverkäufen pro Treatment in einem Markt liegen.[18]
Cox (1964)	*Cox* untersucht bei 4 Warengruppen (davon 3 mit Impulscharakter) den Einfluss der Anzahl von Facings auf den Absatz. Hierzu werden in 6 Märkten jeweils in 6 Perioden 6 unterschiedliche Treatments realisiert. Nur für eine der Warengruppen mit Impulscharakter ergibt sich durch Regressionsanalyse ein signifikanter Zusammenhang.[19]

---

[18] Vgl. Harris, D. H.: The Effect of Display Width in Merchandising Soap, in: Journal of Applied Psychology, Vol. 42 (1958), No. 4, S. 283-284.

[19] Vgl. Cox, K. K.: The Responsiveness of Food Sales to Shelf Space Changes in Supermarkets, in: Journal of Marketing Research, Vol. 1 (1964), No. 2, S. 63-67.

Hubbard (1969)	*Hubbard* untersucht in 22 Testgeschäften die Kategorie Tee im Hinblick auf Platzierungseffekte (Marktanteilseffekte). In Testgeschäften, in denen nur die Herstellermarken in Augenhöhe platziert waren, führte ein höherer Raum-/Facing-Anteil der Handelsmarken (50% statt 40%) zu einem steigenden Umsatzanteil (38% statt 27%). In Geschäften, in denen sowohl Handels- als auch Herstellermarken durch vertikale Blöcke in Augenhöhe platziert waren, führte eine Reduktion des Raumanteils von Handelsmarken (29% statt 40%) zu einem reduzierten Umsatzanteil (22% statt 27%). Zur Signifikanz der Ergebnisse werden keine Aussagen gemacht.[20]
Kotzan/ Evanson (1969)	*Kotzan/Evanson* untersuchten bei 4 Drogerie-Artikeln den Zusammenhang zwischen der Anzahl von Facings und dem Absatz. Als Untersuchungsdesign wurde ein 3 (Testmärkte) x 3 (Testperioden) lateinisches Quadrat gewählt, dass dreimal balanciert repliziert wurde. Durch Varianzzerlegung können für drei der vier Artikel signifikante Platzierungseffekte nachgewiesen werden.[21]
Cox (1970)	In der zweiten Studie von *Cox* wurden anstatt von Produktkategorien einzelne Artikel, nämlich zwei Artikel der Kategorie Salz und zwei Artikel der Kategorie Kaffee-Milchpulver, im Hinblick auf den Zusammenhang von Raumanteil und Absatz untersucht. Hierzu wurden drei verschiedene Treatments in jeweils sechs Märkten durchgeführt (6 x 3 Design). Die Treatments bestanden darin, innerhalb der Kategorien das Verhältnis der Facings der Testartikel zu verändern, wobei die Summe der Facings beider Artikel konstant gehalten wurde. Nur für den umsatzstärkeren Artikel der Milchpulverkategorie (als Impulsartikel eingestuft) konnte durch Varianzzerlegung ein signifikanter Platzierungseffekt nachgewiesen werden.[22] Das Untersuchungsdesign wurde später von *Peterson/Cagley* substantiell kritisiert.[23]
Bates (1970)	*Bates* betrachtete 28 Artikel in 6 Supermärkten über einen Zeitraum von 18 Wochen, wobei alle 3 Wochen die Anzahl der Facings systematisch variiert wurde. Mit Hilfe einer Regressionsanalyse wurde der Zusammenhang zwischen der Anzahl von Facings und dem Absatz pro 1000 Kunden untersucht. Für 4 Artikel konnte ein degressiv steigender und für 10 Artikel ein linearer Zusammenhang nachgewiesen werden. Für die übrigen Artikel wurden keine oder unsystematische Platzierungseffekte beobachtet. Ein Vergleich der Absatzzahlen bei geringer Anzahl von Facings (in der Regel 2, 4 und 6 Facings) mit den Absatzzahlen bei großer Anzahl von Facings (in der Regel 8, 10 oder 12 Facings) weist für 13 Artikel signifikante Unterschiede aus. Untersuchungen zum Einfluss artikelspezifischer Merkmale zeigen, dass die 13 Artikel mit signifikanten Platzierungseffekten gegenüber den übrigen Artikeln eine größere Kaufhäufigkeit aufweisen, häufiger geplant gekauft werden und dass Handelsmarken überrepräsentiert sind.[24]

---

[20] Vgl. Hubbard, C. W.: The "Shelving" of Increased Sales, in: Journal of Retailing, Vol. 45 (1969), No. 4, S. 75-84.

[21] Vgl. Kotzan, J. A./Evanson, R. V.: Responsiveness of Drug Store Sales to Shelf Space Allocations, in: Journal of Marketing Research, Vol. 6 (1969), No. 4, S. 465-469.

[22] Vgl. Cox, K. K.: The Effect of Shelf Space upon Sales of Branded Products, in: Journal of Marketing Research, Vol. 7 (1970), No. 1, S. 55-58.

[23] Vgl. Peterson, R. A./Cagley, J. W.: The Effect of Shelf Space upon Sales of Branded Products: An Appraisal, in: Journal of Marketing Research, Vol. 10 (1973), No. 1, S. 103-104.

[24] Vgl. Bates, A. D.: Estimating the Relationship between Shelf Space and Sales for Supermarket Products, Diss. Indiana University 1970, S. 67-102.

Frank/Massy (1970)	*Frank* und *Massy* untersuchen durch Regressionsanalyse den Einfluss von Facings und Regalorten auf den Absatz von sieben Marken einer Lebensmittelkategorie, die jeweils in drei verschiedenen Containergrößen angeboten werden. Anstatt die Platzierung gezielt zu variieren, wurde eine cross-sektionale Analyse auf der Basis von Abverkaufsdaten durchgeführt, die in 30 Supermärkten über einen Zeitraum von 63 Wochen erhoben wurden. Tendenziell bestätigt sich ein positiver Zusammenhang zwischen der Anzahl von Facings und dem Absatz nur für Supermärkte, in denen sich Artikel der untersuchten Kategorie in der Vergangenheit überdurchschnittlich gut verkauft haben. Eindeutige Effekte bezüglich der Regalbodenhöhe konnten nicht nachgewiesen werden. Die Berücksichtigung von Interaktionseffekten zwischen Facings und Regalbodenhöhe führte nicht zu einer besseren Anpassungsgüte der Regressionsfunktion.[25]
Curhan (1972)	*Curhan* versuchte, in 4 Geschäften beobachtete Raumelastizitäten von knapp 500 Artikeln durch verschiedene Artikelmerkmale zu erklären. Die beobachteten Raumelastizitäten wiesen einen Mittelwert von 0,212 auf, ein Drittel der Elastizitäten war negativ. Eine Regressionsanalyse, die die beobachteten Elastizitäten durch verschiedene Artikelmerkmale erklären sollte, führte zu einem korrigierten Bestimmtheitsmaß von 0,012. Auf der Basis einfacher Mittelwertvergleiche konnten allerdings bei einem Signifikanzniveau von 25% Anhaltspunkte gefunden werden, dass Handelsmarken und Impulsartikel überdurchschnittlich hohe Elastizitäten aufweisen. Wenn die Anzahl der Facings erhöht wurde, waren die Elastizitäten höher als bei einer Reduktion der Facings.[26] Kritik an der Untersuchung von *Curhan* wurde von *Lynch* geübt.[27]
Curhan (1974)	*Curhan* betrachtete in seiner zweiten Studie 16 Artikel aus dem Frucht- und Gemüsesortiment, deren Raumzuteilung auf mindestens 200% der üblichen Displaygröße erhöht wurde. Die Artikel wurden so ausgewählt, dass sie sich im Hinblick auf Kaufhäufigkeit, Preiskategorie und Saisonalität unterscheiden. Als abhängige Variable wurde der Wochenabsatz pro 1000 Kunden im Verhältnis zum Durchschnittswochenabsatz gewählt. Die Ergebnisse weisen Absatzsteigerungen von 44% für harte Früchte, 59% für Gemüse, 28% für Salate und 49% für weiche Früchte aus. Tendenziell weisen Artikel mit geringem Absatzniveau größere Platzierungseffekte auf als Artikel mit hohem Absatzniveau.[28]

---

[25] Vgl. Frank, R. E./Massy, W. F.: Shelf Position and Space Effects on Sales, in: Journal of Marketing Research, Vol. 7 (1970), No. 1, S. 59-66.

[26] Vgl. Curhan, R. C.: The Relationship between Shelf Space and Unit Sales in Supermarkets, in: Journal of Marketing Research, Vol. 9 (1972), No. 4, S. 406-412.

[27] Vgl. Lynch, M.: A Comment on Curhan´s "The Relationship between Shelf Space and Unit Sales in Supermarkets", in: Journal of Marketing Research, Vol. 11 (1974), No. 2, S. 218-220; Curhan, R. C.: Shelf Space Elasticity: Reply, in: Journal of Marketing Research, Vol. 11 (1974), No. 2, S. 221-222.

[28] Vgl. Curhan, R. C.: The Effects of Merchandising and Temporary Promotional Activities on the Sales of Fresh Fruits and Vegetables in Supermarkets, in: Journal of Marketing Research, Vol. 11 (1974), No. 3, S. 286-294.

Anderson (1979)	*Anderson* untersucht u. a. auf der Basis des Datenmaterials der zweiten Studie von *Cox* den Zusammenhang zwischen Frontstückanteil (Share of Space) und Marktanteil innerhalb von Produktkategorien. Für sieben Kategorien werden logistische Wirkungsfunktionen bestimmt. Bei einem Raumanteil von 50% liegen die Raumelastizitäten zwischen 0,05 und 0,41, im Durchschnitt bei 0,2.[29]
Müller-Hagedorn/ Heidel (1986)	*Müller-Hagedorn/Heidel* untersuchten 9 Artikel aus den Warengruppen Mayonnaise, Ketchup und Saucen, die zuvor entweder als Impuls- oder Gewohnheitsartikel eingestuft wurden. Die Platzierung der Artikel wurde in zwei Märkten über zwei Perioden variiert. In keinem Fall konnte ein signifikanter Zusammenhang zwischen der Anzahl von Facings und dem Absatz pro 1000 Kunden nachgewiesen werden. Die Autoren führen die Ergebnisse auf verschiedene Störvariablen zurück. Der Absatz der untersuchten Artikel war in den Testmärkten insgesamt gering.[30]
Heidel (1990)	*Heidel* untersucht Platzierungseffekte in den Warengruppen Zahnpasten/ Seifen, Kaffee und Spirituosen in drei Warenhausfilialen. Während eines Zeitraums von drei Monaten wurden die Facings der Artikel dieser Warengruppen zu sechs Zeitpunkten gemessen und jeweils auf die übrigen Tage des Untersuchungszeitraums hochgerechnet. Die Absatzdaten wurden wöchentlich erhoben. Auf dieser Basis wurden Raumelastizitäten berechnet, die in 50,9% der Fälle negative Vorzeichen aufweisen. Eine Untersuchung unterschiedlicher Operationalisierungen von Responsefunktionen führt zu keinen konsistenten Ergebnissen.[31]
Drèze/Hoch/ Purk (1994)	*Drèze/Hoch/Purk* untersuchten qualitative und quantitative Platzierungseffekte für Artikel aus 8 Kategorien. Innerhalb des Beobachtungszeitraums wurden in 60 Testmärkten Umplatzierungen vorgenommen. Für die einzelnen Kategorien werden Responsefunktionen berechnet, in denen der Absatz eines Artikels durch die quantitative Flächenzuweisung (Quadrat-Inches), die vertikale und horizontale Position im Regal sowie Dummyvariablen für Testmarkt, Marke und Preisveränderungen erklärt wird. Für 7 der 8 ermittelten Responsefunktionen können signifikante Effekte ermittelt werden, die aus der Höhe der Frontfläche resultieren. Es zeigt sich allerdings auch, dass die Responsefunktionen häufig schon bei einer geringen Frontfläche Sättigungstendenzen aufweisen.[32]
Desmet/ Renaudin (1998)	*Desmet/Renaudin* untersuchen Platzierungseffekte in 24 Kategorien durch eine cross-sektionale Analyse der Umsatzdaten in über 200 Geschäften eines französischen Filialunternehmens mit Food und Non-Food Sortiment. Die Effekte wurden durch eine Responsefunktion geschätzt, die den Umsatzanteil einer Kategorie in Abhängigkeit ihres Frontstreckenanteils ausdrückt. Die geschätzten Elastizitäten variieren deutlich. Tendenziell sind die Elastizitäten bei Impulskategorien höher. Die durchschnittliche Elastizität beträgt rund 0,2.[33]

Abb. 6.9:   Empirische Ergebnisse zum Einfluss der Regalfront[34]

---

[29] Vgl. Anderson, E. E.: An Analysis of Retail Display Space: Theory and Methods, in: Journal of Business, Vol. 52 (1979), No. 1, S. 103-118.

[30] Vgl. Müller-Hagedorn, L./Heidel, B., 1986, S. 58-62.

[31] Vgl. Heidel, B.: Scannerdaten im Einzelhandelsmarketing, Wiesbaden 1990, S. 222-233.

[32] Vgl. Drèze, X./Hoch, S. J./Purk, M. E., 1994, S. 301-326.

[33] Vgl. Desmet, P./Renaudin, V.: Estimation of Product Category Sales Responsiveness to Allocated Shelf Space, in: International Journal of Research in Marketing, Vol. 15 (1998), No. 5, S. 443-457.

[34] Vgl. auch den Überblick über empirische Ergebnisse bei Heidel, B., 1990, S. 253.

Die in Abbildung 6.9 dargestellten Untersuchungen unterscheiden sich in mehrfacher Hinsicht. **Untersuchungsobjekte** sind fast immer einzelne Artikel, deren Elastizitäten allerdings teilweise auf Warengruppenebene aggregiert werden. *Cox* in seiner ersten Studie und *Desmet/Renaudin* wählen dagegen Warengruppen als Untersuchungsobjekte, *Hubbard* Handels- und Herstellermarken innerhalb einer Kategorie.

Zur **Operationalisierung** der in Anspruch genommenen Regalkapazitäten wird häufig auf Frontstücke oder den Frontstückanteil zurückgegriffen. Ausnahmen bilden die Studie von *Desmet/Renaudin,* in der die zugewiesenen Regalkapazitäten durch Frontstreckenanteile operationalisiert werden, sowie der Beitrag von *Drèze/Hoch/Purk*, in dem die Frontfläche als erklärende Variable herangezogen wird. Die abhängige Variable bildet in der Regel der Absatz, häufig pro tausend Kunden. In einigen Beiträgen, nämlich bei *Harris, Hubbard, Anderson* und *Desmet/Renaudin,* wird auch der Absatz- oder Umsatzanteil im Sinne eines Marktanteils als abhängige Variable verwendet. Entsprechend wird in diesen Beiträgen als unabhängige Variable der Anteil an den Regalkapazitäten („Share of Space") betrachtet. Unterschiedliche Operationalisierungsmöglichkeiten für Responsefunktionen werden explizit bei *Heidel* untersucht.

In Bezug auf das **Untersuchungsdesign** werden in den meisten Studien gezielte Umplatzierungen vorgenommen. *Frank/Massy* und *Desmet/ Renaudin* verwenden dagegen cross-sektionale Daten, um Platzierungseffekte abzuschätzen. Auch *Curhan* in seiner ersten Studie und *Heidel* greifen auf beobachtete Platzierungs-änderungen zurück.

Die **Ergebnisse der Untersuchungen** weisen insgesamt eine hohe Bandbreite auf. Während *Harris* und *Müller-Hagedorn/Heidel* keine systematischen Platzie-rungseffekte nachweisen konnten, gelingt *Cox* und *Bates* der Nachweis positiver Platzierungseffekte nur bei einzelnen Artikeln. In der ersten Studie von *Curhan,* bei *Anderson* und bei *Desmet/Renaudin* konnten nur vergleichsweise geringe Elastizitäten im Bereich von durchschnittlich 0,2 ermittelt werden, bei *Heidel* weist über die Hälfte der ermittelten Elastizitäten negative Vorzeichen auf. Dahingegen führte in der zweiten Studie von *Curhan* eine Verdopplung der Raumzuteilung in einzelnen Produktkategorien zu Absatzzuwächsen zwischen 28 und 59%. Starke Platzierungseffekte ergeben sich auch bei *Hubbard* sowie teilweise auch bei *Frank/Massy* und *Kotzan/Evanson*. *Drèze/Hoch/Purk* weisen zwar signifikante Frontflächeneffekte nach, jedoch liegt der Sättigungspunkt des Absatzes häufig schon bei relativ geringen Frontflächen. In Bezug auf die Art des funktionalen Zusammenhangs zwischen Flächenzuweisung und Absatz, hat *Bates* für unterschiedliche Artikel sowohl degressive als auch lineare Wirkungsfunktionen ermittelt.[35]

---

[35] Vgl. darüber hinaus auch den Überblick bei Höller, W., 1987, S. 41-42.

Verschiedene Autoren haben den Einfluss von Artikeleigenschaften auf die Höhe oder das Vorhandensein von Platzierungseffekten untersucht. Dabei hat sich insbesondere die Einstufung als Impulsartikel (erste Studie von *Curhan*, *Desmet/Renaudin*),[36] das Absatzniveau (*Frank/Massy*),[37] die Kombination von beiden (zweite Studie von *Cox*) und die Einstufung als Handelsmarke (*Bates*, erste Studie von *Curhan*) als Ursache hoher Platzierungseffekte herausgestellt. Insgesamt erscheinen die Ergebnisse jedoch uneinheitlich.[38]

6.2.1.2 Überblick über empirische Untersuchungen zum Einfluss des Regalorts

Unterschiedliche Orte im Regal weisen sowohl in horizontaler wie auch in vertikaler Hinsicht unterschiedliche akquisitorische Potenziale auf. Die in der Literatur dokumentierten empirischen Untersuchungen zur Absatzwirkung von Regalorten beziehen sich in erster Linie auf vertikale Regalwertigkeiten (vgl. Abbildung 6.10). Die Aussagen zur Wirkung von Regalorten werden dabei oft auf bestimmte Regalzonen bezogen, die allerdings in der Literatur nicht einheitlich abgegrenzt werden. Eine mögliche Einteilung ist z. B. die Unterscheidung von Reckzone (ab 1,80 m), Sichtzone (1,50-1,80 m), Griffzone (0,90-1,50 m) und Bückzone (bis 0,90 m).

Frank/Massy (1970)	*Frank* und *Massy* untersuchten innerhalb einer Lebensmittelkategorie 7 Marken in 3 verschiedenen Containergrößen hinsichtlich qualitativer und quantitativer Platzierungseffekte. Die beobachteten qualitativen Platzierungseffekte sind in den meisten Fällen nicht signifikant und insgesamt inkonsistent (Vgl. zu Einzelheiten der Untersuchung auch Abbildung 6.9).[39]
Bates (1970)	*Bates* untersuchte den Einfluss der Regalbodenhöhe auf die Reaktivität von Artikeln gegenüber der Anzahl ihrer Facings. Es konnten keine signifikanten Einflüsse festgestellt werden (Vgl. zu Einzelheiten der Untersuchung auch Abbildung 6.9).[40]

---

[36] Obwohl vielfach so zitiert, konnte *Bates* allerdings keine signifikanten Ergebnisse dafür finden, dass der Impulscharakter eines Artikels mit höheren Platzierungseffekten verbunden ist. Bei einem Vergleich von elastischen mit unelastischen Artikeln konnte demgegenüber festgestellt werden, dass Artikel ohne signifikante Platzierungseffekte eine signifikant höhere Impulsrate aufwiesen als Artikel, bei denen signifikante Platzierungseffekte beobachtet wurden. Vgl. Bates, A. D., 1970, S. 100.

[37] Hinsichtlich des Absatzniveaus kommt *Curhan* in seiner zweiten Studie entgegen den übrigen Untersuchungen zu dem Ergebnis, dass Artikel mit großem Absatzvolumen geringere Platzierungseffekte aufweisen als Artikel mit niedrigem Absatzvolumen.

[38] Vgl. auch den Überblick bei Höller, W., 1987, S. 43.

[39] Vgl. Frank, R. E./Massy, W. F., 1970, S. 59-66.

[40] Vgl. Bates, A. D., 1970, S. 67-102.

Wieland (1977)	Regalböden in einer Höhe zwischen 90 cm und 1,50 m weisen über-durchschnittlich hohe Umsätze auf. Die Daten stammen aus einer Unter-suchung des Französischen Instituts für Selbstbedienung *IFLS*. Zur Untersuchungsmethode werden keine Angaben gemacht.[41]
o.V. (1984)	Artikel, die in Augenhöhe zwischen 1,50 m und 1,80 m platziert werden, weisen die höchsten Abverkäufe auf. Zur Untersuchungsmethode werden keine Angaben gemacht.[42]
Müller-Hagedorn/ Heidel (1986)	*Müller-Hagedorn/Heidel* haben den Einfluss der qualitativen Raumzuteilung für ein Saucenregal untersucht. In einem Vorher-Nachher-Experiment wurden Impulsartikel in die Herzzone des Regals, Gewohnheitsprodukte in die Randzonen des Regals umplatziert. Die Ergebnisse sind nicht hypothesen-konform. Während bei den in die Herzzone gewanderten Artikeln nur leichte (nicht signifikante) Absatzsteigerungen festgestellt werden konnten, hat sich bei Artikeln, die von der Herz- in die Randzone gewandert sind, kein Absatzrückgang ergeben.[43]
Höller (1987)	*Höller* untersuchte bei Gemüsekonserven Auswirkungen einer wertigkeits-ausgleichenden gegenüber einer wertigkeitsanpassenden Platzierung auf den Absatz. Hierzu platzierte er ausgehend von einer wertigkeitsausgleichenden Platzierung „hochwertige" Artikel auf „hochwertige" Regalböden in der Greifzone und „geringwertige" Artikel auf „geringwertige" Regalböden in der Bückzone um. Während der Absatz der „hochwertigen" Artikel nur um 18% zunahm, reduzierte sich der Absatz der „geringwertigen Artikel" um insgesamt 59%. Der Gesamtabsatz reduzierte sich (nicht signifikant) um 8%, der Umsatz (nicht signifikant) um 4%.[44]
Drèze/Hoch/ Purk (1994)	Zahnbürsten wurden vom obersten Regalboden auf Augenhöhe umplatziert, während Zahnpasta, die vorher in Augenhöhe platziert war, auf den obersten Regalboden gestellt wurde. Bei den Zahnbüsten war eine signifikante Umsatz-steigerung von 8% zu verzeichnen, der Umsatz der Zahnpasta stieg geringfügig um 1%. In einer anderen Untersuchung konnte kein systematischer Effekt des horizontalen, wohl aber des vertikalen Regalorts festgestellt werden. Das höchste Absatzpotenzial weist eine Position in Augenhöhe zwischen 51 und 53 Inches (1,30 bis 1,35 m) auf. Durch Umplatzierung eines Artikels von der besten in die schlechteste Regalzone ergeben sich auf Basis der empirisch ermittelten Nachfragefunktionen Absatzeffekte von durchschnittlich 59% (Vgl. zu Einzelheiten der Untersuchung auch Abbildung 6.9).[45]

Abb. 6.10:   Empirische Ergebnisse zum Einfluss unterschiedlicher Regalorte

---

[41] Vgl. Wieland, H. J.: Wenn Datenkassen Artikel plazieren ..., in: Rationeller Handel, 20. Jg. (1977), H. 3, S. 59.

[42] Vgl. o. V.: Aktiv verkaufen (5): Der richtige Platz im Regal, in: Rundschau für den deutschen Einzelhändler, 50. Jg. (1984), H. 10, S. 112-114; zitiert nach Höller, W., 1987, S. 39.

[43] Vgl. Müller-Hagedorn, L./Heidel, B., 1986, S. 53-57.

[44] Vgl. Höller, W., 1987, S. 267-276.

[45] Vgl. Drèze, X./Hoch, S. J./Purk, M. E., 1994, S. 301-326.

Die in Abbildung 6.10 dargestellten empirischen Untersuchungen weisen widersprüchliche Ergebnisse auf. Während *Frank/Massy*, *Bates* und *Müller-Hagedorn/Heidel* keine qualitativen Platzierungseffekte beobachten konnten, weisen die übrigen dokumentierten Untersuchungen solche Effekte aus. Die bei *Wieland* und dem unbekannten Verfasser ausgewiesenen Ergebnisse sind in den Abbildungen 6.11 und 6.12 noch einmal detailliert dargestellt. In beiden Fällen ist erkennbar, dass die Zonen in Sicht- und Griffhöhe die größte akquisitorische Wirkung besitzen. Allerdings liegt in der von *Wieland* zitierten Studie ebenso wie bei *Drèze/Hoch/Purk* der höchste Umsatzkoeffizient bei einer Regalbodenhöhe von 1,30 m, während in der Untersuchung des unbekannten Verfassers der Zone zwischen 1,50 und 1,80 m das stärkste akquisitorische Potenzial zugeschrieben wird.

Regalbodenhöhe (cm)	Umsatzkoeffizient
190	0,2
170	0,2
150	1,3
130	1,5
110	1,3
90	1,1
80	1,0
70	0,9
50	0,7
25	0,5

Abb. 6.11:   Zusammenhang zwischen Regalbodenhöhe und Umsatz nach einer Untersuchung des Französischen Instituts für Selbstbedienung (*IFLS*) (vgl. *Wieland*, 1977, S. 59)

Vertikale Standortzonen	Höhe (in m) von ... bis	Regalwertigkeit (Abverkauf in %)
Reckzone	1,80 - 2,00	15%
Augenzone	1,50 - 1,80	40%
Griffzone	1,20 - 1,50	20%
Griffzone (Hüftzone)	0,90 - 1,20	10%
Bückzone	0,60 - 0,90	10%
Bückzone (Bodennähe)	0,20 - 0,60	5%

Abb. 6.12:   Regalwertigkeiten der vertikalen Standortzonen (vgl. *o. V.*, 1984, S. 114, zit. n. *Höller*, 1987, S. 39)

Während die Wertigkeit von Regalzonen für das Regalmanagement von Bedeutung ist, werden für das Flächenmanagement Wertigkeiten unterschiedlicher Bereiche von Verkaufsräumen untersucht. Hierbei wird häufig auf der Basis von Laufstudien auf die Wertigkeit bestimmter Verkaufszonen geschlossen.[46] Wie allerdings beispielsweise *Scheidl* bemerkt, sind Laufstudien immer mit dem

---

[46]   Vgl. z. B. Scheidl, K., 1971, S. 142-207.

Problem verbunden, dass das beobachtete Kauf- bzw. Laufverhalten nicht nur auf die Wertigkeit der Flächen, sondern auch auf die dort platzierten Warengruppen zurückgeführt werden kann.[47]

6.2.1.3 Überblick über traditionelle Methoden zur Abbildung von Platzierungseffekten

Die Ausführungen der vorangegangenen Abschnitte haben gezeigt, dass die bisherigen empirischen Ergebnisse zur Absatzwirkung zugeteilter Regalkapazitäten nicht eindeutig sind. Deshalb erscheint es an dieser Stelle geboten, die Methoden zu untersuchen, mit denen in den empirischen Beiträgen Platzierungseffekte abgebildet wurden.

Die einfachste Methode zur Abbildung von Platzierungseffekten besteht darin, die aus einer Umplatzierung resultierenden Absatzeffekte durch eine prozentuale Veränderung oder als Bogenelastizität auszudrücken. Auf diese Weise können jedoch nur punktuelle Platzierungseffekte berechnet werden. Häufig ist man aber daran interessiert, zu allgemeineren Responsefunktionen zu gelangen.

Responsefunktionen werden in der Regel mit Hilfe der Regressionsanalyse oder verwandten Methoden berechnet. In diesem Bereich gibt es eine Vielzahl von Anwendungen, weshalb hier nur beispielhaft auf einige Wirkungsfunktionen aus den im vorangegangenen Abschnitt genannten empirischen Beiträgen eingegangen werden soll. Abgesehen von einfachen linearen Modellen kann der Zusammenhang von Platzierung und Absatz beispielsweise durch Exponentialfunktionen oder logistische Funktionen abgebildet werden.

Exponentialfunktionen weisen den Vorteil auf, dass sich mit ihrer Hilfe direkt Raumelastizitäten ermitteln lassen. Ein Beispiel für eine einfache Exponentialfunktion ist bei *Heidel* dargestellt:[48]

$$(6\text{-}5) \quad A_{ijkt} = a * FS_{ijkt}^{\ b},$$

wobei

A_{ijkt} = Absatz eines Artikels i aus der Warengruppe j der Verkaufsstelle k in Periode t,

FS_{ijkt} = Anzahl der Frontstücke für Artikel i aus der Warengruppe j der Verkaufsstelle k in Periode t,

a, b = Regressionskoeffizienten, b stellt die Raumelastizität der Nachfrage dar.

---

[47] Vgl. Scheidl, K., 1971, S. 203f.
[48] Vgl. Heidel, B., 1990, S. 220.

Ein Beispiel für eine logistische Funktion findet sich bei *Anderson*.[49] Hier wird der Marktanteil eines Artikels in Abhängigkeit seines Raumanteils untersucht. Die Funktion lässt sich theoretisch um beliebig viele weitere Aktionsparameter ergänzen:

(6-6) $Y = \dfrac{1}{1 + e^{-(\alpha + \beta s)}}$,

wobei
Y = Share of Market,
s = Share of Shelf Space,
α, β = Regressionsparameter.

Drèze/Hoch/Purk verwenden eine Responsefunktion, in der sie über die zugewiesene Frontfläche hinaus, horizontale und vertikale Regalkoordinaten, preispolitische Effekte sowie Dummyvariablen für Unterschiede zwischen Marken und Testmärkten berücksichtigen.[50] Damit ist das in Gleichung 6-7 dargestellte Modell bereits recht komplex. Dennoch berücksichtigt es gerade einmal zwei Platzierungsparameter (Fläche und Ort).

(6-7) $log(U_{ijk}) = a_0 + a_{1i}B_i + a_{2j}S_j + a_3 log(P_{ijk}) + a_4 X_{ijk} + a_5 X_{ijk}^2$

$+ a_6 Y_{ijk} + a_7 Y_{ijk}^2 + a_8 Y_{ijk}^3 + a_9 e^{-k*A_{ijk}} + \varepsilon_{ijk}$,

wobei
U_{ijk} = Stückabsatz für Marke i in Testmarkt j in Woche k,
B_i = Markendummy für Marke i,
S_j = Testmarktdummy für Testmarkt j,
P_{ijk} = Preiskoeffizient für Marke i in Testmarkt j in Woche k,
X_{ijk} = horizontale Regalkoordinaten der Marke i in Testmarkt j in Woche k,
Y_{ijk} = vertikale Regalkoordinaten der Marke i in Testmarkt j in Woche k,
A_{ijk} = Frontfläche der Marke i in Testmarkt j in Woche k,
ε_{ijk} = Fehlerterm,
a, k = Parameter.

Die hier dargestellten Ansätze zur Ermittlung von Platzierungseffekten sind allerdings auch mit verschiedenen Problemen verbunden. Diese Probleme liegen in der Wahl einer geeigneten Responsefunktion sowie in der verwendeten Methode zur Parameterschätzung. Hierauf wird im Folgenden eingegangen.

Bei der Wahl der Responsefunktion stellt sich die Frage, welche abhängigen und unabhängigen Variablen berücksichtigt werden sollen, wie sie operationalisiert werden und welche funktionale Verknüpfung zu wählen ist.

---

[49] Vgl. Anderson, E. E., 1979, S. 107.
[50] Vgl. Drèze, X./Hoch, S. J./Purk, M. E., 1994, S. 312-315.

- Platzierungseffekte können je nach betrachteter Platzierungseinheit unterschiedlich hoch sein. Auch die Wahl der Testmärkte kann einen Einfluss auf die Höhe der Platzierungseffekte haben. Betrachtet man den in Kapitel 4 dargestellten Denkrahmen, hat beispielsweise die Bereitschaft, Artikel einer wahrgenommenen Platzierungseinheit ungeplant zu kaufen – die Impulsbereitschaft –, einen entscheidenden Einfluss darauf, wie sich die Platzierung dieser Einheit auf die Anzahl ungeplanter Käufe auswirkt. Die Impulsbereitschaft wird aber für verschiedene Platzierungseinheiten unterschiedlich hoch sein und kann sich auch zwischen einzelnen Geschäften unterscheiden. Diese Unterschiede können in der Responsefunktion entweder über entsprechende Variablen berücksichtigt werden oder indem für einzelne Cluster von Platzierungseinheiten und Testmärkten individuelle Responsefunktionen bestimmt werden.
- Auch stellt sich die Frage, inwieweit eine Responsefunktion Verbundeffekten Rechnung trägt. Solche Verbundeffekte entstehen z. B. dadurch, dass der Absatz einer Platzierungseinheit auch von der Platzierung anderer Einheiten abhängig sein kann. Wird z. B. die Warengruppe Malblöcke so platziert, dass sie schlecht gefunden werden kann, steigt die Wahrscheinlichkeit, dass während der Suche von Malblöcken Filzstifte attentiv wahrgenommen und ungeplant gekauft werden. Es sollte versucht werden, solche Effekte zu berücksichtigen, indem in die Responsefunktion eines Artikels auch die Platzierung stark komplementärer und häufig gesuchter Platzierungseinheiten als erklärende Größe aufgenommen wird.
- Bei der Operationalisierung der quantitativen Raumzuteilung stellt sich die Frage, warum diese in vielen Fällen durch Facings und nicht durch die Sichtfläche erfolgt. Schließlich werden Platzierungseffekte doch darauf zurückgeführt, dass Artikel, denen höhere Regalkapazitäten zugeteilt werden, deshalb häufiger gekauft werden, weil sie mit höherer Wahrscheinlichkeit wahrgenommen werden. Zwar sind Facings und Sichtflächen eines Artikels in der Regel miteinander korreliert, jedoch lassen sich bei einer Operationalisierung durch Facings Platzierungseffekte unterschiedlich großer Artikel nur schwer vergleichen.
- Besonders problematisch erscheint die Operationalisierung von Flächenzuteilung und Response durch „Share of Space" und „Share of Sales". Eine solche Responsefunktion kann nämlich nur Auskunft darüber geben, inwieweit sich Absatz- oder Umsatzverhältnisse durch Umplatzierungen verschieben. Es kann aber nicht abgeschätzt werden, inwieweit eine Platzierungsmaßnahme das Umsatzvolumen verändert. Wird beispielsweise durch eine Platzierungsmaßnahme der Absatz aller Artikel einer Warengruppe gleichmäßig erhöht, würden Marktanteils-Responsefunktionen der einzelnen Artikel Platzierungseffekte von null ausweisen und die Platzierungsmaßnahme somit als nicht effektiv klassifizieren.

- Neben der Auswahl und Operationalisierung der Variablen ist auch deren funktionale Verknüpfung von Bedeutung. Wie oben dargestellt, werden Platzierungseffekte häufig durch Exponentialfunktionen oder logistische Funktionen dargestellt. Es wird aber dabei in der Regel nicht danach gefragt, ob sich das gewählte Responsemodell verhaltenswissenschaftlich begründen lässt. Eine verhaltenswissenschaftlich begründete Responsefunktion ließe sich beispielsweise aus dem in Kapitel 4 dargestellten Denkrahmen ableiten, indem Platzierungseffekte über die Tatsache erklärt werden, dass gut platzierte Einheiten häufiger attentiv wahrgenommen und deshalb mit einer höheren Wahrscheinlichkeit ungeplant gekauft werden. Hierauf wird in Abschnitt 6.2.2 detailliert eingegangen.

Neben der Wahl einer Responsefunktion muss geklärt werden, wie deren Funktionsparameter geschätzt werden können. Hierbei geht es sowohl um die Datengewinnung als auch um die Wahl einer geeigneten Methode zur Parameterschätzung.

- Was die Datengewinnung betrifft, kann entweder auf Ergebnisse von Platzierungsexperimenten oder auf cross-sektionale Daten zurückgegriffen werden. Beide Vorgehensweisen sind mit Vor- und Nachteilen verbunden. Platzierungsexperimente führen zwar in der Regel zu verlässlicheren Daten, da die Testsituation kontrolliert werden kann, jedoch sind sie auch häufig langwierig und mit einem größeren Aufwand verbunden. Dagegen sind cross-sektionale Daten einfach zu erheben, jedoch besteht die Gefahr, dass nicht Platzierungseffekte, sondern die betriebene Platzierungspolitik abgebildet wird. Insbesondere deshalb, weil in der Praxis häufig Regalkapazitäten proportional zu historischen Absatzdaten zugewiesen werden, lassen sich mit Hilfe cross-sektionaler Daten vermeintliche Platzierungseffekte leicht nachweisen.[51]
- Für die Parameterschätzung wird traditionell die klassische Regressionsanalyse oder eine verwandte Methode eingesetzt. Regressionsanalysen setzten vollständig spezifizierte Responsefunktionen voraus, die sich möglichst durch Transformation in einen linearen Zusammenhang umformen lassen.[52] Insbesondere bei komplexen Beziehungsgefügen kann es aber schwierig sein, einen solchen, zudem noch verhaltenswissenschaftlich begründeten Zusammenhang, zu finden. Demgegenüber können mit Neuronalen Netzen beliebige funktionale Zusammenhänge approximiert werden. Daher soll im folgenden Abschnitt kurz auf diese Methode eingegangen werden.

---

[51] Vgl. hierzu auch Frank, R. E./Massy, W. F., 1970, S. 60.
[52] Vgl. z. B. Backhaus, K. et al., 2000, S. 34-37.

6.2.1.4 Der Einsatz Neuronaler Netze zur Abbildung von Wirkungs-zusammenhängen im Marketing

Neben der Regressionsanalyse werden in jüngster Zeit auch häufig Neuronale Netze zur scannerdatenbasierten Absatzprognose von Artikeln verwendet. Neuronale Netze sind an biologische Gehirnmodelle angelehnte Systeme, bei denen Inputinformationen über untereinander vernetzte Verarbeitungseinheiten (Neuronen) in Outputinformationen transformiert werden. Das Ergebnis der Transformation wird durch die Informationsverarbeitung in den Neuronen und die Stärke des Informationsaustauschs zwischen einzelnen Neuronen bestimmt. Während die Informationsverarbeitung im Neuron bei der Modellspezifikation festzulegen ist, wird die Stärke des Informationsaustauschs zwischen den Neuronen auf der Basis von Vergangenheitsdaten über Lernprozesse bestimmt.[53]

Um Responsemodelle zu ermitteln, werden insbesondere sogenannte Vorwärtsgerichtete Neuronale Netze (VGN) eingesetzt. Bei diesen Netzen werden Inputinformationen über Inputneuronen (IN), eine oder mehrere Schichten „verborgener" Neuronen (VN) und Outputneuronen (ON) in Outputinformationen transformiert. In Abbildung 6.13 ist die Struktur eines solchen Netzes zur Umsatzprognose beispielhaft dargestellt. Auf Basis der Ausprägungen verschiedener Marketinginstrumente wird der Umsatz eines Artikels prognostiziert.

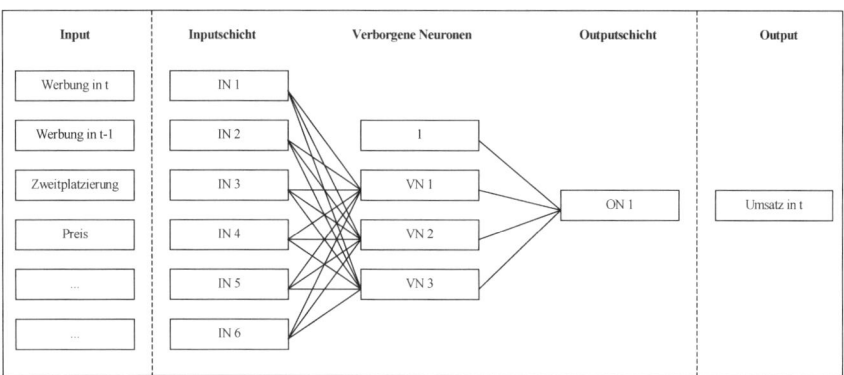

Abb. 6.13:   Struktur eines Neuronalen Netzwerkes (hier: VGN)

---

53 Eine gute Darstellung der Methode findet sich bei Lackes, R./Mack, D.: Neuronale Netze in der Unternehmensplanung. Grundlagen, Entscheidungsunterstützung, Projektierung, München 2000. Einen knappen Überblick gibt Hruschka, H.: Neuronale Netze, in: Herrmann, A./Homburg, C. (Hrsg.): Marktforschung. Methoden, Anwendungen, Praxisbeispiele, Wiesbaden 1999, S. 661-683.

Hruschka (1991)	**Input:** Verbraucherpreis, aktuelles Werbebudget, Werbebudget des Vormonats, monatliche Durchschnittstemperatur **Output:** Absatz **Datensatz:** 60 monatliche Beobachtungswerte über eine österreichische Konsumgütermarke[54]
Gaul/Decker/ Wartenberg (1994)	**Input:** Preise der betrachteten Artikel **Output:** Marktanteile der betrachteten Artikel **Datensatz:** Paneldaten über Absatzanteile von 5 Shampoo- (6 Kaffee-) Marken über einen Zeitraum von 11 (13) Wochen[55]
Thiesing/ Vornberger (1998)	**Input:** Abverkauf in der Vergangenheit, Preisveränderungen, Werbung, Vorhandensein eines Feiertags **Output:** Wochenabsatz **Datensatz:** Wöchentliche Abverkaufszahlen von 28 Cerealien in einem Supermarkt[56]
Ainscough/ Aronson (1999)	**Input:** Werbung durch Anzeige im Großformat, Werbung durch Anzeige im Kleinformat, Artikelpreis, Verwendung von Anzeigencoupons, Wert verwendeter Coupons, Displayplatzierung, Marktanteil des betreffenden Geschäftes innerhalb des untersuchten Filialunternehmens, Absatz in der Vorwoche **Output:** Absatz **Datensatz:** Scannerdaten von sechs Märkten über eine Periode von je 96 Wochen. Untersucht wurde ein Yoghurtprodukt[57]

Abb. 6.14:   Beispiele für den Einsatz Neuronaler Netze zur Wirkungsprognose

Zwar ist der Einsatz Neuronaler Netze bisher noch nicht für die Ermittlung von Platzierungseffekten dokumentiert, jedoch gibt es eine Reihe von Untersuchungen, die sich mit den Wirkungen anderer Marketing-Maßnahmen befassen.[58] In Abbildung 6.14 sind einige dieser Untersuchungen beschrieben. In allen der in dieser Abbildung beschriebenen Untersuchungen wurden die Ergebnisse der Neuronalen Netze mit Ergebnissen konservativer Prognoseverfahren, beispiels-

---

[54]   Vgl. Hruschka, H.: Einsatz künstlicher neuraler Netzwerke zur Datenanalyse im Marketing, in: Marketing ZFP, 13. Jg. (1991), H. 4, S. 217-225.

[55]   Vgl. Gaul, W./Decker, R./Wartenberg, F.: Analyse von Panel- und POS-Scanner-Daten mit Neuronalen Netzen, in: GfK Jahrbuch der Absatz- und Verbrauchsforschung, 40. Jg. (1994), H. 3, S. 281-306.

[56]   Vgl. Thiesing, F. M./Vornberger, O.: Abverkaufsprognose im Supermarkt mit Neuronalen Netzen, in: Biethahn, J. et al. (Hrsg.): Betriebswirtschaftliche Anwendungen des Soft Computing. Neuronale Netze, Fuzzy Systeme und Evolutionäre Algorithmen, Braunschweig-Wiesbaden 1998, S. 115-126.

[57]   Vgl. Ainscough, T. L./Aronson, J. E.: An Empirical Investigation and Comparison of Neural Networks and Regression for Scanner Data Analysis, in: Journal of Retailing and Consumer Services, Vol. 6 (1999), No. 4, S. 205-217.

[58]   Ein umfassender Überblick über Anwendungen Neuronaler Netze in der Betriebswirtschaftslehre findet sich bei Krycha, K. A./Wagner, U.: Applications of Artificial Neural Networks in Management Science: a Survey, in: Journal of Retailing and Consumer Services, Vol. 6 (1999), No. 4, S. 189-193; sowie bei Schwanenberg, S./Helm, R.: Künstliche Neuronale Netze als Analyseinstrument der betriebswirtschaftlichen Forschung, in: WiSt, 28. Jg. (1999), H. 7, S. 361.

weise von Regressionsmodellen, verglichen. In allen Fällen wurden durch Neuronale Netze geringere Prognosefehler erzielt.

Neuronale Netze weisen gegenüber den klassischen multivariaten Verfahren, wie z. B. der Regressionsanalyse, einige Vorteile auf. So können sie auch komplexe und nicht lineare Zusammenhänge abbilden, ohne diese Zusammenhänge zuvor formal zu spezifizieren. Zudem sind Neuronale Netze frei von Verteilungsannahmen und in praktischen Anwendungen führen sie in der Regel zu besseren Prognoseergebnissen als alternative Verfahren.[59] Allerdings weisen Neuronale Netze gegenüber Regressionsanalysen auch Nachteile auf. Diesbezüglich sind insbesondere die folgenden Punkte zu nennen:[60]

- Während die Regressionsanalyse zu einer Responsefunktion mit leicht interpretierbaren Koeffizienten führt, weist ein trainiertes Neuronales Netz eine komplexe Struktur auf, in der die geschätzten Parameter häufig nur schwer interpretiert werden können.
- Die verwendeten Netzstrukturen werden nicht inhaltlich begründet. In praktischen Anwendungen werden häufig verschiedene Netzwerkmodelle getestet, um anschließend die Netzwerkvariante mit der besten Performance auszuwählen. Diese induktive Vorgehensweise ist aus wissenschaftstheoretischer Sicht bedenklich.
- Neuronale Netze neigen dazu, Testdaten auswendig zu lernen. Da nicht wie bei der Regressionsanalyse ein inhaltlich begründeter formaler Zusammenhang untersucht wird, besteht die Gefahr, dass ein Neuronales Netz nicht nur systematische Beziehungen zwischen Input- und Outputvariablen lernt, sondern auch zufällige Muster in den Testdaten. Diesem Problem wird in der Praxis allerdings durch Validierungsdaten Rechnung getragen, indem der Lernprozess abgebrochen wird, sobald Muster gelernt werden, die in den Test- aber nicht in den Validierungsdaten enthalten sind.

Trotz dieser Kritikpunkte sollen Neuronale Netze an einer späteren Stelle dieses Kapitels im Hinblick auf ihre Leistungsfähigkeit bei der Abbildung von Platzierungseffekten untersucht werden. Insbesondere die in der Literatur dokumentierte hervorragende Performance der Netzwerkmodelle lässt deren Einsatz zur Ermittlung von Platzierungseffekten sinnvoll erscheinen. Zuvor soll aber die formale Struktur von Platzierungseffekten aufgedeckt werden, um auch eine Grundlage für einen erfolgreichen Einsatz von Regressionsmodellen zu schaffen.

---

[59] Vgl. zu Vorteilen Neuronaler Netze z. B. Ainscough, T. L./Aronson, J. E., 1999, S. 211; Gaul, W./Decker, R./Wartenberg, F., 1994, S. 303f.

[60] Vgl. zu Grenzen Neuronaler Netze z. B. Ainscough, T. L./Aronson, J. E., 1999, S. 215f.

6.2.2 Die Entwicklung eines Modells zur Abbildung von Platzierungseffekten

Im vorangegangenen Abschnitt ist angesprochen worden, dass Platzierungseffekte nur dann erfolgreich abgebildet werden können, wenn die formale Struktur dieser Effekte durch verhaltenswissenschaftliche Erklärungen aufgedeckt werden kann. Nur wenn bekannt ist, in welcher Weise die Platzierungsparameter das Kaufverhalten von Kunden beeinflussen, lässt sich die Wahl eines Regressionsmodells sowie die Festlegung der Inputvariablen für ein Neuronales Netz begründen. Im Folgenden soll deshalb versucht werden, ein entsprechendes verhaltenswissenschaftliches Fundament zu entwickeln. Um Regressionsanalysen erfolgreich einsetzen zu können, soll dabei in besonderer Weise nach linearen oder linearisierbaren Strukturen gesucht werden.

6.2.2.1 Die Grundstruktur von Platzierungseffekten

Um die Grundstruktur von Platzierungseffekten zu erläutern, soll im Folgenden nicht mehr allgemein von Platzierungseinheiten gesprochen, sondern explizit zwischen Warengruppen und Artikeln unterschieden werden. Während ein Artikel die kleinste Einheit darstellt, über die bei der Sortimentsplanung und Warenplatzierung disponiert werden kann, stellen Warengruppen Sortimentseinheiten auf einer höheren Stufe der Sortimentspyramide dar. Unter einer Warengruppe wird im Folgenden eine gattungsbezogene Platzierungsgruppe, beispielsweise Füller, verstanden. Wie die empirische Untersuchung in Kapitel 5 gezeigt hat, erweist es sich bei Schreibwaren als sinnvoll, Artikel einer Gattung zu Waren- bzw. Platzierungsgruppen zusammenzufassen. Dies erscheint auch deshalb berechtigt, weil Kaufplanungen, die im Rahmen der empirischen Untersuchung in Kapitel 3 erhoben wurden, darauf hindeuten, dass die meisten Kunden ihre Kaufwünsche auf der Ebene von Produktgattungen (z. B. Füller), weniger auf der Ebene konkreter Artikel (z. B. *Pelikan*-Füller) konkretisieren.[61]

Im Folgenden soll angenommen werden, dass Kunden, auch wenn sie einen konkreten Artikel suchen, andere Warengruppen nur so lange wahrnehmen, bis sie die Warengruppe gefunden haben, in der sich der gesuchte Artikel befindet. Somit bestimmt allein die Sichtfläche der gesuchten Warengruppe die Wahrnehmungswahrscheinlichkeit anderer Warengruppen. Sucht ein Kunde beispielsweise ein bestimmtes Füllermodell, besteht nur so lange eine Wahrscheinlichkeit, dass er während der Suche z. B. Kugelschreiber wahrnimmt, bis er die Warengruppe Füller gefunden hat. Die Wahrscheinlichkeit, Kugelschreiber wahrzunehmen, ist somit unabhängig davon, wie lange der Kunde innerhalb der Warengruppe Füller nach dem gewünschten Modell sucht.[62]

---

[61] Vgl. zur Verwendung der Begriffe Artikel und Warengruppe auch die Anmerkungen zu Beginn von Kapitel 2.

[62] Bei der Ermittlung der Funktion zur Berechnung der Wahrnehmungswahrscheinlichkeiten in Abschnitt 6.1 blieb diese Annahme allerdings unberücksichtigt, indem auch die tatsächliche Suchzeit nach Artikeln als erklärende Variable herangezogen wurde. Dies kann damit

Diese Annahme erlaubt es, Platzierungseffekte auf Warengruppenebene zu analysieren. Ob durch die Platzierung ungeplante Käufe ausgelöst werden, ist somit nur von der Platzierung der Warengruppen, nicht von der Aufteilung der Regalkapazitäten innerhalb der Warengruppen abhängig. Die warengruppeninterne Platzierung soll nur die Marktanteile der Artikel innerhalb der Warengruppe erklären, jedoch nicht die Höhe des Absatzes der Warengruppe selbst.

Die Grundidee der folgenden Erklärung von Platzierungseffekten besteht, wie in dem in Kapitel 4 dargestellten Modell bereits angedeutet, in der Aufspaltung des Warengruppenabsatzes in (geplante) Suchkäufe und (ungeplante) Impulskäufe.

(6-8) $x_A = x_A^S + x_A^I,$

wobei

x_A = Absatz von Warengruppe A,

x_A^S = Absatz aus Plankäufen in Warengruppe A (Suchabsatz von A),

x_A^I = Absatz aus ungeplanten Käufen in Warengruppe A (Impulsabsatz von A).

Der **Absatz aus Plankäufen** in einer Warengruppe ist davon abhängig, wie viele Kunden Artikel dieser Warengruppe suchen und wie viele Artikel diese Kunden in der Warengruppe zu kaufen beabsichtigen. Weiterhin hängt der Absatz aus Plankäufen davon ab, inwieweit die potenziellen Plankäufer ihre Kaufplanungen realisieren. Dies wird nur dann der Fall sein, wenn sie in der Warengruppe mindestens einen Artikel finden, für den sie bereit sind, den verlangten Preis zu zahlen. Dies kommt in Gleichung 6-9 zum Ausdruck:

(6-9) $x_A^S = x_A^{S*} * q_A * l_A,$

wobei

x_A^S = Absatz aus Plankäufen in Warengruppe A (Suchabsatz von A),

x_A^{S*} = Anzahl der Kunden, die Artikel in Warengruppe A suchen (Anzahl der potenziellen Plankäufer in Warengruppe A),

q_A = Durchschnittliche Anzahl von Artikeln, die ein potenzieller Plankäufer in Warengruppe A zu kaufen beabsichtigt,

l_A = Anteil der Kunden mit Kaufabsicht in Warengruppe A, die ihre Kaufabsichten realisieren.

Der Parameter l wird von den Präferenzen der Kunden für einzelne Artikel innerhalb der Warengruppe abhängen. *McIntyre* und *Miller* haben gezeigt, dass sich Wahlentscheidungen innerhalb einer Warengruppe sehr gut mit Hilfe von Reservationspreisen einzelner Artikel bestimmen lassen. Hierbei wird ange-

---

gerechtfertigt werden, dass durch die Verwendung der tatsächlichen Suchzeit zur Berechnung der Wahrnehmungswahrscheinlichkeiten Streuungen der Suchzeit auf Grund der unterschiedlichen Suchfähigkeit der Probanden berücksichtigt werden konnten. Zudem waren die Platzierungsgruppen in der Abteilung relativ klein, so dass die Suchzeiten innerhalb einer Platzierungsgruppe minimal waren.

nommen, dass Kunden die Artikel einer Warengruppe zunächst nach ihrer Zahlungsbereitschaft in eine Rangfolge bringen. In der Zahlungsbereitschaft für einen Artikel soll auch dessen subjektiv empfundene Attraktivität zum Ausdruck kommen. Auf Basis dieser Rangordnung wählen die Kunden einen Artikel mit möglichst hoher Zahlungsbereitschaft (und damit auch Attraktivität) aus, so lange der verlangte Preis für den Artikel die Zahlungsbereitschaft nicht übersteigt. Übersteigen die Preise aller gelisteten Artikel die Zahlungsbereitschaft eines Kunden, wird kein Kauf getätigt.[63] Ist bei einer Stichprobe von Kunden die Verteilung der Zahlungsbereitschaften für einzelne Artikel innerhalb einer Warengruppe bekannt, lässt sich so der Parameter l für eine bestimmte Preis- und Sortimentspolitik innerhalb einer Warengruppe berechnen. Ebenso können die Marktanteile einzelner Artikel der Warengruppe bestimmt werden.

Ungeplante Käufe kommen dagegen zu Stande, wenn Kunden bei der Suche nach einem Artikel oder einer Warengruppe andere Warengruppen wahrnehmen, für die bei ihnen ein latenter Bedarf vorhanden ist. So nehmen Kunden bei der Suche von Artikeln eine Vielzahl von Warengruppen wahr, aus denen sie jeweils mit einer bestimmten Wahrscheinlichkeit eine Kaufabsicht entwickeln und einen Artikel kaufen. Die Anzahl der ungeplanten Käufe innerhalb einer Warengruppe ließe sich in diesem Sinne als Produkt aus der Anzahl von Kunden, die eine Warengruppe wahrnehmen (W), dem Anteil der Kunden, die daraufhin spontan eine Kaufabsicht entwickeln (a), der durchschnittlichen Anzahl von Artikeln, die ein potenzieller „Spontankäufer" in der Warengruppe zu kaufen beabsichtigt (r) sowie dem Anteil der Kunden, die ihre spontanen Kaufabsichten realisieren (l), erklären. Der Parameter a kann auch als die Wahrscheinlichkeit bezeichnet werden, mit der für einen wahrgenommenen Artikel eine Kaufabsicht entwickelt wird. Diese wurde in Kapitel 4 bereits als Impulsbereitschaft bezeichnet. In dem Parameter l kommt dagegen wieder die Zahlungsbereitschaft der Kunden zum Ausdruck. Die Unterscheidung der Parameter a und l ist deshalb wichtig, weil a lediglich angibt, ob ein Kunde die Absicht entwickelt, einen wahrgenommenen Artikel zu erwerben, während l besagt, ob die entwickelte Kaufabsicht nach eingehender Prüfung der Artikel tatsächlich zu einem ungeplanten Kauf führt:

(6-10) $x_A^I = W_A * a_A * r_A * l_A,$

wobei

x_A^I = Absatz aus ungeplanten Käufen in Warengruppe A (Impulsabsatz von A),

W_A = Anzahl der Kunden, die Warengruppe A wahrnehmen,

a_A = Anteil der Kunden, die in Folge der Wahrnehmung von Warengruppe A die Absicht entwickeln, Artikel der Warengruppe A ungeplant zu kaufen,

r_A = Durchschnittliche Anzahl von Artikeln, die ein potenzieller „Spontankäufer" in Warengruppe A zu kaufen beabsichtigt,

---

[63]   Vgl. McIntyre, S. H./Miller, C. M., 1999, S. 295-318; Diller, H.: Preispolitik, 3. Aufl., Stuttgart-Berlin-Köln 2000, S. 469.

l_A = Anteil der Kunden mit Kaufabsicht in Warengruppe A, die ihre Kaufabsichten realisieren.

Es stellt sich nun die Frage, wie sich die Anzahl der Wahrnehmungen einer Warengruppe durch die Platzierungsparameter erklären lässt. Hierzu kann die Anzahl der Wahrnehmungen einer Warengruppe A ausgedrückt werden, indem die Suchvorgänge nach allen K Warengruppen des Sortiments mit Wahrnehmungs-wahrscheinlichkeiten gewichtet und über k aufsummiert werden. Die Wahr-nehmungswahrscheinlichkeit WP_{Ak} gibt an, mit welcher Wahrscheinlichkeit Warengruppe A bei der Suche eines Artikels aus Warengruppe k wahrgenommen wird. Einen Sonderfall stellt die Wahrnehmungswahrscheinlichkeit WP_{AA} dar, die angibt, mit welcher Wahrscheinlichkeit eine gesuchte Warengruppe A gefunden wird.[64]

$$(6\text{-}11)\quad W_A = \sum_{k=1}^{K} x_k^{S*} * WP_{Ak} = \sum_{k=1}^{K} x_k^{S*} * g(SZ_A; SZ_k),$$

wobei

W_A = Anzahl der Kunden, die Warengruppe A wahrnehmen,

x_k^{S*} = Anzahl der Kunden, die Artikel in Warengruppe k ($k=1,...,A,...,K$) suchen,

WP_{Ak} = Wahrscheinlichkeit, dass Warengruppe A bei der Suche nach Artikeln der Warengruppe k ($k=1,...,A,...,K$) wahrgenommen wird,

SZ_k = Suchzeit, um Warengruppe k ($k=1,...,A,...,K$) im Regal ausfindig zu machen (Sucheffizienz).

Werden die Gleichungen 6-8 bis 6-11 zusammengefasst, ergibt sich die in Abbildung 6.15 dargestellte Responsefunktion. Nach dieser Responsefunktion lassen sich Absatzänderungen eines Artikels auf vier Effekte zurückführen:

- Direkte Effekte der Platzierung auf den Absatz von Warengruppe A resultieren aus deren Sucheffizienz, operationalisiert durch die theoretische Suchzeit (SZ_A).
- Indirekte Platzierungseffekte ergeben sich durch die Sucheffizienz der anderen Warengruppen, operationalisiert durch deren theoretische Suchzeiten (SZ_k).
- Außer auf die Platzierung können Absatzänderungen einer Warengruppe auch auf andere Effekte zurückgeführt werden. Direkte Nachfrageeffekte äußern sich in den Kaufplanungen x_A^{S*}, der Impulsbereitschaft a_A, der Zahlungsbereitschaft l_A und den Parametern q_A und r_A. Indirekte Nachfrageeffekte kommen in den Kaufplanungen der anderen Warengruppen x_k^{S*} zum tragen.

---

[64]   Auch wenn es sich bei WP_{AA} um eine Wahrscheinlichkeit handelt, bei der die Wahrnehmung nicht attentiv sondern präattentiv erfolgt, soll dennoch ausnahmsweise der Begriff Wahr-nehmungswahrscheinlichkeit verwendet werden. Wahrnehmungswahrscheinlichkeiten waren bisher als Wahrscheinlichkeiten definiert worden, mit denen eine Warengruppe während der Suche anderer Warengruppen attentiv wahrgenommen wird.

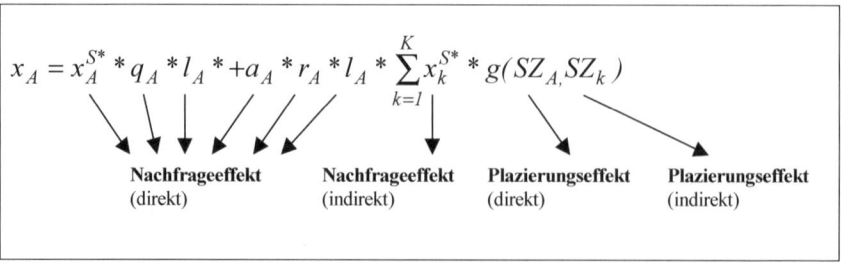

$$x_A = x_A^{S*} * q_A * l_A * + a_A * r_A * l_A * \sum_{k=1}^{K} x_k^{S*} * g(SZ_{A,} SZ_k)$$

| **Nachfrageeffekt** (direkt) | **Nachfrageeffekt** (indirekt) | **Plazierungseffekt** (direkt) | **Plazierungseffekt** (indirekt) |

Abb. 6.15:   Formale Darstellung der Responsefunktion (Gleichung 6-12)

Die formale Darstellung der Responsefunktion lässt sich erweitern, indem angenommen wird, dass die Impulsbereitschaft für eine wahrgenommene Warengruppe von der jeweils gesuchten Warengruppe abhängig ist. So entsteht eine ungeplante Kaufabsicht für Tintenpatronen bei der Suche eines Füllers eher als bei der Suche eines Kugelschreibers. Je stärker der komplementäre Charakter zweier Warengruppen ist, desto höher ist auch die zu erwartende Impulsbereitschaft. Die Impulsbereitschaft a_{AA} drückt dabei die Wahrscheinlichkeit aus, dass bei der Suche eines Artikels aus Warengruppe A für weitere wahrgenommene Artikel dieser Warengruppe Kaufabsichten entwickelt werden. Somit können durch die Nachfragefunktion nicht nur Komplementäreffekte zwischen Warengruppen, sondern auch zusätzliche Käufe innerhalb einer Warengruppe abgebildet werden.

Ebenso wie die Impulsbereitschaft, kann auch der Parameter r von der zuvor gesuchten Warengruppe abhängig sein. Die Nachfragefunktion lässt sich dann wie folgt erweitern:[65]

$$(6\text{-}13) \quad x_A = x_A^{S*} * q_A * l_A + \sum_{k=1}^{K} x_k^{s*} * WP_{Ak} * a_{Ak} * r_{Ak} * l_A,$$

wobei

x_A = Absatz von Warengruppe A,

x_k^{S*} = Anzahl der Kunden, die Artikel in Warengruppe k ($k=1,...,A,...,K$) suchen,

q_A = Durchschnittliche Anzahl von Artikeln, die ein potenzieller Plankäufer in Warengruppe A zu kaufen beabsichtigt,

l_A = Anteil der Kunden mit Kaufabsicht in Warengruppe A, die ihre Kaufabsichten realisieren,

WP_{Ak} = Wahrscheinlichkeit, dass Warengruppe A bei der Suche nach Artikeln der Warengruppe k ($k=1,...,A,...,K$) wahrgenommen wird,

a_{Ak} = Anteil der Kunden, die für Artikel der Warengruppe A eine Kaufabsicht entwickeln, nachdem sie diese Warengruppe während der Suche nach Artikeln der Warengruppe k ($k=1,...,A,...,K$) wahrgenommenen haben (Impulsbereitschaft),

---

[65]   Prinzipiell ist auch denkbar, dass der Parameter l von den jeweils gesuchten Warengruppen abhängig ist. Dieser Effekt soll jedoch im Folgenden unberücksichtigt bleiben.

r_{Ak} = Durchschnittliche Anzahl von Artikeln, die ein potenzieller „Spontankäufer" – in Abhängigkeit der zuvor gesuchten Warengruppe k ($k=1,...,A,...,K$) – in Warengruppe A zu kaufen beabsichtigt.

6.2.2.2 Die empirische Ermittlung der Platzierungseffekte

Die entwickelte Nachfragefunktion enthält verschiedene Parameter, die bestimmt werden müssen. Hierzu können **Wahrnehmungswahrscheinlichkeiten** auf Basis der in Abschnitt 6.1 dargestellten Funktionen berechnet werden. Gleichung 6-14 gibt die Wirkung der durch die Platzierung beeinflussbaren Wahrnehmungswahrscheinlichkeiten auf den Absatz eines Artikels an. Der Einfluss der übrigen Parameter kommt in α und β, die beispielsweise mit Hilfe einer Regressionsanalyse bestimmt werden können, zum Ausdruck:

$$(6\text{-}14) \quad x_A = x_A^{S*} * q_A * l_A + \sum_{k=1}^{K} x_k^{s*} * WP_{Ak} * a_{Ak} * r_{Ak} * l_A,$$

$$\Leftrightarrow \quad x_A = \alpha_A + \sum_{k=1}^{K} \beta_{Ak} * WP_{Ak},$$

wobei
α, β = zu schätzende Parameter,
ansonsten gilt die Legende zu Gleichung 6-13.

Da die Datensätze zur Schätzung der Parameter α und β zu unterschiedlichen Zeitpunkten und u. U. in unterschiedlichen Testmärkten erhoben werden, ist es erforderlich die beobachteten Platzierungseffekte um zeitliche und marktspezifische Einflüsse zu bereinigen. Hierbei soll zwischen zwei Arten von Einflüssen unterschieden werden:

- Globaltrends wirken sich <u>global</u> auf die Anzahl von Kunden aus, die Artikel in der Abteilung suchen. Sie sind beispielsweise vom Einzugsgebiet oder dem Kundenstamm der Abteilung abhängig.
- Artikeltrends wirken sich auf das Ausmaß aus, in dem Kunden für <u>einzelne</u> Artikel oder Warengruppen Kaufabsichten entwickeln. Die Kaufabsichten können sich sowohl auf geplante als auch auf ungeplante Käufe beziehen. Artikeltrends wirken sich somit sowohl auf die Anzahl von Kunden aus, die Artikel einer bestimmten Warengruppe suchen, als auch auf den Anteil der Kunden, die in Folge der Wahrnehmung einer Warengruppe eine spontane Kaufabsicht entwickeln. In den Artikeltrends kommen unterschiedliche Bedarfsstrukturen nach einzelnen Artikeln oder Warengruppen zum Ausdruck.[66]

---

[66] Die Höhe des Artikeltrends soll für das Entstehen von Kaufabsichten für geplante und ungeplante Käufe als gleich hoch angenommen werden. Darüber hinaus wäre es prinzipiell auch denkbar, gesonderte Artikeltrends für die Parameter q, r und l einzuführen. Hierauf soll jedoch auf Grund der Übersichtlichkeit der Ausführungen verzichtet werden.

Werden diese Trends berücksichtigt, stellt sich die Anzahl der Suchvorgänge nach einer Warengruppe für den Beobachtungsdatensatz n wie folgt dar:

$$(6\text{-}15) \quad x_{nA}^{S*} = b_A * c_{nA} * x_{0A}^{S*},$$

wobei

x_{nA}^{S*} = Anzahl der Kunden, die in Periode n ($n=0,...,N$) Artikel in Warengruppe A suchen,

b_n = Index für den Globaltrend der untersuchten Abteilung in Periode n ($n=0,...,N$),

c_{nA} = Index für den Artikeltrend der Warengruppe A in Periode n ($n=0,...,N$).

Da die Impulsbereitschaft eine relative Größe ist, ist sie nicht von der Größe des Kundenstamms oder Einzugsgebiets, wohl aber von den Bedarfsstrukturen der Kunden abhängig, die in den Artikeltrends zum Ausdruck kommen:

$$(6\text{-}16) \quad a_{nAk} = c_{nA} * a_{0Ak},$$

wobei

a_{nAk} = Anteil der Kunden, die in Periode n ($n=0,...,N$) für Artikel der Warengruppe A eine Kaufabsicht entwickeln, nachdem sie diese Warengruppe während der Suche nach Artikeln der Warengruppe k ($k=1,...,A,...,K$) wahrgenommen haben (Impulsbereitschaft),

c_{nA} = Index für den Artikeltrend der Warengruppe A in Periode n ($n=0,...,N$).

Ein zum Zeitpunkt n erhobener Datensatz lässt sich somit – sofern Global- und Artikeltrends erhoben oder geschätzt wurden – entsprechend Gleichung 6-17 umformen (die Gleichungen 6-15 und 6-16 werden in Gleichung 6-14 eingesetzt). Der Zusammenhang zwischen den mit c_{nk} gewichteten Wahrnehmungswahrscheinlichkeiten und dem um b_n und c_{nA} bereinigten Absatz kann dann durch Schätzung der Parameter α und β abgebildet werden.

$$(6\text{-}17) \quad x_{nA} = x_{nA}^{S*} * q_A * l_A + \sum_{k=1}^{K} x_{nk}^{s*} * WP_{nAk} * a_{nAk} * r_{Ak} * l_A$$

$$\Leftrightarrow \quad x_{nA} = b_n * c_{nA} * x_{0A}^{S*} * q_A * l_A + \sum_{k=1}^{K} b_n * c_{nk} * x_{0k}^{s*} * WP_{nAk} * c_{nA} * a_{0Ak} * r_{Ak} * l_A$$

$$\Leftrightarrow \quad \frac{x_{nA}}{b_n * c_{nA}} = x_{0A}^{S*} * q_A * l_A + \sum_{k=1}^{K} c_{nk} * x_{0k}^{s*} * WP_{nAk} * a_{0Ak} * r_{Ak} * l_A$$

$$\Leftrightarrow \quad x_{nA}^* = \alpha + \sum_{k=1}^{K} \beta_{Ak} * c_{nk} * WP_{nAk},$$

wobei

x_{nA} = Absatz von Warengruppe A in Periode n ($n=0,...,N$),

x_{nA}^* = Um Trends bereinigter Absatz von Warengruppe A in Periode n ($n=0,...,N$),

b_n = Index für den Globaltrend der untersuchten Abteilung in Periode n ($n=0,...,N$),

c_{nk} = Index für den Artikeltrend der Warengruppe k ($k=1,...,A,...,K$) in Periode n ($n=0,...,N$),

x_{nk}^{S*} = Anzahl der Kunden, die in Periode n ($n=0,...,N$) Artikel in Warengruppe k ($k=1,...,A,...,K$) suchen,

q_A = Durchschnittliche Anzahl von Artikeln, die ein potenzieller Plankäufer in Warengruppe A zu kaufen beabsichtigt,

l_A = Anteil der Kunden mit Kaufabsicht in Warengruppe A, die ihre Kaufabsichten realisieren,

WP_{nAk} = Wahrscheinlichkeit, dass Warengruppe A bei der Suche nach Artikeln der Warengruppe k ($k=1,...,A,...,K$) in Periode n ($n=0,...,N$) wahrgenommen wird,

a_{nAk} = Anteil der Kunden, die in Periode n ($n=0,...,N$) für Artikel der Warengruppe A eine Kaufabsicht entwickeln, nachdem sie diese Warengruppe während der Suche nach Artikeln der Warengruppe k ($k=1,...,A,...,K$) wahrgenommenen haben (Impulsbereitschaft),

r_{Ak} = Durchschnittliche Anzahl von Artikeln, die ein potenzieller „Spontankäufer" – in Abhängigkeit der zuvor gesuchten Warengruppe k ($k=1,...,A,...,K$) – in Warengruppe A zu kaufen beabsichtigt,

α, β = zu schätzende Parameter.

Liegen Informationen über Zahlungsbereitschaften oder die Anzahl von Suchkäufen in der Referenzperiode vor, sollten diese Informationen in der Nachfragefunktion berücksichtigt werden. **Zahlungsbereitschaften** lassen sich beispielsweise für eine Stichprobe von Kunden durch Befragung ermitteln. Auf der Basis dieser Zahlungsbereitschaften kann der Parameter l berechnet werden. Auch die **Suchnachfrage** einschließlich des Parameters q lässt sich durch Befragung erheben, indem eine Stichprobe von Kunden vor Betreten des untersuchten Geschäftes oder Warenbereichs nach ihren Kaufplanungen befragt wird. Die Ergebnisse lassen sich dann auf die in der Untersuchungsperiode beobachtete Kundenzahl hochrechnen. Die Nachfragefunktion gestaltet sich dann wie folgt:

$$(6\text{-}18)\quad \frac{x_{nA}}{b_n * c_{nA}} = x_{0A}^{S*} * q_A * l_A + \sum_{k=1}^{K} c_{nk} * x_{0k}^{S*} * WP_{nAk} * a_{0Ak} * r_{Ak} * l_A$$

$$\Leftrightarrow \quad x_{nA}^* = x_{0A}^{S*} * q_A * l_A + \sum_{k=1}^{K} \gamma_{Ak} * WV_{nAk}^* ,$$

mit $\gamma_{AK} = a_{0Ak} * r_{Ak}$ und $WV_{nAk}^* = c_{nk} * x_{0k}^{S*} * WP_{nAk} * l_A$,
wobei die Legende von Gleichung 6-17 gilt.

Der zu schätzende Parameter γ_{Ak} entspricht in diesem Fall dem Produkt aus der Impulsbereitschaft a_{0Ak} und dem Parameter r_{Ak}. Die Variable WV^* soll im Folgenden der Einfachheit halber als (gewichtetes und teilweise trendbereinigtes) Wahrnehmungsvolumen bezeichnet werden.

6.2.2.3 Hypothesen zur Eignung alternativer Ansätze zur Abbildung von Platzierungseffekten

Nachdem dargestellt wurde, wie sich Responsefunktionen zur Abbildung von Platzierungseffekten ermitteln lassen, soll diskutiert werden, welche Schluss-folgerungen hieraus zur Eignung bestimmter Regressions- und Netzwerkmodelle gezogen werden können.

Gleichung 6-18 legt es nahe, Platzierungseffekte abzubilden, indem zunächst bereinigte Wahrnehmungsvolumina unterschiedlicher Platzierungsalternativen berechnet werden und anschließend deren Wirkung auf den trendbereinigten Absatz beispielsweise durch Regressionsanalysen oder Neuronale Netze geschätzt wird. Mit Hilfe des geschätzten Zusammenhangs lassen sich dann Platzierungs-effekte prognostizieren. Daneben sind aber auch einfachere Prognoseansätze denkbar, bei denen der Absatz einer Warengruppe direkt über Suchzeiten oder Sichtflächen erklärt wird. Dabei kann der Absatz einer Warengruppe A entweder nur durch die eigene Suchzeit/Sichtfläche erklärt werden oder es werden auch Suchzeiten/Sichtflächen komplementärer Warengruppen zur Erklärung heran-gezogen. Anstatt den Absatz um Trendeffekte zu bereinigen, können als unab-hängige Variablen auch Dummys für Testmärkte und Perioden verwendet werden. In Abbildung 6.16 sind solche alternativen Varianten dargestellt.

Prognose-ansatz	Unabhängige Variablen	Abhängige Variable
WV	Bereinigte Wahrnehmungsvolumina von Warengruppe A für Suchvorgänge nach allen K Warengruppen	Bereinigter Absatz der Warengruppe A
SF-K	Sichtflächen aller K Warengruppen Dummys für Outlets und Perioden	Absatz der Warengruppe A
SZ-K	Suchzeiten für alle K Warengruppen Dummys für Outlets und Perioden	Absatz der Warengruppe A
SF-A	Sichtfläche der Warengruppe A Dummys für Outlets und Perioden	Absatz der Warengruppe A
SZ-A	Suchzeit für Warengruppe A Dummys für Outlets und Perioden	Absatz der Warengruppe A

Abb. 6.16:   Überblick über mögliche Prognoseansätze

Um die relative Vorteilhaftigkeit der einzelnen in Abbildung 6.16 dargestellten Prognoseansätze zu beurteilen, sollen im Folgenden Hypothesen entwickelt werden.

Platzierungseffekte kommen dadurch zu Stande, dass eine größere Sichtfläche zu kürzeren Suchzeiten nach einer Warengruppe führt, kürze Suchzeiten mit höheren Wahrnehmungswahrscheinlichkeiten der Warengruppe einhergehen, was wiederum dazu führt, dass die Warengruppe häufiger wahrgenommen wird und in Folge dessen Artikel dieser Warengruppe häufiger ungeplant gekauft werden.

Somit setzen Wahrnehmungsvolumina näher am zu erklärenden Kaufverhalten an als Sichtflächen und Suchzeiten. Zudem besteht entsprechend Gleichung 6-18 ein direkter linearer Zusammenhang zwischen bereinigten Wahrnehmungsvolumina und bereinigtem Absatz, während Suchzeiten und Sichtflächen erst über mehrere teilweise nicht lineare Wirkungsfunktionen mit dem Absatz verknüpft sind (vgl. hierzu auch Abbildung 6.28 in der Zusammenfassung des sechsten Kapitels). Deshalb soll vermutet werden, dass Prognoseansätze auf der Basis von Wahrnehmungsvolumina den anderen in Abbildung 6.16 dargestellten Ansätzen überlegen sind.

Hypothese 6-8: Prognoseansätze auf der Basis von Wahrnehmungsvolumina sind den anderen in Abbildung 6.16 dargestellten Prognoseansätzen überlegen.

Da wiederum Suchzeiten näher am Verhalten ansetzen als Sichtflächen, kann weiter angenommen werden, dass Suchzeiten bessere Prädiktoren für Platzierungseffekte darstellen als Sichtflächen.

Hypothese 6-9: Prognoseansätze auf der Basis von Suchzeiten sind Prognoseansätzen auf der Basis von Sichtflächen überlegen.

Weitere Hypothesen können zu der Frage formuliert werden, ob der Absatz einer Warengruppe auch durch die Platzierung komplementärer Warengruppen erklärt werden sollte. Entsprechend dem in dieser Arbeit entwickelten Denkrahmen hängt der Absatz einer Warengruppe nicht nur von ihrer eigenen Platzierung, sondern auch von der Platzierung anderer, insbesondere komplementärer Warengruppen ab. Deshalb werden Prognoseansätze, die auch die Platzierungsgüte komplementärer Warengruppen berücksichtigen, gegenüber solchen Prognoseansätzen überlegen sein, die dies nicht tun.

Hypothese 6-10: Prognoseansätze, die Komplementäreffekte berücksichtigen, sind anderen Prognoseansätzen überlegen, die dies nicht tun.

Auch zur Prognosegüte von Regressions- gegenüber Netzwerkwerkmodellen lassen sich Hypothesen formulieren. Da entsprechend Gleichung 6-18 der Zusammenhang zwischen bereinigten Wahrnehmungsvolumina und bereinigtem Absatz linear ist, soll vermutet werden, dass diese Beziehung besser mit Hilfe von linearen Regressionsmodellen abgebildet werden kann. Bei alternativen Ansätzen, bei denen der Absatz in Abhängigkeit der Suchzeit oder der Sichtfläche von Artikeln untersucht wird, liegt dagegen keine lineare Beziehung zwischen erklärenden und abhängigen Variablen vor. Da Neuronale Netze beliebige auch nicht lineare Zusammenhänge approximieren können, kann davon ausgegangen werden, dass in solchen Fällen Neuronale Netze gegenüber Regressionsanalysen überlegen sind.

Hypothese 6-11: Der Zusammenhang von Wahrnehmungsvolumina und Absatz kann durch ein lineares Regressionsmodell besser abgebildet werden als durch ein Neuronales Netz.

Hypothese 6-12: Der Zusammenhang von Sichtflächen oder Suchzeiten und Absatz kann durch ein Neuronales Netz besser abgebildet werden als durch ein lineares Regressionsmodell.

6.2.3 Eine Untersuchung der Eignung alternativer Ansätze zur Abbildung von Platzierungseffekten

Nachdem die formale Struktur von Platzierungseffekten dargelegt wurde und Hypothesen zu geeigneten Prognoseansätzen aufgestellt sind, sollen diese nun auf der Basis simulierter Platzierungseffekte untersucht werden.

6.2.3.1 Aufbau der Untersuchung und Simulation der Platzierungseffekte

Um die im vorangegangenen Abschnitt aufgestellten Hypothesen zu überprüfen, werden die abzubildenden Platzierungseffekte simuliert. Die Simulation der Platzierungseffekte ist erforderlich, da nicht auf reale Daten zurückgegriffen werden konnte. In einigen Punkten ist die Arbeit mit simulierten Daten allerdings auch mit Vorteilen verbunden:

- Die Arbeit mit real beobachteten Effekten erfordert eine zuverlässige Dokumentation der Regallayouts für die untersuchten Perioden. Häufig sind diese Dokumentationen in der Praxis fehler- oder lückenhaft.
- Um die aufgestellten Hypothesen auf Signifikanz testen können, ist eine größere Anzahl von Datensätzen erforderlich, die durch Simulation leicht generiert werden können.
- Bei der Simulation können einzelne Parameter, beispielsweise die Impuls-bereitschaften, gezielt kontrolliert werden. Hierdurch lassen sich die Platzie-rungseffekte auch für unterschiedliche Szenarien untersuchen. Dies ist auf der Basis realer Datensätze nicht möglich.

Um die Platzierungseffekte zu simulieren, wird auf die in Gleichung 6-17 dargestellte Funktion zurückgegriffen. Es wird von einer Abteilung mit neun Warengruppen ausgegangen, für die Absatzdaten aus 20 Outlets über 5 Perioden vorliegen. Insgesamt müssen also pro Warengruppe 100 Beobachtungen simuliert werden. Hierzu werden die erforderlichen Parameter wie folgt bestimmt:

- Für jede der 100 Beobachtungen wurde eine Regalfläche von 10.000 Quadrat-zentimetern zufällig auf die neun Warengruppen verteilt. Mit Hilfe der in Abschnitt 6.1 empirisch ermittelten Funktionen können dann für jede Beobachtung Suchzeiten SZ und Wahrnehmungswahrscheinlichkeiten WP berechnet werden.
- Für die Referenzbeobachtung in Outlet 1 und Periode 1 wird die Anzahl der Kunden mit Kaufplanungen x^{S*} im Intervall [0;1000] zufällig initialisiert, die Impulsbereitschaften a (gewichtet mit dem Parameter r) im Intervall [0;2], so dass der Anteil ungeplanter Käufe etwa bei 40-50% liegt.
- Die Trendfaktoren b und c wurden für Unterschiede zwischen den Outlets im Intervall [0,75;1,25] zufällig initialisiert.
- Für die Parameter l und q wurden Werte von 1 angenommen, Periodeneffekte wurden vernachlässigt.

Nachdem die Parameter bestimmt sind, kann entsprechend Gleichung 6-17 der Absatz für die einzelnen Warengruppen in den Beobachtungsperioden berechnet werden.

Um die Hypothesen 6-8 bis 6-12 zu überprüfen, kann nun untersucht werden, wie gut die unterschiedlichen Prognoseansätze geeignet sind, um die simulierten Platzierungseffekte abzubilden. In Abbildung 6.17 sind die untersuchten Prognose-ansätze zusammenfassend dargestellt. Im wesentlichen handelt es sich dabei um die bereits in Abbildung 6.16 dargestellten Ansätze, deren Parameter jeweils mit Hilfe Neuronaler Netze und Regressionsanalysen geschätzt werden. Beispielsweise handelt es sich bei dem Prognoseansatz NN-WV um ein Neuronales Netz, das Wahrnehmungsvolumina als Inputdaten und Absatzwerte einer Warengruppe A als Outputdaten verwendet. Sowohl Wahrnehmungsvolumina als auch Absatzwerte werden mit Hilfe der Trendfaktoren bereinigt. Komplementäreffekte werden auto-matisch über die Wahrnehmungsvolumina berücksichtigt. Bei dem Ansatz R-WV handelt es sich um das entsprechende lineare Regressionsmodell.

Das Neuronale Netz NN-SF-K und das lineare Regressionsmodell R-SF-K erklären den Absatz einer Warengruppe A durch die Sichtflächen aller K Waren-gruppen des Sortiments. Komplementäreffekte können somit abgebildet werden. Trendfaktoren werden mit Hilfe von Dummyvariablen für die Outlets erfasst. Die Ansätze NN-SF-A und R-SF-A stellen analoge Ansätze dar, die den Absatz einer Warengruppe A nur durch deren Sichtfläche abbilden, womit Komplementär-effekte nicht berücksichtigt werden können. NN-SZ-K, R-SZ-K, NN-SZ-A und R-SZ-A verwenden anstatt Sichtflächen Suchzeiten als unabhängige Variablen. Der naive Prognoseansatz berechnet den Prognosewert für den Absatz einer Waren-gruppe durch den Mittelwert des Absatzes der Vorperioden im jeweiligen Outlet.

Prognose-ansatz	Analyseverfahren	Unabhängige Variable		Abhängige Variable	Trends
		Operationali-sierung[67]	Komplemen-täreffekte	Operationali-sierung	
NN-WV	Neuronales Netz	WV*	Ja	Absatz	Bereinigt
NN-SF-K	Neuronales Netz	SF	Ja	Absatz	Dummy
NN-SZ-K	Neuronales Netz	SZ	Ja	Absatz	Dummy
NN-SF-A	Neuronales Netz	SF	Nein	Absatz	Dummy
NN-SZ-A	Neuronales Netz	SZ	Nein	Absatz	Dummy
R-WV	Regression	WV*	Ja	Absatz	Bereinigt
R-SF-K	Regression	SF	Ja	Absatz	Dummy
R-SZ-K	Regression	SZ	Ja	Absatz	Dummy
R-SF-A	Regression	SF	Nein	Absatz	Dummy
R-SZ-A	Regression	SZ	Nein	Absatz	Dummy
Naiv	Mittelwert	-	Nein	Absatz	Dummy

Abb. 6.17:   Überblick über die zu untersuchenden Prognoseansätze

Um die für die Prognoseansätze erforderlichen Parameter zu schätzen, wird auf das Datenmaterial der ersten vier Perioden (80 Beobachtungsdatensätze) zurückgegriffen. Die fünfte Periode (20 Beobachtungsdatensätze) dient dem Zweck, die Prognosetauglichkeit der Ansätze zu ermitteln. Die Parameterschätzung erfolgt mit dem Programm SPSS Neural Connection. Hierbei werden jeweils die von dem Programm verwendeten Standardeinstellungen beibehalten.[68]

Um die Prognoseansätze zu beurteilen, wird jeweils der prozentuale Prognosefehler für den Absatz der Warengruppe A berechnet.[69] Als Vergleichsmaßstab dient ein naiver Prognoseansatz, der den Durchschnittsabsatz der Vorperioden in den einzelnen Outlets als Prognosewert verwendet. Insgesamt werden 30 Simulationen durchgeführt, für die sich Prognosefehler für die einzelnen Ansätze berechnen lassen. Um die Prognoseansätze miteinander zu vergleichen, werden sie für jede der 30 Simulationen nach ihrer Prognosegüte in eine Rangordnung gebracht. Die Ränge werden gebildet, um zu verhindern, dass einige wenige Simulationen mit sehr großen Prognosefehlern ausschlaggebend für die Beurteilung der Ansätze sind. Der Verfahrensvergleich erfolgt dann auf Basis dieser Rangdaten anhand von *Wilcoxon*-Vorzeichen-Rang-Tests für verbundene Stichproben.

---

[67]   WV* = bereinigtes Wahrnehmungsvolumen, SZ = Suchzeit, SF = Sichtfläche.

[68]   Eine Ausnahme bildet der verwendete Algorithmus für die Netzwerkmodelle. Hier wird auf Grund der besseren Prognoseergebnisse anstatt der Standardeinstellung „Conj. Gradient" die Einstellung „Steepest Descent" verwendet.

[69]   Der prozentuale Prognosefehler ergibt sich aus dem Verhältnis zwischen der Summe der absoluten Prognosefehler und der Summe der zu prognostizierenden Beobachtungswerte.

6.2.3.2 Ergebnisse zur Eignung der Ansätze für die Abbildung von Platzierungseffekten

Abbildung 6.18 gibt zunächst einen Überblick über die Prognosegüte der einzelnen Ansätze. Zu jedem Prognoseansatz ist der mittlere Prognosefehler und die auf Basis der Prognosefehler in den 30 Simulationen gebildete Rangsumme angegeben.[70] Die Ergebnisse deuten tendenziell auf eine Bestätigung der aufgestellten Hypothesen hin.

Prognose-ansatz	Mittlerer Prognosefehler	Rangsumme Prognosefehler	Prognose-ansatz	Mittlerer Prognosefehler	Rangsumme Prognosefehler
NN-WV	0,68%	60	R-WV	0,00%	30
NN-SF-K	7,12%	243	R-SF-K	7,38%	242
NN-SZ-K	3,76%	123	R-SZ-K	7,19%	230
NN-SF-A	5,87%	180	R-SF-A	6,81%	216
NN-SZ-A	3,12%	103	R-SZ-A	7,21%	226
			Naiv	12,23%	327

Abb: 6.18:   Die Zuverlässigkeit unterschiedlicher Prognoseansätze

In der Hypothese 6-8 kam zum Ausdruck, dass der Prognoseansatz mit den bereinigten Wahrnehmungsvolumina als erklärende Variablen den anderen Verfahren überlegen ist. Wie in Abbildung 6.18 zu erkennen ist, liefern die Prognoseansätze R-WV und NN-WV tatsächlich für jede der 30 Simulationen die besten Prognoseergebnisse. Mit Hilfe von *Wilcoxon*-Vorzeichen-Rang-Tests wird dieses Ergebnis signifikant bestätigt. Die Hypothese 6-8 gilt somit als angenommen.

Die in Hypothese 6-9 vermutete bessere Prognosegüte von Ansätzen auf der Basis von Suchzeiten gegenüber Ansätzen auf der Basis von Sichtflächen bestätigt sich nur, wenn Neuronale Netze zur Parameterschätzung verwendet werden. So ist der Ansatz NN-SZ-A dem Ansatz NN-SF-A und der Ansatz NN-SZ-K dem Ansatz NN-SF-K überlegen, wie die Ergebnisse der *Wilcoxon*-Tests in Abbildung 6.19 zeigen. Die Prognosegüte des Ansatzes NN-SZ-K ist signifikant besser als die des Ansatzes NN-SF-K, und die Güte des Ansatzes NN-SZ-A ist signifikant besser als die von Ansatz NN-SF-A. Bei den entsprechenden Regressionsmodellen sind dagegen keine signifikanten Unterschiede beobachtbar. Hypothese 6-9 kann somit nur teilweise bestätigt werden.

---

[70]   Die Ränge werden aufsteigend nach der Höhe des Prognosefehlers gebildet.

Hypothese	Linke Seite d. Ungleichung in Spalte 1	Rechte Seite d. Ungleichung in Spalte 1	Differenz (Rechte Seite - linke Seite)	Signi- fikanz
Rg. (NN-SZ-K)< Rg. (NN-SF-K)	123	243	120	0,000***
Rg. (NN-SZ-A)< Rg. (NN-SF-A)	103	180	77	0,000***
Rg. (R-SZ-K)< Rg. (R-SF-K)	230	242	12	0,554
Rg. (R-SZ-A)< Rg. (R-SF-A)	226	216	-10	0,521

Abb. 6.19:   Ergebnisse zu Hypothese 6-9

In Hypothese 6-10 wurde von einer Überlegenheit solcher Prognoseansätze ausgegangen, die Komplementäreffekte einbeziehen. Ein Vergleich der Ansätze SZ-K mit SZ-A und SF-K mit SF-A bestätigt die Hypothese jedoch nicht. Auch wenn die Ergebnisse nur in zwei von vier Fällen signifikant sind, verschlechtert die Berücksichtigung von Komplementäreffekten erstaunlicher Weise die Prognose- güte. Ein Grund hierfür mag in der Tatsache liegen, dass die Wahrnehmungswahr- scheinlichkeit einer Warengruppe deutlich stärker durch ihre eigene Platzierung als durch die Platzierung der jeweils gesuchten Artikel bestimmt wird. Für die Prognoseverfahren kann es schwierig sein, solche geringfügigen Effekte valide abzubilden. Hypothese 6-10 ist somit zu verwerfen (Abbildung 6.20).

Hypothese	Linke Seite d. Ungleichung in Spalte 1	Rechte Seite d. Ungleichung in Spalte 1	Differenz (Rechte Seite - linke Seite)	Signi- fikanz
Rg. (NN-SF-K)< Rg. (NN-SF-A)	243	180	- 63	0,000***
Rg. (NN-SZ-K)< Rg. (NN-SZ-A)	123	103	- 20	0,070
Rg. (R-SF-K)< Rg. (R-SF-A)	242	216	- 26	0,023*
Rg. (R-SZ-K)< Rg. (R-SZ-A)	230	226	- 4	0,565

Abb. 6.20:   Ergebnisse zu Hypothese 6-10

Hypothese 6-11 beinhaltete die Vermutung, dass der Ansatz mit den bereinigten Wahrnehmungsvolumina besser durch Regressionsanalysen als durch Neuronale Netze abgebildet werden kann. Wie Abbildung 6.21 zeigt, kann diese Hypothese signifikant bestätigt werden. Hypothese 6-12, die für die übrigen Ansätze von einer Überlegenheit Neuronaler Netze ausgegangen ist, kann in drei von vier Fällen signifikant bestätigt werden.

Hypothese	Linke Seite d. Ungleichung in Spalte 1	Rechte Seite d. Ungleichung in Spalte 1	Differenz (Rechte Seite - linke Seite)	Signi- fikanz
Rg. (R-WV)< Rg. (NN-WV)	30	60	30	0,000***
Rg. (NN-SF-K)< Rg. (R-SF-K)	243	242	- 1	0,818
Rg. (NN-SZ-K)< Rg. (R-SZ-K)	123	230	107	0,000***
Rg. (NN-SF-A)< Rg. (R-SF-A)	180	216	36	0,032*
Rg. (NN-SZ-A)< Rg. (R-SZ-A)	103	226	123	0,000***

Abb. 6.21:   Ergebnisse zu Hypothese 6-11 und 6-12

6.2.3.3   Managementrelevanz des Verfahrensvergleichs

Auf der Basis simulierter Platzierungseffekte sind verschiedene Prognoseansätze untersucht worden. Es hat sich gezeigt, dass Platzierungseffekte, die auf Basis von Gleichung 6-17 simuliert wurden, erwartungsgemäß mit einem ebenfalls an die Gleichung (bzw. Gleichung 6-18) angelehnten Regressionsmodell (R-WV) fehlerfrei abgebildet werden konnten, während das entsprechende Neuronale Netz (NN-WV) geringfügig schlechtere, aber dennoch deutlich bessere Prognoseergebnisse als andere Ansätze lieferte.

Es bleibt allerdings zu prüfen, ob die Ergebnisse auch für reale Platzierungseffekte gelten. So stellt sich die Frage, wie robust die Prognoseansätze beispielsweise gegenüber Schätzfehlern der Wahrnehmungswahrscheinlichkeiten oder Trendeffekte sind. Eine weitere Einschränkung kann in der Tatsache liegen, dass bei der Simulation die Sichtflächen der Warengruppen relativ stark variiert wurden. Inwieweit eine geringere Sichtflächenvariation zu ähnlichen Ergebnissen führt, bleibt offen. Sollte sich der Prognoseansatz WV in der Praxis als nicht robust erweisen, sollte zunächst versucht werden, Komplementäreffekte nur in Bezug auf diejenigen Artikel zu berücksichtigen, zu denen starke Verbundbeziehungen bestehen. Hierauf und auf weitere mögliche Problemfelder wird in der Zusammenfassung des sechsten Kapitels noch näher eingegangen werden.

Ein wesentlich weniger aufwendiger Prognoseansatz stellt die Erklärung von Platzierungseffekten über die Suchzeit einer Warengruppe dar. Trendeffekte können über Dummyvariablen abgebildet werden. Der Ansatz NN-SZ-A führte bei Anwendung eines Neuronalen Netzes zu einem akzeptablen Abbildungsfehler von etwa 3% gegenüber 12% des naiven Prognosemodells. Somit dürfte dieser Ansatz für die Praxis eine Alternative darstellen, soweit Komplementäreffekte vernachlässigbar sind. Ist dies nicht der Fall, kann noch der Ansatz NN-SZ-K in Betracht gezogen werden, der die simulierten Platzierungseffekte mit einem Prognosefehler von knapp 4% abbilden konnte.

6.3 Ansätze zur optimalen der Verteilung der Regalkapazitäten

In den vorangegangenen Abschnitten dieses Kapitels wurde dargestellt, wie sich Platzierungseffekte empirisch ermitteln lassen. Es wurde gezeigt, wie Platzierungs-effekte durch eine Nachfragefunktion abgebildet werden können, die den Absatz einer Platzierungseinheit über das Such- und Wahrnehmungsverhalten der Kunden erklärt. Im folgenden Abschnitt soll gezeigt werden, wie die Verteilung der Regal-kapazitäten auf der Basis der dargestellten Wirkungsfunktionen optimiert werden kann. Hierzu soll ein Verfahren vorgestellt werden, welches die Kapazitäts-verteilung sowohl unter kunden- wie auch unter unmittelbar erfolgsorientierten Gesichtspunkten optimieren kann. Die kundenorientierte Warenplatzierung kann darin bestehen, dass die durchschnittlichen Suchzeiten der Kunden minimiert werden, sofern die Sucheffizienz einen wichtigen Platzierungsanspruch darstellt. Wünschen die Kunden dagegen eher stimuliert zu werden, kann aber auch eine absatz- oder umsatzmaximale Kapazitätsverteilung kundenorientiert sein. Unmittelbar erfolgsorientiert ist die Warenplatzierung dann, wenn die Verteilung der Regalkapazitäten darauf abzielt, über die bevorzugte Platzierung hoch kalkulierter Artikel, bei denen eine hohe Impuls- und Zahlungsbereitschaft besteht, den Deckungsbeitrag und somit auch die Rentabilität des Regals direkt zu erhöhen.

Bevor das entwickelte Verfahren präsentiert wird, soll zunächst ein kurzer Überblick über den Stand der Forschung gegeben werden, indem auf theoretische Ansätze aus der Literatur sowie auf die Regaloptimierung in der Praxis eingegangen wird (Abschnitt 6.3.1). Hierbei wird deutlich werden, dass eine starke Diskrepanz zwischen wissenschaftlichen und praktischen Ansätzen besteht. Aus den Ergebnissen der Literaturanalyse werden Anforderungen an ein zu entwickelndes Verfahren zur Zuteilung von Regalkapazitäten herausgearbeitet. Hierbei wird auf die zu verwendenden Zielgrößen, die zu Grunde liegenden Wirkungsfunktionen und den Optimierungsalgorithmus eingegangen (Abschnitt 6.3.2). Auf der Basis dieser Anforderungen wird ein Verfahren zur optimalen Verteilung von Regalkapazitäten entwickelt. Hierzu wird auf naturadaptive Verfahren zurückgegriffen, die in der jüngeren englischsprachigen Literatur von *Borin/Farris/Freeland*[71] und *Urban*[72] bereits auf Probleme der Warenplatzierung erfolgreich angewendet wurden (Abschnitt 6.3.3). Schließlich wird das Verfahren erweitert, indem Warenplatzierung, Preis- und Sortimentspolitik ineinander integriert werden. Hierbei wird der entwickelte Ansatz mit einem von *McIntyre/ Miller*[73] präsentierten Verfahren für eine integrierte Preis- und Sortimentspolitik verknüpft (Abschnitt 6.3.4).

---

[71] Vgl. Borin, N./Farris, P. W./Freeland, J. R., 1994, S. 359-384; Borin, N./Farris, P., 1995, S. 153-171.
[72] Vgl. Urban, T. L., 1998, S. 15-35.
[73] Vgl. McIntyre, S. H./Miller, C. M., 1999, S. 295-318.

6.3.1 Überblick über den Stand der Forschung

Die Zuteilung von Regalkapazitäten wird in der Literatur häufig synonym mit dem Begriff Spacemanagement verwendet. Wie bereits in Kapitel 2 dargestellt wurde, impliziert der Begriff Spacemanagement die Optimierung umsatz- oder rentabilitätsorientierter Zielgrößen sowie die Arbeit mit EDV-gestützten Verfahren. Rechenvorgänge, die solche Optimierungsprobleme lösen, werden als Spacemanagementalgorithmen bezeichnet. Für die hierzu verwendeten Computerprogramme wird der Begriff Spacemanagementsysteme verwendet. Im Folgenden soll ein kurzer Überblick über bestehende Spacemanagementalgorithmen und -systeme gegeben werden.

6.3.1.1 Spacemanagementalgorithmen

Die Lösung von Spacemanagementproblemen mit Hilfe mathematischer Algorithmen ist bereits seit den sechziger Jahren bis heute Gegenstand der betriebswirtschaftlichen Literatur.[74] Angestoßen wurde das Forschungsfeld durch Studien, die in der zweiten Hälfte der 50er Jahre in den USA von Progressive Grocer,[75] Super Market Merchandising[76] und McKinsey[77] durchgeführt wurden. Heute existieren komplexe theoretische Modelle, die neben der Zuteilung von Regalkapazitäten gleichzeitig Sortiments- und Bestellentscheidungen optimieren, wobei verschiedene Restriktionen, Substitutions- und Komplementäreffekte sowie Kostenelastizitäten berücksichtigt werden. Als Nebenbedingungen kommen die Raumrestriktion, Minimum- und Maximumrestriktionen für die Anzahl der Facings einer Platzierungseinheit, Erhältlichkeitsrestriktionen auf Grund begrenzter Beschaffbarkeit bestimmter Artikel, die Ganzzahligkeitsrestriktion für die ermittelte Lösung sowie Blockrestriktionen in Frage. Einen Überblick gibt Abbildung 6.22.

---

[74] Vgl. z. B. die folgenden Beiträge aus den frühen sechziger Jahren: Cairns, J. P.: Allocate Space for Maximum Profits, in: Journal of Retailing, Vol. 39 (1963), No. 2, S. 41-45 u. S. 52; Marks, N. E.: A Model for Supermarket Space Allocation, in: Business Review, Vol. 22 (1963), No. 4, S. 51-60.

[75] Vgl. Progressive Grocer (Hrsg.): Foodtown-Study, New York 1955; Progressive Grocer (Hrsg.): Super-Valu-Study, New York 1957; Progressive Grocer (Hrsg.): The Dillon-Study, New York 1959; zitiert bei Barth, K.: Die Warenpräsentation in Einzelhandelsunternehmungen, in: Mitteilungen des Instituts für Handelsforschung an der Universität zu Köln, 27. Jg. (1975), H. 7, S. 95.

[76] Vgl. Super Market Merchandising (Hrsg.): Eagle Study, September, October, November, o. O. 1961; zitiert bei Marks, N. E., 1963, S. 52f.

[77] Vgl. McKinsey (Hrsg.): General Foods-Study. The Economics of Food Distributors, New York 1963; zitiert bei Barth, K., 1975, S. 96.

Lee (1961)	Marginalanalytisches Modell, bei dem u. a. Fehlmengenwahrscheinlichkeiten und Substitutionseffekte berücksichtigt werden.[78]
Cairns (1963)	*Cairns* zeigt auf, wie eine vorgegebene Regalkapazität auf zwei Artikel aufgeteilt werden kann. Hierbei werden für die beiden Artikel jeweils degressiv verlaufende Profitfunktionen angenommen, der gesamte Profit soll maximiert werden. Das Allokationsproblem wird auf graphischen Wege gelöst, wobei die Lösung marginalanalytisch interpretiert wird. Es wird darüber hinaus aufgezeigt, wie preispolitische Überlegungen in das Modell integriert werden können.[79]
Anderson/ Amato (1974)	Ein Modell zur Sortiments- und Raumplanung. *Anderson/Amato* unterscheiden Kunden mit Präferenzen für einen bestimmten Artikel von Kunden ohne Präferenzen. Nur bei Kunden ohne Präferenzen hat die Zuteilung von Facings einen Einfluss auf die Nachfrage, indem die Wahrscheinlichkeit, mit der eine Marke gewählt wird, dem Raumanteil der Marke entspricht. Dies führt bei einem gegebenen Sortiment zu einer gewinnmaximalen Raumzuteilung, bei der nur der Artikel mit dem höchsten Stückgewinn zusätzliche Facings erhält.[80]
Anderson (1979)	Marginalanalytisches Modell, mit dem Regalkapazität auf zwei Artikel aufgeteilt wird. Mit Hilfe einer logistischen Funktion wird der Zusammenhang von Marktanteil und Raumanteil ausgedrückt. In Abhängigkeit der Raumanteile wird eine Deckungsbeitrags- und eine Nachfüllkostenkostenfunktion ermittelt. Durch Marginalanalyse wird nach einem Optimum gesucht, in dem sich marginaler Deckungsbeitrag und marginale Nachfüllkosten entsprechen.[81]
Hansen/ Heinsbroek (1979)	Ansatz zur Sortiments- und Platzierungsoptimierung. Es wird ein Modell formuliert, bei dem der Gesamtgewinn unter Beachtung der Raumrestriktion, Minimum-Bedingung und Ganzzahligkeitsrestriktion maximiert werden soll. Als Nachfragefunktion wird eine Exponentialfunktion verwendet. Die optimale Lösung des Problems wird anhand eines bei *Everett* beschriebenen Verfahrens – „Generalized Lagrange Multipliers Technique" – ermittelt.[82]
Wieland (1977; 1979)	*Wieland* beschreibt ein Computerprogramm, mit dem Artikeln Facings, Regalorte und Preise gewinnoptimal zugeteilt werden. Die verwendeten Wirkungsfunktionen basieren auf Schätzungen von Managern. Die optimale Lösung wird durch dynamische Programmierung unter Einhaltung der Raumrestriktion berechnet.[83]

---

[78] Vgl. Lee, W.: Space Management in Retail Stores and Implications to Agriculture, in: Dolva, W. K. (Hrsg.): Marketing. Key to Profits in the 1960's, Chicago, Ill. 1960, S. 523-533; zitiert z. B. bei Barth, K., 1975, S. 96f.

[79] Vgl. Cairns, J. P., 1963, S. 41-45 u. S. 52.

[80] Vgl. Anderson, E. E./Amato, H. N.: A Mathematical Model for Simultaneously Determining the Optimal Brand-Collection and Display-Area Allocation, in: Operations Research, Vol. 22 (1974), No. 1, S. 13-21.

[81] Vgl. Anderson, E. E., 1979, S. 103-118.

[82] Vgl. Hansen, P./Heinsbroek, H.: Product Selection and Space Allocation in Supermarkets, in: European Journal of Operational Research, Vol. 3 (1979), No. 6, S. 474-484. Zur Optimierungsmethode vgl. Everett, H.: Generalized Lagrange Multiplier Method for Solving Problems of Optimum Allocation of Resources, in: Operations Research, Vol. 11 (1963), No. 3, S. 399-417.

[83] Vgl. Wieland, H. J., 1977, S. 59-61; Wieland, H. J.: Computergestützte Regalplanung – Aspekte und Möglichkeiten durch elektronische Kassensysteme, in: Elektronische Rechenanlagen, 21. Jg. (1979), H. 3, S. 147-151.

Corstjens/ Doyle (1981, 1983)	Auch dieses Modell dient dem Zweck, Regaleinheiten gewinnmaximal zu verteilen. In den Nebenbedingungen werden die Raumrestriktion, Erhältlichkeitsrestriktion und Minimum-/Maximum-Restriktion erfasst. In den unterstellten Kosten- und Nachfragefunktionen werden Raumelastizitäten der Nachfrage, Kreuzraumelastizitäten der Nachfrage und Raumelastizitäten der Kosten berücksichtigt. Die erforderlichen Parameter werden durch Regressionsanalysen ermittelt. Die Lösung wird durch geometrische Programmierung berechnet.[84] An dem Modell wurde Kritik geübt, indem die Anwendungseffizienz und die Flexibilität des Algorithmus in Frage gestellt wurde.[85] In einem späteren Beitrag entwickeln die Autoren eine dynamische Variante ihres Modells, wobei das ursprüngliche Optimierungsproblem allerdings stark vereinfacht wird, indem z. B. Nebenbedingungen aufgegeben werden.[86]
Zufryden (1986)	Das Modell bestimmt die gewinnmaximale Raumzuteilung, wobei die verfügbare Anzahl von Regaleinheiten, Minimum-/Maximum-Restriktionen, Erhältlichkeitsrestriktion, Blockrestriktionen (die Anzahl von Facings entspricht dem ganzzahligen Vielfachen eines Vorgabewertes) und die Ganzzahligkeitsrestriktion berücksichtigt werden. In der zu Grunde liegenden Nachfragefunktion werden Raum- und Kostenelastizitäten, jedoch keine Kreuzelastizitäten erfasst. Die Lösung wird durch dynamische Programmierung entwickelt. In einem simulierten Anwendungsbeispiel zeigen die Autoren, dass das Optimierungsproblem in angemessener Rechenzeit gelöst werden kann.[87]
Bultez/Naert (et al.) (1988, 1989)	*Bultez/Naert (et al.)* präsentieren ein Verfahren zur gewinnoptimalen Flächenzuweisung. Als Nebenbedingung wird nur die Raumrestriktion berücksichtigt. Die Optimierung erfolgt marginalanalytisch. Während die Autoren in ihrem ersten Beitrag ein symmetrisches Attraktionsmodell zu Grunde legen, wählen sie im zweiten Beitrag ein asymmetrisches Modell. Das asymmetrische Modell berücksichtigt, dass Absatzanteile von Artikeln unterschiedlich elastisch auf veränderte Raumzuteilungen zu einem anderen Artikel reagieren können.[88]

---

[84] Vgl. Corstjens, M./Doyle, P.: A Model for Optimizing Retail Space Allocations, in: Management Science, Vol. 27 (1981), No. 7, S. 822-833. Zur Optimierungsmethode vgl. Gochet, W./Smeers, Y.: A Branch-and-Bound Method for Reversed Geometric Programming, in: Operations Research, Vol. 27 (1979), No. 5, S. 982-996.

[85] Vgl. z. B. Zufryden, F. S.: A Dynamic Programming Approach for Product Selection and Supermarket Shelf-Space Allocation, in: Journal of the Operational Research Society, Vol. 37 (1986), No. 4, S. 414.

[86] Vgl. Corstjens, M./Doyle, P.: A Dynamic Model for Strategically Allocating Retail Space, in: Journal of the Operational Research Society, Vol. 34 (1983), S. 943-951; zitiert nach Zufryden, F. S., 1986, S. 414.

[87] Vgl. Zufryden, F. S., 1986, S. 413-422.

[88] Vgl. Bultez, A./Naert, P.: SH.A.R.P.: Shelf Allocation for Retailers´ Profit, in: Marketing Science, Vol. 7 (1988), No. 3, S. 211-231; Bultez, A. et al.: Asymmetric Cannibalism in Retail Assortments, in: Journal of Retailing, Vol. 65 (1989), No. 2, S. 153-192.

Preston/ Mercer (1990)	Es werden drei Anwendungsbereiche unterschieden: die Aufteilung der Regalfläche innerhalb einer Produktgruppe, die Festlegung der gelisteten Artikel innerhalb einer Produktgruppe und Aufteilung der verfügbaren Fläche auf die Produktgruppen. Innerhalb einer Produktgruppe wird die Regalfläche so aufgeteilt, dass Deckungsbeitrag maximiert wird. In der Nachfragefunktion wird eine einheitliche Raumelastizität für alle Artikel unterstellt. Als Neben-bedingungen werden Raumrestriktion, Bestandsrestriktionen und die Ganz-zahligkeitsbedingung erfasst. Die berechnete analytische Lösung bezieht nur die Raumrestriktion ein, die übrigen Nebenbedingungen sollen durch Heuristiken berücksichtigt werden.[89]
Heidel (1990)	Bei dem Verfahren von *Heidel* werden für alle Platzierungsalternativen eines Artikels die zu erwartenden Deckungsbeiträge ermittelt. Der Verkaufsraum wird dann stückweise verteilt, indem eine Verkaufsraumeinheit demjenigen Artikel zugeschlagen wird, bei dem der höchste absolute Zuwachs des Deckungsbeitrags erwartet wird.[90]
Drèze/Hoch/ Purk (1994)	Im Mittelpunkt des Modells von *Drèze/Hoch/Purk* stehen die der Regal-optimierung zu Grunde liegenden Nachfragefunktionen. Gegenüber den meisten vorherigen Modellen werden hierbei auch Wertigkeiten unter-schiedlicher Regalböden berücksichtigt. Da keine Kreuzeffekte erfasst werden, lässt sich der Profit eines Artikels für jede mögliche Platzierungsalternative ermitteln. Der Gesamtprofit ergibt sich aus einer Linearkombination der berechneten Profits, die mit einer Binärvariable gewichtet werden. Unter Beachtung der Raumrestriktion wird der Gesamt-Profit linear optimiert.[91]
Borin/Farris/ Freeland (1994, 1995)	Entscheidungsparameter sind Sortiments- und Platzierungsentscheidungen (Zuteilung von Facings). Das Modell optimiert eine Profit-Funktion (Category Return on Inventory) unter der Restriktion begrenzter Raumkapazitäten und unter Beachtung von Minimum-/Maximum-Bedingungen für die Anzahl der Facings einzelner Artikel. Die in der Zielfunktion enthaltene Nachfrage-funktion berücksichtigt neben einfachen Raumelastizitäten auch Kreuz-elastizitäten. Novum an der Nachfragefunktion ist die Tatsache, dass auch Kundenreaktionen auf ausverkaufte oder nicht gelistete Artikel berücksichtigt werden, was für eine Sortimentsoptimierung notwendig erscheint. Die Profit-Funktion wird durch Simulated Annealing, ein naturadaptives Verfahren, optimiert.[92]
Wartenberg/ Gaul/Decker (1997)	*Wartenberg/Gaul/Decker* entwickelten ein Modell zur Maximierung des Regaldeckungsbeitrags in Abhängigkeit der Zuweisung von Frontstücken zu einzelnen Regalböden sowie flankierenden Marketing-Maßnahmen. Es werden verschiedene Nebenbedingungen formuliert, beispielsweise Raumrestriktion und Minimum-/Maximum-Restriktion sowie Anforderungen an die Regal-struktur und flankierende Marketingmaßnahmen. Die Autoren geben an, einen ganzzahligen, nicht linearen Optimierungsansatz zu verwenden, gehen an-sonsten aber nicht weiter auf den verwendeten Algorithmus ein.[93]

---

[89] Vgl. Preston, J./Mercer, A.: The Influence of Product Range in the Space Allocation Procedure, in: European Journal of Operational Research, Vol. 47 (1990), No. 3, S. 339-347.

[90] Vgl. Heidel, B., 1990, S. 243-247.

[91] Vgl. Drèze, X./Hoch, S. J./Purk, M. E., 1994, S. 301-326.

[92] Vgl. Borin, N./Farris, P. W./Freeland, J. R., 1994, S. 359-384; Borin, N./Farris, P., 1995, S. 153-171.

[93] Vgl. Wartenberg, F./Gaul, W./Decker, R.: Computergestützte Regaloptimierung im Einzelhandel, in: Der Markt, 36. Jg. (1997), H. 3+4, S. 185-196.

Urban (1998)	Sortiments-, Space- und Bestellmanagement werden optimiert. Es wird eine Profit-Funktion als Zielfunktion definiert, die die Anzahl von Facings, Bestellmenge und Bestellpunkt als Entscheidungsparameter enthält. In der Profit-Funktion werden Artikelpreise, Bestellkosten, Lagerkosten und Regalkosten berücksichtigt. Die Nachfrage nach einem Artikel hängt auch von Verbundeffekten und Kundenreaktionen auf nicht gelistete Artikel ab. In den Nebenbedingungen werden Raumrestriktionen für Regal und Lager, minimale und maximale Bestellmengen und minimale und maximale Facings berücksichtigt. Die optimale Lösung wird einerseits anhand einer analytischen Heuristik ermittelt, die ein Gradientenverfahren verwendet, andererseits durch einen Evolutionären Algorithmus.[94]
Yang/Chen (1999)	*Yang/Chen* stellen ein Modell auf der Basis einer Nachfragefunktion dar, in der Raumelastizitäten, Kreuzraumelastizitäten sowie Elastizitäten anderer Marketinginstrumente berücksichtigt werden. Mit Hilfe ganzzahliger nicht linearer Programmierung wird der Gesamtprofit unter Berücksichtigung der Raumrestriktion und Minimum-/Maximumbedingungen maximiert. Erwähnenswert ist das Bestreben der Verfasser, die Komplexität von Spacemanagementproblemen zu reduzieren, indem der Raum nicht simultan, sondern sukzessive erst auf Abteilungen, dann auf Warengruppen und schließlich auf einzelne Artikel verteilt wird.[95]

Abb. 6.22:   Beiträge zur Optimierung von Spacemanagementlösungen

Verfahren zur Lösung von Spacemanagementproblemen werden in der Literatur häufig in die Kategorien kennzahlenorientierte Verfahren, marginalanalytische Verfahren, Methoden der mathematischen Programmierung und heuristische Verfahren eingeordnet.[96] Die meisten der in Abbildung 6.22 dargestellten Verfahren bedienen sich entweder der mathematischen Programmierung oder der Marginalanalyse. Einordnungen der Verfahren in die unterschiedlichen Kategorien finden sich z. B. bei *Müller, Höller, Heidel* oder *Müller-Hagedorn*, wobei sich die Zuordnungen der Autoren allerdings teilweise unterscheiden.[97] Weiterhin stellt sich die Frage, wie neuere Ansätze, beispielsweise die von *Borin/Farris/Freeland* oder *Urban* verwendeten naturadaptiven Verfahren, einzuordnen sind. Eine alternative Systematik wäre die folgende:

---

[94]   Vgl. Urban, T. L., 1998, S. 15-35.
[95]   Vgl. Yang, M.-H./Chen, W.-C.: A Study on Shelf Space Allocation and Management, in: International Journal of Production Economics, Vol. 60-61 (1999), S. 309-317.
[96]   Vgl. Barth, K., 1975, S. 95-97; Heidel, B., 1990, S. 241-251.
[97]   Vgl. Müller, H., 1982, S. 198-219; Höller, W., 1987, S. 42-59; Heidel, B., 1990, S. 241-251; Müller-Hagedorn, L., 1998a, S. 481-486.

- „Daumenregeln" sind z. B. in der Vorgehensweise zu sehen, Regalkapazitäten proportional zu einer Kennzahl, beispielsweise dem Umsatzanteil der zu platzierenden Einheit zuzuordnen. Andere „Daumenregeln" könnten lauten, jeweils Impulsartikel mit hohem Bekanntheitsgrad bei der Zuteilung von Regalkapazitäten zu bevorzugen.[98] Daumenregeln führen in der Regel zu suboptimalen Lösungen.

- Analytische Verfahren gehen von einem allgemeinen formalen Modell aus und suchen auf der Basis analytischer Überlegungen nach einer optimalen Lösung. Hierbei kann es sich um verschiedene Varianten der mathematischen Programmierung oder um marginalanalytische Ansätze handeln. Diese Verfahren zeichnen sich dadurch aus, dass eine optimale Lösung „berechnet" wird. Die meisten der vor 1990 publizierten theoretischen Ansätze sind dieser Verfahrensklasse zuzuordnen.

- Enumerative Verfahren gehen von konkreten Lösungen aus, denen jeweils Werte des Zielkriteriums zugeordnet sind. Bei vollständiger Enumeration werden für alle möglichen Lösungen Zielfunktionswerte ermittelt und anschließend wird die optimale Lösung ausgewählt. Bei unvollständiger Enumeration werden ausgehend von einer Startlösung nach bestimmten Regeln zufallsgesteuert neue Lösungen ermittelt, die jeweils auf ihren Zielerreichungsgrad hin überprüft werden. Zu diesen Verfahren zählen auch die naturadaptiven Verfahren, die bei *Borin/Farris/Freeland* oder *Urban* verwendet werden. Im Gegensatz zu den analytischen Verfahren wird die optimale Lösung nicht „berechnet", sondern „gefunden".

- Hybride Verfahren haben sowohl enumerativen als auch analytischen Charakter. Bei diesen Verfahren wird z. B. jeder Platzierungsalternative eines Artikels ein Zielfunktionswert zugeordnet. Die Auswahl der Platzierungsalternativen der einzelnen Artikel erfolgt unter Beachtung der Raumrestriktion anschließend auf der Basis analytischer Überlegungen. Zu den hybriden Verfahren sind beispielsweise die Ansätze von *Heidel* und *Drèze/Hoch/Purk* zu zählen.

Von den hier dargestellten Verfahrensklassen dürfte insbesondere in den naturadaptiven Verfahren das größte Potenzial liegen, auch komplexe Platzierungsprobleme mit angemessenem Rechenaufwand zu lösen. Bei analytischen Verfahren lässt sich hingegen beobachten, dass sie entweder der Komplexität realer Platzierungsprobleme nicht gerecht werden, indem das Optimierungsproblem unzulässig vereinfacht wird. Oder das Optimierungsproblem wird selbst so komplex, dass Zweifel bestehen, ob die Verfahren in der Praxis effizient eingesetzt werden können. Insbesondere zu den Modellen von *Corstjens/Doyle* und *Bultez/Naert* sind Zweifel an deren Einsatzeffizienz geäußert worden.[99] Allerdings weisen auch die naturadaptiven Modelle von *Borin/Farris/Freeland* und *Urban*

---

[98] Vgl. z. B. die Empfehlungen bei Barth, K., 1975, S. 97; Müller, H., 1982, S. 372-376.
[99] Vgl. Wartenberg, F./Gaul, W./Decker, R., 1997, S. 187f.; Zufryden, F. S., 1986, S. 414.

Schwächen auf, die in Abschnitt 6.3.2 noch näher angesprochen werden. Insbesondere ist hier auf die verwendeten Nachfragefunktionen und das Fehlen kundenorientierter Zielgrößen hinzuweisen.

6.3.1.2 Spacemanagementsysteme

Den in der Literatur entwickelten Optimierungsmodellen stehen in der Praxis Computerprogramme gegenüber. Die bekanntesten dieser Spacemanagement-systeme sind *Spaceman* von *ACNielsen*, *Apollo* im Vertrieb von *PictureBox* sowie das Tool *InterCept/InterRange* von *Intactix*.[100]

Spacemanagementsysteme sind im Unterschied zu den in der Literatur dargestellten Algorithmen häufig simpler Natur. In klassischen Spacemanagement-systemen wird Artikeln in der Regel proportional zu ihrer realisierten Performance Regalkapazität zugeteilt.[101] Die Performance kann hierbei durch Einzelkennzahlen wie Umsatz, Absatz oder Rohertrag sowie durch einen Performance-Indikator, der mehrere Einzelkennzahlen verknüpft, operationalisiert werden. Moderne Space-managementsysteme verknüpfen die Zuteilung von Regalkapazitäten und die Sortimentsgestaltung, indem einzelnen Artikeln auch überhaupt keine Regal-kapazitäten zugewiesen werden können. Zudem werden bei der Optimierung verschiedene manuelle Eingaben der Planer berücksichtigt. Das bei *Zielke* dargestellte System *InterCept/InterRange* erlaubt es beispielsweise, bei der Berechnung der Performance, Wirkungen erwarteter Marktentwicklungen oder geplanter Verkaufsförderungsaktionen zu berücksichtigen. Weiterhin kann der Planer auch angeben, welche Prioritäten zusätzliche Frontstücke haben und wie sich Listings auf die Performance substitutiver Artikel auswirken. Auch Minimum- und Maximumrestriktionen für Facings einzelner Artikel sowie die Mindestanzahl von Listings innerhalb einer Warengruppe können in diesem System berücksichtigt werden. Abbildung 6.23 stellt die Struktur eines solchen modernen Systems dar.[102]

---

[100] Ein tabellarischer Überblick über verschiedene Spacemanagementsysteme findet sich bei Möhlenbruch, D./Meier, C.: Leistungsfähigkeit und Grenzen von Spacemanagement-systemen, in: Trommsdorff, V. (Hrsg.): Handelsforschung 1993/94. Systeme im Handel, Wiesbaden 1993, S. 186f. Eine detaillierte Analyse der Programme *Spaceman* und *Apollo* liefert Kunz, A., 1994. Das Programmpaket *InterCept/InterRange* ist dargestellt bei Zielke, S., 1999, S. 63-71.

[101] Vgl. hierzu auch das Beispiel bei Günther, T./Mattmüller, R.: Möglichkeiten und Grenzen der Regaloptimierung im Handel, in: Marketing ZFP, 15. Jg. (1993), H. 2, S. 80.

[102] Vgl. Zielke, S., 1999, S. 63-71.

E	Eingabedaten	• Artikeldaten (Performance, Abmessungen), Warenträgerdaten (Abmessungen), historische Planogramme • Wirkungen von Marktentwicklungen und geplanten Verkaufsförderungsaktionen • Prioritäten für Frontstücke und Wirkung von Duplikationen (Listing substitutiver Artikel) • Minimum-/Maximum-Restriktionen (unter Berücksichtigung von Bestandsanforderungen) • Repräsentationsanforderungen (Mindestanzahl von Listings in einer Warengruppe)
V	Optimierungs-variable	• Anzahl der Frontstücke
	Optimierungs-kriterien	• Performance-Index (gebildet aus gewichteten Kennzahlen unter Berücksichtigung von Trends und geplanten Promotions) • Minimum/Maximumrestriktionen, Repräsentationsanforderungen
	Optimierungs-regel	• Berücksichtigung der Minimumrestriktionen • Berücksichtigung der Repräsentationsanforderungen • Zuteilung von Facings nach Maßgabe des Performance-Index (dabei Korrektur der Index-Werte auf Basis von Frontstück-prioritäten und Wirkungen von Duplikationen) • Berücksichtigung der Maximumrestriktionen
A	Ausgabedaten	• Listingmatrix • Planogramm

Abb. 6.23:   Die Struktur eines modernen Spacemanagementsystems

Es gibt nur wenige wissenschaftliche Beiträge, die auf Probleme klassischer und moderner Spacemanagementsysteme eingehen.[103] Im Folgenden sollen die wichtigsten Problembereiche kurz angesprochen werden.

1. Die Beschränkung auf die quantitative Raumzuteilung

Erstens beschränken sich die meisten Spacemanagementsysteme auf die Frontfläche bzw. die Anzahl der Frontstücke eines Artikels als Optimierungsvariable. Andere Aktionsparameter, wie z. B. die Festlegung der Regalstruktur, die Zuweisung von Regalorten oder die Aufteilung des Regals in Hänge- und Liegeflächen, bleiben unberücksichtigt. *Günther/Mattmüller* charakterisieren Spacemanagementsysteme daher auch ironisch als Systeme zur „regalbodenweisen Facing-Verteilung".[104]

2. Probleme bei der Wahl des Optimierungskriteriums

Die Wahl der Optimierungskriterien ist diskussionsbedürftig. Häufig wird in Spacemanagementsystemen auf die Direkte Produkt-Rentabilität als Optimierungskriterium zurückgegriffen, und selbst ansonsten kritische Beiträge plädieren für eine Regaloptimierung auf der Basis dieser Kennzahl. Die Direkte Produkt-

---

[103] Vgl. Günther, T./Mattmüller, R., 1993, S. 77-86; Möhlenbruch, D./Meier, C., 1993, S. 183-198; Kunz, A., 1994; Zielke, S., 1999.
[104] Vgl. Günther, T./Mattmüller, R., 1993, S. 81.

Rentabilität ist aber auf Grund ihrer mangelnden Entscheidungsrelevanz problembehaftet, wie bereits in Kapitel 2 ausgeführt wurde. So ist beispielsweise die wertmäßige Berücksichtigung von Raumkosten deshalb problematisch, weil diese Kostenbestandteile auch bei kompletter Elimination einer Platzierungsgruppe weiterhin anfallen.[105] Auch sollten bei der Wahl des Optimierungskriteriums Präferenzrelationen des Planers berücksichtigt werden, die aus unterschiedlichen Warengruppen-Rollen resultieren können. Insbesondere für Profilierungskategorien, die das Profil des Händlers definieren, erscheint eine ausschließlich an unmittelbaren Erfolgskennziffern orientierte Optimierung nicht angemessen. Hier sollten auch kundenorientierte Kennziffern, beispielsweise die Sucheffizienz der Platzierung, als Optimierungskriterien herangezogen werden können.[106]

3. Die Optimierung ohne fundierte Wirkungsfunktionen

Indem viele Spacemanagementsysteme Artikeln Regalkapazitäten proportional zu ihrer historischen Performance zuweisen, bleiben die tatsächlichen Wirkungszusammenhänge zwischen Platzierung und Performance unberücksichtigt. Dies kann dazu führen, dass Artikeln mit starker Performance zusätzliche Regalkapazitäten zugeteilt werden, ohne danach zu fragen, ob die zusätzlichen Regalkapazitäten den Absatz dieses Artikels noch wesentlich erhöhen können. Das mag auf Grund des häufig degressiven Zusammenhangs zwischen Platzierung und Absatz in vielen Fällen fraglich sein. Auf der anderen Seite wird Artikeln, die auf Grund ihrer Platzierung nur eine schlechte Performance erzielt haben, keine zusätzliche Regalkapazität zugeteilt, obwohl hierdurch u. U. starke Absatzsteigerungen zu erwarten wären. Moderne Systeme können zwar degressiv abnehmende Frontstückelastizitäten berücksichtigen, jedoch werden diese Elastizitäten manuell in das System eingegeben. Die Qualität des Systems ist somit in starkem Maße von dem Wissen und Erfahrungsschatz des Planers abhängig.

Weiterhin stellt sich die Frage, wie die historischen Performancewerte in die Zukunft fortgeschrieben werden können. Einerseits werden die Performancewerte natürlich auf veränderte Platzierungsvarianten reagieren, andererseits ist die Performance aber auch von Trends und dem Einsatz des übrigen absatzpolitischen Instrumentariums abhängig. Die modernen Spacemanagementsysteme versuchen, diesem Problem durch die Möglichkeit zu begegnen, manuell Auswirkungen von Trends oder Verkaufsförderungsaktionen in das System einzugeben. Damit bleibt die Lösung des Systems aber wieder vom Wissen und Erfahrungsschatz des Planers abhängig.

Ein weiteres Problem liegt in der Tatsache, dass Verbundeffekte häufig unberücksichtigt bleiben. Zwar können moderne Spacemanagementsysteme teilweise Kannibalisierungseffekte berücksichtigen, indem Abschläge von der Performance zusätzlicher Artikel in einer Warengruppe vorgenommen werden, jedoch werden Komplementäreffekte häufig ignoriert. Dies kann dazu führen, dass

---

[105] Vgl. Kapitel 2.3.1 sowie die dort zitierte Literatur.
[106] Vgl. Kapitel 2.2.2 sowie die dort zitierte Literatur.

Artikel mit niedrigem Deckungsbeitrag im Extremfall überhaupt nicht mehr platziert werden, obwohl durch diese Artikel in der Vergangenheit eine große Anzahl verbundener Käufe ausgelöst wurde. Grundsätzlich wäre eine Berücksichtigung von Komplementäreffekten aber möglich, indem „Verbunderträge" als Zielgrößen verwendet werden.[107]

Schließlich wird in einigen Quellen noch die Informations- und Anwendungseffizienz problematisiert. Auch die Akzeptanz der durch ein Spacemanagementsystem entwickelten Ergebnisse durch Entscheidungsträger und Außendienstmitarbeiter kann Probleme bereiten. Im folgenden Abschnitt soll darauf eingegangen werden, wie den aufgezeigten Problemen begegnet werden kann.

6.3.2 Anforderungen an ein zu entwickelndes Spacemanagementsystem

Die Literaturanalyse hat gezeigt, dass sowohl die bisher dokumentierten Spacemanagementalgorithmen als auch die in der Praxis verwendeten Computerprogramme Defizite aufweisen. Auf der Basis dieser Defizite sollen nun Anforderungen an ein zu entwickelndes Spacemanagementsystem abgeleitet werden.

6.3.2.1 Anforderungen an die Zielgrößen

Ein Kritikpunkt, der sich sowohl auf die Spacemanagementalgorithmen als auch auf die Spacemanagementprogramme bezieht, ist die Tatsache, dass kundenorientierte Kriterien bei der Optimierung häufig keine Berücksichtigung finden. Je nachdem, welche Ansprüche Kunden an die Warenplatzierung stellen, können sich kundenorientierte und unmittelbar erfolgsorientierte Platzierungslösungen jedoch stark unterscheiden.

Kurzfristig lässt sich der Deckungsbeitrag einer Abteilung erhöhen, indem die Regalkapazitäten so zugewiesen werden, dass möglichst viele ungeplante Käufe bei hoch kalkulierten Artikeln ausgelöst werden. Wie zu Beginn dieses Kapitels ausgeführt wurde, geschieht dies, indem häufig gesuchte Artikel bei der Kapazitätsverteilung benachteiligt werden, während hoch kalkulierte Artikel oder Warengruppen, bei denen seitens der Kunden eine hohe Impuls- und Zahlungsbereitschaft besteht, besonders hervorgehoben platziert werden.

Eine langfristige Deckungsbeitragssicherung durch Kundenbindung wird dagegen durch eine Kapazitätsverteilung unterstützt, die die Platzierungsansprüche der Kunden berücksichtigt. Suchen die Kunden in erster Linie nach Stimulation, kann auch eine am kurzfristigen Unternehmenserfolg orientierte Warenplatzierung kundenorientiert sein, soweit nicht der Deckungsbeitrag, sondern der Umsatz oder Absatz als Zielgrößen herangezogen werden. Steht bei den Kunden dagegen der

---

[107] Vgl. Merkle, E., 1981, S. 149-163; Recht, P./Zeisel, S., 1998, S. 462-478; Zeisel, S., 1999, S. 78-125; zur Diskussion vgl. auch Müller-Hagedorn, L., 1998b, S. 93-114.

Wunsch im Vordergrund, die Einkäufe effizient abzuwickeln, kann durch eine bevorzugte Platzierung häufig geplant gekaufter Artikel der Suchaufwand reduziert und die Kundenzufriedenheit gesteigert werden. In diesem Fall besteht ein Zielkonflikt zwischen kurzfristiger Deckungsbeitragsmaximierung und langfristiger Deckungsbeitragssicherung durch Kundenorientierung.

Solche Zielkonflikte zwischen kurzfristiger und langfristiger Perspektive können, wie bereits in Kapitel 2 angedeutet, mit Hilfe von Warengruppen-Rollen gelöst werden. Im zweiten Kapitel wurde dargestellt, dass Profilierungskategorien das Image des Händlers definieren, während Pflicht- und Ergänzungskategorien eine wesentliche Rolle bei der Generierung von Ertrag, Cashflow und Gesamt-kapitalrendite zukommt. Impuls-/Saisonkategorien sollen schließlich zusätzliche Käufe auslösen.

Die Kategorie-Rollen können sowohl das Flächen- als auch das Regal-management steuern. Für das Flächenmanagement sind Warengruppen-Rollen bedeutsam, indem Profilierungs- und Impulskategorien durch die Flächenzuteilung begünstigt werden, während Pflicht- und Ergänzungskategorien in geringerem Ausmaß Verkaufsfläche beanspruchen.

Das Regalmanagement kann dagegen durch Kategorie-Rollen gesteuert werden, indem einzelne Abteilungen oder Regalsegmente nach unterschiedlichen Kriterien optimiert werden. Da die Profilierungskategorien das Image des Händlers prägen, sollten Artikel dieser Kategorien in stärkstem Maße kundenorientiert platziert werden. Wünschen die Kunden, ihre Einkäufe effizient abzuwickeln, sollte die durchschnittliche Suchzeit für Plankäufe innerhalb der Kategorie minimiert werden. Ein geringer Anteil von Impulskategorien, bei denen Artikel absatzoptimal platziert sind, könnte dafür sorgen, dass zusätzlich Stimulationsansprüche befriedigt werden. Pflicht- und Ergänzungskategorien, die für das Profil und Image des Händlers in geringerem Maße bestimmend sind, können dagegen zur unmittelbaren Steigerung des Deckungsbeitrags beitragen. Wünschen die Kunden dagegen stimuliert zu werden, während kurze Suchzeiten keine Rolle spielen, können die Kapazitäten auch in den Profilierungskategorien absatz- oder umsatzmaximal verteilt werden.

Für das zu entwickelnde Optimierungsverfahren kann somit die Anforderung abgeleitet werden, dass es die Zuteilung der Regalkapazitäten nach unterschied-lichen Zielgrößen erlaubt. So muss das Verfahren in der Lage sein, Suchzeit-, Deckungsbeitrags- und Absatz-optimale Verteilungen der Regalkapazitäten zu berechnen.

6.3.2.2 Anforderungen an die Wirkungsfunktionen und den Algorithmus

Responsefunktionen zur Abbildung von Platzierungseffekten sind in theoretischen Beiträgen kaum verhaltenswissenschaftlich fundiert und berücksichtigen häufig keine Verbundeffekte. Bei Spacemanagementsystemen wird teilweise überhaupt nicht auf Wirkungsfunktionen zurückgegriffen, und auch Verflechtungen mit anderen Marketinginstrumenten werden zum Teil ignoriert.

Alle diese Probleme werden durch die in Abschnitt 6.2 entwickelte Responsefunktion vermieden, die auf einem verhaltenswissenschaftlichen Modell aufbaut, Verbundeffekte explizit berücksichtigt und Interdependenzen mit anderen absatzpolitischen Instrumenten über Reservationspreise und Trendeffekte erfasst. Zudem können über die Operationalisierung der Platzierungsgüte durch die Suchzeit neben der quantitativen Raumzuteilung auch unterschiedliche Regalzonenwertigkeiten bei der Platzierung berücksichtigt werden. Die in Abschnitt 6.2 entwickelte Wirkungsfunktionen sollte deshalb in das zu entwickelnde Optimierungsverfahren integriert werden.

In Bezug auf den Optimierungsalgorithmus wurde festgestellt, dass komplexe Algorithmen häufig keinen Eingang in kommerzielle Spacemanagementsysteme gefunden haben. Ein Grund hierfür mag in dem hohen Rechen- und Implementierungsaufwand liegen, der mit vielen in der Literatur dargestellten Algorithmen verbunden ist. An den zu entwickelnden Algorithmus ist daher die Anforderung zu stellen, dass er auch für große Sortimente mit vertretbarem Aufwand zu optimalen Lösungen führen kann. Dies wird z. B. durch naturadaptive Verfahren möglich. Hierauf wird im folgenden Abschnitt weiter eingegangen.

6.3.3 Überblick über naturadaptive Verfahren zur Verteilung von Regalkapazitäten

Naturadaptive Verfahren lösen Optimierungsprobleme in Analogie zu Phänomenen, die in der Natur beobachtet werden. Solche Phänomene sind z. B. physikalische Abkühlungsprozesse, aus denen das Simulated Annealing abgeleitet wurde oder biologische Evolutionsmechanismen, auf denen Evolutionäre Algorithmen basieren.[108] Beide Verfahren sind bereits auf Spacemanagementprobleme angewendet worden. So haben *Borin/Farris/Freeland* ein Verfahren auf der Basis von Simulated Annealing entwickelt, während *Urban* mit Evolutionären Algorithmen gearbeitet hat. Beide Ansätze sollen im Folgenden kurz dargestellt werden, bevor in Abschnitt 6.3.4 ein eigener naturadaptiver Algorithmus auf Basis der bereits entwickelten Responsefunktion vorgestellt wird.

---

[108] Einen Überblick über die hier vorgestellten naturadaptiven Verfahren geben Greb, T./Erkens, E./Kopfer, H.: Naturadaptive Ansätze zur Lösung betrieblicher Optimierungsprobleme, in: WISU, 27. Jg. (1998), H. 4, S. 444-454.

6.3.3.1 Regaloptimierung durch Simulated Annealing

Simulated Annealing ist ein naturadaptives Optimierungsverfahren zur Lösung kombinatorischer Optimierungsprobleme. Das Verfahren bedient sich Analogien zu Abkühlungsprozessen von Metallen, die durch Schmelze und langsames Abkühlen in einen Zustand minimaler Energie überführt und hierdurch gehärtet werden. In analoger Weise versucht Simulated Annealing eine Ausgangslösung durch einen iterativen Prozess, dessen Fortschreiten auch als Abkühlung bezeichnet wird, in Lösungen mit besseren Zielfunktionswerten zu überführen und sich einem globalen Optimum anzunähern. Hierauf soll im Folgenden am Beispiel eines Maximierungsproblems näher eingegangen werden.[109]

Zu Beginn des Verfahrens wird zunächst nach dem Zufallsprinzip eine Ausgangslösung s_0 ermittelt und deren Zielfunktionswert $z(s_0)$ berechnet. Dieser erste Schritt wird auch als **Initialisierung** bezeichnet. Die Lösung s_0 stellt zu diesem Zeitpunkt sowohl die aktuell beste Lösung s^* sowie die Bezugslösung s' für die folgende Iteration dar.

Für die **erste Iteration** wird an der Ausgangslösung, die gleichzeitig die Bezugslösung s' darstellt, eine geringfügige Modifikation vorgenommen, indem beispielsweise zwischen zwei Platzierungseinheiten eine zugeteilte Regaleinheit ausgetauscht wird. Die Modifikation erfolgt dabei zufallsgesteuert, ohne dass eine bestimmte Richtung hierfür vorgegeben wird. Es entsteht eine neue Lösung s_1 mit dem zugehörigen Zielfunktionswert $z(s_1)$. Dieser Zielfunktionswert wird dem Zielfunktionswert der Bezugslösung $z(s')$ gegenübergestellt. Ist der Zielfunktionswert $z(s_1)$ bei einem Maximierungsproblem größer als der Vergleichsmaßstab $z(s')$, wird s_1 zur neuen Bezugslösung s' für die zweite Iteration. Ist $z(s_1)$ dagegen kleiner als $z(s')$, wird s_1 nur mit einer bestimmten Wahrscheinlichkeit zur neuen Bezugslösung s'. Ansonsten wird die alte Bezugslösung beibehalten.

Die **zweite Iteration** beginnt mit einer zufallsgesteuerten geringfügigen Modifikation der aktuellen Bezugslösung s', es folgt die Berechnung des Zielfunktionswerts der so entstandenen Lösung s_2 sowie der Vergleich dieses Zielfunktionswertes $z(s_2)$ mit dem Zielfunktionswert $z(s')$ der Bezugslösung. Je nach Ergebnis des Vergleichs wird dann s_2 zur neuen Bezugslösung oder es wird die alte Bezugslösung beibehalten. Nach diesem Schema werden so lange neue Iterationen durchgeführt, bis ein vorher festgelegtes Terminierungskriterium erreicht ist.

---

[109] Vgl. zur Darstellung des Verfahrens beispielsweise Greb, T./Erkens, E./Kopfer, H., 1998, S. 444-450. Ein detaillierterer Überblick findet sich bei Eglese, R. W.: Simulated Annealing: A Tool for Operational Research, in: European Journal of Operational Research, Vol. 46 (1990), No. 3, S. 271-281. In beiden Beiträgen ist der Algorithmus allerdings am Beispiel von Minimierungsproblemen dargestellt, während im Folgenden auf den Einsatz bei Maximierungsproblemen eingegangen werden soll. Dabei weicht die Form der Darstellung und die hier verwendete Symbolik teilweise von den zitierten Beiträgen ab.

Die Wahrscheinlichkeit, mit der eine schlechte Lösung zur Bezugslösung für die nächste Iteration wird, ergibt sich aus einer **Akzeptanzfunktion**, wobei die Akzeptanzwahrscheinlichkeit umso niedriger ist, je stärker die schlechte Lösung von der Bezugslösung abweicht und je weiter der Algorithmus vorangeschritten ist. Die Akzeptanz schlechter Lösungen zu Beginn des Algorithmus ist deshalb erforderlich, damit der Algorithmus nicht zu früh in einem lokalen Optimum terminiert. *Borin/Farris/Freeland* verdeutlichen dies am Beispiel eines Wanderers, der zu Beginn seiner Wanderung eher bereit ist, einen Gipfel herabzugehen, um einen höheren Gipfel zu finden, als zum Ende seiner Wanderung.[110] Eine mögliche Akzeptanzfunktion für ein Maximierungsproblem wäre beispielsweise die Folgende:

$$(6\text{-}19) \quad s_t = s'_{neu} \quad , \text{wenn } z(s_t) > z(s'_{alt}) \text{ oder}$$

$$\text{wenn } z(s_t) < z(s'_{alt}) \text{ und } e^{-\frac{(z(s'_{alt})-z(s_t))}{k*T}} > random[0;1],$$

$$s'_{alt} = s'_{neu} \quad , \text{sonst,}$$

wobei

s' = Bezugslösung,

s_t = In Iteration t generierte Lösung,

$z(s)$ = Zielfunktionswert einer Lösung s,

k = Skalierungsfaktor,

T   = Temperaturparameter, der im Laufe des Iterationsprozesses schrittweise (z. B. jeweils nach einer bestimmten Anzahl von Iterationen) reduziert wird,

random[0;1] = Zufallszahl zwischen null und eins.

Wie zu erkennen ist, werden schlechtere Lösungen mit einer umso geringeren Wahrscheinlichkeit zur neuen Bezugslösung, je schlechter ihr Zielfunktionswert im Vergleich zu dem der bisherigen Bezugslösung ist und je weiter der Algorithmus vorangeschritten ist, was in einen niedrigen Wert des Temperaturparameters zum Ausdruck kommt. Da die Akzeptanzwahrscheinlichkeit schlechter Lösungen bei einem fortgeschrittenen Algorithmus immer niedriger wird, terminiert der Algorithmus bei einem bestimmten Optimum, in dem sich die Bezugslösung nicht mehr verändert. Die beste, über alle Iterationen erzeugte Bezugslösung s^* wird dann als optimale Lösung gewählt.

Borin, *Farris* und *Freeland* zeigen, wie mit Hilfe von Simulated Annealing Probleme der Sortimentsplanung und Warenplatzierung gelöst werden können. In die von *Borin/Farris/Freeland* zu optimierende Zielfunktion gehen dabei verschiedene Nachfragekomponenten ein, die die Zielfunktion so komplex werden lassen, dass eine analytische Lösung des Maximierungsproblems ausscheidet. Die Zielfunktion maximiert die Kennzahl „Return on Inventory" (ROI), wobei die Raumrestriktion sowie Minimum-/Maximumrestriktionen berücksichtigt werden. Die Zielfunktion ist in Gleichung 6-20 dargestellt. Die Kennzahl „Return on

---

[110] Vgl. Borin, N./Farris, P. W./Freeland, J. R., 1994, S. 369f.

Inventory" ergibt aus dem Verhältnis des Rohertrags in Bezug auf das zu Beginn der betrachteten Periode in den Artikeln gebundene Kapital, bewertet zu Einkaufspreisen:[111]

$$(6\text{-}20) \quad II = \frac{\sum_{i=1}^{n} G_i * Price_i * (M_i + A_i + B_i - L_i)}{\sum_{i=1}^{n} (1 - G_i) * Price_i * Inventory_i},$$

wobei

II	=	Return on Inventory,
G_i	=	Abschlagsspanne von Artikel i,
M_i	=	Modifizierte Basisnachfrage von Artikel i,
A_i	=	Nachfrage von i durch nicht gelistete Artikel,
B_i	=	Nachfrage von i durch ausverkaufte Artikel,
L_i	=	Nachfrage von i, die nicht bedient werden kann,
$Price_i$	=	Absatzpreis von Artikel i,
$Inventory_i$	=	Perioden-Anfangsbestand von Artikel i.

Die nachgefragten Artikelmengen setzten sich entsprechend Gleichung 6-20 aus unterschiedlichen Komponenten zusammen. Für jeden Artikel existiert eine Basisnachfrage für den Fall, dass alle in Frage kommenden Artikel gelistet und die Regalkapazitäten gleichmäßig verteilt sind. Wird die Basisnachfrage mit Hilfe von Raum- und Kreuzraumelastizitäten um solche Effekte korrigiert, die sich aus der unterschiedlichen quantitativen Zuteilung von Regalkapazitäten ergeben, sprechen *Borin*, *Farris* und *Freeland* von der modifizierten Basisnachfrage M_i, die die erste Nachfragekomponente in Gleichung 6-20 darstellt. Die zweite Komponente der Nachfrage ergibt sich aus dem potenziellen Absatz nicht gelisteter Artikel, der sich unter Berücksichtigung des Anteils nicht wechselbereiter Kunden auf die gelisteten Artikel proportional zu deren „relativer Stärke" verteilt. Die „relative Stärke" der gelisteten Artikel hängt von ihren Kreuzraumelastizitäten zu dem nicht vorhandenen Artikel sowie von ihrer modifizierten Basisnachfrage ab. Die Absatzmenge, die ein Artikel von nicht gelisteten Artikeln erhält, wird in Gleichung 6-20 mit A_i bezeichnet. Der Absatz eines Artikels kann aber nicht nur von nicht gelisteten, sondern auch von ausverkauften Artikeln profitieren. Dies kommt in der dritten Nachfragekomponente B_i zum Ausdruck. Überschreiten die drei Nachfragekomponenten M_i, A_i und B_i den Regalbestand eines Artikels, fließt von diesem Artikel wiederum Nachfrage zu anderen Artikeln ab. Dies kommt in der vierten Nachfragekomponente L_i zum Ausdruck. Die Zurechnung der Nachfrage ausverkaufter Artikel ist damit ein iterativer Prozess.

---

[111] Vgl. zur Entwicklung der Zielfunktion Borin, N./Farris, P. W./Freeland, J. R., 1994, S. 363-369.

Borin/Farris/Freeland zeigten, wie sich die entsprechend Gleichung 6-20 zu berechnende Kennzahl „Return on Inventory" mit Hilfe eines auf Simulated Annealing basierenden Algorithmus maximieren lässt. Hierbei testeten sie den Algorithmus zunächst anhand eines selbst generierten Beispieldatensatzes. In dem Beispiel wurde von einer Kategorie mit 6 gleich großen Artikeln ausgegangen, denen jeweils bis zu 12 Facings zugeteilt werden können. Insgesamt konnten in der Kategorie 24 Facings platziert werden. Durch vollständige Prüfung aller zulässigen Lösungskombinationen konnte ein globales Optimum bestimmt werden. Es wurde im Folgenden geprüft, ob auch Simulated Annealing zu diesem Optimum führt. Das Verfahren wurde für verschiedene Annealing-Parameter (Terminierungs-kriterium, Anzahl der Iterationen bis der Kontrollparameter T verändert wird, Skalierungsfaktor *k*) je 25 mal durchlaufen, wobei jeder Durchlauf mit einer anderen Startinitialisierung begann. Die beste Konstellation von Annealing-Parametern führte in allen 25 Läufen zum globalen Optimum.[112]

In einem zweiten Test wurde das Verfahren auf eine Ketchup-Kategorie in einem Supermarkt angewendet. In der Kategorie konnten insgesamt 241 Facing-einheiten platziert werden.[113] Die Parameter der Nachfragekomponenten wurden realitätsnah festgelegt. Basierend auf den besten Annealing-Parametern des ersten Tests wurden wieder 25 Durchläufe berechnet. Das Optimum lag bei einem ROI zwischen 13,4 und 16,1%, die durchschnittliche Zahl von Iterationen betrug 523. Eine veränderte Konstellation der Annealing-Parameter führte zu einem maximalen ROI von 16,3% nach 841 Iterationen. Eine konservative Methode, bei der Regalkapazitäten proportional zum Umsatz in der Vergangenheit zugeteilt wurden, führte zu einem deutlich schlechteren ROI von 11,2%.[114] In einem späteren Beitrag zeigten die Autoren, dass selbst größere Schätzfehler der Nachfrageparameter zu Lösungen führen, die nur zu einem geringen Ausmaß suboptimal sind.[115]

Der Beitrag von *Borin/Farris/Freeland* stellt einen Fortschritt innerhalb der bisher bekannten Spacemanagementalgorithmen dar, da mit Hilfe von Simulated Annealing komplexe Entscheidungsprobleme mit einem vergleichsweise geringen Aufwand gelöst werden können. Zudem werden Kundenreaktionen auf Aus-listungen und Stock Outs explizit berücksichtigt.

Für die Entwicklung eines kundenorientierten Spacemanagementalgorithmus kann der Beitrag von *Borin/Farris/Freeland* hinsichtlich der Optimierungsmethode Ansatzpunkte liefern. Was die Abbildung der Nachfrageeffekte betrifft, werden traditionell Facing-Elastizitäten verwendet. Damit setzen die Autoren an einem anderen theoretischen Konzept an, als es dieser Arbeit zu Grunde liegt. Es gelten somit die Kritikpunkte, die bereits in Abschnitt 6.2 mehrfach angesprochen

---

[112] Vgl. Borin, N./Farris, P. W./Freeland, J. R., 1994, S. 371-374.

[113] Eine Facing-Einheit entspricht einem Facing des kleinsten Artikels im Sortiment.

[114] Vgl. Borin, N./Farris, P. W./Freeland, J. R., 1994, S. 374-381.

[115] Vgl. Borin, N./Farris, P., 1995, S. 153-171.

wurden. Die in Abschnitt 6.2 abgeleitete Nachfragefunktion kann im Übrigen ebenso wie das Modell von *Borin/Farris/Freeland* Kundenreaktionen auf ausverkaufte oder nicht gelistete Artikel abbilden. Hierzu werden Reservationspreise herangezogen, mit denen die Warengruppen-Nachfrage auf einzelne Artikel aufgeteilt wird. Ein Einfluss der Platzierung auf diese Aufteilung ist denkbar, wenn Kunden identische Reservationspreise für mehrere präferierte Artikel haben und deshalb den zuerst wahrgenommenen akzeptablen Artikel kaufen (vgl. hierzu auch die Anmerkungen in der Zusammenfassung des sechsten Kapitels).

6.3.3.2 Regaloptimierung durch Evolutionäre Algorithmen

Evolutionäre Algorithmen sind naturadaptive Optimierungsverfahren, die sich die Prinzipien der biologischen Evolution zu Nutze machen. Ausgehend von einer (häufig zufällig initialisierten) Startpopulation von Lösungen werden über eine größere Anzahl von Iterationen so lange neue Generationen von Lösungen erzeugt, bis ein vorher festgelegtes Terminierungskriterium erreicht ist.[116]

Bei einem evolutionären Algorithmus kann aus einer Generation t über verschiedene Operatoren eine neue Lösungsgeneration t+1 erzeugt werden. Diese Operatoren werden wie in der biologischen Evolutionstheorie als Selektion, Mutation und Crossover bezeichnet. Die **Selektion** bezeichnet die Auswahl von Lösungen einer Generation t für die Erzeugung von Nachkommen der Generation t+1. Die Selektion erfolgt auf der Basis der Fitness einer Lösung, die sich in der Regel aus ihrem Zielfunktionswert ergibt. Aus den selektierten Lösungen der Generation t werden Lösungen der Folgegeneration erzeugt, wobei die Operatoren Mutation und Crossover zum Einsatz kommen. Beim **Crossover** werden nach bestimmten Regeln Merkmale (= Erbinformationen) zwischen zwei Lösungen ausgetauscht. **Mutationen** sind dagegen zufällige Änderungen von Merkmalen einer Lösung. Neben den durch Crossover und Mutation entstandenen Nachkommen einer Generation t, können auch die selektierten Lösungen der Generation t Bestandteil der Generation t+1 sein. Aus den Lösungen der Generation t+1 wird durch Selektion, Crossover und Mutation die Generation t+2 erzeugt. Es werden so lange neue Generationen erzeugt, bis eine akzeptable Lösung gefunden wurde, bis eine vorher festgelegte Anzahl von Iterationen durchgeführt wurde oder bis eine vorher festgelegte Zahl von Generation zu keinen Verbesserungen des Zielfunktionswerts mehr geführt hat.

In der Literatur existieren verschiedene Varianten Evolutionärer Algorithmen, wobei die sogenannten Genetischen Algorithmen dominierend sind. Die Hauptunterschiede zwischen diesen Varianten liegen in der Repräsentation bzw. Codierung der Lösungen, dem Selektionsmechanismus und der Bedeutung der

---

[116] Vgl. zu den Grundzügen Evolutionärer Algorithmen z. B. Greb, T./Erkens, E./Kopfer, H., 1998, S. 450-454. Detaillierte Ausführungen finden sich bei Nissen, V.: Evolutionäre Algorithmen. Darstellung, Beispiele, betriebswirtschaftliche Anwendungsmöglichkeiten, Wiesbaden 1994; Nissen, V.: Einführung in Evolutionäre Algorithmen. Optimierung nach dem Vorbild der Evolution, Wiesbaden 1997.

Operatoren Selektion und Mutation. Ein detaillierter Überblick hierüber findet sich bei *Nissen*.[117]

Urban verwendete Evolutionäre Algorithmen, um eine Profit-Funktion in Abhängigkeit von dem Listing und der Platzierung von Artikeln sowie Bestellpunkten und Bestellmengen zu optimieren. Es handelt sich also um ein komplexes Modell zur Wahl einer optimalen Sortiments-, Platzierungs- und Bestellpolitik.[118] Die Nachfrage nach einem Artikel betrachtet *Urban* hierbei unter anderem als Funktion des platzierten Warenbestands dieses Artikels. Der platzierte Warenbestand entspricht dem im Regal vorhandenen Warenbestand. Können die einem Artikel zugewiesenen Regalkapazitäten vollständig bestückt werden, entspricht der platzierte Warenbestand der Anzahl zugeteilter Facings, ansonsten ist er entsprechend niedriger. Darüber hinaus werden in der Nachfragefunktion auch Kreuzelastizitäten und Kundenreaktionen auf nicht gelistete Artikel berücksichtigt. Neben der Nachfrage gehen in die Profit-Funktion Artikelpreise, Bestellkosten, Lagerkosten und Regalkosten ein. Da die Profit-Funktion recht komplex ist und verschiedener weiterer Erläuterungen bedarf, soll auf eine explizite Darstellung hier verzichtet werden.[119]

Die Profit-Funktion soll unter Beachtung verschiedener Nebenbedingungen optimiert werden. In den Nebenbedingungen kommen Raumrestriktionen für Regal und Lager, minimale und maximale Bestellmengen sowie die minimal und maximal erwünschte Anzahl von Facings einzelner Artikel zum Ausdruck. Um die Profit-Funktion zu optimieren, schlägt *Urban* zwei unterschiedliche Verfahren vor. Die erste Technik geht von einem Vollsortiment aus, dessen Platzierungs- und Bestellpolitik mit Hilfe eines Gradientenverfahrens optimiert wird. Anschließend wird schrittweise jeweils der Artikel mit der geringsten Profitabilität eliminiert, wobei nach jedem Schritt die Regalfläche mit Hilfe des Gradientenverfahrens neu verteilt wird und neue optimale Bestellmengen und Bestellpunkte berechnet werden. Die zweite Technik verwendet einen Evolutionären Algorithmus. In der Initialisierungsphase werden für die Platzierungs- und Bestellpolitik mit Hilfe eines Gradientenverfahrens Startwerte für den Fall berechnet, dass alle Artikel im Sortiment enthalten sind und keine Raumrestriktionen vorliegen. Auf Basis dieser Startwerte wird eine zufällige Population von Lösungen berechnet, die sich durch unterschiedliche Sortimentsvektoren unterscheiden (Generation 1). Falls diese Lösungen gegen die aufgestellten Raumrestriktionen verstoßen, werden die Platzierungs- und Bestellparameter entsprechend proportional angepasst. Für jede der Lösungen wird der Profit berechnet, der als Basis für die Berechnung der relativen Fitness einer Lösung dient. Auf Basis der relativen Fitness werden zufällig Lösungen der Generation 1 ausgewählt, aus denen durch Crossover und Mutation Lösungen für die Folgegeneration 2 entwickelt werden. Nach diesem

---

[117] Vgl. Nissen, V., 1994; Nissen, V., 1997.
[118] Vgl. Urban, T. L., 1998, S. 15-35.
[119] Vgl. hierzu Urban, T. L., 1998, S. 25-27.

Algorithmus werden so lange neue Generationen entwickelt, bis ein vorher definiertes Terminierungskriterium erreicht ist. In einem Performancevergleich führten beide Verfahren zu einer ähnlich guten Performance, wobei das zweite Verfahren, das auf einem Evolutionären Algorithmus basierte, geringfügig bessere Ergebnisse lieferte.[120]

Der Wert des Beitrags von *Urban* liegt vor allem darin, dass er Evolutionäre Algorithmen erstmals verwendet, um Spacemanagementprobleme zu lösen. Weiterhin werden sowohl Platzierungs- und Sortimentspolitik als auch die Bestellpolitik optimiert. Jedoch erfolgt die Optimierung nicht simultan, sondern es wird nur die Sortimentszusammensetzung mit dem Evolutionären Algorithmus optimiert. Für die Entscheidungsparameter Bestellmenge, Bestellpunkt und Raumzuweisung werden Initialwerte verwendet, die nur dann mit Hilfe einer Daumenregel angepasst werden, wenn eine generierte Lösung eine der Nebenbedingungen verletzt.

Im Hinblick auf die verwendete Nachfragefunktion lassen sich die Anmerkungen knapp gestalten, da *Urban* eine ähnliche Nachfragefunktion verwendet wie *Borin/Farris/Freeland*. Unterschiede zu *Borin/Farris/Freeland* bestehen z. B. in der Tatsache, dass auch positive Kreuzelastizitäten zugelassen werden, womit sich auch Komplementäreffekte erfassen lassen. Weiterhin besteht ein Unterschied in der Abhängigkeit der Nachfrage vom platzierten Warenbestand anstatt von der Raumzuteilung. Inwieweit die Unterscheidung von Raumzuteilung und platziertem Warenbestand allerdings in einer Nachfragefunktion berücksichtigt werden sollte, hängt davon ab, ob Regallücken als Folge einer optimierten Bestellpolitik überhaupt in Kauf genommen werden. Dies dürfte in der Regel aus präsentationspolitischen Gründen unerwünscht sein.

6.3.4 Ein naturadaptiver Ansatz zur optimalen Verteilung von Regalkapazitäten

Auf Basis der in Abschnitt 6.3.2 abgeleiteten Anforderungen soll im Folgenden ein Optimierungsmodell entwickelt werden, welches auch komplexe Optimierungsprobleme mit vertretbarem Rechenaufwand lösen kann. Wie im vorangegangenen Abschnitt gezeigt worden ist, sind hierzu naturadaptive Verfahren bereits erfolgreich eingesetzt worden. Gleichzeitig soll das Verfahren geeignet sein, um Regale nicht nur im Hinblick auf den Deckungsbeitrag, sondern auch im Hinblick auf kundenorientierte Zielgrößen zu optimieren. Hierzu muss das in dieser Arbeit bereits entwickelte verhaltenswissenschaftliche Fundament in den Optimierungsprozess integriert werden.

---

[120] Vgl. Urban, T. L., 1998, S. 27-32.

Das Verfahren soll am Beispiel eines Regals mit 10.000 Quadratzentimetern Regalfläche dargestellt werden, in dem 9 Warengruppen zu platzieren sind. Innerhalb jeder Warengruppe sind vier Artikel gelistet, die alle jeweils eine einheitliche Sichtfläche von 100 Quadratzentimetern pro Facing beanspruchen. Insgesamt stehen also 100 Facings zur Verfügung, die auf die 9 Warengruppen zu verteilen sind, wobei jede Warengruppe mindestens 4 Facings (ein Facing pro Artikel) erhalten soll.

Die Zielfunktionswerte für eine Platzierungslösung, beispielsweise die durchschnittliche Suchzeit pro Kunde oder der Regaldeckungsbeitrag, lassen sich mit Hilfe der in Gleichung 6-13 dargestellten Nachfragefunktion ermitteln. Hierzu müssen verschiedene Parameter bekannt sein, für die die folgenden Werte angenommen wurden (im realen Anwendungsfall müsste die Nachfragefunktion empirisch bestimmt werden):

- Für die Anzahl der Kunden x^{S*}, die Käufe in den einzelnen Warengruppen geplant haben, wurden Werte zwischen 250 und 500 festgelegt. Die durchschnittliche Anzahl von Artikeln q, die ein potenzieller Plankäufer in einer Warengruppe zu kaufen beabsichtigt, beträgt in allen Warengruppen eins.
- Die Impulsbereitschaften a, gewichtet mit der durchschnittlichen Anzahl von Artikeln r, die ein potenzieller Spontankäufer zu kaufen beabsichtigt, bewegen sich im Bereich zwischen 0,25 und 2,25.
- Der Parameter l gibt den Anteil der Kunden mit Kaufabsicht in einer Warengruppe an, die ihre Kaufabsichten realisieren. Die Höhe dieses Anteils hängt einerseits von den verlangten Preisen, andererseits von den Zahlungsbereitschaften der Kunden für die einzelnen Artikel ab. Die verlangten Preise wurden im hier vorgestellten Beispiel so angesetzt, dass innerhalb jeder der neun Warengruppen ein Artikel € 4,99, ein Artikel € 3,99, ein Artikel € 2,99 und ein Artikel € 1,99 kostet. Die Zahlungsbereitschaften (= Reservationspreise) wurden für 100 potenzielle Kunden zufällig initialisiert, wobei sie für die teureren Artikel höhere Werte annehmen konnten als für billigere Artikel. Auf Basis der verlangten Preise und der Zahlungsbereitschaften lässt sich ermitteln, welcher Anteil der Kunden bereit ist, seine Kaufabsichten zu realisieren. Gleichzeitig lässt sich auch berechnen, wie sich die Käufe innerhalb einer Warengruppe auf die einzelnen Artikel aufteilen.

Um neben dem Absatz auch Deckungsbeiträge der Platzierungseinheiten berechnen zu können, wurden für die mit € 4,99 bepreisten Artikel entscheidungsrelevante Kosten von € 1,80, für die mit € 3,99 und € 2,99 bepreisten Artikel Kosten von € 1,30 und für die Artikel mit einem Preis von € 1,99 Kosten in Höhe von € 0,60 unterstellt.

Nachdem festgelegt ist, wie einzelnen Platzierungsalternativen Zielfunktions-werte zugeordnet werden können, muss ein geeigneter Algorithmus gefunden werden, mit dessen Hilfe eine Lösung mit optimalem Zielfunktionswert ermittelt werden kann. Hierzu soll auf die im vorangegangenen Abschnitt dargestellten naturadaptiven Verfahren zurückgegriffen werden. Es wird ein Evolutionärer Algorithmus gewählt, in den aber auch Grundgedanken des Simulated Annealing eingeflossen sind. Grob lässt sich der Algorithmus wie folgt strukturieren:

- Erzeugen einer Startpopulation von Lösungen (Lösungsgeneration 1),
- Entwicklung neuer Lösungsgenerationen durch Selektion, Mutation und Crossover,
- Abbruch des Optimierungsprozesses bei Erreichen eines festgelegten Termi-nierungskriteriums.

Für die Optimierung soll zunächst eine Startpopulation guter Lösungen gebildet werden. Hierzu werden unter Beachtung der Raumrestriktion 30 mal je 150 Lösungen erzeugt, indem die insgesamt 100 zur Verfügung stehenden Facings nach dem Zufallsprinzip auf die einzelnen Warengruppen aufgeteilt werden. Die im Hinblick auf die Zielfunktion besten Lösungen der 30 Durchgänge werden in die Startpopulation übernommen. Daneben werden noch 120 Lösungen nach dem Zufallsprinzip bestimmt, so dass sich eine Population von 150 Startlösungen ergibt. Jede dieser 150 Lösungen kann durch einen Lösungsvektor dargestellt werden. In dem Lösungsvektor sind die Ausprägungen der Aktionsparameter, hier die einer Warengruppe zugeteilten Facings, repräsentiert.

Ausgehend von der Startpopulation, die auch als Lösungsgeneration 1 bezeichnet werden kann, lassen sich mit Hilfe von Selektion, Mutation und Cross-over neue Lösungsgenerationen entwickeln. Die Selektion erfolgt deterministisch, indem jeweils nur die dreißig besten Lösungen einer Generation ausgewählt werden, um die 150 Lösungen der Folgegeneration zu erzeugen. Alternativ wäre auch eine stochastische Selektion denkbar, bei der Lösungen auf der Basis von Selektionswahrscheinlichkeiten ausgewählt werden, die von den jeweiligen Zielfunktionswerten abhängen. Im Anschluss an den Selektionsprozess werden auf Basis der ausgewählten Lösungen einer Generation t neue Lösungen der Folgegeneration t+1 wie folgt erzeugt:

- Die 30 besten Lösungen der Generation t werden in die nächste Generation t+1 übernommen. Dieser Vorgang soll als Klonen bezeichnet werden. Hierdurch wird sichergestellt, dass die besten bisher gefundenen Lösungen nicht wieder verloren gehen.
- Die 30 besten Lösungen der Generation t werden zu 60 neuen Lösungen der Generation t+1 durch Crossover rekombiniert. Crossover erfolgen, indem zwischen je zwei zur Rekombination ausgewählten Lösungen mit einer bestimmten Wahrscheinlichkeit Elemente des Lösungsvektors ausgetauscht werden. Die Lösungen werden dabei auf Basis der Rangfolge ihrer Zielfunktionswerte gepaart, d. h. Crossover finden jeweils zwischen Lösungen mit benachbarten Rängen statt. Alternativ wäre aber auch eine stochastische Paarung denkbar gewesen.
- Die 30 besten Lösungen der Generation t werden zu 60 neuen Lösungen der Generation t+1 mutiert. Die Mutation wird durchgeführt, indem einzelne Elemente eines Lösungsvektors mit einer bestimmten Wahrscheinlichkeit zufällig neu initialisiert werden.

Als Terminierungskriterium wird eine Anzahl von 200 Generationen festgelegt. Die Crossover- und die Mutationswahrscheinlichkeit wird während des Optimierungsprozesses verändert, indem sie in den ersten 100 Generationen schrittweise von 1 auf null und in den zweiten 100 Generationen von 0,2 auf null reduziert wird. Während bei hohen Crossover- und Mutationswahrscheinlichkeiten Sprünge zwischen lokalen Hügeln der Zielfunktion ermöglicht werden, führen niedrige Crossover- und Mutationswahrscheinlichkeiten dazu, dass Lösungen exakt an ein Optimum angenähert werden können. Insofern entspricht die schrittweise Reduktion der Crossover- und Mutationswahrscheinlichkeiten auch den Grundgedanken des Simulated Annealings (vgl. Abschnitt 6.3.3.1). Abbildung 6.24 fasst den hier beschriebenen Algorithmus in einem Ablaufdiagramm zusammen.

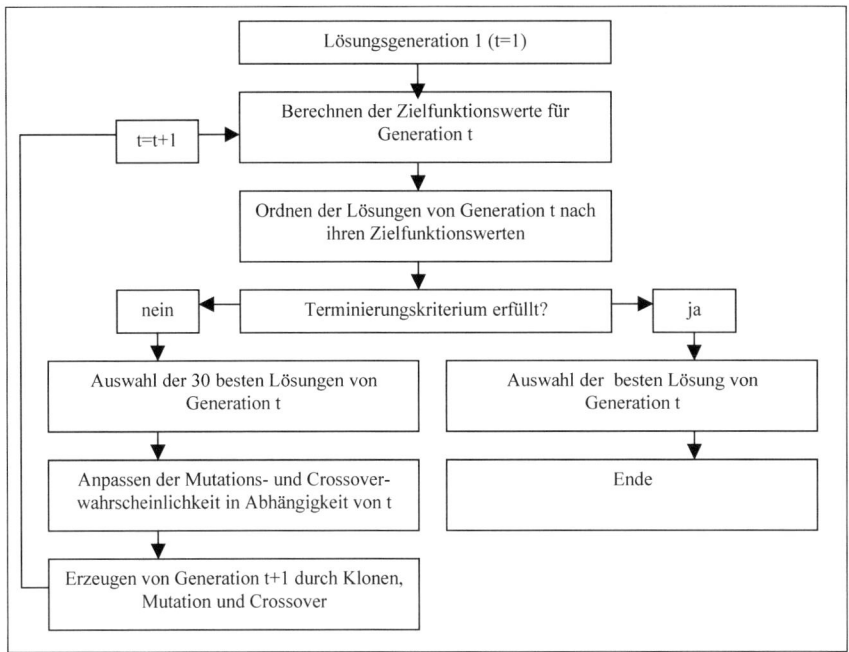

Abb. 6.24:   Grundstruktur des Optimierungsalgorithmus

Der beschriebene Algorithmus ist anhand eines Beispielsdatensatzes für unterschiedliche Optimierungskriterien angewendet worden. Hierzu wurde in Microsoft Excel ein entsprechendes Makro programmiert. Die Rechenzeiten des Programms betragen einige Sekunden pro Iteration, hängen aber in starkem Maße von dem verwendeten Rechner ab. Zudem dürften sich die Rechenzeiten durch eine effizientere Programmierung reduzieren lassen.

In Abbildung 6.25 ist das Ergebnis einer Suchzeitminimierung, in Abbildung 6.26 das Resultat einer Deckungsbeitragsmaximierung dargestellt. Auf jedes der beiden Optimierungsprobleme wurde der oben dargestellte Algorithmus dreimal angewendet, um einen Eindruck dafür zu gewinnen, wie stark die gefundenen Lösungen streuen können. Es zeigt sich, dass die sucheffiziente im Vergleich zur unmittelbar erfolgsorientierten Lösung zu einem um 2,5% niedrigeren Deckungs-beitrag bei einer um knapp 10,3% reduzierten Suchzeit führt. Kurzfristig führt die sucheffiziente Warenplatzierung somit zu einer Deckungsbeitragsreduktion von 2,5%, die langfristig durch eine höhere Kundendurchdringungsrate ausgeglichen werden muss. Liegen Daten vor, mit denen der Einfluss der Suchzeitreduktion auf die Kundendurchdringungsrate und damit auch auf den Kundenwert berechnet werden kann, lässt sich entscheiden, ob die sucheffiziente gegenüber der unmittelbar erfolgsorientierten Platzierung vorteilhaft ist.

		Lösung 1			Lösung 2			Lösung 3		
Waren-gruppe	Artikel	Listing [121]	Preis [122]	Facing [123]	Listing	Preis	Facing	Listing	Preis	Facing
1	1	1	4,99	14	1	4,99	14	1	4,99	14
1	2	1	3,99		1	3,99		1	3,99	
1	3	1	2,99		1	2,99		1	2,99	
1	4	1	1,99		1	1,99		1	1,99	
2	5	1	4,99	8	1	4,99	8	1	4,99	8
2	6	1	3,99		1	3,99		1	3,99	
2	7	1	2,99		1	2,99		1	2,99	
2	8	1	1,99		1	1,99		1	1,99	
3	9	1	4,99	14	1	4,99	14	1	4,99	14
3	10	1	3,99		1	3,99		1	3,99	
3	11	1	2,99		1	2,99		1	2,99	
3	12	1	1,99		1	1,99		1	1,99	
4	13	1	4,99	9	1	4,99	8	1	4,99	8
4	14	1	3,99		1	3,99		1	3,99	
4	15	1	2,99		1	2,99		1	2,99	
4	16	1	1,99		1	1,99		1	1,99	
5	17	1	4,99	8	1	4,99	9	1	4,99	8
5	18	1	3,99		1	3,99		1	3,99	
5	19	1	2,99		1	2,99		1	2,99	
5	20	1	1,99		1	1,99		1	1,99	
6	21	1	4,99	8	1	4,99	8	1	4,99	9
6	22	1	3,99		1	3,99		1	3,99	
6	23	1	2,99		1	2,99		1	2,99	
6	24	1	1,99		1	1,99		1	1,99	
7	25	1	4,99	14	1	4,99	14	1	4,99	14
7	26	1	3,99		1	3,99		1	3,99	
7	27	1	2,99		1	2,99		1	2,99	
7	28	1	1,99		1	1,99		1	1,99	
8	29	1	4,99	14	1	4,99	14	1	4,99	14
8	30	1	3,99		1	3,99		1	3,99	
8	31	1	2,99		1	2,99		1	2,99	
8	32	1	1,99		1	1,99		1	1,99	
9	33	1	4,99	11	1	4,99	11	1	4,99	11
9	34	1	3,99		1	3,99		1	3,99	
9	35	1	2,99		1	2,99		1	2,99	
9	36	1	1,99		1	1,99		1	1,99	
Deckungsbeitrag		9039,85			9023,73			9038,16		
Mittlere Suchzeit		3,92			3,92			3,92		

Abb. 6.25:   Platzierungslösungen mit minimaler Suchzeit pro Kunde

[121] Die Spalte Listing gibt an, ob ein Artikel in das Sortiment aufgenommen wurde (1) oder nicht (0).

[122] Die Spalte Preis gibt den Preis eines Artikels in € an.

[123] Die Spalte Facing gibt die Anzahl der einer Warengruppe zugeteilten Facings an.

		Lösung 1			Lösung 2			Lösung 3		
Waren-gruppe	Artikel	Listing	Preis	Facing	Listing	Preis	Facing	Listing	Preis	Facing
1	1	1	4,99	13	1	4,99	13	1	4,99	13
1	2	1	3,99		1	3,99		1	3,99	
1	3	1	2,99		1	2,99		1	2,99	
1	4	1	1,99		1	1,99		1	1,99	
2	5	1	4,99	8	1	4,99	8	1	4,99	8
2	6	1	3,99		1	3,99		1	3,99	
2	7	1	2,99		1	2,99		1	2,99	
2	8	1	1,99		1	1,99		1	1,99	
3	9	1	4,99	5	1	4,99	5	1	4,99	7
3	10	1	3,99		1	3,99		1	3,99	
3	11	1	2,99		1	2,99		1	2,99	
3	12	1	1,99		1	1,99		1	1,99	
4	13	1	4,99	18	1	4,99	18	1	4,99	18
4	14	1	3,99		1	3,99		1	3,99	
4	15	1	2,99		1	2,99		1	2,99	
4	16	1	1,99		1	1,99		1	1,99	
5	17	1	4,99	5	1	4,99	5	1	4,99	4
5	18	1	3,99		1	3,99		1	3,99	
5	19	1	2,99		1	2,99		1	2,99	
5	20	1	1,99		1	1,99		1	1,99	
6	21	1	4,99	16	1	4,99	16	1	4,99	15
6	22	1	3,99		1	3,99		1	3,99	
6	23	1	2,99		1	2,99		1	2,99	
6	24	1	1,99		1	1,99		1	1,99	
7	25	1	4,99	4	1	4,99	4	1	4,99	4
7	26	1	3,99		1	3,99		1	3,99	
7	27	1	2,99		1	2,99		1	2,99	
7	28	1	1,99		1	1,99		1	1,99	
8	29	1	4,99	17	1	4,99	17	1	4,99	17
8	30	1	3,99		1	3,99		1	3,99	
8	31	1	2,99		1	2,99		1	2,99	
8	32	1	1,99		1	1,99		1	1,99	
9	33	1	4,99	14	1	4,99	14	1	4,99	14
9	34	1	3,99		1	3,99		1	3,99	
9	35	1	2,99		1	2,99		1	2,99	
9	36	1	1,99		1	1,99		1	1,99	
Deckungsbeitrag		9265,66			9265,66			9264,77		
Mittlere Suchzeit		4,39			4,39			4,33		

Abb. 6.26:   Platzierungslösungen mit maximalem Deckungsbeitrag

6.3.5 Ein naturadaptiver Ansatz zur simultanen Optimierung von Waren-platzierung, Preis- und Sortimentspolitik

Bisher wurde das Problem der Warenplatzierung isoliert für eine gegebene Preis-und Sortimentspolitik analysiert. Dies stellt insofern ein Problem dar, als dass Preis- und Sortimentspolitik wesentlich bestimmen, welcher Artikel bzw. ob ein Artikel aus einer gesuchten oder attentiv wahrgenommenen Warengruppe gekauft wird. Ist eine Warengruppe beispielsweise aus sortiments- und preispolitischen Gründen unattraktiv, können erhöhte Flächenzuweisungen zu dieser Warengruppe unter Umständen wirkungslos sein. Ein weiterer Verknüpfungspunkt zwischen Warenplatzierung und Sortimentspolitik liegt darin, dass geringere Flächen-zuweisungen zu einzelnen Warengruppen eine geringere Sortimentstiefe in diesen Warengruppen erzwingen, während für eine höhere Sortimentstiefe in anderen Warengruppen Platz geschaffen wird. Interdependenzen zwischen Preispolitik und Warenplatzierung ergeben sich, indem die Höhe der Kalkulation einen Einfluss darauf hat, wie „förderungswürdig" einzelne Artikel oder Warengruppen sind.

Auf Grund der Verflechtungen zwischen Warenplatzierung, Preis- und Sortimentspolitik stellt sich die Frage, wie der im vorangegangenen Abschnitt dargestellte Algorithmus auch für eine simultane Optimierung dieser drei Instrumentalbereiche herangezogen werden kann. Dies soll im Folgenden wieder am Beispiel eines 10.000 Quadratzentimeter großen Regalbereichs demonstriert werden, in dem 100 Facings a 100 Quadratzentimeter platziert werden können. Insgesamt können die Facings auf 9 Warengruppen aufgeteilt werden. Im Hinblick auf die Sortimentspolitik können pro Warengruppe maximal 4 unterschiedliche Artikel gelistet werden, auf die sich die Facings einer Warengruppe verteilen. Die einzelnen Artikel können zu Preisen zwischen € 0,99 und € 4,99 kalkuliert werden, wobei jeweils eine Endung auf 99 Cents vorgegeben ist. Bei den Artikelpreisen handelt es sich im Beispiel also um diskrete Alternativen. Dies erscheint auf Grund der Tatsache plausibel, dass Händler in der Praxis häufig Gebrauch von sogenannten Schwellenpreisen machen, von denen sie sich besondere preis-psychologische Wirkungen erhoffen.[124]

Die Optimierung soll so erfolgen, dass der unmittelbare Deckungsbeitrag des Regalsegments maximiert wird. Auf die Optimierung kundenorientierter Zielgrößen soll an dieser Stelle verzichtet werden, da hierzu eine Zufriedenheits-kennziffer in Abhängigkeit der Warenplatzierung, Preis- und Sortimentspolitik bestimmt werden müsste. Dies würde eine entsprechende empirische Erhebung erfordern, die Gegenstand zukünftiger Forschungsaktivitäten sein kann.

---

[124] Vgl. Müller-Hagedorn, L./Zielke, S.: Das Preissetzungsverhalten von Handelsbetrieben im Zuge der Währungsumstellung auf den Euro, in: ZfbF, 50. Jg. (1998), H. 10, S. 946-965; sowie den Überblick bei Gedenk, K./Sattler, H.: Preisschwellen und Deckungsbeitrag? – Verschenkt der Handel große Potentiale?, in: ZfbF, 51. Jg. (1999), H. 1, S. 35-38.

Ebenso wie bei der isolierten Platzierungsoptimierung stellt sich auch hier zunächst die Frage, wie Auswirkungen der relevanten Aktionsparameter auf den Deckungsbeitrag abgebildet werden können. Dabei kann wieder auf die Gleichung 6-13 zurückgegriffen werden. Während die Platzierung den Absatz über die zu berechnenden Suchzeiten und Wahrnehmungswahrscheinlichkeiten beeinflusst, kommen preis- und sortimentspolitische Entscheidungen in dem Parameter l zum Ausdruck. Dieser gibt den Anteil von Kunden mit Kaufabsichten an, die diese Absichten auch realisieren. Der Parameter l ist von den für die gelisteten Artikel verlangten Preisen und den Zahlungsbereitschaften (= Reservationspreisen) der Kunden abhängig. Es wird angenommen, dass Kunden bei einer Auswahl-entscheidung die in Frage kommenden Artikel in eine Rangordnung bringen und denjenigen Artikel mit dem höchstmöglichen Rang unter der Bedingung auswählen, dass der Preis des Artikels die Zahlungsbereitschaft des Kunden nicht überschreitet. Wird die Zahlungsbereitschaft bei allen in Frage kommenden Artikeln überschritten, kommt kein Kauf zu Stande. Insofern hängt es neben den Zahlungsbereitschaften der Kunden auch von der Preis- und Sortimentspolitik ab, ob ein Kunde seine Kaufabsichten realisiert. Ebenso wird bestimmt, welcher der Artikel aus einer Warengruppe gegebenenfalls ausgewählt wird. Dies ist für die Maximierung des Deckungsbeitrags wichtig, wenn die Artikel einer Warengruppe unterschiedlich kalkuliert sind.

Können die Auswirkungen der Platzierungs-, Preis- und Sortimentspolitik auf das Zielkriterium Deckungsbeitrag abgebildet werden, lässt sich der im vorangegangenen Abschnitt dargestellte Optimierungsalgorithmus analog anwenden. Da die Anzahl der Entscheidungsparameter und damit die Anzahl möglicher Lösungen einer simultanen Optimierung von Warenplatzierung, Preis- und Sortimentspolitik aber deutlich höher ist als bei einer isolierten Platzierungs-optimierung, ist eine größere Anzahl von Generationen erforderlich. Testläufe des Algorithmus haben gezeigt, dass nach 400 Generationen in der Regel gute Lösungen gefunden wurden. Die Crossover- und Mutationswahrscheinlichkeit wurde während der ersten 100 Generationen schrittweise von 1 auf null, während der zweiten 100 Generationen von 0,2 auf null, während der dritten 100 Generationen von 0,1 auf null und während der vierten 100 Generationen von 0,05 auf null reduziert.

Die Ergebnisse können in Abbildung 6.27 abgelesen werden. Sie zeigen, dass durch eine zusätzliche Optimierung der Preis- und Sortimentspolitik der Deckungsbeitrag gegenüber den Lösungen in Abbildung 6.26 noch einmal um 5,9% angestiegen ist. Die durchschnittlichen Suchzeiten sind dagegen so gut wie identisch. Dies verwundert allerdings auch insofern nicht, als dass sich die Verteilung der Regalkapazitäten gegenüber den Lösungen in Abbildung 6.26 nicht wesentlich geändert hat. Zudem zeigt sich, dass das Angebot eines Vollsortiments im Hinblick auf die Maximierung des Deckungsbeitrags geboten erscheint.

		Lösung 1			Lösung 2			Lösung 3		
Waren-gruppe	Artikel	Listing	Preis	Facing	Listing	Preis	Facing	Listing	Preis	Facing
1	1	1	3,99	13	1	3,99	13	1	3,99	12
1	2	1	2,99		1	2,99		1	2,99	
1	3	1	2,99		1	2,99		1	2,99	
1	4	1	1,99		1	1,99		1	1,99	
2	5	1	3,99	9	1	3,99	7	1	3,99	6
2	6	1	3,99		1	2,99		1	3,99	
2	7	1	2,99		0	0		1	2,99	
2	8	1	1,99		1	1,99		1	1,99	
3	9	1	3,99	6	1	3,99	6	1	3,99	6
3	10	1	3,99		1	3,99		1	3,99	
3	11	1	2,99		1	2,99		1	2,99	
3	12	1	1,99		1	1,99		1	1,99	
4	13	1	3,99	19	1	3,99	18	1	3,99	20
4	14	1	2,99		1	2,99		1	2,99	
4	15	1	2,99		1	2,99		1	2,99	
4	16	1	1,99		1	1,99		1	1,99	
5	17	1	4,99	5	1	4,99	5	1	4,99	6
5	18	1	3,99		1	3,99		1	3,99	
5	19	1	2,99		1	2,99		1	2,99	
5	20	1	1,99		1	1,99		1	1,99	
6	21	1	3,99	18	1	3,99	17	1	3,99	17
6	22	1	2,99		1	2,99		1	2,99	
6	23	1	2,99		1	2,99		1	2,99	
6	24	1	1,99		1	1,99		1	1,99	
7	25	1	4,99	4	1	4,99	4	1	4,99	4
7	26	1	3,99		1	3,99		1	3,99	
7	27	1	2,99		1	2,99		1	2,99	
7	28	1	1,99		1	1,99		1	1,99	
8	29	1	4,99	15	1	4,99	17	1	4,99	18
8	30	1	2,99		1	2,99		1	2,99	
8	31	1	2,99		1	2,99		1	2,99	
8	32	1	1,99		1	1,99		1	1,99	
9	33	1	4,99	11	1	4,99	13	1	4,99	11
9	34	1	2,99		1	2,99		1	2,99	
9	35	1	2,99		1	2,99		1	2,99	
9	36	1	1,99		1	1,99		1	1,99	
Deckungsbeitrag		9839,30			9761,02			9836,12		
Mittlere Suchzeit		4,37			4,35			4,37		

Abb. 6.27:   Warenplatzierung, Preis- und Sortimentspolitik mit maximalem Deckungs-beitrag

Weiterhin wird aus Abbildung 6.27 deutlich, dass der Algorithmus zu Lösungen unterschiedlicher Güte führen kann. Aus diesem Grund sollten in der praktischen Anwendung immer mehrere Lösungen berechnet werden. Dies ist auch insofern von Vorteil, als dass bei der Auswahl zwischen den unterschiedlichen Lösungen Kriterien einfließen können, die im Optimierungsmodell keine Berücksichtigung fanden. Zudem sollte bei der Auswahl einer Lösung bedacht werden, dass die zur Optimierung verwendeten Daten und Wirkungsfunktionen mit Unsicherheiten behaftet sind, so dass geringfügige Performanceunterschiede zweier Lösungen vernachlässigt werden können.

6.4 Zusammenfassung des Kapitels

Im sechsten Kapitel ist der Frage nachgegangen worden, wie Regalkapazitäten auf einzelne Warengruppen kundenorientiert verteilt werden können. Gleichzeitig sind aber auch Ansätze für eine unmittelbar erfolgsorientierte Platzierung vorgestellt worden. Darüber hinaus wurde gezeigt, wie sich mögliche Zielkonflikte zwischen einer kurzfristig erfolgs- und einer langfristig kundenorientierten Platzierung lösen lassen, indem die Zielgrößen unter Berücksichtigung der Rolle ausgewählt werden, die eine Kategorie für die Unternehmensziele eines Händlers einnimmt.

In Abschnitt 6.1 ist empirisch untersucht worden, wie verschiedene Platzierungsparameter, insbesondere die zugeteilte Sichtfläche (SF), die zur Suche von Platzierungseinheiten erforderliche Zeit (SZ) beeinflussen. Ebenso wurde untersucht, wie sich die Verteilung der Regalkapazitäten auf die Wahrscheinlichkeit auswirkt, dass eine Platzierungseinheit während der Suche einer anderen Platzierungseinheit attentiv wahrgenommen wird. Es wurde eine Wirkungsfunktion bestimmt, die Wahrnehmungswahrscheinlichkeiten (WP) durch Suchzeiten nach Platzierungseinheiten erklärt.

Auf der Basis der in Abschnitt 6.1 empirisch ermittelten Wirkungsfunktionen ist in Abschnitt 6.2 eine Nachfragefunktion abgeleitet worden, die Platzierungseffekte über Wahrnehmungswahrscheinlichkeiten bzw. Wahrnehmungsvolumina (WV) erklärt. Während zur Berechnung der Wahrnehmungswahrscheinlichkeiten auf die empirischen Wirkungsfunktionen zurückgegriffen wurde, ergab sich der Zusammenhang zwischen Wahrnehmungswahrscheinlichkeiten, Wahrnehmungsvolumina und Absatz (x) durch logische Verknüpfungen, d. h. der Gesamtabsatz wurde zunächst in geplante und ungeplante Käufe aufgespalten, die jeweils als das Produkt mehrerer Größen dargestellt werden können (vgl. Gleichung 6-13 auf Seite 180). Es wurde gezeigt, wie mit Hilfe von Wahrnehmungswahrscheinlichkeiten bzw. Wahrnehmungsvolumina der Absatz unterschiedlicher Platzierungsalternativen empirisch ermittelt und prognostiziert werden kann. Abbildung 6.28 verdeutlicht noch einmal die Grobstruktur der abgeleiteten Nachfragefunktion.

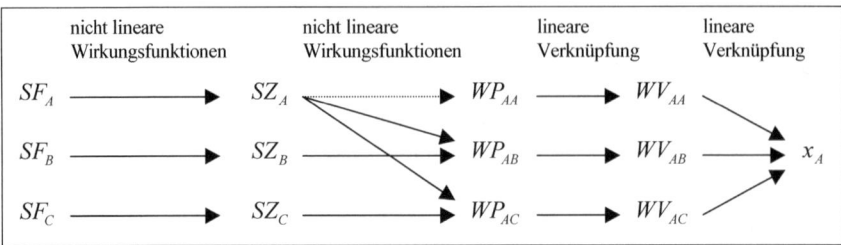

Abb. 6.28:   Die Grobstruktur der abgeleiteten Nachfragefunktion

Um unterschiedliche Prognoseansätze hinsichtlich ihrer Güte zu beurteilen, wurden auf Basis der abgeleiteten Nachfragefunktion Platzierungseffekte simuliert. Es wurde untersucht, welche Prognosefehler in Kauf genommen werden müssen, wenn der Absatz einer Warengruppe nicht durch Wahrnehmungsvolumina sondern durch andere unabhängige Variablen erklärt wird. Solche vereinfachten Ansätze prognostizieren den Absatz beispielsweise direkt mit Hilfe von Suchzeiten oder Sichtflächen, wie in Abbildung 6.29 dargestellt ist. Die bessere Prognosegüte des Ansatzes WV, in dem vorher zu bestimmende Wahrnehmungsvolumina zur Absatzprognose verwendet werden, lässt sich darauf zurückführen, dass ein direkter linearer Zusammenhang zwischen den Wahrnehmungsvolumina und dem Absatz besteht. Die vereinfachten Ansätze verwenden dagegen mit Suchzeiten und Sichtflächen Größen zur Absatzprognose, die teilweise erst über mehrere nicht lineare Wirkungsfunktionen mit dem Absatz verknüpft sind. So haben Suchzeiten und Sichtflächen nur mittelbar über die Wahrnehmungswahrscheinlichkeiten und Wahrnehmungsvolumina einen Einfluss auf den Absatz. Da dieser Einfluss zudem nicht linear ist, führen lineare Regressionsansätze bei den vereinfachten Modellen naturgemäß zu Prognosefehlern. Dies kommt auch in den Abbildungen 6.28 und 6.29 zum Ausdruck.

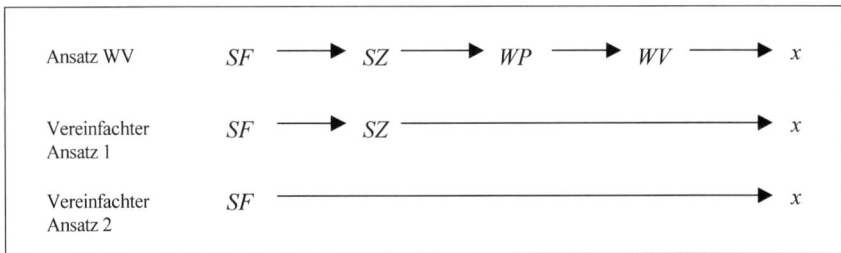

Abb. 6.29:   Überblick über die untersuchten Prognoseansätze

Im letzten Teil des Kapitels, in Abschnitt 6.3, ist schließlich dargelegt worden, wie auf Basis der entwickelten Nachfragefunktion mit Hilfe naturadaptiver Verfahren wahlweise eine sucheffiziente oder eine am Deckungsbeitrag orientierte optimale Platzierungspolitik festgelegt werden kann. Auf Grund der Struktur der abgeleiteten Nachfragefunktion führte eine sucheffiziente Platzierung tendenziell dazu, dass Warengruppen, die häufig Gegenstand von Suchkäufen sind, bei der Zuteilung von Regalkapazitäten bevorzugt werden. Demgegenüber bewirkt eine unmittelbar am Deckungsbeitrag orientierte Platzierung, dass die Wahrnehmungs-wahrscheinlichkeiten solcher Warengruppen erhöht werden, für die hohe Impuls-kauf- und Zahlungsbereitschaften bestehen. Hierzu werden diese Warengruppen bevorzugt platziert, während häufig gesuchte, aber selten ungeplant gekaufte Warengruppen weniger Regalkapazitäten zugeteilt bekommen. Da die Nachfrage-funktion die Platzierung über das Such- und Wahrnehmungsverhalten mit dem Absatz verknüpft, konnte auch gezeigt werden, welche kurzfristigen Einbußen beim Deckungsbeitrag mit einer sucheffizienten Platzierung einhergehen, bzw. welche Verschlechterungen der Sucheffizienz bei einer unmittelbar am Deckungs-beitrag orientierten Platzierung in Kauf genommen werden müssen.

Zum Abschluss des Kapitels wurde schließlich gezeigt, wie sich mit natur-adaptiven Verfahren Warenplatzierung, Preis- und Sortimentspolitik simultan optimieren lassen. Hierbei war es von Bedeutung, dass mit Hilfe der abgeleiteten Nachfragefunktion nicht nur Platzierungseffekte, sondern auch Wirkungen preis- und sortimentspolitischer Aktivitäten über Zahlungsbereitschaften erklärt werden können.

Inwieweit sich die in diesem Kapitel unterbreiteten Vorschläge in der Praxis erfolgreich anwenden lassen, wurde allerdings nicht geprüft. Es wurden jedoch verschiedene Gründe angeführt, warum die entwickelten Vorschläge zur Verteilung der Regalkapazitäten gegenüber alternativen Vorgehensweisen vorteil-haft erscheinen. Die größten praktischen Probleme bei der Umsetzung des vorge-schlagenen Verfahrens dürften sicherlich in der Bestimmung der Wirkungs-funktionen liegen. Diesbezüglich sollte auf die folgenden Probleme und Lösungs-möglichkeiten hingewiesen werden:

- Die Suchzeitfunktionen wurden nur für Suchvorgänge nach einzelnen Platzierungseinheiten ermittelt. Tatsächlich kommen aber auch Fälle vor, in denen Kunden innerhalb einer Abteilung mehrere Artikel gleichzeitig suchen. In diesen Fällen können die tatsächlichen Suchzeiten überschätzt werden, wenn von getrennten Suchvorgängen ausgegangen wird.
- Die Suchzeiten und Wahrnehmungswahrscheinlichkeiten wurden für Situationen bestimmt, in denen die Probanden die Abteilung aus einer bestimmten Richtung betreten haben. Können Abteilungen aus verschiedenen Richtungen betreten werden, sollten die Suchzeitfunktionen in Abhängigkeit der Laufrichtung ermittelt werden.

- Hypothese 6-7, die besagte, dass mit zunehmender Entfernung zwischen zwei Platzierungseinheiten die Wahrscheinlichkeit abnimmt, dass die eine Platzierungseinheit während der Suche der anderen Platzierungseinheit wahrgenommen wird, musste abgelehnt werden. Dies mag darauf zurückzuführen sein, dass nur ein sehr enger Regalausschnitt betrachtet wurde, sollte aber für größere Abteilungen noch einmal überprüft werden.
- Die Nachfragefunktion sollte robust gegenüber Schätzfehlern der erforderlichen Parameter, insbesondere der Wahrnehmungswahrscheinlichkeiten sein. Treten Probleme bei der Schätzung der Nachfragefunktionen auf, sollte versucht werden, nur die Wahrnehmungswahrscheinlichkeiten bzw. -volumina derjenigen Warengruppen zu berücksichtigen, zu denen starke Verbundbeziehungen vermutet werden.
- Das in die Nachfragefunktion integrierte Reservationspreismodell kann problembehaftet sein, wenn die Reservationspreise nicht unabhängig von der Marketingpolitik am Point of Sale sind. So könnten die Reservationspreise abhängig von der Sortimentstiefe sein, indem die Zahlungsbereitschaft für einen Artikel umso höher ist, je weniger die Möglichkeit besteht, auf einen alternativen Artikel auszuweichen. Auch Zusammenhänge zwischen der Platzierung eines Artikels und seinem Reservationspreis wären denkbar.
- Die Nachfragefunktion konnte bisher keine platzierungsbedingten Verschiebungen der Marktanteile innerhalb einer Warengruppe erklären. So ist die Nachfragefunktion so angelegt, dass von der Sichtflächenerhöhung eines Artikels alle anderen Artikel der Warengruppe in gleicher Weise profitieren, indem die Warengruppe häufiger wahrgenommen wird. Grundsätzlich lassen sich solche Marktanteilsverschiebungen innerhalb von Warengruppen jedoch mit Hilfe des Reservationspreismodells berücksichtigen. So kann für alle Fälle, in denen Kunden identische Reservationspreise für mehrere präferierte Artikel haben, angenommen werden, dass die Kunden den Artikel auswählen, den sie zuerst wahrnehmen, vorausgesetzt, dessen Preis unterschreitet den gesetzten Reservationspreis. Auf diese Weise könnten platzierungsbedingte Marktanteilsverschiebungen innerhalb von Warengruppen durch die Wahrnehmungswahrscheinlichkeiten der einzelnen Artikel erklärt werden.
- Es kann sich schließlich als erforderlich erweisen, die in Abschnitt 6.3 vorgestellten Optimierungsmodelle zu erweitern, indem beispielsweise Parameter der Bestellpolitik oder absatzabhängige Handlingkosten berücksichtigt werden. Auf Grund der Flexibilität des vorgeschlagenen Evolutionären Optimierungsalgorithmus dürfte dies jedoch kein größeres Problem darstellen.
- Um die ökonomische Vorteilhaftigkeit einer kundenorientierten Warenplatzierung gegenüber einer unmittelbar erfolgsorientierten Platzierung zu bestimmen, muss der Einfluss der Platzierungsparameter auf den Kundenwert quantifiziert werden. Sollen neben der Warenplatzierung auch Preis- und Sortimentspolitik kundenorientiert optimiert werden, bedarf es empirischer Daten zur Wirkung dieser Instrumente auf die Kundenzufriedenheit und den Kundenwert.

Die angesprochenen Probleme dürften sich somit größtenteils lösen lassen, wobei allerdings die Komplexität des zu lösenden Platzierungsproblems deutlich zunehmen kann. Grundsätzlich sollte für eine praktische Umsetzung deshalb die Maxime gelten, dass eine Komplexitätserhöhung des Platzierungsproblems nur durch den hieraus resultierenden Nutzen gerechtfertigt werden kann. Dieser Nutzen lässt sich aber erst in einer praktischen Umsetzung der hier unterbreiteten Vorschläge ermitteln.

7 Zusammenfassung und Ausblick

Ziel dieser Arbeit ist es gewesen, Methoden für eine kundenorientierte Warenplatzierung am Point of Sale aufzuzeigen. Hierbei konzentrierten sich die Ausführungen auf Aktionsparameter des Regalmanagements, insbesondere die Festlegung von Regalstrukturen sowie die Verteilung der Regalkapazitäten in qualitativer und quantitativer Hinsicht. Grundsätzlich sollten die Ausführungen aber auch auf Belange des Flächenmanagements übertragbar sein.

Um die Zielgrößen einer kundenorientierten Warenplatzierung zu bestimmen, musste zunächst untersucht werden, welche Anforderungen Kunden an die Warenplatzierung stellen. Hierbei hat sich in einer Befragung von Kunden einer Schreibwarenabteilung herausgestellt, dass insbesondere kurze Suchzeiten gewünscht wurden. Teilweise wurde auch die Unterstützung bei Entscheidungsprozessen sowie ein angenehmes optisches Erscheinungsbild der Abteilung als wichtig erachtet.

Nachdem die Zielgrößen bestimmt waren, galt es Such-, Wahrnehmungs- und Entscheidungsprozesse von Kunden näher zu betrachten, um zu Ansatzpunkten für eine kundenorientierte Warenplatzierung zu gelangen. Hierbei wurde sowohl auf die Struktur dieser Prozesse eingegangen, die für die Gliederung von Sortimenten im Verkaufsraum bedeutsam ist, als auch ein formalisierbares Modell entwickelt, aus dem später Wirkungsfunktionen abgeleitet werden sollten. Kennzeichen des entwickelten Modells war eine offensichtliche Antinomie zwischen der Absatzstimulation durch ungeplante Käufe und einer Verbesserung der Sucheffizienz.

Im Hinblick auf die Frage, wie optimale Regalstrukturen bestimmt werden können, wurden verschiedene Methoden vorgestellt, von denen jene Verfahren am geeignetsten angesehen wurden, bei denen Regallayouts an die kognitiven Strukturen der Kunden angepasst wurden. Hierdurch sollen insbesondere Suchprozesse der Kunden erleichtert werden. Während Assoziationsverfahren als geeignet erschienen, um größere Sortimentseinheiten zu strukturieren, können Sortierverfahren zur Validierung der Ergebnisse von Assoziationsverfahren oder

zur Untergliederung kleinerer Sortimentseinheiten, insbesondere gattungs-
bezogener Warengruppen, herangezogen werden.

Um die Regalkapazitäten optimal zu verteilen, wurde zunächst eine
Nachfragefunktion abgeleitet, die den Absatz einer Warengruppe in Abhängigkeit
von der Warenplatzierung, aber auch preis- und sortimentspolitischer Aktionsparameter ausdrückt. Die Wirkungen der Platzierung auf den Absatz wurden über
das Such- und Wahrnehmungsverhalten der Kunden erklärt. Da Zielgrößen der
Warenplatzierung häufig von der Rolle der betrachteten Kategorie abhängig sind,
wurde ein naturadaptiver Evolutionärer Optimierungsalgorithmus vorgeschlagen,
mit dem sich die Platzierung wahlweise im Hinblick auf kunden- oder unmittelbar
erfolgsorientierte Zielgrößen optimieren lässt. Den Abschluss bildete die
Erweiterung des Verfahrens zu einer simultanen Optimierung der Warenplatzierung, Preis- und Sortimentspolitik.

Insgesamt dürfte diese Arbeit sowohl für Praktiker als auch für die Wissenschaft
von Nutzen sein. Während der Praxis verschiedene Werkzeuge zur Platzierungs-
planung an die Hand gegeben werden, ist aus wissenschaftlicher Sicht insbesondere das entwickelte verhaltenswissenschaftliche Fundament von Interesse,
um Platzierungseffekte zu verstehen. Nach dem Kenntnisstand des Verfassers lag
eine derart verhaltenswissenschaftlich orientierte und in sich geschlossene
Diskussion von Platzierungsmethoden bisher nicht vor. Zudem wurden die in der
Literatur beschriebenen Platzierungsmethoden teilweise wesentlich erweitert.

Für zukünftige Forschungsaktivitäten ergeben sich aus der Arbeit insbesondere
zwei Ansatzpunkte. Erstens wurde mehrfach angemerkt, dass es wünschenswert
wäre, den Kundenbindungsnutzen einer Suchzeitreduktion zu quantifizieren.
Theoretisch dürfte dies wenig Probleme bereiten, jedoch ist eine umfangreichere
empirische Untersuchung erforderlich. Da das Anliegen dieser Arbeit in erster
Linie in der Methodenentwicklung lag, erscheint es gerechtfertigt, in diesem Punkt
auf zukünftige Forschungsaktivitäten zu verweisen. Zweitens stellt sich die Frage,
wie sich die in dieser Arbeit vorgeschlagenen Methoden zur kundenorientierten
Warenplatzierung in der Praxis bewähren können. Die Vorschläge zur Ermittlung
kundenorientierter Regalstrukturen erscheinen dabei weniger kritisch als die
Methoden zur Verteilung der Regalkapazitäten. Hier könnte insbesondere die
Ermittlung der Wirkungsfunktionen mit Problemen verbunden sein.

Literaturverzeichnis

Ackermann, C.: Konzepte der Ladengestaltung. Beitrag zur Profilierung und Rationalisierung im Einzelhandel, Lohmar-Köln 1997.

Agrawal, R./Imielinski, T./Swami, A.: Mining Association Rules between Sets of Items in Large Databases, in: Proceedings of the 1993 ACM SIGMOD Conference, Washington DC, USA, May 1993.

Agrawal, R./Srikant, R.: Fast Algorithms for Mining Association Rules, in: Proceedings of the 20th VLDB Conference, Santiago, Chile 1994.

Ainscough, T. L./Aronson, J. E.: An Empirical Investigation and Comparison of Neural Networks and Regression for Scanner Data Analysis, in: Journal of Retailing and Consumer Services, Vol. 6 (1999), No. 4, S. 205-217.

Albers, S./Eggert, K.: Kundennähe. Strategie oder Schlagwort?, in: Marketing ZFP, 10. Jg. (1988), H. 1, S. 5-16.

Albers, S./Skiera, B.: Regressionsanalyse, in: Herrmann, A./Homburg, C. (Hrsg.): Marktforschung. Methoden – Anwendungen – Praxisbeispiele, Wiesbaden 1999, S. 203-236.

Alexis, M./Haines, G. H./Simon, L.: Consumer Information Processing: the Case of Woman´s Clothing, in: King, R. L. (Hrsg.): Marketing and the New Science of Planning, Chicago, Ill. 1968, S. 197-205.

Anderson, E. E.: An Analysis of Retail Display Space: Theory and Methods, in: Journal of Business, Vol. 52 (1979), No. 1, S. 103-118.

Anderson, E. E./Amato, H. N.: A Mathematical Model for Simultaneously Determining the Optimal Brand-Collection and Display-Area Allocation, in: Operations Research, Vol. 22 (1974), No. 1, S. 13-21.

Anderson, J. R.: Kognitive Psychologie, 2. Aufl., Heidelberg 1996.

Arend-Fuchs, C.: Die Einkaufsstättenwahl der Konsumenten bei Lebensmitteln, Frankfurt/Main 1995.

Areni, C. S./Duhan, D. F./Kiecker, P.: Point-of-Purchase Displays, Product Organization, and Brand Purchase Likelihoods, in: Journal of the Academy of Marketing Science, Vol. 27 (1999), No. 4, S. 428-441.

Atteslander, P.: Methoden der empirischen Sozialforschung, 9. Aufl., Berlin-New York 2000.

Ausschuß für Begriffsdefinitionen aus der Handels- und Absatzwirtschaft (Hrsg.): Katalog E. Begriffsdefinitionen aus der Handels- und Absatzwirtschaft, 4. Ausg., Köln 1995.

Babin, B. J./Darden, W. R./Griffin, M.: Work and/or Fun: Measuring Hedonic and Utilitarian Shopping Value, in: Journal of Consumer Research, Vol. 20 (1994), No. 4, S. 644-656.

Backhaus, K./Erichson, B./Plinke, W./Weiber, R.: Multivariate Analysemethoden. Eine anwendungsorientierte Einführung, 9. Aufl., Berlin u. a. 2000.

Backhaus, K./Meyer, M.: Korrespondenzanalyse. Ein vernachlässigtes Analyseverfahren nicht metrischer Daten in der Marketing-Forschung, in: Marketing ZFP, 10. Jg. (1988), H. 4, S. 295-307.

Bailom, F./Hinterhuber, H./Matzler, K./Sauerwein, E.: Das Kano-Modell der Kundenzufriedenheit, in: Marketing ZFP, 18. Jg. (1996), H. 2, S. 117-126.

Bankhofer, U./Hilbert, A.: Bestimmungsgrößen des Stichprobenumfangs, in: WiSt, 27. Jg. (1998), H. 7, S. 377-380.

Barth, K.: Die Warenpräsentation in Einzelhandelsunternehmungen, in: Mitteilungen des Instituts für Handelsforschung an der Universität zu Köln, 27. Jg. (1975), H. 7, S. 93-97.

Barth, K./Rühl, A./Steinicke, S.: Zum Stand der Sortimentssteuerung in der deutschen Konsumgüterwirtschaft – Ergebnisse einer empirischen Studie, Diskussionsbeitrag Nr. 270 des Fachbereichs Wirtschaftswissenschaft der Gerhard-Mercator-Universität Duisburg, Duisburg 1999.

Bates, A. D.: Estimating the Relationship between Shelf Space and Sales for Supermarket Products, Diss. Indiana University 1970.

Bauer, H. H.: Marktabgrenzung. Konzeption und Problematik von Ansätzen und Methoden zur Abgrenzung und Strukturierung von Märkten unter besonderer Berücksichtigung von marketingtheoretischen Verfahren, Berlin 1989.

Baumgartner, R.: Ladenerneuerung. Store Modernization, Uttwil 1981.

Baumol, W./Ide, E. A.: Variety in Retailing, in: Management Science, Vol. 3 (1956), No. 1, S. 93-101.

Beatty, S. E./Ferrell, M. E.: Impulse Buying: Modeling its Precursors, in: Journal of Retailing, Vol. 74 (1998), No. 2, S. 169-191.

Bender, W. C.: Consumer Purchase Costs – Do Retailers Recognize them?, in: Journal of Retailing, Vol. 40 (1964), No. 1, S. 1-8 u. S. 52.

Berger, C./Blauth, R./Boger, D. et al.: Kano´s Methods for Understanding Customer-Defined Quality, in: Center of Quality Management Journal, 1993, Fall, S. 3-36.

Bernhard, U.: Blickverhalten und Gedächtnisleistung beim visuellen Werbekontakt. Unter besonderer Berücksichtigung von Plazierungseinflüssen, Frankfurt/Main 1978.

Bettman, J. R.: Information Processing Models of Consumer Behavior, in: Journal of Marketing Research, Vol. 7 (1970), No. 3, S. 370-376.

Bettman, J. R.: The Structure of Consumer Choice Processes, in: Journal of Marketing Research, Vol. 8 (1971a), No. 4, S. 465-471.

Bettman, J. R.: A Graph Theory Approach to Comparing Consumer Information Processing Models, in: Management Science, Vol. 18 (1971b), No. 4, S. 114-128.

Bettman, J. R.: Toward a Statistics for Consumer Decision Net Models, in: Journal of Consumer Research, Vol. 1 (1974), No. 1, S. 71-80.

Bettman, J. R.: An Information Processing Theory of Consumer Choice, Reading, Mass. u. a. 1979.

Bettman, J. R./Jacoby, J.: Patterns of Processing in Consumer Information Acquisition, in: Advances in Consumer Research, Vol. 3 (1976), S. 315-320.

Bettman, J. R./Kakkar, P.: Effects of Information Presentation Format on Consumer Information Acquisition Strategies, in: Journal of Consumer Research, Vol. 3 (1977), No. 4, S. 233-240.

Bettman, J. R./Park, C. W.: Implications of a Constructive View of Choice for Analysis of Protocol Data: A Coding Scheme for Elements of Choice Processes, in: Advances in Consumer Research, Vol. 7 (1980), S. 148-153.

Bettman, J. R./Zins, M. A.: Constructive Processes in Consumer Choice, in: Journal of Consumer Research, Vol. 4 (1977), No. 2, S. 75-85.

Biehal, G./Chakravarti, D.: Information-Presentation Format and Learning Goals as Determinants of Consumers' Memory Retrieval and Choice Processes, in: Journal of Consumer Research, Vol. 8 (1982a), No. 4, S. 431-441.

Biehal, G./Chakravarti, D.: Experiences with the Bettman-Park Verbal-Protocol Coding Scheme, in: Journal of Consumer Research, Vol. 8 (1982b), No. 4, S. 442-448.

Bleicker, U.: Produktbeurteilung der Konsumenten. Eine psychologische Theorie der Informationsverarbeitung, Würzburg-Wien 1983.

Bliemel, F. W./Eggert, A.: Kundenbindung – die neue Sollstrategie?, in: Marketing ZFP, 20. Jg. (1998), H. 1, S. 37-46.

Bloch, P. H./Ridgway, N. M./Sherrell, D. L.: Extending the Concept of Shopping: An Investigation of Browsing Activity, in: Journal of the Academy of Marketing Science, Vol. 17 (1989), No. 1, S. 13-21.

Bloemer, J./de Ruyter, K.: On the Relationship between Store Image, Store Satisfaction and Store Loyalty, in: European Journal of Marketing, Vol. 32 (1998), No. 5/6, S. 499-513.

Böcker, F.: Die Analyse des Kaufverbunds – Ein Ansatz zur bedarfsorientierten Warentypologie, in: ZfbF, 27. Jg. (1975), H. 5, S. 290-306.

Böcker, F.: Die Bestimmung der Kaufverbundenheit von Produkten, Berlin 1978.

Borin, N./Farris, P.: A Sensitivity Analysis of Retailer Shelf Management Models, in: Journal of Retailing, Vol. 71 (1995), No. 2, S. 153-171.

Borin, N./Farris, P. W./Freeland, J. R.: A Model for Determining Retail Product Category Assortment and Shelf Space Allocation, in: Decision Sciences, Vol. 25 (1994), No. 3, S. 359-384.

Bormann, R. W.: Wie man SB-Verkaufsflächen optimiert. Mit „Space Management" mehr Rendite im Regal, in: Dynamik im Handel, 29. Jg. (1985), H. 11, S. 31-34.

Bost, E.: Ladenatmosphäre und Konsumentenverhalten, Heidelberg 1987.

Bruchmann, K.: Werte und Betriebsformenpräferenzen. Eine empirische Analyse der Verhaltensrelevanz individueller Werte für die Einkaufsstättenwahl im Lebensmittel-Einzelhandel, Diss. Erlangen-Nürnberg 1990.

Bruhn, M.: Internes Marketing als Baustein der Kundenorientierung, in: Die Unternehmung, 49. Jg. (1995), H. 6, S. 381-402.

Bruhn, M.: Kundenorientierung im Handel durch professionelles Qualitätsmanagement – das Fallbeispiel Migros, in: Trommsdorff, V. (Hrsg.): Handelsforschung 1997/98. Kundenorientierung im Handel, Wiesbaden 1997, S. 47-70.

Bruhn, M.: Wirtschaftlichkeit des Qualitätsmanagements. Qualitätscontrolling für Dienstleistungen, Berlin u. a. 1998.

Bruhn, M.: Kundenorientierung. Bausteine eines exzellenten Unternehmens, München 1999.

Bruhn, M./Georgi, D.: Wirtschaftlichkeit des Kundenbindungsmanagements, in: Bruhn, M./ Homburg, C. (Hrsg.): Handbuch Kundenbindungsmanagement. Grundlagen – Konzepte – Erfahrungen, Wiesbaden 1998, S. 411-439.

Bruhn, M./Georgi, D.: Kundenerwartungen als Steuerungsgröße. Konzept, empirische Ergebnisse und Ansätze eines Erwartungsmanagements, in: Marketing ZFP, 22. Jg. (2000), H. 3, S. 185-196.

Bruhn, M./Georgi, D./Treyer, M./Leumann, S.: Wertorientiertes Relationship Marketing: Vom Kundenwert zum Customer Lifetime Value, in: Die Unternehmung, 54. Jg. (2000), H. 3, S. 167-187.

Bufe, R. H.: Güterbeschaffung des täglichen Bedarfs. Ein Beitrag zur Ressourcenallokation privater Haushalte unter dem Einfluß der Einkaufsstättengestaltung, Berlin 1981.

Bultez, A./Gijsbrechts, E./Naert, P./Vanden Abeele, P.: Asymmetric Cannibalism in Retail Assortments, in: Journal of Retailing, Vol. 65 (1989), No. 2, S. 153-192.

Bultez, A./Naert, P.: SH.A.R.P.: Shelf Allocation for Retailers' Profit, in: Marketing Science, Vol. 7 (1988), No. 3, S. 211-231.

Cairns, J. P.: Allocate Space for Maximum Profits, in: Journal of Retailing, Vol. 39 (1963), No. 2, S. 41-45 u. S. 52.

Coca-Cola-Retailing-Research-Group-Europe (Hrsg.): Kooperation zwischen Industrie und Handel im Supply Chain Management, o. O. 1994.

Collins, A. M./Loftus, E. F.: A Spreading-Activation Theory of Semantic Processing, in: Psychological Review, Vol. 82 (1975), No. 6, S. 407-428.

Collins, A. M./Quillian, M. R.: Retrieval Time from Semantic Memory, in: Journal of Verbal Learning and Verbal Behavior, Vol. 8 (1969), No. 2, S. 240-247.

Cornelsen, J.: Kundenwertanalysen im Beziehungsmarketing. Theoretische Grundlegung und Ergebnisse einer empirischen Studie im Automobilbereich, Nürnberg 2000.

Corstjens, M./Doyle, P.: A Model for Optimizing Retail Space Allocations, in: Management Science, Vol. 27 (1981), No. 7, S. 822-833.

Corstjens, M./Doyle, P.: A Dynamic Model for Strategically Allocating Retail Space, in: Journal of the Operational Research Society, Vol. 34 (1983), S. 943-951.

Cox, K. K.: The Responsiveness of Food Sales to Shelf Space Changes in Supermarkets, in: Journal of Marketing Research, Vol. 1 (1964), No. 2, S. 63-67.

Cox, K. K.: The Effect of Shelf Space upon Sales of Branded Products, in: Journal of Marketing Research, Vol. 7 (1970), No. 1, S. 55-58.

Curhan, R. C.: The Relationship between Shelf Space and Unit Sales in Supermarkets, in: Journal of Marketing Research, Vol. 9 (1972), No. 4, S. 406-412.

Curhan, R. C.: Shelf Space Elasticity: Reply, in: Journal of Marketing Research, Vol. 11 (1974), No. 2, S. 221-222.

Curhan, R. C.: The Effects of Merchandising and Temporary Promotional Activities on the Sales of Fresh Fruits and Vegetables in Supermarkets, in: Journal of Marketing Research, Vol. 11 (1974), No. 3, S. 286-294.

Dähne, H.: Verkaufsflächeninterne Standortplanung, Wiesbaden 1977.

Dawson, S./Bloch, P. H./Ridgway, N. M.: Shopping Motives, Emotional States, and Retail Outcomes, in: Journal of Retailing, Vol. 66 (1990), No. 4, S. 408-427.

Desmet, P./Renaudin, V.: Estimation of Product Category Sales Responsiveness to Allocated Shelf Space, in: International Journal of Research in Marketing, Vol. 15 (1998), No. 5, S. 443-457.

Dichter, E.: Handbuch der Kaufmotive. Der Sellingappeal von Waren, Werkstoffen und Dienstleistungen, Wien-Düsseldorf 1964.

Dichter, E.: Das große Buch der Kaufmotive, Düsseldorf-Wien 1981.

Diller, H.: Kundenbindung als Marketingziel, in: Marketing ZFP, 18. Jg. (1996), H. 2, S. 81-94.

Diller, H.: Preispolitik, 3. Aufl., Stuttgart-Berlin-Köln 2000.

Diller, H./Goerdt, T.: Einflußfaktoren der Kundenbindung im Lebensmitteleinzelhandel – Ergebnisse von Panelanalysen für Güter des täglichen Bedarfs, in: Trommsdorff, V. (Hrsg.): Handelsforschung 1999/00. Verhalten im Handel und gegenüber dem Handel, Wiesbaden 2000, S. 163-194.

Diller, H./Kusterer, M.: Erlebnisbetonte Ladengestaltung im Einzelhandel – Eine empirische Studie –, in: Trommsdorff, V. (Hrsg.): Handelsforschung 1986, Heidelberg 1986, S. 105-123.

Dodt, U.: Produktpräsentation – Mittel der Verkaufsförderung im Marketing, Köln 1980.

Doherty, M. E./Brehmer, B.: The Paramorphic Representation of Clinical Judgment: A Thirty-Year Retrospective, in: Goldstein, W. M./Hogarth, R. M. (Hrsg.): Research on Judgment and Decision Making. Currents, Connections, and Controversies, Cambridge, UK 1997, S. 537-551.

Donovan, R. J./Rossiter, J. R.: Store Atmosphere: An Environmental Psychology Approach, in: Journal of Retailing, Vol. 58 (1982), No. 1, S. 34-57.

Donovan, R. J./Rossiter, J. R./Marcoolyn, G./Nesdale, A.: Store Atmosphere and Purchasing Behavior, in: Journal of Retailing, Vol. 70 (1994), No. 3, S. 283-294.

Downs, A.: A Theory of Consumer Efficiency, in: Journal of Retailing, Vol. 37 (1961), No. 1, S. 6-12 u. S. 50-51.

Downs, R. M./Stea, D.: Maps in Minds. Reflections on Cognitive Mapping, New York u. a. 1977.

Drèze, X./Hoch, S. J./Purk, M. E.: Shelf Management and Space Elasticity, in: Journal of Retailing, Vol. 70 (1994), No. 4, S. 301-326.

Eckstein, P. P.: Angewandte Statistik mit SPSS. Praktische Einführung für Wirtschaftswissenschaftler, Wiesbaden 1997.

ECR Europe (Hrsg.): Category Management Best Practices Report, o. O. 1997.

Eggert, A.: Konzeptualisierung und Operationalisierung der Kundenbindung aus Kundensicht, in: Marketing ZFP, 22. Jg. (2000), H. 2, S. 119-130.

Eggert, K.: Die Strategie Kundennähe – Komponenten, Konzept, Erfolgspotential, Diss. Lüneburg 1993.

Eglese, R. W.: Simulated Annealing: A Tool for Operational Research, in: European Journal of Operational Research, Vol. 46 (1990), No. 3, S. 271-281.

Einhorn, H. J: The Use of Nonlinear, Noncompensatory Models in Decision Making, in: Psychological Bulletin, Vol. 73 (1970), No. 3, S. 221-230.

Engel, J. F./Blackwell, R. D./Miniard, P. W.: Consumer Behavior, 8. Aufl., Forth Worth, Tex. u. a. 1995.

Eroglu, S. A./Harrell, G. D.: Retail Crowding: Theoretical and Strategic Implications, in: Journal of Retailing, Vol. 62 (1986), No. 4, S. 346-363.

Eroglu, S. A./Machleit, K. A.: An Empirical Study of Retail Crowding: Antecedents and Consequences, in: Journal of Retailing, Vol. 66 (1990), No. 2, S. 201-221.

Esch, F.-R./Billen, P.: Förderung der Mental Convenience beim Einkauf durch Cognitive Maps und kundenorientierte Produktgruppierungen, in: Trommsdorff, V. (Hrsg.): Handels-forschung 1996/97. Positionierung des Handels, Wiesbaden 1996, S. 317-337.

Esch, F.-R./Langner, T./Fuchs, M.: Gestaltung von Electronic Malls, in: Trommsdorff, V. (Hrsg.): Handelsforschung 1998/99. Innovation im Handel, Wiesbaden 1998, S. 183-205.

Esch, F.-R./Thelen, E.: Ein konzeptionelles Modell zum Suchverhalten von Kunden in Einzel-handelsunternehmen, in: Trommsdorff, V. (Hrsg.): Handelsforschung 1997/98. Kunden-orientierung im Handel, Wiesbaden 1997a, S. 297-314.

Esch, F.-R./Thelen, E.: Zum Suchverhalten von Kunden in Läden – theoretische Grundlagen und empirische Ergebnisse, in: Der Markt, 36. Jg. (1997b), H. 3+4, S. 112-125.

Everett, H.: Generalized Lagrange Multiplier Method for Solving Problems of Optimum Allocation of Resources, in: Operations Research, Vol. 11 (1963), No. 3, S. 399-417.

Eysenck, M. W./Keane, M. T.: Cognitive Psychology, 4. Aufl., Hove, UK 2000.

Fader, P. S./McAlister, L.: An Elimination by Aspects Model of Consumer Response to Promotion Calibrated on UPC Scanner Data, in: Journal of Marketing Research, Vol. 27 (1990), No. 3, S. 322-332.

Fahrmeir, L./Künstler, R./Pigeot, I./Tutz, G.: Statistik. Der Weg zur Datenanalyse, 2. Aufl., Berlin u. a. 1999.

Falk, B.: Flächen-Management, in: Trommsdorff, V. (Hrsg.): Handelsforschung 1991. Erfolgsfaktoren und Strategien, Wiesbaden 1992, S. 157-167.

Fechner, G. T.: Elemente der Psychophysik, Leipzig 1860.

Feld, C.: Category Management im Handel, Arbeitspapier Nr. 8 des Seminars für Allgemeine Betriebswirtschaftslehre, Handel und Distribution an der Universität zu Köln, Köln 1996.

Feller, M.: Informationen über das Kaufverhalten als Grundlage zur Steuerung von Categories im Lebensmittel-Einzelhandel, in: Ahlert, D./Olbrich, R./Schröder, H. (Hrsg.): Jahrbuch Handelsmanagement 2001. Vertikales Marketing, Frankfurt/Main 2001, S. 203-232.

Fietkau, H.-J.: Umweltpsychologie, in: Asanger, R./Wenninger, G. (Hrsg.): Handwörterbuch der Psychologie, 4. Aufl., München-Weinheim 1988, S. 808-811.

Fischer, H.: Entwicklung der visuellen Wahrnehmung, Weinheim 1995.

Foxall, G. R./Hackett, P. M. W.: Consumers' Perceptions of Micro-Retail-Location: Wayfinding and Cognitive Mapping in Planned and Organic Shopping Environments, in: The International Review of Retail, Distribution and Consumer Research, Vol. 2 (1992), No. 3, S. 309-327.

Frank, R. E./Massy, W. F.: Shelf Position and Space Effects on Sales, in: Journal of Marketing Research, Vol. 7 (1970), No. 1, S. 59-66.

Fretz, J.: Die Warengliederung als Führungsinstrument der Einzelhandelsunternehmung, Winterthur 1971.

Fröhlich, K.: Die Wissenspräsentation des Konsumenten in der Kaufentscheidung – Eine Strukturierung und Analyse komplexer Denkprozesse beim Weinkauf mit den Mitteln der computerunterstützten Inhaltsanalyse, Geisenheim 1996.

Gaul, W./Decker, R./Wartenberg, F.: Analyse von Panel- und POS-Scanner-Daten mit Neuronalen Netzen, in: GfK Jahrbuch der Absatz- und Verbrauchsforschung, 40. Jg. (1994), H. 3, S. 281-306.

Gedenk, K./Sattler, H.: Preisschwellen und Deckungsbeitrag? – Verschenkt der Handel große Potentiale?, in: ZfbF, 51. Jg. (1999), H. 1, S. 33-59.

Geister, S.: Kreuzblock versus Produktblock, in: EHI (Hrsg.): Flächenmanagement. Ein Baustein des Category Management, Köln 1997, S. 50-55.

Gensch, D. H.: A Two-Stage Disaggregate Attribute Choice Model, in: Marketing Science, Vol. 6 (1987), No. 3, S. 223-239.

Gochet, W./Smeers, Y.: A Branch-and-Bound Method for Reversed Geometric Programming, in: Operations Research, Vol. 27 (1979), No. 5, S. 982-996.

Goerdt, T.: Die Marken- und Einkaufsstättentreue der Konsumenten als Bestimmungsfaktoren des vertikalen Beziehungsmarketing. Theoretische Grundlegung und empirische Analysen für das Category Management, Nürnberg 1999.

Goldstein, E. B.: Wahrnehmungspsychologie. Eine Einführung, Heidelberg-Berlin-Oxford 1997.

Graumann, C. F./Schneider, G.: Theorien und Methoden der Umweltpsychologie, in: Report Psychologie, 13. Jg. (1988), H. 10, S. 16-21.

Greb, T./Erkens, E./Kopfer, H.: Naturadaptive Ansätze zur Lösung betrieblicher Optimierungs-probleme, in: WISU, 27. Jg. (1998), H. 4, S. 444-454.

Gröppel, A.: Erlebnisstrategien im Einzelhandel. Analyse der Zielgruppen, der Ladengestaltung und der Warenpräsentation zur Vermittlung von Einkaufserlebnissen, Heidelberg 1991.

Gröppel, A.: Erlebnishandel und Verbundpräsentation, in: Thexis, 9. Jg. (1992), H. 4, S. 16-21.

Gröppel-Klein, A.: Wettbewerbsstrategien im Einzelhandel. Chancen und Risiken von Preis-führerschaft und Differenzierung, Wiesbaden 1998.

Gröppel-Klein, A./Thelen, E./Antretter, C.: Der Einfluß von Einkaufsmotiven auf die Einkaufs-stättenbeurteilung – Eine empirische Untersuchung am Beispiel des Möbeleinzelhandels, in: Trommsdorff, V. (Hrsg.): Handelsforschung 1998/99. Innovation im Handel, Wiesbaden 1998, S. 77-99.

Grossbart, S. L./Mittelstaedt, R. A./Curtis, W. W./Rogers, R. D.: Environmental Sensitivity and Shopping Behavior, in: Journal of Business Research, Vol. 3 (1975), No. 4, S. 281-294.

Grossbart, S. L./Rammohan, B.: Cognitive Maps and Shopping Convenience, in: Advances in Consumer Research, Vol. 8 (1981), S. 128-133.

Grunert, K. G.: Die Erhebung von Produktanforderungen, Produkterfahrungen und Produkt-wissen: Ein Schätzverfahren für qualitative Daten, in: GfK Jahrbuch der Absatz- und Verbrauchsforschung, 35 Jg. (1989), H. 2, S. 153-173.

Grunert, K. G.: Kognitive Strukturen in der Konsumforschung. Entwicklung und Erprobung eines Verfahrens zur offenen Erhebung assoziativer Netzwerke, Heidelberg 1990.

Grunert, K. G.: Kognitive Strukturen von Konsumenten und ihre Veränderung durch Marketingkommunikation. Theorie und Meßverfahren, in: Marketing ZFP, 13. Jg. (1991), H. 1, S. 11-22.

Gümbel, R.: Die Sortimentspolitik in den Betrieben des Wareneinzelhandels, Köln-Opladen 1963.

Gümbel, R./Brauer, K. M.: Neue Methoden der Erfolgskontrolle und Planung in Lebens-mittelfilialunternehmungen: Deckungsbeitragsrechnung und Mathematische Hilfsmittel, in: Gümbel, R. et al. (Hrsg.): Unternehmensforschung im Handel. Untersuchungen über die Anwendungsmöglichkeiten mathematischer Verfahren in der Unternehmensforschung in Warenhandelsbetrieben, Rüschlikon-Zürich 1969, S. 23-52.

Günther, T./Mattmüller, R.: Möglichkeiten und Grenzen der Regaloptimierung im Handel, in: Marketing ZFP, 15. Jg. (1993), H. 2, S. 77-86.

Guski, R.: Wahrnehmung. Eine Einführung in die Psychologie der menschlichen Informations-verarbeitung, Stuttgart-Berlin-Köln 1989.

Gutjahr, G.: Die Methode der Blickregistrierung, Göttingen 1965.

Hagedorn, J./Bissantz, N./Mertens, P.: Data Mining (Datenmustererkennung): Stand der Forschung und Entwicklung, in: Wirtschaftsinformatik, 39. Jg. (1997), H. 6, S. 601-612.

Hahne, H.: Category Management aus Herstellersicht, Lohmar-Köln 1998.

Haines, G. H.: Process Models of Consumer Decision Making, in: Hughes, G. D./Ray, M. L. (Hrsg.): Buyer/Consumer Information Processing, Chapel Hill, N. C. 1974, S. 89-107.

Hambuch, P: Space-Management – Ansatzpunkte zur Operationalisierung, in: Irrgang, W. (Hrsg.): Vertikales Marketing im Wandel. Aktuelle Strategien und Operationalisierungen zwischen Hersteller und Handel, München 1993, S. 391-420.

Hansen, P./Heinsbroek, H.: Product Selection and Space Allocation in Supermarkets, in: European Journal of Operational Research, Vol. 3 (1979), No. 6, S. 474-484.

Harris, D. H.: The Effect of Display Width in Merchandising Soap, in: Journal of Applied Psychology, Vol. 42 (1958), No. 4, S. 283-284.

Hartung, J.: Lehr- und Handbuch der angewandten Statistik, 12. Aufl., München-Wien 1999.

Hasenauer, R.: Höhere Datenproduktivität durch Data Mining, in: Der Markt, 34. Jg. (1995), H. 4, S. 125-127.

Heidel, B.: Scannerdaten im Einzelhandelsmarketing, Wiesbaden 1990.

Heidel, B./Müller-Hagedorn, L.: Plazierungspolitik nach dem Verbundkonzept im stationären Einzelhandel. Eine Wirkungsanalyse, in: Marketing ZFP, 11. Jg. (1989), H. 1, S. 19-26.

Hennig-Thurau, T./Klee, A.: The Impact of Customer Satisfaction and Relationship Quality on Customer Retention. A Critical Reassessment and Model Development, in: Psychology and Marketing, Vol. 14 (1997), No. 8, S. 737-764.

Herrmann, A./Johnson, M. D.: Die Kundenzufriedenheit als Bestimmungsfaktor der Kunden-bindung, in: ZfbF, 51. Jg. (1999), H. 6, S. 579-598.

Herzberg, F.: Work and the Nature of Man, Cleveland, OH 1966.

Hettich, S./Hippner, H./Wilde, K. D.: Assoziationsanalyse, in: WISU, 29. Jg. (2000), H. 7, S. 970-978.

Hirschman, E. C./Holbrook, M. B.: Hedonic Consumption: Emerging Concepts, Methods and Propositions, in: Journal of Marketing, Vol. 46 (1982), No. 3, S. 92-101.

Hoffman, P. J.: The Paramorphic Representation of Clinical Judgement, in: Psychological Bulletin, Vol. 47 (1960), S. 116-131.

Holbrook, M. B./Hirschman, E. C.: The Experiential Aspects of Consumption: Consumer Fantasies, Feelings, and Fun, in: Journal of Consumer Research, Vol. 9 (1982), No. 2, S. 132-140.

Höller, W.: Warenpräsentation. Theoretische Grundlagen und empirische Analyse im Lebens-mitteleinzelhandel, Diss. Essen 1987.

Homburg, C.: Kundennähe von Industriegüterunternehmen. Konzeption – Erfolgsauswirkungen – Determinanten, Wiesbaden 1995.

Homburg, C./Daum, D.: Marktorientiertes Kostenmanagement. Kosteneffizienz und Kunden-nähe verbinden, Frankfurt/Main 1997.

Homburg, C./Faßnacht, M./Werner, H.: Operationalisierung von Kundenzufriedenheit und Kundenbindung, in: Bruhn, M./Homburg, C. (Hrsg.): Handbuch Kundenbindungs-management. Grundlagen – Konzepte – Erfahrungen, Wiesbaden 1998, S. 389-410.

Homburg, C./Giering, A./Hentschel, F.: Der Zusammenhang zwischen Kundenzufriedenheit und Kundenbindung, in: Bruhn, M./Homburg, C. (Hrsg.): Handbuch Kundenbindungs-management. Grundlagen – Konzepte – Erfahrungen, Wiesbaden 1998, S. 81-112.

Homburg, C./Grandinger, A./Krohmer, H.: Erfolg durch Kooperation mit dem Handel, in: absatzwirtschaft, 39. Jg. (1996), H. 10, S. 86-92.

Homburg, C./Rudolph, B.: Theoretische Perspektiven zur Kundenzufriedenheit, in: Simon, H./ Homburg, C. (Hrsg.): Kundenzufriedenheit. Konzepte – Methoden – Erfahrungen, Wiesbaden 1995, S. 31-49.

Homburg, C./Werner, H.: Kundenzufriedenheit und Kundenbindung, in: Herrmann, A./ Homburg, C. (Hrsg.): Marktforschung. Methoden – Anwendungen – Praxisbeispiele, Wiesbaden 1999, S. 911-932.

Howard, J. A./Sheth, J. N.: The Theory of Buyer Behavior, New York u. a. 1969.

Hruschka, H.: Einsatz künstlicher neuraler Netzwerke zur Datenanalyse im Marketing, in: Marketing ZFP, 13. Jg. (1991), H. 4, S. 217-225.

Hruschka, H.: Neuronale Netze, in: Herrmann, A./Homburg, C. (Hrsg.): Marktforschung. Methoden, Anwendungen, Praxisbeispiele, Wiesbaden 1999, S. 661-683.

Hubbard, C. W.: The "Shelving" of Increased Sales, in: Journal of Retailing, Vol. 45 (1969), No. 4, S. 75-84.

Jacoby, J.: Perspectives on a Consumer Information Processing Research Program, in: Communication Research, Vol. 2 (1975), No. 3, S. 203-215.

Johnson, M./Felice, P.: Supporting Category Management. From Identifying Need States to Testing in Virtual Reality, in: Marketing and Research Today, Vol. 27 (1998), No. 4, S. 125-140.

Kaapke, A./Hudetz, K.: Der Einsatz des Kano-Modells zur Ermittlung von Anforderungen zur Steigerung der Kundenzufriedenheit – dargestellt am Beispiel der Anforderungen von Senioren an Reisen, in: Mitteilungen des Instituts für Handelsforschung an der Universität zu Köln, 50. Jg. (1998), H. 3, S. 49-63.

Kaas, K. P./Runow, H.: Wie befriedigend sind die Ergebnisse der Forschung zur Verbraucherzufriedenheit?, in: DBW, 44. Jg. (1984), H. 3, S. 451-460.

Kaminski, G. (Hrsg.): Umweltpsychologie, Stuttgart 1976.

Kelley, E. J.: The Importance of Convenience in Consumer Purchasing, in: Journal of Marketing, Vol. 23 (1958), No. 1, S. 32-38.

Kempcke, T.: DPR – Ein wichtiges Instrument für Flächen- und Category Management, in: EHI (Hrsg.): Flächenmanagement. Ein Baustein des Category Management, Köln 1997, S. 42-44.

Kinateder, P.: Optimierung von Regalbelegungsplänen in Supermärkten. Eine empirische Untersuchung zu Klassifizierungsleistungen bei Erwachsenen, in: Marketing ZFP, 11. Jg. (1989), H. 2, S. 86-92.

King, R. H.: A Study of the Problem of Building a Model to Simulate the Cognitive Processes of a Shopper in a Supermarket, in: Haines, G. H. (Hrsg.): Consumer Behavior. Learning Models of Purchasing, New York-London 1969, S. 22-67.

Knauff, M.: Räumliches Wissen und Gedächtnis. Zur Wissenspsychologie des kognitiven Raums, Wiesbaden 1997.

Kneer, G./Nassehi, A.: Niklas Luhmanns Theorie sozialer Systeme. Eine Einführung, 3. Aufl., München 1997.

Knoblich, H.: Betriebswirtschaftliche Warentypologie. Grundlagen und Anwendungen, Köln-Opladen 1969.

Köhler, R.: Kundenorientiertes Rechnungswesen als Voraussetzung des Kundenbindungs-managements, in: Bruhn, M./Homburg, C.: Handbuch Kundenbindungsmanagement. Grundlagen – Konzepte – Erfahrungen, Wiesbaden 1998, S. 329-357.

Kohli, A. K./Jaworski, B. J.: Market Orientation: The Construct, Research Propositions, and Managerial Implications, in: Journal of Marketing, Vol. 54 (1990), No. 2, S. 1-18.

Koppelmann, U.: Produktmarketing. Entscheidungsgrundlagen für Produktmanager, 6. Aufl., Berlin u. a. 2001.

Kotler, P.: Atmospherics as a Marketing Tool, in: Journal of Retailing, Vol. 49 (1973/74), No. 4, S. 48-64.

Kotzan, J. A./Evanson, R. V.: Responsiveness of Drug Store Sales to Shelf Space Allocations, in: Journal of Marketing Research, Vol. 6 (1969), No. 4, S. 465-469.

Krafft, M.: Der Kunde im Fokus: Kundennähe, Kundenzufriedenheit, Kundenbindung – und Kundenwert?, in: DBW, 59. Jg. (1999), H. 4, S. 511-530.

Kreller, P.: Einkaufsstättenwahl von Konsumenten. Ein präferenztheoretischer Erklärungsansatz, Wiesbaden 2000.

Kroeber-Riel, W./Weinberg, P.: Konsumentenverhalten, 7. Aufl., München 1999.

Krycha, K. A./Wagner, U.: Applications of Artificial Neural Networks in Management Science: a Survey, in: Journal of Retailing and Consumer Services, Vol. 6 (1999), No. 4, S. 185-203.

Kühn, R.: Methodische Überlegungen zum Umgang mit der Kundenorientierung im Marketing-Management, in: Marketing ZFP, 13. Jg. (1991), H. 2, S. 97-107.

Kunz, A.: Regaloptimierung im Handel. Eine kritische Analyse EDV-gestützter Verfahren, Arbeitspapier Nr. 39 der Schriftenreihe Schwerpunkt Marketing an der Universität Augsburg, 2. Aufl., Augsburg 1994.

Kurt Salmon Associates (Hrsg.): Efficient Consumer Response. Enhancing Consumer Value in the Grocery Industry, Washington, DC 1993.

Küthe, E.: Einzelhandels-Marketing, Stuttgart u. a. 1980.

Lackes, R./Mack, D.: Neuronale Netze in der Unternehmensplanung. Grundlagen, Ent-scheidungsunterstützung, Projektierung, München 2000.

Lackes, R./Mack, D./Tillmanns, C.: Data Mining in der Marktforschung, in: Hippner, H./Meyer, M./Wilde, K. D. (Hrsg.): Computer Based Marketing, Braunschweig-Wiesbaden 1998, S. 249-258.

Lee, W.: Space Management in Retail Stores and Implications to Agriculture, in: Dolva, W. K. (Hrsg.): Marketing. Key to Profits in the 1960's, Chicago, Ill. 1960, S. 523-533.

Leven, W.: Blickverhalten von Konsumenten beim Betrachten der Werbung, Heidelberg 1991.

Leven, W.: Warenpräsentation im Einzelhandel. Dargestellt am Beispiel der Zeitungs- und Zeitschriftenpräsentation, in: Marketing ZFP, 14. Jg. (1992), H. 1, S. 13-22.

Lewin, K.: Feldtheorie in den Sozialwissenschaften, Bern-Stuttgart 1963.

Lingenfelder, M./Schneider, W.: Die Kundenzufriedenheit. Bedeutung, Meßkonzept und empirische Befunde, in: Marketing ZFP, 13. Jg. (1991), H. 2, S. 109-119.

Luce, M. F./Payne, J. W./Bettman, J. R.: Emotional Trade-Off Difficulty and Choice, in: Journal of Marketing Research, Vol. 36 (1999), No. 2, S. 143-159.

Lynch, K.: The Image of the City, Cambridge, Mass.-London 1960.

Lynch, M.: A Comment on Curhan´s "The Relationship between Shelf Space and Unit Sales in Supermarkets", in: Journal of Marketing Research, Vol. 11 (1974), No. 2, S. 218-220.

Macintosh, G./Lockshin, L. S.: Retail Relationships and Store Loyalty: A Multi-Level Perspective, in: International Journal of Research in Marketing, Vol. 14 (1997), No. 5, S. 487-497.

MacKay, D. B./Olshavsky, R. W./Sentell, G.: Cognitive Maps and Spatial Behavior of Consumers, in: Geographical Analysis, Vol. 7 (1975), No. 1, S. 19-34.

Marks, N. E.: A Model for Supermarket Space Allocation, in: Business Review, Vol. 22 (1963), No. 4, S. 51-60.

Maslow, A. H.: Motivation and Personality, New York u. a. 1954.

Maturana, H. R./Varela, F. J.: The Tree of Knowledge: A New Look at the Biological Roots of Human Understanding, Boston, Mass. 1986.

Maturana, H. R./Varela, F. J.: Der Baum der Erkenntnis. Wie wir die Welt durch unsere Wahrnehmung erschaffen – die biologischen Wurzeln des menschlichen Erkennens, Bern u. a. 1987.

Mc Kinsey (Hrsg.): General Foods-Study. The Economics of Food Distributors, New York 1963.

McIntyre, S. H./Miller, C. M.: The Selection and Pricing of Retail Assortments: An Empirical Approach, in: Journal of Retailing, Vol. 75 (1999), No. 3, S. 295-318.

Meffert, H./Bruhn, M.: Dienstleistungsmarketing. Grundlagen – Konzepte – Methoden, 2. Aufl., Wiesbaden 1997.

Mehrabian, A.: Räume des Alltags oder wie die Umwelt unser Verhalten bestimmt, Frankfurt/Main-New York 1978.

Mehrabian, A./Russell, J. A.: An Approach to Environmental Psychology, Cambridge, Mass.-London 1974.

Merkle, E.: Die Erfassung und Nutzung von Informationen über den Sortimentsverbund, Berlin 1981.

Meyer, M./Diehl, H.-J./Wendenburg, D.: Korrespondenzanalyse, in: Herrmann, A./Homburg, C. (Hrsg.): Marktforschung. Methoden, Anwendungen, Praxisbeispiele, Wiesbaden 1999, S. 513-548.

Miller, J. A.: Studying Satisfaction, Modifying Models, Eliciting Expectations, Posing Problems, and Making Meaningful Measurements, in: Hunt, H. K. (Hrsg.): Conceptualization and Measurement of Consumer Satisfaction and Dissatisfaction, Cambridge, Mass. 1977, S. 72-91.

Möhlenbruch, D.: Sortimentspolitik im Einzelhandel. Planung und Steuerung, Wiesbaden 1994.

Möhlenbruch, D.: Kundenorientierung durch Category Management – Kritische Analyse eines Kooperationsmodells zwischen Industrie und Handel, in: Trommsdorff, V. (Hrsg.): Handelsforschung 1997/98. Kundenorientierung im Handel, Wiesbaden 1997, S. 113-133.

Möhlenbruch, D./Meier, C.: Leistungsfähigkeit und Grenzen von Spacemanagementsystemen, in: Trommsdorff, V. (Hrsg.): Handelsforschung 1993/94. Systeme im Handel, Wiesbaden 1993, S. 183-198.

Mollá, A./Múgica, J. M./Yagüe, M. J.: Category Management and Consumer Choice, in: The International Review of Retail, Distribution and Consumer Research, Vol. 8 (1998), No. 2, S. 225-241.

Müller, H.: Die Warenplazierung als absatzpolitisches Instrument im Selbstbedienungs-einzelhandel, Göttingen 1982.

Müller, S.: Die Zeit als Hintergrundvariable im Konsumentenverhalten. Dargestellt anhand einer empirischen Untersuchung mit computergestützter Auswertung zum Lebensmittel- und Bekleidungskauf, Bergisch Gladbach-Köln 1995.

Müller-Hagedorn, L.: Das Problem des Nachfrageverbundes in erweiterter Sicht, in: ZfbF, 30. Jg. (1978), H. 3, S. 181-193.

Müller-Hagedorn, L.: Corporate Identity im Handel, in: Kristahn, H.-J./Linneweh, K. (Hrsg.): Das Unternehmen als Persönlichkeit. Chancen durch CI, Berlin 1991, S. 42-44.

Müller-Hagedorn, L.: Handelsmarketing, 2. Aufl., Stuttgart-Berlin-Köln 1993.

Müller-Hagedorn, L.: Der Handel, Stuttgart-Berlin-Köln 1998a.

Müller-Hagedorn, L.: Ausgleichsträger und Ausgleichsnehmer – Chacun pour soi-même ou chacun pour tous?, in: Woratschek, H. (Hrsg.): Perspektiven ökonomischen Denkens. Klassische und neue Ansätze des Managements, Frankfurt/Main 1998b, S. 93-114.

Müller-Hagedorn, L.: Kundenbindung mit System, in: Müller-Hagedorn, L. (Hrsg.): Kunden-bindung im Handel, 2. Aufl., Frankfurt/Main 2001, S. 11-45.

Müller-Hagedorn, L./Dach, C./Spork, S./Toporowski, W.: Vertikales Marketing. Trends in der Praxis und Schwerpunkte der theoretischen Diskussion, in: Marketing ZFP, 21. Jg. (1999), H. 1, S. 61-74.

Müller-Hagedorn, L./Divé, W.: Miete und Raumkosten in der Kostenrechnung, in: Selbst-bedienung und Supermarkt, 14. Jg. (1970), H. 2, S. 36-45.

Müller-Hagedorn, L./Heidel, B.: Optimale Verkaufsflächennutzung in Handelsbetrieben, Arbeitspapier Nr. 10, Studienschwerpunkt Absatz-Markt-Konsum im Fachbereich IV-BWL/AMK an der Universität Trier, Trier 1986.

Müller-Hagedorn, L./Zielke, S.: Das Preissetzungsverhalten von Handelsbetrieben im Zuge der Währungsumstellung auf den Euro, in: ZfbF, 50. Jg. (1998), H. 10, S. 946-965.

Müller-Hagedorn, L./Zielke, S.: Category Management, in: Albers, S./Herrmann, A. (Hrsg.): Handbuch Produktmanagement. Strategieentwicklung – Produktplanung – Organisation – Kontrolle, Wiesbaden 2000, S. 859-882.

Narver, J. C./Slater, S. F.: The Effect of a Market Orientation on Business Profitability, in: Journal of Marketing, Vol. 54 (1990), No. 4, S. 20-35.

Needel, S. P.: Understanding Consumer Response to Category Management through Virtual Reality, in: Journal of Advertising Research, Vol. 38 (1998), No. 4, S.61-67.

Neisser, U.: Cognition and Reality. Principles and Implications of Cognitive Psychology, San Francisco, Cal. 1976.

Neisser, U.: Kognition und Wirklichkeit, Stuttgart 1979.

Neuberger, O.: Theorien der Arbeitszufriedenheit, Stuttgart u. a. 1974.

Nielsen Marketing Research (Hrsg.): Category Management. Positioning your Organization to Win, Lincolnwood, Ill. 1992.

Nissen, V.: Evolutionäre Algorithmen. Darstellung, Beispiele, betriebswirtschaftliche Anwendungsmöglichkeiten, Wiesbaden 1994.

Nissen, V.: Einführung in Evolutionäre Algorithmen. Optimierung nach dem Vorbild der Evolution, Wiesbaden 1997.

Nowlis, S. M./Simonson, I.: Attribute-Task Compatibility as a Determinant of Consumer Preference Reversals, in: Journal of Marketing Research, Vol. 34 (1997), No. 2, S. 205-218.

o. V.: Aktiv verkaufen (5): Der richtige Platz im Regal, in: Rundschau für den deutschen Einzelhändler, 50. Jg. (1984), H. 10, S. 112-114.

Parasuraman, A./Berry, L. L./Zeithaml, V. A.: Refinement and Reassessment of the SERV-QUAL Scale, in: Journal of Retailing, Vol. 67 (1991), No. 4, S. 420-450.

Parasuraman, A./Zeithaml, V. A./Berry, L. L.: SERVQUAL: A Multiple-Item Scale for Measuring Consumer Perceptions of Service Quality, in: Journal of Retailing, Vol. 64 (1988), No. 1, S. 12-37.

Payne, J. W.: Task Complexity and Contingent Processing in Decision Making: An Information Search and Protocol Analysis, in: Organizational Behavior and Human Performance, Vol. 16 (1976), No. 2, S. 366-387.

Payne, J. W./Bettman, J. R./Johnson, E. J.: Adaptive Strategy Selection in Decision Making, in: Journal of Experimental Psychology: Learning, Memory and Cognition, Vol. 14 (1988), No. 3, S. 534-552.

Payne, J. W./Ragsdale, E. K. E.: Verbal Protocols and Direct Observation of Supermarket Shopping Behavior: Some Findings and a Discussion of Methods, in: Advances in Consumer Research, Vol. 5 (1978), S. 571-577.

Peters, T. J./Waterman, R. H.: In Search of Excellence. Lessons from America´s Best-Run Companies, New York u. a. 1982.

Peterson, R. A./Cagley, J. W.: The Effect of Shelf Space upon Sales of Branded Products: An Appraisal, in: Journal of Marketing Research, Vol. 10 (1973), No. 1, S. 103-104.

Pieters, R./Warlop, L.: Visual Attention during Brand Choice: The Impact of Time Pressure and Task Motivation, in: International Journal of Research in Marketing, Vol. 16 (1999), No. 1, S. 1-16.

Plinke, W.: Ausprägungen der Marktorientierung im Investitionsgüter-Marketing, in: ZfbF, 44. Jg. (1992), H. 9, S. 830-846.

Plinke, W.: Kundenorientierung als Voraussetzung der Customer Integration, in: Kleinalten-kamp, M./Fließ, S./Jacob, F. (Hrsg.): Customer Integration. Von der Kundenorientierung zur Kundenintegration, Wiesbaden 1996, S. 41-56.

Poddig, T./Huber, C.: Data Mining und Knowledge Discovery in Databases, in: WiSt, 28. Jg. (1999), H. 12, S. 663-666.

Pras, B./Summers, J.: A Comparison of Linear and Nonlinear Evaluation Process Models, in: Journal of Marketing Research, Vol. 12 (1975), No. 3, S. 276-281.

Preston, J./Mercer, A.: The Influence of Product Range in the Space Allocation Procedure, in: European Journal of Operational Research, Vol. 47 (1990), No. 3, S. 339-347.

Progressive Grocer (Hrsg.): Foodtown-Study, New York 1955.

Progressive Grocer (Hrsg.): Super-Valu-Study, New York 1957.

Progressive Grocer (Hrsg.): The Dillon-Study, New York 1959.

Recht, P./Zeisel, S.: Unterstützung von verbundorientierten Sortimentsentscheidungen durch eine Sortimentserfolgsrechnung, in: ZfbF, 50. Jg. (1998), H. 5, S. 462-478.

Renggli, F.: Analyse des Raumeinsatzes und der Raumnutzung im schweizerischen Laden-einzelhandel unter besonderer Berücksichtigung des Verkaufsraumes, Diss. Freiburg/ Schweiz 1973.

Renoux, Y.: Consumer Dissatisfaction and Public Policy, in: Allvine, F. C. (Hrsg.): Public Policy and Marketing Practices, Chicago, Ill. 1973, S. 53-56.

Rese, M.: Logistische Regression, in: Backhaus et al.: Multivariate Analysemethoden. Eine anwendungsorientierte Einführung, 9. Aufl., Berlin u. a. 2000, S. 104-144.

Rudolph, T./Schmickler, M.: Ansatzpunkte zur Steigerung der Leistungsqualität am Point of Sales – Ergebnisse einer empirischen Studie zur Wahrnehmung der Leistungsqualität in SB-Warenhäusern, in: Trommsdorff, V. (Hrsg.): Handelsforschung 1999/00. Verhalten im Handel und gegenüber dem Handel, Wiesbaden 2000, S. 141-161.

Rühl, A./Steinicke, S.: Filialspezifisches Warengruppenmanagement – ein neues Konzept effi-zienter Sortimentssteuerung, in: Frey, U. D. (Hrsg.): POS-Marketing. Integrierte Kommuni-kation für den Point of Sale. Strategien – Konzepte – Trends, Wiesbaden 2001, S. 239-251.

Rusche, T.: Strategisches Sortimentsmanagement im Handel. Die organisatorische Gestaltung des strategischen Sortimentsmanagements und die methodische Entwicklung der Sortiments-strategie auf der Grundlage eines Aktionsforschungsprojektes, Münster 1991.

Russo, J. E./Leclerc, F.: An Eye-Fixation Analysis of Choice Processes for Consumer Nondurables, in: Journal of Consumer Research, Vol. 21 (1994), No. 2, S. 274-290.

Russo, J. E./Rosen, L. D.: An Eye Fixation Analysis of Multialternative Choice, in: Memory and Cognition, Vol. 3 (1975), May, S. 267-276.

Scheidl, K.: Warendarbietung und Kunde im Lebensmittelsupermarkt, Wien 1971.

Schermer, F. F.: Lernen und Gedächtnis, 2. Aufl., Stuttgart-Berlin-Köln 1998.

Schnedlitz, P./Kleinberg, M.: Einsatzmöglichkeiten der Verbundanalyse im Lebensmittelhandel, in: Der Markt, 33. Jg. (1994), H. 1, S. 31-39.

Schröder, H.: Die DPR-Methode auf dem Prüfstand, in: absatzwirtschaft, 33. Jg. (1990), H. 10, S. 110-121.

Schröder, H.: Wer hat bei Category Management an Efficient Shelf Presentation gedacht? Informationen für kundenorientierte Flächenzuteilung und Warenpräsentation im Lebens-mittel-Einzelhandel, in: Ahlert, D./Olbrich, R./Schröder, H. (Hrsg.): Jahrbuch Handels-management 2001. Vertikales Marketing, Frankfurt/Main 2001, S. 261-291.

Schröder, H./Feller, M.: Kundenorientierte Sortimentsgestaltung als Herausforderung für das Controlling im Einzelhandel mit Lebensmitteln, in: Graßhoff, J. (Hrsg.): Handelscontrolling – Neue Ansätze aus Theorie und Praxis zur Steuerung von Handelsunternehmen, Hamburg 2000, S. 163-209.

Schröder, H./Feller, M./Großweischede, M.: Kundenorientierung im Category Management. ECR-Projekte unter der Lupe – Studie zu Zielen, Status quo und Erfolgen, in: Lebensmittel-Zeitung Nr. 11 v. 17.03.00, S. 60-61.

Schuckel, M./Dobbelstein, T.: Die Kategorisierung von Kundenanforderungen mit Hilfe der PCR-Analyse – dargestellt am Beispiel einer Studie zum Gebrauchtwagenmarkt, in: Mit-teilungen des Instituts für Handelsforschung an der Universität zu Köln, 50. Jg. (1998), H. 5, S. 89-102.

Schulz, W.: Die Nutzung der Verkaufsfläche im Lebensmittel-Einzelhandel (Analyse, Methodik, Anwendungsschwerpunkte), Diss. Freiburg/Schweiz 1975.

Schulz-Klingauf, H.-V.: Selbstbedienung. Der neue Weg zum Kunden, Düsseldorf 1960.

Schütze, R.: Kundenzufriedenheit. After-Sales-Marketing auf industriellen Märkten, Wiesbaden 1992.

Schwanenberg, S./Helm, R.: Künstliche Neuronale Netze als Analyseinstrument der betriebs-wirtschaftlichen Forschung, in: WiSt, 28. Jg. (1999), H. 7, S. 356-362.

Scott, J. E./Wright, P.: Modeling an Organizational Buyer's Product Evaluation Strategy: Validity and Procedural Considerations, in: Journal of Marketing Research, Vol. 13 (1976), No. 3, S. 211-224.

Seyffert, R.: Wirtschaftslehre des Handels, 5. Aufl., Opladen 1972.

Sieben, G./Schildbach, T.: Betriebswirtschaftliche Entscheidungstheorie, 4. Aufl., Düsseldorf 1994.

Simonson, I.: The Effect of Product Assortment on Buyer Preferences, in: Journal of Retailing, Vol. 75 (1999), No. 3, S. 347-370.

Simonson, I./Nowlis, S./Lemon, K.: The Effect of Local Consideration Sets on Global Choice between Lower Price and Higher Quality, in: Marketing Science, Vol. 12 (1993), No. 4, S. 357-377.

Sirohi, N./McLaughlin, E. W./Wittnik, D. R.: A Model of Consumer Perceptions and Store Loyalty Intentions for a Supermarket Retailer, in: Journal of Retailing, Vol. 74 (1998), No. 2, S. 223-245.

Sivadas, E./Baker-Prewitt, J. L.: An Examination of the Relationship between Service Quality, Customer Satisfaction and Store Loyalty, in: International Journal of Retail & Distribution Management, Vol. 28 (2000), No. 2, S. 73-82.

Smith, E. E./Shoben, E. J./Rips, L. J.: Structure and Process in Semantic Memory: A Featural Model for Semantic Decisions, in: Psychological Review, Vol. 81 (1974), No. 3, S. 214-241.

Sommer, R./Aitkens, S.: Mental Mapping of Two Supermarkets, in: Journal of Consumer Research, Vol. 9 (1982), No. 2, S. 211-215.

Spiegel, B.: Werbepsychologische Untersuchungsmethoden. Experimentelle Forschungs- und Prüfverfahren, 2. Aufl., Berlin 1970.

Spreng, R. A./MacKenzie, S. B./Olshavsky, R. W.: A Reexamination of the Determinants of Consumer Satisfaction, in: Journal of Marketing, Vol. 60 (1996), No. 3, S. 15-32.

Stauss, B.: Kundenzufriedenheit, in: Marketing ZFP, 21. Jg. (1999), H. 1, S. 5-24.

Stauss, B./Seidel, W.: Beschwerdemanagement. Fehler vermeiden – Leistung verbessern – Kunden binden, München-Wien 1998.

Stevens, S. S.: On the Psychophysical Law, in: Psychological Review, Vol. 64 (1957), No. 3, S. 153-181.

Stevens, S. S.: The Surprising Simplicity of Sensory Metrics, in: American Psychologist, Vol. 17 (1962), No. 1, S. 29-39.

Stokols, D.: On the Distinction between Density and Crowding: Some Implications for Future Research, in: Psychological Review, Vol. 79 (1972), No. 3, S. 275-277.

Super Market Merchandising (Hrsg.): Eagle Study, September, October, November, o. O. 1961.

Swoboda, B.: Wertschöpfungspartnerschaften in der Konsumgüterwirtschaft. Ökonomische und ökologische Aspekte des ECR-Managements, in: WiSt, 26. Jg. (1997a), H. 9, S. 449-454.

Swoboda, B.: Auswirkungen der Ladenwahrnehmung auf Kaufverhalten und Einkaufs-zufriedenheit – Ergebnisse einer situativen Analyse, in: Trommsdorff, V. (Hrsg.): Handelsforschung 1997/98. Kundenorientierung im Handel, Wiesbaden 1997b, S. 315-339.

Tauber, E. M.: Why do People Shop?, in: Journal of Marketing, Vol. 36 (1972), No. 4, S. 46-59.

Thiesing, F. M./Vornberger, O.: Abverkaufsprognose im Supermarkt mit Neuronalen Netzen, in: Biethahn, J. et al. (Hrsg.): Betriebswirtschaftliche Anwendungen des Soft Computing. Neuronale Netze, Fuzzy Systeme und Evolutionäre Algorithmen, Braunschweig-Wiesbaden 1998, S. 115-126.

Tietz, B.: Efficient Consumer Response (ECR), in: WiSt, 24. Jg. (1995), H. 10, S. 529-530.

Titus, P. A./Everett, P. B.: The Consumer Retail Search Process: A Conceptual Model and Research Agenda, in: Journal of the Academy of Marketing Science, Vol. 23 (1995), No. 2, S. 106-119.

Titus, P. A./Everett, P. B.: Consumer Wayfinding Tasks, Strategies, and Errors: An Exploratory Field Study, in: Psychology and Marketing, Vol. 13 (1996), No. 3, S. 265-290.

Trommsdorff, V.: Die Messung von Produktimages für das Marketing, Köln u. a. 1975.

Trommsdorff, V.: Kundenorientierung verhaltenswissenschaftlich gesehen, in: Bruhn, M./ Steffenhagen, H. (Hrsg.): Marktorientierte Unternehmensführung. Reflexionen – Denk-anstöße – Perspektiven, Wiesbaden 1997, S. 275-293.

Trommsdorff, V.: Konsumentenverhalten, 3. Aufl., Stuttgart-Berlin-Köln 1998.

Tversky, A.: Intransitivity of Preferences, in: Psychological Review, Vol. 76 (1969), No. 1, S. 31-48.

Tversky, A.: Elimination by Aspects: A Theory of Choice, in: Psychological Review, Vol. 79 (1972), No. 4, S. 281-299.

Tversky, A./Sattath, S.: Additive Similarity Trees, in: Psychometrika, Vol. 42 (1977), No. 3, S. 319-345.

Urban, D.: Logit-Analyse. Statistische Verfahren zur Analyse von Modellen mit qualitativen Response-Variablen, Stuttgart-Jena-New York 1993.

Urban, T. L.: An Inventory-Theoretic Approach to Product Assortment and Shelf-Space Allocation, in: Journal of Retailing, Vol. 74 (1998), No. 1, S. 15-35.

Varela, F. J.: Kognitionswissenschaft – Kognitionstechnik. Eine Skizze aktueller Perspektiven, 3. Aufl., Frankfurt/Main 1993.

Viswanathan, M./Childers, T. L.: Understanding how Product Attributes Influence Product Categorization: Development and Validation of Fuzzy Set-Based Measures of Gradedness in Product Categories, in: Journal of Marketing Research, Vol. 36 (1999), No. 1, S. 75-94.

Von der Heydt, A.: Efficient Consumer Response (ECR). Basisstrategien und Grundtechniken, zentrale Erfolgsfaktoren sowie globaler Implementierungsplan, 2. Aufl., Frankfurt/Main u. a. 1997.

Wartenberg, F./Gaul, W./Decker, R.: Computergestützte Regaloptimierung im Einzelhandel, in: Der Markt, 36. Jg. (1997), H. 3+4, S. 185-196.

Weber, E. H.: Der Tastsinn und das Gemeingefühl, in: Wagner, R. (Hrsg.): Handwörterbuch der Psychologie, Bd. III/2., Braunschweig 1846.

Weinberg, P.: Erlebnisorientierte Einkaufsstättengestaltung im Einzelhandel, in: Marketing ZFP, 8. Jg. (1986), H. 2, S. 97-102.

Weinberg, P.: Erlebnismarketing, München 1992.

Westbrook, R. A./Black, W. C.: A Motivation-Based Shopper Typology, in: Journal of Retailing, Vol. 61 (1985), No. 1, S. 78-103.

Wieland, H. J.: Wenn Datenkassen Artikel plazieren ..., in: Rationeller Handel, 20. Jg. (1977), H. 3, S. 59-61.

Wieland, H. J.: Computergestützte Regalplanung – Aspekte und Möglichkeiten durch elektronische Kassensysteme, in: Elektronische Rechenanlagen, 21. Jg. (1979), H. 3, S. 147-151.

Wild, J.: Grundlagen der Unternehmensplanung, Reinbek 1974.

Witt, D.: Blickverhalten und Erinnerung bei emotionaler Anzeigenwerbung, Saarbrücken 1977.

Wittmann, W.: Betriebswirtschaftslehre. Ein einführendes Lehrbuch, Band I. Grundlagen, Elemente, Instrumente, Tübingen 1982.

Wright, P.: Consumer Choice Strategies: Simplifying Vs. Optimizing, in: Journal of Marketing Research, Vol. 12 (1975), No. 1, S. 60-67.

Yang, M.-H./Chen, W.-C.: A Study on Shelf Space Allocation and Management, in: International Journal of Production Economics, Vol. 60-61 (1999), S. 309-317.

Zeisel, S.: Efficient Pricing und Efficient Assortment Planning für große Handels- und Dienstleistungssortimente, Münster 1999.

Zeithaml, V. A./Berry, L. L./Parasuraman, A.: The Behavioral Consequences of Service Quality, in: Journal of Marketing, Vol. 60 (1996), No. 2, S. 31-46.

Zielke, S.: Kundenorientierte Warenplazierung, Arbeitspapier Nr. 10 des Seminars für Allgemeine Betriebswirtschaftslehre, Handel und Distribution an der Universität zu Köln, Köln 1999.

Zielke, S.: Kundengerechte Sortimentsgliederungen am Point of Sale. Ansätze zur Erhebung kognitiver Strukturen als Richtgrößen für Warenplatzierung und Category Management, in: Marketing ZFP, 23. Jg. (2001), H. 2, S. 100-116.

Zimbardo, P. G./Gerrig, R. J.: Psychologie, 7. Aufl., Berlin u. a. 1999.

Zufryden, F. S.: A Dynamic Programming Approach for Product Selection and Supermarket Shelf-Space Allocation, in: Journal of the Operational Research Society, Vol. 37 (1986), No. 4, S. 413-422.